La vie des Maîtres

Du même auteur
aux Éditions J'ai lu

Treize leçons sur la vie des Maîtres, J'ai lu 5974

BAIRD T. SPALDING

LA VIE DES MAÎTRES

TRADUIT DE L'ANGLAIS
PAR LOUIS COLOMBELLE

Ce livre a été écrit au début du siècle. Anticipant sur les progrès spirituels indispensables pour éviter l'effondrement de notre civilisation matérialiste à outrance, ce livre a pu paraître une pure fiction, mais depuis lors les esprits ont assez évolué pour le prendre plus au sérieux.

La Vie des Maîtres a été ensuite traduite par un polytechnicien, Jacques Weiss, sous le pseudonyme de Louis Colombelle, et a connu une très grande audience auprès d'un public désireux de progresser dans une voie alliant la science et la religion. En raison de son actualité, nous nous faisons un plaisir d'en présenter une nouvelle édition pour satisfaire les nombreuses demandes des chercheurs.

Quand vous fermerez *La Vie des Maîtres*, et si vous désirez approfondir les énigmes offertes à vos méditations, le traducteur se permet de vous signaler un autre ouvrage qu'il a traduit plus récemment intitulé *La Cosmogonie d'Urantia* (1). Il apporte aux habitants d'Urantia (notre planète) la connaissance du cosmos (univers) avec son nombre prodigieux de planètes habitées.

Vous y trouverez une réponse valable au grand problème de l'humanité : Pourquoi sommes-nous sur la Terre et quelle est notre destinée ?

(1) Editions Urantia, 30, av. Georges-Mandel, Paris.

PRÉFACE DU TRADUCTEUR

pour la huitième édition

C'est en 1928 que M. Paul Dupuy, alors directeur du journal Le Petit Parisien, *me fit cadeau de l'édition originale américaine de* La Vie des Maîtres. *Ce livre me passionna au point que je ne songeai guère à manger ou à dormir pendant les trois jours nécessaires à sa lecture initiale. J'écrivis ensuite à l'auteur et aux éditeurs sans jamais obtenir de réponse, malgré les efforts conjugués d'amis américains durant de longues années.*

J'avais traduit le livre en 1937, et j'avais fait circuler une douzaine de copies dactylographiées. Sachant par cette expérience que le public français lui ferait bon accueil et en avait réellement besoin, je publiai en 1946 la première édition sans l'autorisation de Spalding en me disant que le seul risque encouru consisterait à lui régler le pourcentage d'usage, ce que j'étais tout prêt à faire.

Un an plus tard, en 1947, après dix-neuf ans de patience, je me trouvais seul dans mon bureau de Paris quand une voix du monde invisible m'informa que, si je partais sans délai pour les Etats-Unis, j'y rencontrerais Spalding, et que si je n'y allais pas, l'occasion serait manquée pour le reste de ma vie. La voix se répéta trois jours de suite à la même heure, avec une autorité qui m'imposa la conviction qu'elle était supra-humainement valable. Je fis alors un grand acte de foi et partis par le premier avion disponible.

Je ne devais pas être déçu. Une étonnante suite de coïncidences « fortuites » me valut rapidement de rencontrer Spalding à New York, de le présenter à mes amis sceptiques, et de passer une bonne semaine avec lui. Il approuva la publication de ma traduction française en posant comme seule condition que je répondrais à tout le courrier de langue française et que je recevrais toutes les personnes réellement intéressées.

Depuis lors, quatre éditions se sont succédé et m'ont valu un important courrier. L'une des questions le plus souvent posées est la suivante : « Le livre est-il une fiction, ou la narration d'un voyage réel ? » A quoi Spalding répond systématiquement : « Que chacun prenne dans mon livre ce qui est bon pour lui et croie ce qui est approprié à son degré d'évolution. »

Etant ingénieur et habitué à contrôler chaque fois que possible la matérialité des faits concernant les notions nouvelles, je fis une étude des trois principaux modes de preuves, la preuve matérielle, la preuve par témoins, et la preuve par l'esprit, et je décrivis dans la préface de la quatrième édition l'importance majeure de la preuve par l'esprit. En ce qui concerne La Vie des Maîtres, ma première estimation fut que les trois modes de preuves coïncidaient en faveur de la véracité du récit.

Mais peu à peu un doute s'insinua dans mon esprit. Après tout, je n'avais pas d'autre preuve matérielle que l'existence d'un réseau de personnalités dont l'une m'avait guidé vers l'introuvable Spalding. Quant à la preuve par témoins, je n'en avais pas, puisque Spalding refusait d'affirmer formellement la véracité de son récit. Il m'avait bien dit que si j'allais aux Indes, je trouverais les traces de son passage chez un Maître habitant dans les montagnes près du port de Cocanada, sur le golfe du Bengale.

La Vie des Maîtres avait pris une telle importance dans ma pensée que je formai le projet d'aller contrôler sur place l'affirmation de Spalding. Il me fallut encore dix ans de patience pour que l'occasion se présentât de réaliser ce projet, soit vingt-neuf ans depuis ma première lecture du livre et mon premier désir de participer à une aventure semblable. Un jour, je pris un repas à Paris avec un Français âgé qui avait été aux Indes et me dit qu'il connaissait Cocanada, qu'il y avait rencontré des Maîtres, et que, si j'y allais, un homme en blanc viendrait me guider, et que cet homme serait Jast, l'un des Maîtres décrits dans le livre.

Quelques mois plus tard, vers la fin de 1957, je décidai de tenter l'aventure en abandonnant ma vie d'affaires pendant deux mois. Je pris mon billet à l'agence Cook comme un touriste quelconque, avec un itinéraire faisant le tour des Indes de Bombay à Bombay en passant par les Himalayas et Cocanada. Une dizaine de jours après mon arrivée dans ce sous-continent où je ne connaissais strictement personne, plusieurs hasards heureux et des coïncidences inexplicables m'avaient déjà valu de rencontrer de grands yogis fort remarquables. Je compris qu'un réseau d'entités invisibles était à l'œuvre pour me guider, et je me laissai faire en observant de mon mieux tous les signes rencontrés en chemin. J'eus par exemple la chance d'être reçu par le principal collaborateur du Dalaï-Lama dans un temple d'une contrée exclue de mon passeport. Je fus également reçu en audience par l'un des quatre papes des Indes, le Sankaracharia de Kanchi, dont j'ignorais absolument l'existence avant de quitter la France. En ce qui concerne Cocanada, l'homme en blanc vint me trouver une heure après mon arrivée et s'occupa de moi pendant la majeure partie de la semaine. Quand je lui demandai qui l'avait guidé vers moi, il me répondit simplement : « C'est naturellement Dieu. » Je ne pus tirer aucune autre réponse de ce personnage annoncé à Paris comme devant être Jast, et qui était le plus beau caractère qu'il m'ait jamais été donné de rencontrer sur notre planète.

Il se présenta sous le nom de Krupa Rao et me

conduisit dans les montagnes du voisinage auprès d'un grand Yogi chef d'un Ashram. Ce grand Yogi me reçut fort amicalement en me demandant si je resterais dix jours ou dix ans avec lui pour apprendre à transcender la pensée humaine et à entrer dans l'extase du samadhi. Je fus bien obligé de répondre que mon taxi m'attendait, que je n'avais aucun bagage avec moi, et que mes obligations familiales et professionnelles me contraignaient à rentrer bientôt en France. J'acceptai toutefois son hospitalité jusqu'au lendemain, 1ᵉʳ janvier 1958, et je passai sous son toit une fin de journée et une nuit exquises. Il avait connu Spalding et me montra des documents rappelant son passage vers 1935.

La présente préface étant destinée à aider le lecteur à se faire une opinion sur la véracité littérale du récit de Spalding plutôt qu'à raconter les détails de mon voyage, je précise bien que je n'ai jamais vu de personnes se dématérialiser ou se rematérialiser sous mes yeux. Cependant, je suis intimement persuadé que ce genre de phénomènes est possible. Nos traditions en relatent beaucoup. Citons entre autres l'apparition de l'Ange de l'Annonciation à Marie mère de Jésus et à Elisabeth mère de Jean le Baptiste, la venue sur terre de Melchizédek au temps d'Abraham, les anges qui roulèrent la pierre scellée fermant le tombeau de Jésus, ceux qui ouvrirent de manière surnaturelle les portes des prisons des Apôtres Pierre et Paul, sans compter ceux qui se manifestèrent simplement par leur voix à Jésus ou à Jeanne d'Arc.

Il se peut que des scènes de ce genre aient été montrées à Spalding par des êtres susceptibles d'élever sa vision jusqu'au plan astral, ou de l'aider à entrer en extase, ou de provoquer chez lui des rêves, ou simplement de lui raconter des récits dont il prenait note, ou encore de le renseigner par d'autres moyens inconnus. Mon voyage ne m'a apporté aucune preuve par témoins à ce sujet, mais simplement la certitude qu'il existe une hiérarchie fondamentale de personnalités invisibles reliées en un réseau et capables de guider un simple mortel comme moi à travers des difficultés où j'aurais fort bien pu laisser ma vie ou ma santé. En plusieurs localités, ma venue avait été pour ainsi dire annoncée à l'avance, et en deux endroits éloignés de deux mille cinq cents kilomètres mes hôtes me baptisèrent du même nom indien de Narayana sans qu'il existât la moindre connexion matérielle entre eux, du moins à ma connaissance.

Ce nom signifie Celui qui cherche à atteindre le plus haut. Et c'est bien ce que j'ai cherché à faire en présentant au public français les pages qui suivent.

Louis COLOMBELLE.

PREMIÈRE PARTIE

1

La littérature spiritualiste est actuellement si abondante, il y a un tel réveil, une telle recherche de la vérité concernant les grands instructeurs du monde, que je suis incité à exposer mon expérience des Maîtres d'Extrême-Orient. Dans ces chapitres, je ne cherche pas à décrire un nouveau culte ou une nouvelle religion. Je ne donne qu'un résumé de nos expériences avec les Maîtres, en vue de montrer les grandes vérités fondamentales de leur enseignement.

Il faudrait presque autant de temps pour authentifier ces notes qu'il en a fallu pour le travail de l'expédition. En effet, les Maîtres sont éparpillés sur un vaste territoire, et nos recherches métaphysiques ont couvert une grande partie de l'Inde, du Tibet, de la Chine, et de la Perse.

Notre mission comprenait onze hommes de science avertis, ayant consacré la plus grande part de leur vie à des travaux de recherche. Nous avions pris l'habitude de ne rien accepter sans contrôle et nous ne considérions rien comme vrai *a priori*. Nous arrivâmes complètement sceptiques. Mais nous repartîmes complètement convaincus et convertis au point que trois des nôtres retournèrent là-bas, décidés à y rester jusqu'à ce qu'ils fussent capables de vivre la vie des Maîtres et d'accomplir les mêmes œuvres qu'eux.

Ceux qui apportèrent une aide immense à nos

travaux nous ont toujours priés de les désigner par des pseudonymes, au cas où nous publierions nos Mémoires. Je me conforme volontiers à leur désir. Je ne relaterai que les faits constatés, en me servant autant que possible des mots et des expressions employés par les personnes rencontrées, dont nous partageâmes la vie quotidienne au cours de cette expédition.

Parmi les conditions préalables à nos accords de travail, la suivante nous fut imposée : Nous devions accepter *a priori*, comme un fait, tout événement dont nous serions témoins. Nous ne devions demander aucune explication avant d'être bien entrés dans le vif du sujet, d'avoir reçu leurs leçons, et d'avoir vécu et observé leur vie quotidienne. Nous devions accompagner les Maîtres, vivre avec eux, et voir par nous-mêmes. Nous aurions le droit de rester avec eux tant qu'il nous plairait, de poser n'importe quelle question, et d'approfondir à notre guise tout ce que nous verrions, puis de tirer nos conclusions selon les résultats. Après quoi, nous serions libres de considérer ce que nous aurions vu comme des faits ou comme des illusions.

Il n'y eut jamais aucun effort de leur part pour influencer notre jugement en quoi que ce soit. Leur idée dominante était toujours que si nous n'avions pas assez bien vu pour être convaincus, ils ne souhaitaient pas que nous ajoutions foi aux événements. J'agirai donc de même vis-à-vis du lecteur, en le priant de croire ou de ne pas croire ce qui suit, à sa convenance.

Nous étions aux Indes depuis environ deux ans, accomplissant régulièrement nos travaux de recherche, quand je rencontrai le Maître que j'appellerai Emile. Un jour que je me promenais dans les rues de la ville, mon attention fut attirée par un attroupement. L'intérêt de la foule était centré sur un de ces magiciens ambulants ou fakirs, si répandus dans le pays. Je m'approchai et remarquai bientôt près de moi un homme d'un certain âge qui n'appartenait évidemment pas à la même caste que les autres spectateurs.

Il me regarda et me demanda si j'étais depuis longtemps aux Indes. Je répondis : « Depuis environ deux ans. » Il me dit : « Etes-vous anglais ? » Je répondis : « Non, américain. »

Surpris et ravi de rencontrer une personne parlant ma langue maternelle, je lui demandai ce qu'il pensait de cette exhibition. Il répondit : « Oh ! il y en a souvent de semblables aux Indes. On appelle ces gens-là fakirs, magiciens ou hypnotiseurs, et c'est à juste titre. Mais sous toutes leurs simagrées, il y a un sens spirituel profond, discerné seulement par une faible minorité. Nul doute qu'il n'en sorte du bien un jour. Mais ce que vous voyez n'est que l'ombre de la réalité originelle. Cela soulève beaucoup de commentaires, mais les commentateurs paraissent n'avoir jamais saisi la vérité. Pourtant, il y en a certainement une derrière tout cela. »

Sur quoi nous nous séparâmes et ne nous rencontrâmes plus qu'occasionnellement pendant les quatre mois suivants. Puis se posa un problème qui nous causa de graves soucis. Quelques jours plus tard, je rencontrai Emile. Il me demanda la cause de mes soucis et me parla du problème auquel nous avions à faire face. Je m'en étonnai, car j'étais sûr que personne n'en avait parlé en dehors de notre petit cercle. Il paraissait si bien au courant de la situation que j'eus l'impression qu'il connaissait toute l'affaire. Du moment qu'elle était connue, il n'y avait plus d'inconvénient à en parler librement, et c'est ce que je fis. Il me dit alors qu'il avait une certaine connaissance de l'affaire et s'efforcerait de nous aider.

Un ou deux jours plus tard, tout était clarifié, et le problème n'existait plus. Nous nous en étonnâmes, mais bientôt la chose fut oubliée et ne tarda pas à sortir de notre esprit. D'autres problèmes se présentèrent, et je pris l'habitude d'en parler familièrement avec Emile. Il semblait que nos difficultés disparaissaient dès que je m'en étais entretenu avec lui.

Mes compagnons avaient été présentés à Emile, mais je ne leur avais guère parlé de lui. A cette époque, j'avais déjà lu pas mal de livres choisis par Emile, sur les traditions hindoues, et j'étais tout à fait convaincu qu'il était un adepte. Ma curiosité était éveillée, et mon intérêt augmentait de jour en jour.

Un dimanche après-midi, je marchais dans un champ avec lui lorsqu'il attira mon attention sur un pigeon qui tournoyait au-dessus de nos têtes. Il me dit que le pigeon le recherchait. Il se tint parfaitement immobile, et bientôt l'oiseau vint se poser sur son bras tendu. Emile annonça que l'oiseau lui apportait un message de son frère qui vivait dans le Nord. Adepte de la même doctrine, il n'avait pas encore atteint l'état de conscience lui permettant d'établir une communication directe. Il se servait donc de ce moyen. Nous découvrîmes plus tard que les Maîtres ont la faculté de communiquer directement et instantanément les uns avec les autres par transmission de pensée, ou, selon eux, par une force bien plus subtile que l'électricité ou la télégraphie sans fil.

Je commençai à poser des questions. Emile me démontra qu'il pouvait appeler des oiseaux à lui et diriger leur vol, que les fleurs et les arbres s'inclinaient vers lui, que les bêtes sauvages s'approchaient de lui sans crainte. Il sépara deux chacals qui se disputaient le cadavre d'un petit animal qu'ils avaient tué. A son approche, ils cessèrent de se battre, posèrent leurs têtes en toute confiance sur ses mains étendues, puis reprirent paisiblement leur repas. Il me donna même un de ces fauves à tenir dans les mains.

Après quoi, il me dit : « Le Moi mortel et visible est incapable de faire ces choses. C'est un Moi plus véritable et plus profond, celui que vous appelez Dieu. C'est Dieu en moi, le Dieu omnipotent s'exprimant par moi qui les fait. Par moi-même, par mon Moi mortel, je ne peux rien faire. Il faut que je me débarrasse entièrement de l'extérieur pour laisser parler et agir le moi réel, le « JE SUIS ». En laissant s'épanouir le grand amour de Dieu, je peux faire ce que vous avez vu. En le laissant se répandre à travers soi sur toutes les créatures, nulle ne vous craint, et aucun mal ne peut vous advenir.

A cette époque, je prenais des leçons quotidiennes avec Emile. Il lui arrivait d'apparaître soudain dans ma chambre, même quand j'avais soigneusement fermé la porte à clef. Au début, cette façon d'apparaître à volonté chez moi me troubla, mais bientôt je vis qu'il considérait ma compréhension comme un fait acquis. Je m'étais habitué à ses manières et je laissai ma porte ouverte pour lui permettre d'entrer et de sortir à sa guise. Ma confiance parut lui plaire. Je ne pouvais comprendre tout son enseignement ni l'accepter entièrement. D'ailleurs, malgré tout ce que je vis en Orient, je ne fus jamais capable d'accepter les choses sur-le-champ. Il me fallut des années de méditation pour réaliser le sens spirituel profond de la vie des Maîtres.

Ils accomplissent leur travail sans ostentation, avec une simplicité enfantine et parfaite. Ils savent que le pouvoir de l'amour les protège. Ils le cultivent jusqu'à rendre la nature amoureuse d'eux et amicale pour eux. Les serpents et les fauves tuent chaque année des milliers de gens du peuple. Mais ces Maîtres extériorisent tellement leur pouvoir intérieur d'amour que serpents et fauves ne leur font aucun mal.

Ils vivent parfois dans les jungles les plus sauvages. Parfois aussi, ils étendent leur corps devant un village pour le protéger des ravages des bêtes féroces. Ils en sortent indemnes et le village aussi. En cas de nécessité, ils marchent sur l'eau, traversent les flammes, voyagent dans l'invisible, et font beaucoup d'autres choses miraculeuses à nos yeux, que seul devrait pouvoir accomplir un être doué de pouvoirs surnaturels.

Il y a une similitude frappante entre la vie et la doctrine de Jésus de Nazareth et celles dont ces

Maîtres donnent quotidiennement l'exemple. On considère comme impossible à l'homme de tirer directement son pain quotidien de l'Universel, de triompher de la mort, et d'accomplir les mêmes miracles que Jésus durant son incarnation. Les Maîtres passent leur vie à cela. Tout ce dont ils ont journellement besoin, y compris nourriture, vêtements, et argent, ils le tirent de l'Universel. Ils ont triomphé de la mort au point que nombre d'entre eux vivent depuis plus de cinq cents ans. Nous en eûmes la preuve décisive par leurs documents. Les divers cultes hindous paraissent dériver de leur doctrine. Les Maîtres sont en très petit nombre aux Indes. Aussi comprennent-ils que le nombre de leurs disciples doit forcément être très limité. Mais ils peuvent en toucher un nombre incalculable dans l'invisible. Il semble que la majeure partie de leur travail consiste à se répandre dans l'invisible pour aider toutes les âmes réceptives à leur enseignement.

La doctrine d'Emile servit de base au travail que nous devions entreprendre bien des années plus tard, pendant notre troisième expédition dans ces contrées. Celle-ci dura trois ans et demi pendant lesquels nous vécûmes continuellement avec les Maîtres, voyageâmes avec eux, et observâmes leur vie et leurs travaux quotidiens aux Indes, au Tibet, en Chine, et en Perse.

2

Notre troisième expédition était consacrée aux recherches métaphysiques. Pour son départ, ses membres se rassemblèrent à Potal, un lointain petit village hindou. J'avais écrit à Emile que nous arrivions, mais sans l'informer de l'objet de notre voyage ni même du nombre des participants. A notre grande surprise, nous trouvâmes qu'Emile et ses associés avaient préparé le séjour de la mission entière et connaissaient nos plans en détail. Emile nous avait été bien utile dans l'Inde méridionale, mais les services qu'il nous rendit à partir de ce moment défient la narration. Tout le mérite du succès de l'expédition lui revient, ainsi qu'aux âmes merveilleuses rencontrées en cours de route.

Nous arrivâmes à Potal, point de départ de l'expédition, tard dans l'après-midi du 22 décembre 1894. Le départ de cette expédition, la plus mémorable de toutes nos vies, devait avoir lieu le matin de Noël. Je n'oublierai jamais les paroles qu'Emile nous adressa ce matin-là. Bien qu'il ne s'enorgueillît pas d'une éducation anglaise et n'eût jamais quitté l'Extrême-Orient, il s'exprimait couramment en anglais.

Voici son allocution : Nous sommes au matin de Noël. Ce jour vous rappelle certainement la naissance de Jésus de Nazareth, le Christ. Vous devez penser qu'il fut envoyé pour remettre les péchés et qu'il symbolise le grand Médiateur entre vous et votre Dieu. Vous faites appel à Jésus comme intercesseur auprès d'un dieu sévère, parfois coléreux, assis quelque part dans un endroit appelé ciel. Je ne sais pas où se trouve ce ciel, sinon dans votre propre conscience. Il ne vous paraît possible d'atteindre Dieu que par l'intermédiaire de son fils moins austère et plus aimant, l'Etre grand et noble que nous appelons tous le Béni, et dont ce jour commémore la venue au monde.

Pour nous, ce jour signifie bien davantage. Il ne rappelle pas seulement la venue au monde de Jésus le Christ, mais il symbolise la naissance du Christ dans chaque conscience humaine. Le jour de Noël signifie la naissance du grand maître et éducateur qui a libéré l'humanité des servitudes et des limitations matérielles. Cette grande âme vint sur terre pour nous montrer dans sa plénitude le chemin vers le véritable Dieu, omnipotent, omniprésent, omniscient. Il nous fit voir que Dieu est la Bonté entière, la Sagesse entière, la Vérité entière, tout en tout. Le grand Maître, dont ce jour rappelle l'anniversaire, fut envoyé pour mieux nous montrer que Dieu ne demeure pas seulement au-dehors, mais au-dedans de nous, qu'il n'est jamais séparé de nous ni d'aucune de ses créations, qu'il est toujours un Dieu juste et aimant, qu'il est en tout, sait tout, connaît tout, et renferme toute vérité. Eussé-je à moi seul l'intelligence de tous les hommes réunis que je ne pourrais vous exprimer, même faiblement, toute la signification qu'a pour nous cette sainte naissance.

Nous sommes pleinement convaincus du rôle de ce grand Maître et éducateur, et nous espérons que vous partagerez notre conviction. Il est venu vers nous pour mieux nous faire comprendre la vie, ici, sur terre. Il nous a montré que toutes les limitations matérielles viennent de l'homme, et qu'il ne faut jamais les interpréter autrement. Il est venu nous convaincre que son Christ intérieur, par lequel il accomplissait ses œuvres puissantes, est le même qui vit en vous, en moi, et dans tous les humains. En appliquant sa doctrine, nous pouvons accomplir les mêmes œuvres que lui, et de plus grandes. Nous croyons que Jésus est venu nous montrer plus explicitement que Dieu est la grande et unique cause de toutes choses, qu'il est Tout.

Peut-être avez-vous entendu dire que Jésus reçut son éducation première parmi nous. Il se peut que certains de vous le croient. Mais peu importe qu'elle soit venue de nous, ou qu'elle ait procédé d'une révélation directe de Dieu, source unique de toutes choses. Quand un homme a pris contact avec une idée de la Pensée de Dieu, et l'a exprimée par la parole, les autres ne peuvent-ils prendre à nouveau contact avec cette même idée dans l'Universel ? Pour avoir été touché par une idée et l'avoir exprimée, il ne s'ensuit pas qu'elle devienne sa propriété privée. S'il la prend et la conserve, où trouvera-t-il de la place pour en recevoir d'autres ? Pour recevoir davantage, il faut donner ce qu'on a reçu. Si on le garde, la stagnation suit. Prenez une roue qui engendre de la force hydraulique, et supposez que tout à coup, de son propre chef, elle retienne l'eau qui la fait tourner. Elle sera aussitôt immobilisée. Il faut que l'eau coule librement à travers la roue pour être utile et créer de l'énergie. Il en va de même pour l'homme. Au contact des idées de Dieu, il faut qu'il les exprime pour pouvoir en tirer profit. Il doit permettre à chacun d'en faire autant pour croître et se développer comme il le fait lui-même.

A mon avis, tout vint à Jésus comme une révélation directe de Dieu, comme c'est indubitablement le cas pour nos grands éducateurs. En vérité, toutes choses ne viennent-elles pas de Dieu, et ce qu'un être humain a pu faire, les autres ne peuvent-ils le faire aussi ? Vous vous convaincrez que Dieu est toujours désireux de se révéler et prêt à le faire, comme il l'a fait pour Jésus et d'autres. Il suffit que nous ayons la volonté de le laisser agir. En toute sincérité, nous croyons avoir été créés égaux. Tous les hommes ne font qu'un. Chacun est capable d'accomplir les mêmes œuvres que Jésus et le fera en son temps. Rien n'est mystérieux dans ces œuvres. Le mystère ne réside que dans l'idée matérielle que les hommes s'en font.

Vous êtes venus à nous plus ou moins sceptiques. Nous avons confiance que vous resterez avec nous pour nous voir réellement tels que nous sommes. Quant à nos œuvres et à leurs résultats, nous vous laissons toute liberté pour en accepter ou en rejeter l'authenticité.

3

Nous quittâmes Potal pour Asmah, village plus petit, distant d'environ cent cinquante kilomètres. Emile désigna deux hommes encore jeunes pour nous accompagner. Tous deux étaient de beaux spécimens bien plantés du type hindou. Ils prirent la responsabilité de toute l'expédition avec une aisance et un équilibre si parfaits que nous n'avions jamais rien vu de pareil. Pour la facilité du récit, je les appellerai Jast et Neprow. Emile était bien plus âgé qu'eux. Jast était le directeur de l'expédition, et Neprow, son aide, veillait à l'exécution des ordres.

Emile nous congédia en faisant les remarques suivantes : Vous partez en expédition avec Jast et Neprow pour vous accompagner. Je resterai ici quelques jours, car, avec votre mode de locomotion, il vous faudra environ cinq jours pour arriver à votre prochaine étape importante, à cent cinquante kilomètres d'ici. Je n'ai pas besoin d'autant de temps pour franchir cette distance, mais je serai là-bas pour vous recevoir. Voudriez-vous laisser l'un de vous ici pour observer et corroborer les événements possibles ? Vous gagnerez du temps, et le retardataire pourra rejoindre l'expédition dans dix jours au maximum. Nous lui demandons simplement d'observer, et de rapporter ce qu'il aura vu.

Nous partîmes donc. Jast et Neprow avaient la responsabilité de l'expédition et se tiraient d'affaire d'une manière extraordinaire. Chaque détail était réglé et venait en son temps avec le rythme et la précision d'une mélodie. Il en fut d'ailleurs ainsi pendant les trois années et demie que dura l'expédition.

Jast était doué d'un beau caractère hindou, d'une grande élévation, aimable, efficace dans l'action, sans bluff ni fanfaronnade. Il donnait tous ses ordres d'une voix presque monotone, et l'exécution suivait avec une précision et un à-propos qui nous émerveillaient. Dès le début, nous avions remarqué la beauté de son caractère et nous l'avions souvent commentée.

Neprow, un merveilleux caractère, paraissait avoir le don d'ubiquité. Toujours plein de sang-froid, il avait un rendement étonnant, avec la tranquille précision de ses mouvements et son admirable aptitude à penser et à exécuter. Chacun avait d'ailleurs remarqué cette aptitude et nous en parlions continuellement. Notre

Chef avait dit : Ces gens sont merveilleux. Quel soulagement de les trouver capables à la fois de réfléchir et d'agir !

Le cinquième jour, vers quatre heures de l'après-midi, nous arrivâmes à Asmah. Comme convenu, Emile était là pour nous recevoir. Le lecteur peut imaginer notre stupéfaction. Nous étions sûrs d'être venus par la seule route praticable et par les moyens de locomotion les plus rapides. Seuls les courriers du pays qui voyagent nuit et jour par relais auraient pu aller plus vite. Voici donc un homme que nous croyions âgé et absolument incapable d'effectuer plus vite que nous un trajet de cent cinquante kilomètres, et pourtant il était là. Dans notre impatience, nous l'assaillîmes naturellement de questions tous en même temps.

Voici sa réponse : A votre départ, je vous ai dit que je serais là pour vous recevoir, et me voici. Je voudrais attirer plus spécialement votre attention sur le fait que l'homme est sans borne quand il évolue dans son vrai domaine. Il n'est pas sujet aux limitations du temps et de l'espace. Quand il se connaît lui-même, il n'est pas obligé de traîner en chemin pendant cinq jours pour parcourir cent cinquante kilomètres. Dans son vrai domaine, l'homme peut franchir instantanément toutes les distances, si grandes soient-elles. Il y a quelques instants, j'étais dans le village que vous avez quitté depuis cinq jours. Mon corps y repose encore. Le camarade que vous avez laissé dans ce village vous dira que j'ai causé avec lui jusqu'à quatre heures moins quelques minutes, lui disant que je partais pour vous recevoir, car vous deviez être sur le point d'arriver. Votre camarade voit encore là-bas mon corps, qui lui paraît inanimé. J'ai simplement fait cela pour vous montrer que nous pouvons quitter nos corps pour aller vous retrouver n'importe où et n'importe quand. Jast et Neprow auraient pu voyager comme moi. Mais vous comprendrez mieux ainsi que nous sommes des humains ordinaires, de même provenance que vous. Il n'y a pas de mystère. Nous avons simplement développé davantage les pouvoirs qui nous ont été donnés par le Père, le grand omnipotent. Mon corps restera là-bas jusqu'à la tombée de la nuit. Ensuite, je l'amènerai ici, et votre camarade se mettra en route par le même chemin que vous. Il arrivera ici en son temps. Nous allons prendre un jour de repos, puis nous rendre à un petit village distant d'une journée de marche. Nous reviendrons ensuite ici à la rencontre de votre camarade, et nous verrons ce qu'il vous rapportera. Nous nous réunirons ce soir au logis. En attendant, je vous dis au revoir.

Le soir, quand nous fûmes réunis, Emile apparut soudain parmi nous sans avoir ouvert la porte et dit : Vous venez de me voir apparaître dans cette pièce d'une manière que vous qualifiez de magique. Or, il n'y a pas de magie là-dedans. Je vais vous faire une petite expérience à laquelle vous croirez parce que vous aurez pu la voir. Veuillez bien vous approcher. Voici un petit verre d'eau que l'un de vous vient d'apporter de la source. Un minuscule cristal de glace se forme au centre de l'eau. Voyez comme il s'accroît par l'adhésion d'autres cristaux. Et maintenant, toute l'eau du verre est gelée.

Qu'est-il arrivé ? J'ai maintenu dans l'Universel les molécules centrales de l'eau jusqu'à ce qu'elles se soient solidifiées. En d'autres mots, j'ai abaissé leurs vibrations jusqu'à en faire de la glace, et toutes les particules environnantes se sont solidifiées, jusqu'à ne former ensemble qu'un bloc de glace. Le même principe s'applique à un verre à boire, à une baignoire, à une mare, à un lac, à la mer, à la masse d'eau de notre planète. Mais qu'arriverait-il ? Tout serait gelé, n'est-ce pas, mais pour quel but ? Pour aucun. En vertu de quelle autorité ? Pour la mise en œuvre d'une loi parfaite, mais en vue de quelle fin ? Aucune, car aucun bien ne pourrait en résulter.

Si j'avais persisté jusqu'au bout, que serait-il arrivé ? La réaction. Sur qui ? Sur moi. Je connais la loi. Ce que j'exprime revient vers moi aussi sûrement que je l'exprime. Je n'exprime donc que le bien, et il me revient comme tel. Vous voyez donc que si j'avais persisté dans ma tentative de gel, le froid aurait réagi sur moi bien avant la fin, et j'aurais été gelé, récoltant ainsi la moisson de mon désir. Tandis que si j'exprime le bien, j'en récolte éternellement la moisson.

Mon apparition ce soir dans cette chambre s'explique de la même manière. Dans la petite pièce où vous m'avez laissé, j'ai élevé les vibrations de mon corps jusqu'à ce qu'il soit retourné dans l'Universel, où je l'ai maintenu. Nous disons que nous rendons nos corps à l'Universel, où toute substance existe. Puis, par l'intermédiaire de mon Christ, j'ai tenu mon corps dans ma pensée jusqu'à en abaisser les vibrations et lui permettre de prendre forme précisément dans cette pièce, où vous pouvez le voir. Où y a-t-il du mystère ? Est-ce que je n'emploie pas le pouvoir, la loi qui m'a été donnée par le Père au travers du Fils bien-aimé ? Ce Fils, n'est-ce pas vous, n'est-ce pas moi, n'est-ce pas toute l'humanité ? Où est le mystère ? Il n'y en a pas.

Rappelez-vous le grain de sénevé et la foi qu'il représente. Cette foi nous vient de l'Universel par l'intermédiaire du Christ intérieur déjà né en chacun de nous. Comme une parcelle minuscule, elle entre en nous par le Christ, notre pensée superconsciente, le siège de la réceptivité en nous. Alors il faut la transporter sur la montagne, le point le plus élevé en nous, le sommet de la tête, et la maintenir là. Il faut ensuite permettre au Saint-Esprit de descendre. Ici se place le commandement : Tu aimeras le Seigneur ton Dieu de tout ton cœur, de toute ton âme, de toute ta force, de toute ta pensée. Réfléchissez. Y êtes-vous ? Cœur, âme, force, pensée. Arrivé à ce point, qu'y a-t-il à faire, sinon de tout remettre à Dieu, au Saint-Esprit, à l'Esprit vivant dont je suis rempli ?

Ce Saint-Esprit se manifeste de bien des façons, souvent par de petites entités qui frappent à la porte et cherchent à entrer. Il faut les accepter, et permettre au

Saint-Esprit de s'unir à cet infime grain de foi. Il tournera autour et s'y agrégera, juste comme vous avez vu les particules de glace adhérer au cristal central. L'ensemble croîtra, morceau par morceau, couche par couche, comme le glaçon. Qu'arrivera-t-il nécessairement ? La foi s'extériorisera, s'exprimera. On continue, on multiplie, et l'on exprime le germe de foi jusqu'à ce que l'on puisse dire à la montagne de difficultés : « Ote-toi de là et jette-toi dans la mer », et ce sera fait. Appelez cela quatrième dimension ou autrement si vous préférez. Nous, nous l'appelons « Dieu qui s'exprime par le Christ en nous ».

Le Christ est né de cette manière. Marie, la mère modèle, perçut l'idéal, le maintint dans sa pensée, puis le conçut dans le sol de son âme. Il y fut maintenu un temps, puis extériorisé en tant qu'Enfant-Christ parfait, Premier-né, Fils unique de Dieu. Sa mère le nourrit, le protégea, lui donna le meilleur d'elle-même, le veilla, et le chérit jusqu'à son passage de l'enfance à l'adolescence. C'est ainsi que le Christ vient à nous, d'abord comme un idéal planté dans le terrain de notre âme, dans la région centrale où réside Dieu. Maintenu ensuite dans la pensée comme idéal parfait, il naît, exprimé comme l'Enfant parfait. Jésus le nouveau-né.

Vous avez vu ce qui a été accompli ici, et vous doutez de vos propres yeux. Je ne vous en blâme pas. Je vois l'idée d'hypnotisme dans la pensée de certains d'entre vous. Mes frères, il y en a donc parmi vous qui ne croient pas pouvoir exercer toutes les facultés innées de Dieu qu'ils ont vues se manifester ce soir. Avez-vous cru un instant que je contrôle votre pensée ou votre vue ? Croyez-vous que si je voulais je pourrais tous vous hypnotiser, car vous avez tous vu ? N'est-il pas rapporté dans votre Bible que Jésus entra dans une chambre dont les portes étaient fermées ? J'ai fait comme lui. Pouvez-vous supposer un instant que Jésus, le grand Maître, ait eu besoin de faire appel à l'hypnose ? Il employait les pouvoirs que Dieu lui avait donnés, comme je l'ai fait ce soir. Je n'ai rien fait que chacun de vous ne puisse faire aussi. Et vous n'êtes pas les seuls. Tout enfant né jadis ou maintenant dans ce monde dispose des mêmes pouvoirs. Je tiens à ce que tout soit clair dans votre esprit. Vous êtes des individualités, non des personnalités ni des automates. Vous avez votre libre arbitre. Jésus n'avait pas plus besoin d'hypnotiser que nous. Doutez de nous tant que vous voudrez, jusqu'à ce que votre opinion sur notre honnêteté ou notre hypocrisie se soit pleinement imposée. Écartez pour l'instant l'idée d'hypnose, ou du moins laissez-la passive jusqu'à ce que vous ayez approfondi le travail. Nous vous demandons simplement de garder l'esprit ouvert.

4

Notre prochain déplacement comportait un aller et retour latéral. Nous laissâmes donc sur place le gros de nos bagages et nous nous mîmes en route le lendemain matin vers un petit village situé à quelque trente-cinq kilomètres de là. Seul Jast nous accompagnait. Le sentier n'était pas des meilleurs et ses méandres étaient parfois difficiles à suivre à travers la forêt dense, caractéristique de ce pays. La région était rude et accidentée, le sentier ne paraissait guère fréquenté.

Nous eûmes parfois à frayer notre chemin à travers des vignes sauvages. A chaque retard, Jast manifestait de l'impatience. Nous nous en étonnâmes de sa part, lui qui était si bien équilibré. Ce fut la première et la dernière fois au cours de ces trois années et demie qu'il se départit de son calme. Nous comprîmes plus tard le motif de son impatience.

Nous arrivâmes à destination le même soir, fatigués

et affamés, car nous avions poussé de l'avant toute la journée avec une courte halte pour le repas de midi.

Une demi-heure avant le coucher du soleil, nous entrâmes dans le petit village qui abritait deux cents habitants. Quand le bruit se répandit que Jast nous accompagnait, tous vinrent à notre rencontre, les vieux comme les jeunes, avec tous leurs animaux domestiques. Bien que nous fussions l'objet d'une certaine curiosité, nous remarquâmes tout de suite que l'intérêt était centré sur Jast. Chacun le saluait avec un profond respect. Après qu'il eut dit quelques paroles, la plupart des villageois retournèrent vaquer à leurs occupations. Jast nous demanda si nous voulions l'accompagner pendant que l'on préparerait notre campement pour la nuit. Cinq des nôtres répondirent qu'ils préféraient se reposer des fatigues de la journée. Les autres et quelques villageois suivirent Jast vers l'autre extrémité de la clairière qui entourait le village.

Après l'avoir traversée, nous pénétrâmes dans la jungle, où nous ne tardâmes pas à rencontrer une forme humaine étendue par terre. Au premier abord, nous la prîmes pour un cadavre. Mais un second coup d'œil suffisait pour remarquer que la pose dénotait le calme du sommeil plutôt que celui de la mort. La figure était celle de Jast, ce qui nous laissa pétrifiés de stupeur. Soudain, tandis que Jast s'approchait, le corps s'anima et se leva. Le corps et Jast demeurèrent un instant debout face à face. Il n'y avait pas d'erreur possible ; les deux étaient Jast. Puis, soudain, le Jast qui nous avait accompagnés disparut, et il ne resta qu'un seul être debout devant nous. Tout se passa en moins de temps qu'il n'en faut pour le dire, et, chose étonnante, personne ne posa de questions.

Les cinq qui avaient préféré se reposer arrivèrent en courant, sans que nous les ayons appelés. Plus tard, nous leur demandâmes pourquoi ils étaient venus. Les réponses furent : « Nous ne savons pas », « Notre pre-

mier souvenir c'est que nous nous t......
debout en train de courir vers vous », « ......
rappelle un signal quelconque », « Nous ......
mes en train de courir vers vous et nou......
loin avant de savoir ce que nous faisions. ......

L'un de nous s'écria : « Mes yeux sont si grands
ouverts que je vois bien au-delà de la vallée de la mort.
Tant de merveilles me sont révélées que je suis incapable de penser. »

Un autre dit : « Je vois le monde entier triompher de
la mort. » Une citation me revient à l'esprit avec une
clarté aveuglante : « Le dernier ennemi, la mort, sera
vaincu. » N'est-ce pas l'accomplissement de ces paroles ? Nous avons des mentalités de pygmées à côté de
cet entendement gigantesque et pourtant si simple. Et
nous avons osé nous considérer comme des foudres
d'intelligence. Nous sommes des enfants. Je commence à comprendre les paroles : « Il faut que vous
naissiez de nouveau. » Comme elles sont vraies !

Le lecteur imaginera notre stupéfaction et notre
perplexité. Voici donc un homme qui nous avait
accompagnés et servis tous les jours, et qui pouvait à la
fois étendre son corps par terre pour protéger un
village et continuer ailleurs un service impeccable.
Nous fûmes forcés de nous remémorer les mots : « Le
plus grand parmi vous, c'est celui qui servira les
autres. » A partir de cet instant, la crainte de la mort
disparut chez nous tous.

Ces gens ont l'habitude de déposer un corps dans la
jungle devant un village, quand le pays est infesté de
maraudeurs à deux ou à quatre pattes. Le village est
alors à l'abri des déprédations humaines et animales,
comme s'il était situé dans un centre civilisé. Il était
évident que le corps de Jast avait reposé là pendant un
laps de temps considérable. Sa chevelure avait poussé
en broussaille et contenait des nids d'une espèce de
petits oiseaux particulière à ce pays. Ils avaient
construit leurs nids, élevé leurs petits, et ceux-ci
s'étaient envolés, d'où la preuve absolue du temps

pendant lequel ce corps était resté là, étendu et immobile. Ce genre d'oiseaux est très craintif. Au moindre dérangement, ils abandonnent leurs nids. Cela montre l'amour et la confiance dont ils avaient fait preuve.

Les tigres mangeurs d'hommes terrorisent les villageois, au point que ceux-ci cessent parfois toute résistance et croient que leur destinée est d'être dévorés. Les tigres entrent dans le village et choisissent leur victime. C'est devant l'un de ces villages, au cœur même d'une jungle épaisse, que nous vîmes le corps d'un autre homme étendu dans un but de protection. Ce village avait été assailli par des tigres mangeurs d'hommes qui avaient dévoré près de deux cents habitants. Nous vîmes un de ces tigres marcher apparemment avec les plus grandes précautions par-dessus les pieds de la forme étendue à terre. Deux de nous observèrent cette forme pendant près de trois mois. Quand ils quittèrent le village, elle était toujours intacte à la même place, et aucun mal n'était advenu aux villageois. L'homme lui-même rejoignit plus tard notre expédition au Tibet.

Il régna cette nuit-là une telle excitation dans notre camp que personne, sauf Jast, ne ferma l'œil. Lui dormait comme un enfant. De temps à autre, l'un de nous se levait pour le regarder dormir, puis se recouchait en disant à son voisin : « Pincez-moi pour que je voie si vraiment je suis éveillé. » Nous employâmes aussi de temps à autre des termes plus énergiques.

5

Nous nous levâmes avec le soleil et rentrâmes le même jour à notre point de départ, où nous arrivâmes juste avant la nuit. Nous installâmes notre camp sous un grand banian. Le lendemain matin, Emile vint nous dire bonjour. A notre pluie de questions, il répondit : Je ne m'étonne pas de vos demandes. Je répondrai de mon mieux, mais reporterai certaines réponses au moment où vous connaîtrez mieux nos travaux. Notez bien que j'emploie votre propre langage pour vous exposer le grand principe qui sert de base à nos croyances.

Quand chacun connaît la Vérité et l'interprète correctement, n'est-il pas évident que toutes les formes proviennent de la même source ? Ne sommes-nous pas liés indissolublement à Dieu, substance universelle de la pensée ? Ne formons-nous pas tous une grande famille ? Chaque enfant, chaque homme ne fait-il pas partie de cette famille, quelle que soit sa caste ou sa religion ?

Vous me demandez si l'on peut éviter la mort. Je répondrai par les paroles du Siddha : Le corps humain se construit en partant d'une cellule individuelle comme les corps des plantes et des animaux que nous aimons appeler frères plus jeunes et moins évolués. La cellule individuelle est l'unité microscopique du corps. Par un processus répété de croissance et de subdivision, l'infime noyau d'une cellule unique finit par devenir un être humain complet composé d'innombrables millions de cellules. Celles-ci se spécialisent en vue de différentes fonctions, mais conservent certaines caractéristiques essentielles de la cellule originelle. On peut considérer cette dernière comme la porteuse du flambeau de la vie animale. Elle transmet, de génération en génération, la flamme latente de Dieu, la vitalité de toute créature vivante. La lignée de ses ancêtres est ininterrompue et remonte au temps de l'apparition de la vie sur notre planète.

La cellule originelle est douée d'une jeunesse éternelle, mais qu'en est-il des cellules groupées sous forme de corps ? La jeunesse éternelle, flamme latente de la vie, est l'une des caractéristiques de la cellule originelle. Au cours de leurs multiples divisions, les cellules du corps ont retenu cette caractéristique. Mais le corps ne fonctionne comme gardien de la cellule individuelle que durant le court espace de la vie telle que vous la concevez actuellement.

Par révélation, nos plus anciens éducateurs ont perçu la vérité sur l'unité fondamentale des réactions vitales dans les règnes animal et végétal. Il est facile de se les imaginer haranguant leurs élèves sous le banian et leur tenant à peu près ce langage : Regardez cet arbre géant. Chez notre frère l'arbre et chez nous, les stades du processus vital sont identiques. Regardez feuilles et bourgeons aux extrémités du plus vieux des banians. Ne sont-ils pas jeunes, jeunes comme la graine d'où ce géant s'élança vers la vie ? Puisque leurs réactions vitales sont les mêmes, l'homme peut certainement bénéficier de l'expérience de la plante. De même que les feuilles et bourgeons du banian sont aussi jeunes que la cellule originelle de l'arbre, de même les groupes de cellules formant le corps de l'homme ne sont pas appelés à mourir par perte graduelle de vitalité. A l'instar de l'ovule ou cellule originelle, ils peuvent rester jeunes sans jamais se faner. En vérité, il n'y a pas de raison pour que le corps ne soit pas aussi jeune et chargé de vitalité que la semence vitale d'où il est issu. Le banian s'étend toujours, symbolisant la vie éternelle. Il ne meurt qu'accidentellement. Il n'existe aucune loi naturelle de décrépitude, aucun processus de vieillissement susceptible de porter atteinte à la vitalité des cellules du banian. Il en est de même pour la forme divine de l'homme. Il n'existe aucune loi de mort ou de décrépitude pour elle, sauf l'accident. Aucun processus inévitable de vieillissement des groupes de cellules humaines n'est susceptible de paralyser graduellement l'individu. La mort n'est donc qu'un accident évitable.

La maladie est avant tout l'absence de santé (en hindou : Santi). Santi est la douce et joyeuse paix de l'esprit, reflétée dans le corps par la pensée. L'homme subit généralement la décrépitude sénile, expression qui cache son ignorance des causes, à savoir l'état pathologique de sa pensée et de son corps. Une attitude mentale appropriée permet d'éviter même les accidents. Le Siddha dit : On peut préserver le tonus du corps et acquérir les immunités naturelles contre toutes les maladies contagieuses, par exemple contre la peste ou la grippe. Les Siddhas peuvent avaler des microbes sans tomber malades le moins du monde.

Rappelez-vous que la jeunesse est la graine d'amour plantée par Dieu dans la forme divine de l'homme. En vérité, la jeunesse est la divinité dans l'homme, la vie spirituelle, magnifique, la seule vivante, aimante, éternelle. La vieillesse est antispirituelle, laide, mortelle, irréelle. Les pensées de crainte, de douleur, et de chagrin engendrent la laideur appelée vieillesse. Les pensées de joie, d'amour, et d'idéal engendrent la beauté appelée jeunesse. L'âge n'est qu'une coquille contenant le diamant de la vérité, le joyau de la jeunesse.

Exercez-vous à acquérir une conscience d'enfant. Visualisez l'Enfant divin en vous-même. Avant de vous endormir, ayez conscience de posséder en vous un corps de joie spirituelle toujours jeune et beau. Pensez à votre intelligence, vos yeux, votre nez, votre bouche, votre peau, et au corps de l'Enfant divin. Tout cela est en vous, spirituel et parfait, dès maintenant, dès ce soir. Réaffirmez ce qui précède en le méditant avant de vous endormir paisiblement. Et le matin, en vous levant, suggestionnez-vous à haute voix en vous disant à vous-même : Eh bien, mon cher X..., il y a un alchimiste divin en toi.

Une transmutation nocturne se produit par le pouvoir de ces affirmations. L'Esprit s'épanouit du dedans, sature le corps spirituel, remplit le temple. L'alchimiste intérieur a provoqué la chute des cellules usées et fait apparaître le grain doré de l'épiderme nouveau, perpétuellement jeune et frais. En vérité, la manifestation de l'amour divin c'est l'éternelle jeunesse. Le divin alchimiste est dans mon temple, fabriquant continuellement de nouvelles cellules, jeunes et magnifiques. L'esprit de jeunesse est dans mon temple dans la forme de mon corps divin, et tout va bien. *Om Santi ! Santi ! Santi !* (Paix, paix, paix !)

Apprenez le doux sourire de l'enfant. Un sourire de l'âme est une détente spirituelle. Un vrai sourire possède une grande beauté. C'est le travail artistique de l'immortel Maître intérieur. Il est bon d'affirmer : « J'envoie de bonnes pensées au monde entier. Qu'il soit heureux et béni. » Avant d'aborder le travail du jour, affirmez qu'il y a en vous une forme parfaite, divine. « Je suis *maintenant* comme je le désire. J'ai quotidiennement la vision de mon être magnifique, au point d'en insuffler l'expression à mon corps. Je suis un Enfant divin, et Dieu pourvoit à mes besoins maintenant et toujours. »

Apprenez à être vibrant. Affirmez que l'amour infini remplit votre pensée, que sa vie parfaite fait vibrer tout votre corps. Faites que tout soit lumineux et splendide autour de vous. Cultivez l'esprit d'humour. Jouissez des rayons du soleil.

Toutes ces citations proviennent de l'enseignement des Siddhas. Leur doctrine est la plus ancienne qui soit connue. Elle date de milliers d'années avant les temps préhistoriques. Avant même que l'homme connût les arts les plus simples de la civilisation, les Siddhas allaient, de-çà de-là, enseignant par la parole et l'exemple la meilleure manière de vivre.

Les gouvernements hiérarchiques naquirent de cet enseignement. Mais les chefs s'écartèrent bientôt de la notion que Dieu s'exprimait à travers eux. Ils crurent être eux-mêmes les auteurs des œuvres... Perdant de vue l'aspect spirituel, et oubliant que tout vient d'une source unique, Dieu, ils se manifestèrent sous un aspect personnel et matériel. Les conceptions personnelles de ces chefs provoquèrent de grands schismes et une extrême diversité de pensées. Tel est pour nous le sens de la Tour de Babel.

Tout au long des âges, les Siddhas ont conservé la révélation de la vraie méthode par laquelle Dieu s'exprime à travers tous les hommes et toutes ses créations, se rappelant que Dieu est tout et se manifeste en tout. N'ayant jamais dévié de cette doctrine, ils ont préservé les grands fondements de la Vérité.

6

Comme nous avions un travail considérable à terminer avant de franchir les Himalayas, le village d'Asmah nous parut le meilleur quartier général. Le camarade que nous avions laissé à Potal pour observer Emile nous y rejoignit. Il rapporta qu'il avait parlé avec Emile jusque vers quatre heures de l'après-midi du jour où Emile devait nous recevoir à Asmah. Vers ce moment, Emile dit qu'il lui fallait aller au rendez-vous. Son corps devint aussitôt inerte, gisant comme endormi sur une couchette. Il resta dans cette position pendant trois heures environ, puis devint progressivement indistinct et disparut. C'était l'heure du soir où Emile nous recevait au logis d'Asmah.

La saison n'était pas assez avancée pour que nous entreprenions de franchir les cols. Je dis nous, les membres de notre petit détachement, qui en étions arrivés à nous considérer comme de simples entraves. Nos trois grands amis auraient pu franchir les étapes en bien moins de temps que nous, mais aucun d'eux ne se plaignait. C'est à dessein que je les appelle grands, car vraiment ils l'étaient par le caractère.

Nous fîmes beaucoup d'excursions à partir d'Asmah, tantôt avec Jast, tantôt avec Neprow. En chaque occasion, tous nous donnèrent la preuve de leurs remarquables qualités. L'une de ces excursions avait pour but un village où se trouvait un temple appelé Temple du Silence, ou Temple Non Construit par des Mains. Ce village contient le temple et les maisons des desservants. Il est situé sur l'ancien emplacement d'un village presque entièrement ravagé par les épidémies et les fauves. Emile, Jast et Neprow nous accompagnaient et nous dirent qu'en visitant ce lieu, les Maîtres n'avaient plus trouvé que de rares survivants parmi les trois mille habitants. Ils les soignèrent, après quoi fauves et épidémies disparurent. Les quelques survivants firent le vœu, dans le cas où ils seraient épargnés, de devenir servants de Dieu et de le servir de la manière que Dieu aurait choisie. Les Maîtres s'en allèrent. Plus tard, à leur retour, ils trouvèrent le temple bâti et les desservants occupés à leurs fonctions.

Ce temple est magnifique, situé sur une hauteur d'où l'on domine une vaste étendue de pays. Il est construit de pierres blanches et date de six mille ans. Jamais il n'a eu besoin de réparations. Si l'on fait sauter un éclat de l'un des moellons, il se répare tout seul. Nous en fîmes l'expérience.

Emile dit : Voici le Temple du Silence, le Lieu du Pouvoir. Silence étant synonyme de pouvoir, quand nous atteignons le lieu du silence dans notre pensée, nous sommes à l'endroit du pouvoir, où tout n'est qu'unité, un seul pouvoir, Dieu : « Soyez silencieux et sachez que je suis Dieu. » Pouvoir dispersé égale bruit. Pouvoir concentré égale silence. Quand nous concentrons, quand nous ramenons nos forces à un centre d'énergie unique, nous prenons contact avec Dieu dans le silence. Nous sommes unis à lui, donc unis à tout pouvoir. Tel est l'héritage de l'homme. « Mon Père et moi nous ne faisons qu'un. »

La seule manière d'être uni au pouvoir de Dieu, c'est d'entrer consciemment en contact avec Dieu. Cela ne peut se faire de l'extérieur, car Dieu émane de l'intérieur. « Le Seigneur est dans son saint temple. Que toute la terre fasse silence devant lui. »

Détournons-nous de l'extérieur vers le silence intérieur. Sans cela, nous ne saurions espérer d'union consciente avec Dieu. Nous comprendrons que son pouvoir est à notre disposition, et nous nous en servirons constamment. Alors, nous saurons que nous sommes unis à son pouvoir et nous comprendrons l'humanité. L'homme renoncera aux illusions de son amour-propre, constatera son ignorance et sa petitesse, et sera enfin prêt à s'instruire. Il verra que l'on ne peut rien enseigner aux orgueilleux et que seuls les humbles d'esprit peuvent percevoir la Vérité. Ses pieds reposeront sur le roc, il ne trébuchera plus, il acquerra le sens de l'équilibre et de la décision.

Au premier abord, il est peut-être malaisé de comprendre que Dieu est l'unique pouvoir, l'unique substance, l'unique intelligence. Mais à mesure que l'homme saisit la véritable nature de Dieu et l'extériorise activement, il prend l'habitude de se servir constamment de ce pouvoir, en mangeant, en courant, en respirant, en accomplissant les grandes tâches de sa vie. L'homme n'a pas appris à faire les œuvres majeures de Dieu, faute d'avoir compris l'immensité du pouvoir de Dieu et de savoir que l'on peut se servir de ce pouvoir pour les œuvres mineures.

Dieu n'écoute ni notre flot de paroles ni nos clameurs bruyantes répétées en vain. Il faut le rechercher au moyen de notre Christ intérieur, la connexion invisible que nous possédons avec lui en nous-mêmes. Adoré en esprit et en vérité, il écoute l'appel de l'âme sincèrement ouverte à lui. Quiconque prend contact avec le Père dans le secret constatera son pouvoir par la réalisation de tous ses désirs. Car le Père récompense publiquement quiconque le recherche dans le secret de l'âme et se tient là. Que de fois Jésus n'a-t-il pas fait allusion à ce contact individuel avec le Père. Il le maintenait perpétuellement et consciemment pour lui-même. Il parlait au Père comme à un interlocuteur présent. Quelle puissance cette relation intérieure secrète ne lui a-t-elle pas donnée. Il avait reconnu que Dieu ne parle pas dans le feu, la tempête, ou les tremblements de terre, mais au plus profond de nos âmes avec une petite voix tranquille.

Cette notion donne l'équilibre mental. On apprend à

aller jusqu'au bout d'une idée. D'anciennes idées disparaissent, de nouvelles s'adaptent. On découvre vite combien le système est simple et efficace. On prend l'habitude de rassembler tous les problèmes délicats pour les méditer pendant l'heure du silence. On ne les résoudra peut-être pas tous, mais on se familiarisera avec eux. Il ne sera plus nécessaire de se hâter et de lutter toute la journée avec le sentiment que le but échappe.

Il n'est personne de plus étranger à l'homme que lui-même. S'il veut connaître cet étranger, qu'il rentre dans son cabinet de travail et ferme la porte. Il y trouvera son plus dangereux ennemi et y apprendra à le maîtriser. Il y trouvera aussi son véritable moi, son ami le plus fidèle, son maître le plus sage, son conseiller le plus sûr... encore lui-même. C'est l'autel où brûle la flamme éternelle de Dieu, la source de toute bonté, de toute force, de toute puissance. Il saura que Dieu réside au plus profond du silence. C'est là aussi, au fond de soi, que réside le Saint des Saints, où tout désir de l'homme existe dans la Pensée de Dieu et se confond donc avec un désir de Dieu. On y sent, on y connaît l'intimité des relations entre Dieu et l'homme, entre le Père et le Fils, entre l'esprit et le corps. Et l'on y voit que la dualité apparente n'existe que dans la conscience humaine, car, en réalité, il y a unité.

Dieu remplit les cieux et la terre. Telle est la grande révélation qui vint à Jacob dans le silence. Il s'était endormi sur la pierre de la matérialité. Dans une éclatante illumination divine, il perçut que l'extérieur n'est que l'expression d'une image conçue intérieurement. Il en fut si impressionné qu'il s'écria : « Le Seigneur (la Loi) est certainement ici (dans la terre et le corps) et je ne le savais pas. Voici la Maison de Dieu et la porte du ciel. » A l'instar de Jacob, les hommes comprendront que la porte des cieux s'ouvre au travers de leur propre conscience.

Avant de pouvoir entrer dans l'endroit secret et silencieux du Très-Haut, il faut que chacun de nous gravisse cette « échelle de conscience » révélée à Jacob dans une vision. Il faut découvrir que nous sommes au centre de toute créature, unis à toutes les choses visibles et invisibles, baignés dans l'omniprésence et issus d'elle.

Dans sa vision, Jacob aperçut l'échelle joignant le ciel et la terre, avec des anges de Dieu qui y montaient et descendaient. Ce sont les idées de Dieu descendant du concept à la forme, et remontant ensuite au concept. La même révélation vint à Jésus quand « Les cieux lui furent ouverts » et lui dévoilèrent la magnifique loi de l'expression, selon laquelle les idées conçues dans la Pensée Divine en sortent pour se manifester dans des formes. Cette loi lui fut révélée avec une telle perfection qu'il aperçut aussitôt la possibilité de transformer, de changer toutes les formes en modifiant les états de conscience à leur égard.

Il fut d'abord tenté de changer des formes de pierre en pain pour calmer sa faim personnelle. Mais, en même temps que la révélation, il reçut l'interprétation exacte de la loi de manifestation. Les pierres, comme d'ailleurs toutes les formes visibles, sont issues de la Substance de la Pensée Universelle, c'est-à-dire de Dieu. Elles sont les vraies expressions de sa Pensée. Toute chose désirée, mais encore dépourvue de forme, existe dans cette Substance Universelle qui est prête pour la création, prête à s'extérioriser pour satisfaire tout désir. La nécessité de pain servit à démontrer que la matière constituante du pain est à portée de la main et disponible en quantités illimitées. Cette matière, ou essence de toutes choses, peut se transformer en pain ou en pierres. Quand l'homme désire le bien, son désir est celui de Dieu. La Substance Universelle qui nous entoure contient donc une source intarissable de ce qui est nécessaire pour satisfaire tout bon désir. Il nous suffit d'apprendre à nous servir de ce que Dieu a créé à l'avance pour nous. Il souhaite que nous nous en servions pour échapper aux limitations et devenir « abondamment libres ».

Quand Jésus disait : « Je suis la porte », il voulait dire que « JE SUIS » dans chaque âme est la porte par laquelle Dieu, le grand « JE SUIS », exprime sa vie, son pouvoir, et sa substance à travers l'individu. « JE SUIS » s'exprime sur un mode unique en quatre stades : le concept, la pensée, la parole, et l'acte. Ce pouvoir, cette substance, cette intelligence, L'ÉTERNEL sont modelés par la conscience. C'est pourquoi le Maître a dit : « Qu'il en soit fait selon votre foi. » Et aussi : « Tout est possible à celui qui croit. »

Dieu est donc dans l'âme en tant que pouvoir, substance, intelligence. Parallèlement, il est dans l'esprit en tant que sagesse, amour, et vérité. Nous avons vu que Dieu prend forme par la conscience. La conscience, c'est l'homme. Elle baigne dans la pensée infinie de Dieu. Elle découle du concept, de la croyance, qui existe dans la pensée. C'est la croyance à la séparation d'avec l'Esprit qui provoque la vieillesse et la mort corporelle. Sachez que l'Esprit est tout et que la forme est continuellement issue de l'Esprit. Vous comprendrez alors que ce qui est né d'esprit est esprit.

La conscience nous révèle une deuxième grande vérité : chaque individu étant un concept de la Pensée divine est maintenu dans cette pensée comme une idée parfaite. Nul ne se conçoit lui-même. Nous avons tous été parfaitement conçus. Nous restons toujours des créatures parfaites dans la pensée parfaite de Dieu. Quand cette idée s'empare de notre conscience, nous prenons contact avec la Pensée divine et nous pouvons concevoir nous-même ce que Dieu a déjà conçu pour nous. C'est ce que Jésus appelait la nouvelle naissance. Tel est le grand don que nous offre le Silence. Notre contact avec la Pensée de Dieu nous permet de penser par elle et de nous connaître tels que nous sommes en réalité. L'homme prend contact avec la Pensée de Dieu par la vraie méditation, et en forme alors une expression véritable.

Actuellement, par nos croyances fausses, nous en

avons formé une expression fausse. Mais, que la forme soit parfaite ou imparfaite, l'Etre de la forme reste le pouvoir, la substance, et l'intelligence parfaite de Dieu. Il ne s'agit pas de changer l'Etre de la forme, mais la forme donnée à l'Etre. Pour cela, il faut renouveler notre pensée, transformer le concept imparfait en concept parfait, changer la pensée d'homme en pensée de Dieu. Il y a donc un intérêt majeur à trouver Dieu, à prendre contact avec lui, à s'unir à lui, à l'extérioriser en expression.

Le silence n'est pas moins important. Il faut forcer l'imagination personnelle à se taire pour permettre à la Pensée de Dieu d'illuminer la conscience de toute sa splendeur. Alors on comprend comment le soleil de justice (de bon usage) se lève, portant la guérison dans ses ailes. La Pensée de Dieu inonde la conscience comme le soleil inonde une chambre obscure. La Pensée Universelle pénètre dans la pensée individuelle comme l'air pur dans un local renfermé. Il se produit entre le majeur et le mineur un mélange grâce auquel le mineur ne fait plus qu'un avec le majeur. L'impureté provient de la séparation du mineur d'avec le majeur. La pureté résulte de leur union. Il n'y a plus qu'un seul air pur, bon et sain. Telles sont l'unité de Dieu et l'union de toutes choses avec lui. La séparation a causé péché, maladie, misère et mort. L'union est cause de santé.

La descente des anges sur l'échelle de la conscience, c'est la rupture de l'unité. Leur montée, c'est sa reconstitution. La descente est bonne, car l'unité peut s'exprimer par la diversité sans qu'il y ait concept de séparation. On se trompe quand on se met à l'extérieur, au point de vue personnel, pour regarder la diversité et qu'on la prend pour une séparation. Chaque âme a pour tâche principale d'élever son point de vue personnel à une telle hauteur de conscience qu'il se fond avec le tout. Tous peuvent se rencontrer dans un même accord et un même lieu. C'est l'endroit de la conscience où nous comprenons que toutes les créatures visibles et invisibles ont leur origine en Dieu.

Alors nous nous tenons sur la Montagne de la Transfiguration. Au début, nous voyons Jésus, et avec lui Moïse et Elie, ou, en d'autres termes, le Christ (le pouvoir humain de connaître Dieu), la Loi, et la Prophétie. Nous songeons à leur construire trois temples. Mais la signification profonde de la vision apparaît. Il nous est donné de constater l'immortalité de l'homme. Nous comprenons que son identité ne se perd jamais, que l'Homme-Dieu est immortel et éternel. Alors, Moïse (la Loi) et Elie (la Prophétie) disparaissent, et le Christ reste debout, seul et suprême. Nous comprenons que nous avons un seul temple à bâtir, celui du Dieu vivant à l'intérieur de nous-mêmes. Alors le Saint-Esprit remplit la conscience, et les illusions sensuelles du péché, de la maladie, de la misère, et de la mort cessent d'exister. Tel est le grand but du Silence.

Ce temple, dont vous pouvez casser un fragment et voir l'ébréchure se réparer seule instantanément, ne fait que symboliser celui de notre corps, dont Jésus a parlé, le temple non construit de main d'homme, éternel dans les cieux, celui que nous avons à extérioriser ici, sur la terre.

7

A notre retour, nous trouvâmes une quantité d'étrangers rassemblés à Asmah. Ils venaient des environs. Un certain nombre de Maîtres se groupaient en vue d'un pèlerinage à un village éloigné de près de quatre cents kilomètres. Cela nous étonna, car nous avions excursionné dans cette direction et constaté qu'à cent vingt kilomètres la piste s'enfonçait dans un désert sablonneux. Ce désert était d'ailleurs plutôt un haut plateau couvert de dunes mouvantes sous l'action des vents, et où la végétation était fort maigre. Au-delà, la piste escaladait une petite chaîne de montagnes formant un contrefort des Himalayas. Le soir, nous fûmes invités à nous joindre au pèlerinage. On devait partir le lundi suivant. On nous prévint qu'il était inutile d'emporter nos bagages les plus lourds parce que nous reviendrions à Asmah avant de franchir la chaîne principale des Himalayas.

Jast et Neprow avaient naturellement tout préparé, et le lundi matin, de très bonne heure, nous nous joignîmes aux trois cents partants. La plupart souffraient d'infirmités dont ils espéraient guérir. Tout alla bien jusqu'au samedi. Mais alors éclata le plus effroyable orage dont il nous eût été donné d'être témoins. Pendant trois jours et trois nuits il tomba des trombes d'eau qui étaient, paraît-il, annonciatrices de l'été. Nous étions campés dans un endroit très confortable, et l'orage ne nous gêna en rien. Nous avions surtout peur pour le ravitaillement, sachant qu'un retard prolongé serait très ennuyeux pour tous les intéressés. En effet, ceux-ci n'avaient apporté de vivres que le strict nécessaire pour le voyage, sans tenir compte des retards possibles. Le retard nous paraissait doublement grave, car nous n'apercevions pas d'autre solution que de retourner à Asmah pour recompléter nos provisions. Or, cela impliquait près de deux cents kilomètres à parcourir, dont la majeure partie à travers le désert de sable déjà décrit.

Le jeudi matin, un soleil radieux se leva par temps clair, et nous songeâmes à nous remettre en route. Mais on nous informa qu'il était préférable d'attendre le séchage de la piste et la baisse des rivières. Le voyage serait plus aisé. L'un de nous fit part de notre crainte unanime de voir nos provisions s'épuiser. Emile, qui avait la responsabilité du ravitaillement, vint nous dire : Inutile d'avoir peur. Dieu ne prend-il pas soin de ses créatures, grandes ou petites, et ne sommes-nous pas ses créatures ? Regardez ces quelques grains de blé, de semence de blé. Je les plante. Cet acte affirme que j'ai besoin de blé, j'ai formé du blé dans mon esprit. J'ai accompli la loi, et le blé poussera en son temps. Le processus de la Nature pour la levée du blé est long et ardu. Est-il indispensable pour nous de subir l'attente pénible de cette lente croissance ?

Pourquoi ne pas faire appel à une loi supérieure plus parfaite pour faire pousser le blé ? Il suffit de se recueillir, de voir le blé en idéal, et voici des grains de blé prêts à être moulus. Si vous en doutez, ramassez-les, faites-en de la farine, et cuisez le pain.

En effet, il y avait devant nous du blé mûr et battu dont nous prîmes les grains pour les moudre et en faire du pain. Emile continua : Vous avez vu et cru. Mais pourquoi ne pas faire appel à une loi encore plus parfaite et produire un objet encore plus parfait, c'est-à-dire exactement celui qu'il nous faut : du pain ? Vous allez voir que cette loi plus parfaite − plus subtile, diriez-vous − me permet de produire exactement ce dont j'ai besoin : du pain.

Tandis que nous étions là, sous le charme, une grande miche apparut dans les mains d'Emile, puis d'autres qu'il plaça sur la table jusqu'à ce qu'il y en eût quarante. Emile observait : Vous voyez qu'il y en a assez pour tous. S'il n'y en avait pas assez, il en viendrait d'autres jusqu'à ce qu'il en ait en excédent.

Nous mangeâmes tous de ce pain et le trouvâmes très bon.

Emile continua : Quand Jésus demanda à Philippe en Galilée : « Où achèterons-nous du pain ? » c'était pour l'éprouver. Jésus savait bien qu'il était inutile d'acheter le pain dont la foule avait besoin, ou de se le procurer sur les marchés commerciaux alors existants. Il saisit l'occasion de montrer à ses disciples la puissance du pain levé ou accru grâce à l'Esprit. Que de fois les hommes ont le même concept matériel que Philippe ! Il calculait comme le font consciemment les hommes d'aujourd'hui : J'ai tant de pain, tant de provisions, ou tant d'argent visible.

Jésus avait reconnu qu'en vivant dans la conscience du Christ, on ne connaît pas de limitations. Il tourna ses regards vers Dieu, source et créateur de tout, et le remercia de laisser toujours à portée de la main des hommes le pouvoir et la substance nécessaires pour satisfaire tous leurs besoins. Il rompit donc le pain et le fit distribuer par ses disciples. Et quand tout le monde fut rassasié, il y en avait encore douze paniers de reste. Jésus ne comptait jamais sur le surplus du voisin pour se nourrir ou nourrir les autres. Il enseigna que nos provisions sont à portée de la main dans la Substance Universelle où il y a provision de tout. Il nous suffit d'extérioriser cette substance pour créer tout.

C'est également ainsi qu'Elisée multiplia l'huile de la veuve. Il ne fit pas appel au possesseur d'un excédent d'huile, sans quoi ses ressources auraient été limitées. Il prit contact avec l'Universel, et il n'y eut d'autre limite à l'abondance que la capacité des récipients. L'huile aurait coulé jusqu'à nos jours s'il y avait eu des vases pour la contenir.

Emile continua : Il n'y a là aucun phénomène hypnotique. Aucun de vous n'a le sentiment d'être hypnotisé. Mais il y a autohypnotisme au premier chef dans votre croyance que chacun ne peut ni accomplir le parfait travail de Dieu, ni créer l'ambiance et les objets désirés. Le besoin n'est-il pas le désir de créer ? Au lieu de vous épanouir et de créer conformément à la volonté de Dieu, vous vous recroquevillez dans vos coquilles et vous dites : « Je ne peux pas. » Par auto-suggestion, vous finissez par croire que vous êtes une entité séparée de Dieu. Vous déviez de votre voie parfaite, vous manquez le but de votre création. Vous ne laissez pas Dieu s'exprimer par vous comme il le désire.

Jésus le grand Maître n'a-t-il pas dit : « Les œuvres que je fais, vous les ferez aussi, et vous en ferez même de plus grandes » ? L'homme, dans son véritable domaine, est Fils de Dieu. La vraie mission de Jésus sur terre ne fut-elle pas de montrer que dans ce domaine l'homme peut créer aussi parfaitement et harmonieusement que Dieu ? Quand Jésus ordonna à l'aveugle de se laver les yeux dans l'étang de Siloé, n'était-ce pas pour ouvrir les yeux de la foule et montrer qu'il était envoyé par le Père pour créer exactement comme le Père ? Jésus voulait que chacun de nous en fît autant par la connaissance du Christ en soi-même et chez autrui.

Je peux faire un pas de plus. La miche que j'ai reçue et tenue dans mes mains se consume comme brûlée par le feu. Qu'est-il arrivé ? J'ai fait mauvais usage de la loi parfaite qui a matérialisé mon concept. J'ai brûlé ce que j'ai fait naître. Ce faisant, j'ai mésusé de cette loi parfaite, aussi précise que celles qui régissent la musique. Si je persistais à en mésuser, non seulement cette loi brûlerait mes créations, mais elle me consumerait moi-même, le créateur.

Le pain est-il réellement détruit ? Admettons que sa forme soit simplement changée, car au lieu de la miche il ne reste qu'un peu de cendre. La miche n'est-elle pas retournée à l'Universel d'où elle est issue ? N'est-elle pas maintenant, sous forme non manifeste, dans l'attente d'une nouvelle manifestation ? N'est-ce pas le cas de toutes les formes qui disparaissent de notre champ visuel par le feu, la décrépitude, ou autrement ? Ne retournent-elles pas à Dieu, la Substance Universelle d'où elles sont issues ? Cela n'illustre-t-il pas la phrase : « Ce qui descend des cieux doit remonter aux cieux » ?

Tout récemment, vous avez vu se former de la glace sans cause apparente. Toutefois, il y avait une cause, la même qui crée le pain. Je peux me servir de la loi tant que j'emploie le pain ou la glace au profit de l'humanité, ou bien tant que je travaille avec l'amour de la loi, en accord avec elle, ou bien encore que je manifeste mon expression selon le désir de Dieu. Il est bon de faire du pain, de la glace, ou un objet désiré. Chacun devrait se hâter vers le lieu où l'on peut faire toutes ces choses. Ne voyez-vous pas qu'il faut vous servir de la loi la plus haute, la loi absolue de Dieu ? Vous produirez ce dont vous avez besoin et ce que vous avez conçu en pensée comme votre plus haut idéal ! Vous plairez davantage à Dieu en vous manifestant plus complètement, à condition de savoir comme Jésus que vous êtes des fils parfaits de Dieu.

N'y voyez-vous pas la libération de l'esclavage commercial et de toutes les autres formes de servitude ? J'ai la vision de l'esclavage commercial devenant, d'ici peu d'années, la pire des servitudes. S'il progresse à son allure actuelle, il dominera l'homme corps et âme. Il est ensuite inévitable qu'il se consume lui-même avec tous les intéressés. A ses débuts, l'esprit commercial se trouvait très certainement sur un plan spirituel fort élevé. Mais on permit au matérialisme de s'infiltrer jusqu'au point où le pouvoir qui servit à créer le commerce devint le pouvoir qui le détruira. D'ailleurs, tout pouvoir créateur dont on mésuse devient destructeur.

Mais, vues sous un autre angle, la pression commerciale et ses frontières étouffantes ne nous font-elles pas sentir qu'il faut en triompher ? Pour y parvenir, ne suffit-il pas de constater que notre rôle est de faire les œuvres parfaites du Père, d'élever notre conscience à celle de Christ ? N'est-ce pas cela que Jésus nous enseigna sur terre ? Sa vie entière n'en donne-t-elle pas l'exemple ?

Chers frères, pourquoi ne voyez-vous pas qu'au commencement était la Parole, que la Parole était avec Dieu, et que la Parole était Dieu ? A cette époque, tous les êtres formés plus tard existaient sous forme non manifestée dans la Substance Universelle. Certains disent qu'ils étaient dans le chaos. Dans son sens primitif, ce mot veut dire réalité, car l'Esprit est la réalité. On l'interprète de travers en lui attribuant le sens de turbulence, de guerre des éléments, au lieu du profond sens spirituel de réalité, une réalité qui attend la prononciation de la parole précise et créatrice permettant aux créatures de jaillir sous forme manifestée.

Quand Dieu voulut créer le monde en partant de la Substance Universelle, il resta paisible et contemplatif. En d'autres termes, il eut la vision d'un monde idéal. Il maintint la Substance essentielle du monde dans sa pensée pendant le temps voulu pour en abaisser les vibrations, puis il prononça la parole, et le monde prit forme. Dieu avait fait un monde mental dans lequel la Substance initiale pouvait couler, et le monde fut créé selon la forme, le moule parfait, le modèle que Dieu avait médité.

Mais Dieu aurait pu garder la pensée du monde jusqu'au Jugement dernier. Il aurait pu souhaiter indéfiniment que le monde prît forme et devînt visible. S'il n'avait pas lancé la parole dans l'éther informe, rien n'aurait été créé ou exprimé sous forme visible. Pour amener des résultats visibles ou extérioriser des formes ordonnées, il est nécessaire, même pour un Créateur infini et omnipotent, de prononcer résolument la parole précise : « Que la lumière soit. » Il faut donc que nous franchissions nettement ce pas.

Dieu maintient dans sa Pensée le monde idéal et parfait dans ses moindres détails. Il faut que ce monde s'extériorise sous forme de ciel, demeure parfaite où tous ses enfants, créatures et créations, peuvent habiter paisiblement et harmonieusement. Tel est le monde parfait que Dieu a vu au commencement et dont il hâte la venue par sa pensée, maintenant comme toujours. La survenance de sa manifestation effective ne dépend que de notre acceptation. Réunissons-nous à l'endroit unique, sachons que nous sommes tous unis, ne formant qu'un seul homme. Nous sommes tous membres du corps de Dieu, tout comme un de nos membres est une partie de notre corps entier. Sachons cela et nous demeurerons dans le Royaume de Dieu, membres du royaume qui est le ciel, ici, maintenant sur la terre.

Pour rendre le ciel manifeste, sachez qu'il ne

contient rien de matériel. Tout y est spirituel. Le ciel est un état de conscience parfait, un monde parfait sur terre, ici et maintenant. Il nous suffit de l'accepter. Il est là, autour de moi, attendant que j'ouvre mon œil intérieur grâce auquel mon corps deviendra lumière. Cette lumière n'est ni celle du soleil ni celle de la lune, mais celle du Père, et le Père est là, au plus profond de mon être. Rien n'est matériel, tout est spirituel. Pour réaliser ce monde merveilleux donné par Dieu qui est là, ici et maintenant, il faut le connaître en pensée.

C'est ainsi que Dieu a tout créé. Il commença par rester paisible et contemplatif, puis vit la lumière et dit : « Que la lumière soit. » Et la lumière fut. Toujours de la même manière il dit : « Qu'il y ait un firmament. » Et il en fut comme il avait dit. Et ainsi de suite il maintint fermement chaque forme ou idéal dans sa pensée, prononça la parole, et l'idéal fut manifesté.

Il en est de même pour l'homme. Dieu dit : « Faisons l'homme à notre image et à notre ressemblance, et donnons-lui le pouvoir de dominer tout. » Dieu, le Bien total, créa toutes choses bonnes, et en dernier lieu l'homme, la plus grande de toutes, avec pouvoir sur les autres créatures. Alors, l'homme ne voyait que le bien, et tout alla bien jusqu'à ce qu'il se séparât de Dieu et aperçût une dualité. Puis l'homme créa la dualité par sa pensée, d'une part le bien et d'autre part, le contraire du bien. Car s'il y a dualité, il faut qu'il y ait deux antonymes, le bien et le mal. Le mal résulte donc de la capacité parfaite de l'homme de créer ce qu'il voit en pensée. S'il n'avait pas vu le mal, le mal n'aurait pas eu de pouvoir, n'aurait pas été exprimé. Seul, le bien serait exprimé, et nous serions aussi parfaits que Dieu nous voit aujourd'hui. Le ciel aurait toujours été sur terre comme Dieu le voit et comme il faut que nous le voyions tous pour le manifester. Jésus avait parfaitement le droit de dire qu'il venait du ciel, car nous venons tous du ciel, la grande Substance Universelle de la Pensée.

Depuis que l'homme a été créé à l'image et à la

ressemblance de Dieu, il a reçu le pouvoir de créer exactement comme Dieu ; et Dieu s'attend à ce que l'homme use de son pouvoir aussi librement que lui, et exactement de la même manière. Il faut d'abord percevoir le besoin, puis concevoir le bien, l'idéal destiné à remplir le moule maintenu dans la conscience, puis le remplir de la Substance Universelle de Pensée. Il faut enfin prononcer la parole, dire que le moule est plein, et il en est ainsi, et c'est bien.

Lors de la crucifixion, Jésus donna sa chair, son extérieur, son corps visible, pour démontrer l'existence réelle d'un corps spirituel plus profond. C'est ce corps-là qu'il manifesta au sortir de sa tombe. C'est le même dont il parle en disant : « Détruisez ce temple, et je le rebâtirai en trois jours. » Il a voulu nous montrer que nous possédons le même corps spirituel que lui et que nous pouvons faire les mêmes œuvres que lui. Indubitablement Jésus aurait pu échapper à la croix s'il l'avait voulu. Il avait vu qu'un grand changement se produisait dans son corps. Les gens de son entourage étaient incapables de voir ce changement et de bénéficier eux-mêmes de cet exemple. Ils continuaient à considérer le corps comme uniquement matériel. Ils seraient restés incapables de voir la différence entre le matériel et le spirituel si Jésus avait manifesté son corps spirituel sans le faire précéder d'un grand changement dans son corps matériel. C'est pour provoquer ce changement qu'il accepta le chemin de la croix.

Tel est le Christ dans l'homme que le grand maître Jésus, universellement aimé et respecté, est venu manifester. N'a-t-il pas consacré sa vie terrestre à nous montrer le parfait chemin vers Dieu ? Il est impossible de ne pas aimer ce chemin idéal une fois qu'on l'a vu, soit dans la plantation des graines, soit dans les millions d'actes nécessaires à l'entretien de la vie. Toutes ces leçons nous conduisent à notre plein développement. Nous y parviendrons un jour en voyant que nous sommes vraiment des fils de Dieu et non des esclaves. Etant Fils, nous avons accès à tout ce que possède le Père, nous possédons tout et nous pouvons nous en servir aussi librement que le Père.

J'admets qu'au début cela exige une foi immense. Il faut la faire grandir petit à petit et la pratiquer fidèlement comme la musique ou les mathématiques jusqu'à ce que l'on arrive au stade de la connaissance. Alors on est libre, grandiosement, magnifiquement libre. Il n'est pas de meilleur exemple de ce genre de vie que celle de Jésus. Ne pouvez-vous pas reconnaître le pouvoir inclus dans son nom, Jésus, le Christ rendu manifeste, Dieu se manifestant dans la chair de l'homme ? Jésus en était arrivé au point où il se fiait entièrement à sa profonde intelligence de Dieu, et c'est ainsi qu'il accomplissait ses œuvres puissantes. Il ne comptait ni sur le pouvoir de sa propre volonté ni sur la forte concentration de ses pensées, mais bien sur la volonté de Dieu : « Que ta volonté soit faite, ô mon Dieu, et non la mienne. » Jésus voulait toujours faire la volonté de Dieu, faire ce que Dieu voulait qu'il fît.

On dit souvent que Jésus se retirait sur une haute montagne. Je ne sais s'il y montait physiquement ou non, mais je sais qu'il nous faut tous monter dans les hauteurs, dans les plus grandes hauteurs de la conscience, pour recevoir l'illumination. Ces hauteurs sont au sommet de la tête, et si les facultés n'y sont pas développées, il faut les développer par des pensées spirituelles. Ensuite, il faut laisser l'amour se répandre à partir du cœur, centre de l'amour, pour équilibrer la pensée. Cela fait, le Christ se révèle. Le fils de l'homme perçoit qu'il est Fils de Dieu, le Fils Unique en lequel le Père trouve son plaisir. Enfin, il faut vivre cela pour tous, avec un amour continuel.

Arrêtez-vous un instant et réfléchissez profondément. Imaginez les innombrables grains de sable des plages, les innombrables gouttes d'eau des océans, les innombrables formes de vie qui pullulent dans les eaux, les innombrables particules rocheuses de l'écorce terrestre, le nombre immense d'arbres, de plantes, de fleurs, et d'arbrisseaux qui poussent sur le sol, les innombrables formes de vie animale sur la terre. Tout cela est l'extérieur de l'idéal maintenu dans la grande Pensée Universelle de Dieu.

Songez maintenant aux innombrables âmes nées sur terre. Chacune d'elles est l'expression d'une image idéale de Dieu tel qu'il se voit lui-même. Chacune a reçu le même pouvoir que Dieu pour dominer sur tout. Ne croyez-vous pas que Dieu désire voir l'homme développer ses qualités divines et accomplir les œuvres de Dieu grâce à l'héritage du Père, grande Pensée Universelle qui est en tout et au-dessus de tout ? Comprenez que chacun de nous est une expression (hors de l'invisible, de l'Esprit) dans un moule visible, dans une forme par laquelle Dieu aime à s'exprimer. Quand nous savons cela et l'acceptons, nous pouvons vraiment dire comme Jésus : « Regardez, voici un Christ. » C'est ainsi qu'il atteignit la maîtrise sur le monde charnel. Il a reconnu, proclamé, et accepté sa divinité, puis vécu la vie sainte comme il faut que nous la vivions.

8

Après huit jours d'arrêt, nous levâmes le camp un lundi matin et continuâmes notre chemin. L'après-midi du troisième jour, nous arrivâmes au bord d'une grande rivière, large de six ou sept cents mètres, et coulant à pleins bords à une vitesse d'au moins cinq mètres par seconde. On nous informa qu'en temps ordinaire on pouvait facilement passer à gué. Nous décidâmes alors de camper jusqu'au lendemain pour observer la crue ou la décrue des eaux.

Nous apprîmes que l'on pouvait traverser la rivière sur un pont situé en amont, mais que cela impliquait un détour de quatre jours par des chemins très pénibles. Nous pensâmes que si l'eau baissait, il serait plus simple d'attendre quelques jours sur place. La démonstration avait été faite qu'il n'y avait pas à nous inquiéter du ravitaillement. En effet, depuis le jour où nos provisions furent épuisées jusqu'au retour à notre quartier général d'Asmah, c'est-à-dire pendant soixante-quatre jours, toute la compagnie, comprenant plus de trois cents pèlerins, fut abondamment nourrie avec des vivres provenant « de l'invisible ».

Jusqu'alors, aucun de nous n'avait compris le vrai sens des événements auxquels nous avions assisté. Nous étions incapables de voir que tout s'accomplissait en vertu d'une loi précise dont chacun peut se servir.

Le lendemain matin, au petit déjeuner, il y avait cinq étrangers dans le camp. On nous les présenta comme faisant partie d'un groupe campé de l'autre côté de la rivière et revenant du village où nous nous rendions. Nous ne prêtâmes guère attention à ce détail, supposant naturellement qu'ils avaient trouvé un bateau pour traverser. L'un de nous dit alors : Si ces gens-là ont un bateau, pourquoi ne nous en servirions-nous pas pour traverser ? Nous entrevoyions déjà une issue à nos difficultés, mais on nous informa qu'il n'y avait pas de bateau parce que le passage n'était pas assez fréquenté pour en justifier l'entretien.

Après le casse-croûte, nous nous rassemblâmes tous sur la berge de la rivière. Nous remarquâmes qu'Emile, Jast, Neprow, et quatre personnes de notre bord causaient avec les cinq étrangers. Jast vint vers nous, disant qu'ils aimeraient tous traverser la rivière avec les cinq étrangers pour passer un moment dans l'autre camp. On avait le temps, car on avait décidé d'attendre jusqu'au lendemain pour observer les signes de décrue. Bien entendu, notre curiosité s'éveilla. Nous estimions quelque peu téméraire de vouloir franchir à la nage un courant aussi rapide, juste pour dire bonjour à un voisin. Nous n'imaginions pas que la traversée pût s'accomplir autrement.

Quand Jast eut rejoint le groupe, les douze hommes tout habillés se dirigèrent vers la berge, et avec le calme le plus parfait mirent le pied *sur* l'eau, je ne dis pas *dans* l'eau. Je n'oublierai jamais mes impressions en voyant ces douze hommes passer l'un après l'autre de la terre ferme sur l'eau courante. Je retins ma respiration, m'attendant naturellement à les voir s'engloutir et disparaître. Je pus me rendre compte plus tard que tous mes camarades avaient pensé comme moi. Mais sur le moment, chacun de nous resta suffoqué jusqu'à ce que les douze eussent passé la moitié de la rivière, tellement nous étions surpris de les voir marcher tranquillement à la surface, sans la moindre gêne, et sans que l'eau montât au-dessus de la semelle de leurs sandales. Quand ils passèrent de la rivière sur la berge opposée, j'eus l'impression qu'on m'enlevait des épaules un poids de plusieurs tonnes. Je crois qu'il en fut de même pour tous mes camarades à en juger par leur sourire de soulagement au moment où le dernier des douze eut achevé la traversée. Ce fut certainement pour nous une expérience sans précédent.

Les sept qui appartenaient à notre camp revinrent déjeuner. Bien que notre surexcitation fût moins grande lors de cette seconde traversée, chacun de nous poussa un soupir de soulagement quand ils furent tous remontés sur notre berge. Aucun de nous n'avait quitté le bord de la rivière ce matin-là. Nous ne fîmes pas beaucoup de commentaires sur l'événement, étant absorbés dans nos propres pensées.

L'après-midi, on constata qu'il nous faudrait faire le grand détour par le pont pour traverser la rivière. Nous nous levâmes de bonne heure le lendemain matin, prêts à faire le détour. Avant notre départ, cinquante-deux hommes de notre camp marchèrent tranquillement vers la rivière et la traversèrent comme les douze de la veille. On nous dit que nous pouvions traverser avec eux, mais aucun de nous n'eut assez de foi pour essayer. Jast et Neprow insistèrent pour faire le détour avec nous. Nous tentâmes de les en dissuader, disant que nous pouvions très bien suivre la colonne et leur éviter ce trajet fastidieux. Ils ne cédèrent pas et nous accompagnèrent, disant que cela ne présentait aucun inconvénient pour eux.

Pendant les quatre jours que nous prîmes pour rejoindre ceux qui avaient traversé en marchant sur l'eau, nous n'eûmes pas d'autre sujet de conversation ni de réflexion que les événements remarquables dont nous avions été témoins pendant notre court séjour avec ces gens merveilleux. Au second jour, nous montions péniblement une pente raide en plein soleil, quand notre chef de détachement, qui n'avait pas dit grand-chose depuis quarante-huit heures, s'écria soudain : Mes garçons, pourquoi l'homme est-il obligé de ramper et de se traîner sur la terre ?

Nous répondîmes en chœur qu'il avait exactement exprimé notre pensée.

Il continua : Comment se fait-il que si certains peuvent faire ce que nous avons vu, tous ne soient pas capables d'en faire autant ? Comment se fait-il que les hommes soient satisfaits de ramper, et non seulement satisfaits, mais forcés de ramper ? Si l'homme a reçu pouvoir de dominer sur toute créature, il doit certainement pouvoir voler plus haut que les oiseaux. S'il en est ainsi, pourquoi n'a-t-il pas affirmé sa domination depuis longtemps ? La faute en est sûrement à la pensée humaine. Tout a dû arriver par suite de la conception matérielle que l'homme se fait de lui-même. Dans sa propre pensée, il ne s'est jamais vu que rampant. Il ne peut donc que ramper.

Jast saisit la balle au bond : Vous avez parfaitement raison, tout vient de la conscience de l'homme. Selon ce qu'il pense, il est limité ou illimité, libre ou esclave. Croyez-vous que les hommes que vous avez vus marcher hier sur la rivière pour s'éviter notre détour fastidieux soient des créatures spéciales et privilégiées ? Non, ils ne diffèrent en rien de vous par leur création. Ils n'ont pas été doués d'un atome de pouvoir de plus que vous. Ils ont simplement développé leur pouvoir divin par le bon usage de leur force de pensée. Tout ce que vous nous avez vus faire, vous pouvez le faire aussi, dans la même plénitude et la même liberté, car tous nos actes sont en harmonie avec une loi précise dont chaque être humain peut se servir à volonté.

La conversation prit alors fin. Nous rejoignîmes les cinquante-deux qui avaient traversé, et nous dirigeâmes vers le village de notre destination.

9

Le Temple de la Guérison était situé dans ce village. On prétend que depuis la fondation de ce temple, on n'y a exprimé que des paroles de vie, d'amour, et de paix. Les vibrations en sont tellement puissantes que la plupart des pèlerins sont instantanément guéris. On prétend aussi que les paroles de vie, d'amour, et de paix y ont été répétées tant de fois et qu'elles émanent du temple depuis si longtemps que leurs vibrations sont assez fortes pour annihiler toute parole d'inharmonie et d'imperfection qui viendrait à y être prononcée. Cela illustrerait ce qui se passe dans l'homme. Si l'on s'exerçait à n'envoyer que des messages de vie, d'amour, d'harmonie, et de perfection, on ne serait bientôt plus capable de prononcer un mot discordant. Nous essayâmes d'employer des mots désagréables, et constatâmes chaque fois que nous ne pouvions même pas les articuler.

Le temple était le but des pèlerins qui cherchaient à être guéris. Les Maîtres qui résident dans le voisinage ont l'habitude de se réunir à des intervalles déterminés dans ce village pour se consacrer à leurs dévotions et aux gens qui veulent profiter de cette occasion pour s'instruire. Le temple est entièrement dédié à la guérison et toujours ouvert au public. Comme le public ne peut pas toujours rencontrer les Maîtres, ceux-ci l'incitent à se rendre au temple à toute époque aux fins de guérison. C'est pourquoi les Maîtres n'avaient pas dès l'abord guéri nos pèlerins. Ils les avaient accompagnés pour leur montrer qu'ils n'étaient pas différents d'eux et que chacun possède en soi les mêmes pouvoirs donnés par Dieu. En donnant l'exemple de la traversée de la rivière, je pense qu'ils avaient voulu démontrer aux pèlerins et à nous-mêmes leur faculté de triompher de toute difficulté et nous inciter à les imiter.

Dans les endroits d'où le temple est inaccessible, quiconque vient demander secours aux Maîtres en retire de grands bienfaits. Il y a aussi toujours de simples curieux et des incroyants qui ne reçoivent pas d'aide apparente. Nous assistâmes à plusieurs rassemblements de deux cents à deux mille personnes, où toutes celles qui désiraient être guéries le furent simplement en déclarant intérieurement qu'elles le désiraient. Nous eûmes l'occasion d'observer, à différentes époques, un très grand nombre de personnes ainsi guéries. Dans 90 % des cas, les guérisons étaient durables, et pour celles effectuées dans le temple même, la proportion montait à 100 %.

On nous expliqua que le temple est une chose concrète située à un endroit déterminé. Il symbolise le centre divin, le Christ individuel. Toutes les églises devraient représenter le même symbole. Le temple est toujours accessible à ceux qui veulent y aller. On peut y aller aussi souvent et y rester aussi longtemps qu'on le désire. Un idéal se forme ainsi dans la pensée des visiteurs et se fixe dans leur esprit.

Emile dit : C'est ici qu'intervient la suggestion conduisant à l'idolâtrie du passé. Les hommes ont cherché à graver dans le bois, la pierre, l'or, l'argent, ou le bronze l'image de leur idéal. A peine l'image (l'idole) est-elle formée que l'idéal l'a dépassée. Il faut donc avoir la vision, aimer et idéaliser ce qui vient de l'intérieur de l'âme, et non donner une forme tangible nécessairement idolâtre à l'idéal que nous voulons exprimer. Un aspect plus récent de l'idolâtrie consiste à faire une idole de la personne qui exprime notre idéal. Or, il ne faut adorer que l'idéal exprimé et non la personnalité qui l'exprime. Jésus décida de s'en aller parce qu'il voyait que le peuple commençait à idolâtrer sa personne au lieu d'aimer l'idéal qu'il représentait. On voulait faire de lui un roi. Le peuple ne voyait qu'une chose, c'est que Jésus pourvoyait à tous ses besoins matériels.

Personne ne reconnaissait avoir en soi-même la faculté de pourvoir à tous ses besoins. Personne ne voyait qu'il fallait se servir de ce pouvoir comme Jésus. Celui-ci dit alors : « Il est bon que je m'en aille, car si je ne m'en vais pas, le Consolateur ne viendra pas vers vous. » En d'autres termes, tant que l'on se concentre sur la personne de Jésus, on ne reconnaît pas le pouvoir que l'on possède en soi-même. Il faut absolument regarder à l'intérieur de soi-même. Si l'on compte sur l'autre, on en fait une idole au lieu d'exprimer son idéal.

Nous fûmes témoins de guérisons extraordinaires. Il suffisait à certains malades de traverser le temple pour être guéris. D'autres y passaient un temps considérable. Personne n'officiait jamais. Il était, paraît-il, inutile d'officier puisque les vibrations de la Parole vivante étaient si efficaces dans le temple que toute personne entrant dans sa zone d'influence en ressentait les bienfaits. Nous vîmes apporter un homme atteint d'acromégalie. Ses soudures osseuses furent complètement guéries au bout d'une heure, et il put se remettre à marcher. Il travailla ensuite quatre mois pour notre expédition. Un autre avait perdu tous les doigts d'une main et les vit repousser. Un petit enfant au corps difforme et aux membres paralysés fut guéri instantanément et courut hors du temple. Des cas de lèpre, de cécité, de surdité, et bien d'autres furent guéris. Nous eûmes l'occasion d'en observer un assez grand nombre deux ou trois ans plus tard. Leur guérison subsistait. Quand elle n'était que temporaire, c'était, nous dit-on, à cause du manque de véritable vision spirituelle.

10

Au retour à notre quartier général d'Asmah, tout était prêt pour la traversée des montagnes. Après une journée de repos, nous changeâmes de porteurs et de montures et nous entreprîmes la deuxième partie de notre voyage. Il s'agissait de franchir effectivement la chaîne himalayenne.

Les événements des vingt jours suivants ne présentèrent pas d'intérêt spécial. Emile nous parla de la Conscience de Christ. Il dit : C'est par le pouvoir de notre propre pensée mise en action que nous pouvons exprimer, rendre tangible la Conscience de Christ. Par le pouvoir de la pensée, nous pouvons faire évoluer nos corps jusqu'au stade où nous ne connaissons plus la mort, où nous n'avons plus à subir le changement appelé mort. Par le processus de la pensée, par la Conscience intérieure de Christ, nous pouvons transmuer notre entourage et nos conditions de vie. Tout cela se fait entièrement par le pouvoir donné à l'homme de concevoir un idéal et de réaliser l'objet correspondant. Il faut d'abord savoir, percevoir, croire par la foi que Christ est en nous. Il faut ensuite comprendre le vrai sens de la doctrine de Jésus, maintenir uni à Dieu notre corps spirituel fait à son image et à sa ressemblance. Il faut le fondre dans le corps parfait de Dieu, car c'est ainsi fondus que Dieu nous voit. Alors nous avons idéalisé, puis conçu et manifesté le corps parfait de Dieu. Nous sommes vraiment «nés de nouveau» dans le Royaume de l'Esprit de Dieu, et nous en faisons partie.

En pensant de la sorte, on peut réintégrer toutes choses dans la Substance Universelle d'où elles sont issues et les en retirer parfaites dans leur forme extérieure de manifestation. On les maintient en pensée dans leur état parfait, pur et spirituel, puis on abaisse leur rythme de vibration et elles se manifestent sous forme parfaite. Par ce procédé, on peut reprendre toutes les fausses croyances, tous les anciens ennuis, tous les péchés de notre vie passée, bonne ou mauvaise. Peu importe le monceau d'erreurs, de doutes, d'incrédulité, ou de craintes qui a pu être érigé sur notre chemin par nous-mêmes ou par d'autres. A toutes ces choses, on peut dire : Je vous réintègre dans le grand Océan de la Pensée Universelle, dans la Substance Cosmique d'où tout provient, où tout est parfait, et d'où vous êtes issues. Dissolvez-vous et redevenez les éléments qui ont servi à vous créer. Maintenant, je vous ressors de cette pure substance, parfaites et telles que Dieu vous voit. Je vous maintiens dans cet état de perfection absolue. Dans l'ancien ordre des choses, je vous avais ressorties imparfaites, et votre manifestation était imparfaite. Comprenant la vérité, je vous reproduis maintenant parfaites comme vous l'êtes aux yeux de Dieu. Vous êtes nées de nouveau à l'état parfait. «Et il en est ainsi. »

Le divin alchimiste intérieur prend en charge ce que vous lui apportez. Il transmue, raffine, perfectionne ce que vous lui rendez après l'avoir manifesté sous forme imparfaite. Il en est de même pour votre corps qui est transmué, raffiné, perfectionné. Dieu vous le rend incorruptible, joyeusement parfait, magnifiquement libre. Telle est la parfaite Conscience de Christ, en tous et pour tous. C'est la vie «profondément cachée en Christ avec Dieu ».

Au matin du 4 juillet, nous arrivâmes au sommet du col. La veille au soir, Emile avait estimé que nous méritions un jour de repos et qu'aucune date n'était plus indiquée que celle-là. Au petit déjeuner, Emile dit : Nous sommes le 4 juillet, fête anniversaire de la naissance de votre indépendance. Ce jour tombe merveilleusement à propos. Je sens que vous devez avoir quelque peu confiance en nous et je vais parler librement. Dans quelques jours, nous vous démontrerons péremptoirement que mes affirmations sont exactes.

Nous aimons prononcer le nom de votre pays, l'Amérique, et celui de ses habitants, les Américains. Vous ne saurez jamais la joie que m'apportent, en ce jour si important, ces quelques moments de conversation avec des Américains que je puis voir face à face, et qui sont nés, à une exception près, sur ce grand territoire. Certains d'entre nous ont joui du privilège de voir votre pays bien avant le départ de la mémorable expédition de Christophe Colomb. Il y avait eu d'autres tentatives de découverte qui avaient échoué. Pourquoi ? Simplement par suite du manque de cette qualité divine : la foi. Le courageux croyant capable de réaliser sa vision n'avait pas encore paru. Un jour s'introduisit dans une âme la certitude que la terre était sphérique et qu'il devait y avoir aux antipodes une surface émergée équivalente à celle déjà connue. Aussitôt, nous vîmes qu'une nouvelle grande époque historique commençait à se dérouler.

Seul le grand Omnipotent, Dieu qui voit toutes choses, pouvait éveiller cette graine de foi dans l'âme de Colomb. Voici les premières paroles de l'explorateur le jour où il se présenta devant la reine d'Espagne en refusant de s'incliner devant les autorités : « Reine bien-aimée, je suis fermement convaincu que la terre est ronde et je désire m'embarquer pour le prouver. » Je ne sais pas si vous vous en rendez compte, mais ces paroles étaient inspirées de Dieu, et Colomb fut classé parmi les gens décidés à exécuter ce qu'ils entreprennent.

Alors commença le déroulement de la longue suite d'événements dont nous avions eu la vision quelques années plus tôt. Tout ne nous avait pas été montré, mais nous en savions assez pour en suivre le fil. Bien entendu, nous n'imaginions même pas en rêve les merveilles presque incroyables qui devaient s'accomplir en un si petit nombre d'années. Mais ceux d'entre nous qui ont le privilège d'avoir vécu toute cette période comprennent parfaitement que des prodiges encore bien plus étonnants sont tenus en réserve pour votre nation. Le moment est venu pour elle de s'éveiller à la connaissance de son véritable rôle spirituel. Nous avons le désir de faire tout notre possible pour vous aider à le réaliser. (Je pense que si les Maîtres s'intéressaient à nous, c'était à cause de leur grand désir de voir l'Amérique accepter la Conscience de Christ et prendre connaissance de ses possibilités. Ils croient que ce pays a été fondé sur des bases vraiment spirituelles, et qu'il est, en conséquence, destiné à guider le monde dans son développement spirituel.)

Emile continua : Songez que la découverte de l'Amérique résulte de la petite graine de foi plantée dans l'âme d'un seul homme et laissée libre de se développer. Les conséquences en sont inimaginables. Colomb fut considéré en son temps comme un rêveur stérile. Mais nous approchons tous du lieu où l'on croit et où l'on sait que les rêves d'hier deviennent les réalités d'aujourd'hui. Qui donc peut se targuer d'une grande réussite sans avoir d'abord été qualifié de rêveur ? Colomb rêvait-il vraiment ? Ne s'agissait-il pas d'idéaux de la Grande Pensée Cosmique conçus dans l'âme de celui qui les manifesta comme de fortes vérités ? Colomb partit sur un océan inexploré, ayant dans sa conscience la claire vision des terres d'outre-mer. Je ne sais pas s'il entrevit la prééminence future du continent qu'il allait découvrir, ni même le nom d'Amérique qu'il devait porter. Ce fut plutôt l'apanage des ouvriers de la seconde heure. Mais la question subsiste : au début, s'agissait-il d'un rêve ou d'une vision ?

Nous voyons déjà une partie des prodiges réalisés,

mais notre vision des prodiges suivants reste liée à la vision initiale de Colomb. On peut se remémorer, de cette manière, les nombreuses visions qui ont fait de la terre une résidence meilleure. C'est par elles que Dieu s'exprime, se manifeste à travers chacun. Les hommes qui ont déjà abouti sont ceux qui avaient, consciemment ou non, la plus grande foi en Dieu. Songez à cette âme partant sur un océan encore inexploré, à ses peines, à ses épreuves, à ses découragements, mais songez aussi qu'elle vivait avec une idée maîtresse dans sa pensée : celle du but à atteindre.

Les événements suivirent une marche toujours ascendante jusqu'au jour où une poignée d'hommes s'embarqua sur le *Mayflower*, recherchant la liberté d'adorer Dieu à leur manière. Songez-y : à leur manière. A la lumière de l'Esprit et des événements subséquents, commencez-vous à saisir la vérité ? La construction de ces hommes n'a-t-elle pas dépassé leur pensée ? N'apercevez-vous pas la main du Grand Omnipotent planant sur la scène ?

Puis vinrent les jours sombres où il sembla que les premières colonies seraient anéanties. Mais quand Dieu a mis la main à une œuvre, il faut qu'il triomphe. Puis vint le grand jour où fut signée la Déclaration d'Indépendance, le jour du choix entre Dieu et les oppresseurs. Qui a prévalu, qui est forcé de prévaloir toujours ? Les luttes d'un petit noyau d'hommes pendant ces jours mémorables et l'apposition de leurs signatures sur le document marquent une des plus grandes dates de l'histoire depuis la venue de Jésus sur terre.

Puis les premiers coups de la Cloche de l'Indépendance résonnèrent. Que vous le croyiez ou non, nous les perçûmes aussi sûrement que si nous avions été près de la cloche. Elle amplifia et répandit les vibrations émanant de ce petit centre avec une force qui les fera pénétrer un jour dans les coins les plus obscurs et les plus reculés de la terre. Les consciences les plus ténébreuses s'en trouveront illuminées.

Considérez les épreuves et vicissitudes qui ont préparé cet événement. Ne s'agit-il pas de la naissance d'un Enfant Divin ? Voyez les grandes âmes qui ont osé s'avancer pour épauler l'enfant. Que serait-il arrivé si elles avaient perdu courage ? Mais elles n'ont pas perdu courage, et qu'est-il arrivé ? La naissance de la plus grande nation de toute la terre. Ses épreuves et ses tribulations montrent son étroite alliance avec la grande âme de Jésus de Nazareth dans son expansion. On peut assimiler les signataires de la Déclaration d'Indépendance aux Mages d'Orient qui virent l'étoile symbolique de la naissance de l'enfant dans la crèche, la Conscience de Christ dans l'homme. Les hommes des temps modernes perçurent l'étoile avec la même certitude que ceux de l'Antiquité.

Quand on se remémore le document, il est hors de doute que chaque mot en fut inspiré de Dieu. Réfléchissez un instant. La Déclaration d'Indépendance n'a pas de parallèle dans l'histoire. Il n'est aucun document similaire dans lequel elle aurait pu être copiée. Pouvez-vous douter qu'elle soit issue de la Substance de la Pensée Universelle ? Elle fait partie d'un grand plan créateur en cours de manifestation. Et il y a indubitablement une suite à l'exécution de ce grand plan.

La devise « E pluribus unum » adoptée pendant les jours émouvants des étapes successives de l'évolution du pays est une expression imagée, directement issue de l'Esprit de Vérité. Elle n'émanait certes pas mécaniquement de la pensée matérielle des Américains. Puis la phrase emblématique « In God we trust » (Confiance en Dieu) montre la plus ardente confiance, la foi en Dieu, créateur de toutes choses. Enfin, l'aigle fut choisi pour emblème, l'oiseau mâle et femelle, complet dans l'unité. Cela illustre la profonde spiritualité de ces hommes, ou alors leur capacité de construire plus parfaitement qu'ils ne pensaient. Nul doute qu'ils n'aient été guidés par l'activité créatrice de l'Esprit de Dieu. Cela ne présage-t-il pas que l'Amérique est destinée à guider le monde entier ?

L'histoire de votre nation est sans parallèle sur terre. On peut noter chacune des étapes successives qui la portent à sa perfection. Personne d'autre qu'un Maître de la Pensée ne saurait provoquer un semblable développement. Doutez-vous que la destinée du pays soit guidée par le Grand Dieu Omnipotent ?

Le grain de sénevé compte parmi les plus petites semences. Pourtant, il a la foi de savoir qu'il possède en lui-même le pouvoir d'exprimer le moutardier, le plus grand de tous les arbustes. Quand il a grandi, il devient un arbre et les oiseaux peuvent venir s'abriter dans ses branches. De même que la graine sait qu'elle peut extérioriser la plante, de même il nous faut connaître notre pouvoir intérieur d'exprimer notre être le plus grand. En racontant cette parabole, Jésus faisait allusion à la qualité de la foi et non à sa quantité. « Si vous aviez de la foi comme un grain de sénevé, vous diriez à la montagne : Ote-toi d'ici et mets-toi là. Et elle le ferait, et rien ne vous serait impossible. »

Les plus frêles graines de pavot, les graines des banians les plus colossaux, les bulbes, les boutures, et toutes les vraies semences savent par la foi qu'elles peuvent exprimer le grand être de leur espèce. Chacune se représente l'image exacte qu'elle doit exprimer. De même, il faut que nous nous représentions intérieurement une image exacte de ce que nous voulons exprimer. Elle doit se perfectionner d'heure en heure par une préparation intérieure, avant que sa perfection se manifeste. Jamais fleur éclatante ne s'est épanouie complètement sans un effort préparatoire de perfectionnement intérieur. A un moment donné, le bourgeon est confiné à l'intérieur des sépales, du sens de soi, de l'égoïsme. Dès l'achèvement de sa perfection intérieure, il éclate dans sa beauté.

Il faut que la graine mise en terre renonce à elle-même pour pousser, se développer, se multiplier. Il faut aussi que nous renoncions à nous-mêmes pour arriver à nous développer. Pour que la graine pousse, il faut que son enveloppe éclate. De même, pour commencer notre croissance, il faut faire éclater notre enveloppe de limitations. Quand notre perfectionnement intérieur est achevé, nous nous épanouissons forcément dans notre beauté, à l'instar de la fleur.

Cette loi vaut pour une nation comme pour un individu. Ne pouvez-vous imaginer une nation où la conscience du Christ serait arrivée à son plein développement et où les habitants entreprendraient quelque chose collectivement ? Cela se traduirait sûrement par un bienfait général, car le cœur d'un gouvernement prend véritablement racine dans la conscience des gouvernés.

Faute d'avoir compris sa propre importance spirituelle, votre nation a commis de graves erreurs au cours de son histoire. En très grande majorité, elle est encore plongée dans le matérialisme. Je sais bien que de grandes âmes ont guidé ses destinées, mais je sais aussi combien peu elles ont été appréciées de leur vivant. Jusqu'ici, votre chemin a été dur, raboteux, et broussailleux, parce que vos citoyens n'ont que des conceptions limitées et se sont appuyés pour le tracer sur des pensées matérielles. Et pourtant, quelles merveilles n'ont-ils pas réalisées ?

Mais combien ils en auraient réalisé de plus grandes s'ils avaient compris et appliqué le sens profond, spirituel et complet du message ? En d'autres termes, des prodiges incroyables seraient révélés aujourd'hui si le Christ avait été placé en poupe de votre navire gouvernemental et si chacun avait pu, comme Jésus, voir qu'en vérité le Christ est en tous et que tous ne font qu'un. Ce jour de gloire arrivera dès que l'on aura compris le sens spirituel profond de la devise « E pluribus unum ». Un pour tous, tous pour un, c'est une des plus grandes lois de Dieu. C'est elle qui est exprimée par la multitude.

Considérez parmi toutes les nations celles qui ont duré le plus longtemps. Elles auraient toujours duré si l'on n'avait pas permis au matérialisme de s'insinuer et de désagréger progressivement leur structure. Il vint un temps où elles tombèrent par l'anomalie de leur propre poids ou bien furent consumées pour avoir mésusé de la loi qui leur avait donné naissance.

Qu'arrive-t-il lors d'une telle chute ? Le Principe, la part de Dieu, est préservé jusqu'à ce que les faillites successives permettent de discerner une montée graduelle, une poussée vers le haut à chaque stade. Finalement, il faut que tout se termine en Dieu, un pour tous. Chers frères, il n'est pas besoin d'un prophète pour vous faire comprendre tout cela.

Voyez la nation espagnole à l'époque du départ de Christophe Colomb pour son voyage de découverte, et voyez ce qu'elle est devenue. D'ici peu, elle sera en guerre avec son propre enfant. Vous constaterez sa faiblesse et son impuissance. A peine sera-t-elle capable, dans sa marche mal assurée, d'entreprendre un bon combat ou de se retirer d'un mauvais. Il faut attribuer son impuissance à son extrême dévitalisation. C'est toujours ce qui arrive à un corps ou à un pays rassasié. Convoitises ou passions produisent le même effet. Il peut y avoir un temps de réussite et de succès apparent, mais cela dure peu. La structure du pays, décrépite, émaciée, gaspillée, en témoigne, comme une marche hésitante et incertaine décèle la vieillesse. Un homme qui conserve et développe son pouvoir spirituel garde sa souplesse et son activité à cinq cents ans, à cinq mille, à dix mille, et même éternellement telle qu'au temps de l'ardeur de son adolescence.

Nous aspirons à la lumière blanche et pure de l'Age de Cristal. Nous en voyons poindre l'aurore qui s'épanouit peu à peu. Le monde en verra bientôt la splendeur et le plein éclat. Il n'y aura plus de ténèbres ni de limitations, mais un éternel progrès à défaut duquel tout réintégrerait le sein de la Substance Universelle. Il faut avancer ou reculer. Il n'y a pas de moyen terme ni d'arrêt possible. Quand votre nation reconnaîtra son domaine, sa vraie mission, elle tendra la main à l'Esprit, s'exprimera selon le désir de Dieu, et laissera l'esprit croître par l'intérieur. Votre grand pays deviendra alors une merveille défiant toute description.

Sans doute, il a fallu la grande force du bec et des serres de l'aigle pour maintenir la cohésion de votre nation pendant son développement initial, mais la véritable lumière spirituelle va venir. On se rendra compte que la colombe est plus puissante que l'aigle, et la colombe protégera ce que l'aigle gardait. Contemplez les mots gravés sur les pièces de monnaie que vous expédiez dans toutes les avenues du commerce mondial, « In God we trust ». « E pluribus unum. » Tous pour un, c'est la devise de l'Esprit quand la colombe remplace l'aigle au sein d'une telle nation.

Emile s'arrêta là, disant qu'il allait nous quitter quelques jours pour rejoindre des amis qui se réunissaient dans un village éloigné de trois cents ou quatre cents kilomètres. Il promit de nous retrouver à une centaine de kilomètres d'ici, dans un petit village de la frontière où nous arriverions dans quatre jours. Puis il disparut. Il fut exact au rendez-vous où il vint accompagné de quatre de ses amis.

11

Quand nous arrivâmes à ce village frontière, il pleuvait à verse et nous étions tous trempés jusqu'aux os. On nous attribua un logis très confortable, comprenant une grande pièce meublée, extrêmement chaude et gaie, et destinée à servir de salon et de salle à manger. L'un de nous demanda d'où venait la chaleur. Notre inspection ne nous révéla ni poêle ni bouche de chaleur. Nous nous en étonnâmes un peu, mais ne fîmes guère de commentaires, car nous commencions à être habitués aux surprises et nous étions certains que tout nous serait expliqué plus tard.

Nous venions de nous asseoir à table pour le dîner quand Emile et ses quatre amis entrèrent sans que nous sachions d'où ils venaient. Ils apparurent tous les cinq à une extrémité de la pièce où il n'y avait pas d'ouverture. Cela se fit sans bruit, très simplement. Emile nous présenta les quatre étrangers, et ils se mirent à table avec nous comme s'ils étaient chez eux. Avant que nous nous en fussions aperçus, la table fut couverte de bonnes choses à manger, mais il n'y avait pas de viande, car ces gens ne mangent rien qui ait joui d'une vie consciente.

Après le repas, l'un de nous demanda comment la pièce était chauffée. Emile dit : La chaleur que vous percevez dans cette pièce provient d'une force tangible et utilisable par chacun de nous. Les hommes peuvent entrer en contact avec cette force supérieure à toute puissance mécanique, et s'en servir sous forme de lumière, de chaleur, et même d'énergie pour faire mouvoir des machines. C'est ce que nous appelons une force universelle, une puissance divine procurée par le Père à l'usage de tous ses enfants. Si vous l'utilisiez, vous l'appelleriez mouvement perpétuel. Elle peut faire tourner n'importe quelle machine, effectuer des transports sans la moindre consommation de combustible, et fournir également lumière et chaleur. Elle est disponible partout, pour chacun, sans être tarifée et sans qu'il soit nécessaire de l'acheter.

L'un de nous demanda si la nourriture leur arrivait directement de l'Universel sous la forme où nous l'avions mangée, de la même manière que le pain et les provisions qui nous avaient été fournis jusqu'ici.

Emile nous invita à l'accompagner jusqu'au domicile de ses quatre amis, à trois cent cinquante kilomètres de là. Nous y verrions aussi sa mère. Il dit : Ma mère est une de celles qui ont tellement perfectionné leur corps qu'elle a pu l'emporter et s'avancer pour recevoir les plus hauts enseignements. Elle vit donc continuellement dans l'invisible. Et c'est volontairement, car en recevant les plus hauts enseignements, elle peut nous aider considérablement. Pour vous rendre la chose plus claire, je vous dirai qu'elle s'est avancée jusqu'à ce qu'elle ait atteint le Royaume céleste où est Jésus, l'endroit qu'on appelle parfois le septième ciel. Je suppose que cet endroit représente pour vous le mystère des mystères, mais il n'y a là aucun mystère. C'est le lieu de la conscience, l'état d'âme où tous les mystères sont révélés. Quand on l'atteint, on est invisible aux mortels, mais on peut revenir pour instruire ceux qui sont réceptifs. On revient dans son propre corps, car il est si perfectionné qu'on peut l'emporter où l'on veut. Les initiés de cet ordre peuvent revenir sur terre sans réincarnation. Ceux qui ont passé par la mort sont obligés de se réincarner pour disposer d'un corps sur terre. Nos corps nous ont été donnés spirituels et parfaits. Il faut les voir et les maintenir tels pour pouvoir les conserver. Quiconque a quitté son corps pour les régions de l'Esprit s'aperçoit qu'il lui faut reprendre un corps et continuer à le perfectionner.

Avant de nous lever de table ce soir-là, nous convînmes que l'expédition se diviserait en cinq sections dont chacune serait prise en charge par l'un des hommes qui étaient apparus dans la pièce pour dîner avec nous. Ce dispositif devait rendre possible l'exploration de vastes régions. Il faciliterait notre travail tout en nous permettant de vérifier des phénomènes tels que voyages dans l'invisible et communications de pensées à distance. Chaque section comprendrait au moins deux de nous avec l'un des cinq Maîtres comme guide. Elle serait très éloignée des autres, mais le contact serait conservé grâce à ces gens qui nous témoignaient tant d'amitié et ne manquaient pas une occasion de nous laisser vérifier leur travail.

12

Le jour suivant, tous les détails furent arrangés. Ma section comprenait deux de mes camarades en plus de moi. Elle était accompagnée d'Emile et de Jast. Le matin suivant, chaque section fut prête à partir dans une direction différente. Il était entendu que nous observerions soigneusement tout ce qui arriverait et en prendrions note. Nous convînmes de nous retrouver au bout de soixante jours au village natal d'Emile, à trois cent cinquante kilomètres de là. Les communications entre les diverses sections devaient être assurées par nos amis. Ils s'en chargèrent en effet tous les soirs, causant l'un avec l'autre et allant de section en section.

Quand nous voulions communiquer avec notre chef de détachement ou avec un camarade, il nous suffisait de confier notre message à nos amis. La réponse nous parvenait en un laps de temps incroyablement court. Quand nous donnions de tels messages, nous les écrivions en entier avec la date et l'heure. Nous notions aussi sur la réponse la date et l'heure de son arrivée. Quand nous fûmes réunis à nouveau, nous comparâmes nos notes et constatâmes qu'elles coïncidaient parfaitement. En outre, nos amis voyageaient d'un camp à l'autre et causaient avec les membres de chaque section. Nous notâmes soigneusement le lieu et l'heure de leurs apparitions et disparitions ainsi que les sujets abordés. Là encore tout coïncida parfaitement lors de la comparaison ultérieure de nos notes.

Il arriva que nos sections se trouvèrent extrêmement éloignées les unes des autres. L'une était en Perse, l'autre en Chine, la troisième au Tibet, la quatrième en Mongolie, et la cinquième aux Indes. Nos amis parcouraient alors dans l'invisible des distances de l'ordre de deux mille kilomètres pour nous tenir au courant des événements dans chacun des camps.

L'objectif de ma section était un petit village situé sur un plateau élevé, très avant dans les contreforts des Himalayas, à cent cinquante kilomètres de notre point de départ. Nous n'avions emporté aucune provision pour le voyage. Cependant, nous ne manquâmes jamais de rien, et nous pûmes toujours nous loger confortablement pour la nuit. Nous arrivâmes à destination le cinquième jour, au début de l'après-midi. Nous fûmes salués par une délégation de villageois et conduits à un logement convenable. Nous remarquâmes que les villageois témoignaient à Emile et à Jast un profond respect. Emile n'était jamais venu dans ce village, et Jast une fois seulement, à la suite d'un appel à l'aide. Il s'agissait alors de sauver trois villageois enlevés par les féroces « hommes des neiges » qui habitent certaines des régions les plus sauvages des Himalayas.

La visite actuelle répondait à un appel semblable. Elle avait également pour but de soigner les malades intransportables du village. Il semble que les « hommes des neiges » soient des hors-la-loi qui ont habité pendant de longues générations les régions glacées des montagnes et ont fini par former des tribus capables de vivre dans les solitudes montagneuses, sans contact avec aucune forme de civilisation. Bien que peu nombreux, ils sont très féroces et belliqueux. Ils enlèvent parfois les hommes qui ont la malchance de tomber entre leurs mains et les torturent. Quatre villageois ayant été enlevés dans ces conditions, les autres ne savaient plus que faire et avaient envoyé un messager à Jast qui était venu à la rescousse, amenant Emile et nous avec lui.

Nous étions naturellement très anxieux de voir ces hommes sauvages, dont nous avions entendu parler tout en restant sceptiques sur leur existence. Nous pensâmes que l'on formerait une caravane de secours à laquelle nous pourrions nous joindre. Mais cet espoir fut déçu quand Emile et Jast nous informèrent qu'ils iraient seuls et partiraient immédiatement. Au bout de quelques instants, ils disparurent et ne revinrent qu'au soir du deuxième jour, avec les quatre captifs délivrés. Ceux-ci racontèrent des histoires fantastiques sur leurs aventures et leurs étranges ravisseurs. Il paraît que ces bizarres hommes des neiges vivent complètement nus. Ils seraient couverts de poils comme des animaux à fourrure et supporteraient bien le froid intense des hautes altitudes. Ils se déplacent très rapidement. On prétend même qu'ils sont capables de poursuivre et d'attraper les animaux sauvages de leur contrée. Ils ont donné aux Maîtres le nom d'Hommes du Soleil, et quand ceux-ci viennent libérer des prisonniers, ils ne leur résistent pas.

Nous fûmes informés que les Maîtres avaient maintes fois essayé d'établir un contact avec les hommes des neiges, mais en vain, à cause de la frayeur qu'ils leur inspiraient. Quand les Maîtres vont vers eux, ces sauvages ne mangent plus, ne dorment plus, et s'enfuient dans la nature, tellement ils ont peur. Ils ont perdu tout contact avec la civilisation et même oublié qu'ils ont eu des rapports avec d'autres races, parmi lesquelles ils ont des ancêtres. Leur séparation d'avec le monde est vraiment complète.

Emile et Jast ne voulurent pas nous dire grand-chose des hommes des neiges. Nous ne pûmes pas davantage nous faire emmener pour les voir. A nos questions, ils ne répondirent que par ces commentaires : Ce sont des enfants de Dieu, comme nous, mais ils ont vécu longtemps dans la haine et la peur de leurs semblables et développé leur faculté de haïr et de craindre. Ils se sont ainsi séparés des autres hommes au point qu'ils en ont complètement oublié leur appartenance à la famille humaine et se croient les bêtes sauvages qu'ils sont. Poussant les choses à l'extrême, ils en sont arrivés à perdre même l'instinct des bêtes sauvages, car celles-ci connaissent d'instinct les êtres humains qui les aiment, et répondent à cet amour. Nous vous répéterons seulement que l'homme fait advenir les choses auxquelles il pense. Quand il se sépare à ce point de Dieu et des autres hommes, il peut descendre plus bas que les animaux. Il ne servirait à rien de vous amener vers les hommes des neiges, et en outre, cela leur ferait du mal. Nous espérons que l'un d'eux deviendra un jour réceptif à nos enseignements, et par ce canal nous les toucherons tous.

Nous fûmes informés que nous étions libres de faire, de notre propre initiative, une tentative pour voir ces étranges créatures, que les Maîtres nous protégeraient certainement de tout mal et pourraient très probablement nous délivrer si nous étions capturés. D'après le programme établi pour le lendemain, nous devions partir pour visiter un temple très ancien, situé à une soixantaine de kilomètres du village. Mes deux compagnons décidèrent de renoncer à cette visite pour mieux se renseigner sur les hommes des neiges. Ils demandèrent avec insistance à deux villageois de les accompagner, mais se heurtèrent à un refus catégorique. Aucun habitant ne voulait quitter le village tant que la présence des sauvages était à craindre aux environs. Mes deux compagnons firent alors leur tentative tout seuls. Ils reçurent des indications d'Emile et de Jast sur la piste et la direction générale à suivre. Ils ceignirent leurs armes portatives et se préparèrent à partir. Emile et Jast leur avaient fait promettre de ne tirer à balle qu'en dernière extrémité. Ils pouvaient tirer à blanc ou en l'air tant qu'ils voudraient pour effrayer les sauvages, mais ils durent donner leur parole d'honneur qu'ils ne tireraient avec l'intention de tuer que s'il était impossible de faire autrement.

Je fus surpris qu'il y eût un revolver dans nos bagages, car nous n'avions jamais eu à nous servir d'une arme à feu. J'avais abandonné les miennes depuis longtemps, sans pouvoir même me rappeler où.

Mais il se trouva que l'un des coolies qui nous avaient aidés à faire nos bagages y avait rangé deux pistolets que personne n'avait enlevés.

13

Un peu plus tard dans la journée, Emile, Jast, et moi nous partîmes pour le temple où nous arrivâmes à cinq heures et demie, le lendemain après-midi. Nous y trouvâmes deux vieux desservants qui m'installèrent confortablement pour la nuit. Le temple est situé sur un pic élevé. Construit en pierre brute, il passe pour dater de douze mille ans. Il est en parfait état de conservation. Ce serait l'un des premiers temples bâtis par les Maîtres du Siddha. Ils le construisirent pour disposer d'un refuge où ils jouiraient d'un parfait silence. Le site n'aurait pu être mieux choisi. C'est le sommet le plus élevé de cette région, à trois mille cinq cents mètres d'altitude et mille cinq cents mètres au-dessus de la vallée. Pendant les douze derniers kilomètres, le sentier me parut presque vertical. Il franchissait des ponts suspendus à des cordes. Celles-ci avaient été attachées plus haut à de grosses pierres et jetées ensuite dans le vide. Les poutres formant le pont servaient de sentier à deux cents mètres en l'air. Ailleurs, nous fûmes obligés de grimper à des échelles soutenues par des cordes qui pendaient d'en haut. Les derniers cent mètres du chemin étaient absolument verticaux. Nous les grimpâmes entièrement grâce à des échelles de ce genre. En arrivant, j'eus l'impression de me trouver au sommet du monde.

Le lendemain, nous nous levâmes avant le soleil. En débouchant sur la terrasse qui formait toit, j'oubliai complètement la pénible ascension de la veille. Le temple était construit au bord d'un à-pic. En regardant vers le bas, on ne voyait rien sur les premiers mille mètres, de sorte que l'endroit paraissait suspendu dans l'air. Je ne parvenais que difficilement à effacer cette impression. Trois montagnes étaient visibles dans le lointain. On me dit qu'il y avait au sommet de chacune d'elles un temple semblable à celui-ci. Mais leur éloignement était tel que je ne pus distinguer ces temples, même à la jumelle.

Emile me dit que le groupe de Thomas, notre chef, avait dû arriver au temple de la montagne la plus éloignée à peu près en même temps que nous ici. Il me dit que si je voulais communiquer avec Thomas, je pouvais le faire, car celui-ci se tenait avec ses compagnons sur le toit du temple, tout comme nous ici. Je pris mon calepin et j'écrivis : « Je suis sur le toit d'un temple, à trois mille cinq cents mètres d'altitude au-dessus du niveau de la mer. Le temple me donne l'impression d'être suspendu dans l'air. Ma montre marque exactement 4 h 55 du matin. Nous sommes le samedi 2 août. »

Emile lut ce message et fit un moment de silence. Puis la réponse vint : « Ma montre marque 5 h 01 du matin. Endroit suspendu dans l'air : deux mille huit cents mètres au-dessus du niveau de la mer. Date : Samedi 2 août. Vue magnifique, mais site vraiment extraordinaire. »

Emile dit alors : Si vous voulez, j'emporterai votre note et vous rapporterai la réponse. Si vous n'y voyez pas d'inconvénient, je voudrais aller causer avec ceux du temple, là-bas. Je lui donnai volontiers la note, et il disparut. Une heure trois quarts plus tard, il revenait avec une note de Thomas disant qu'Emile était arrivé à 5 h 16 et que son groupe passait un moment délicieux à imaginer nos prochaines aventures. La différence d'heure à nos montres était due à notre écart en longitude.

Nous passâmes dans ce temple trois jours, pendant lesquels Emile rendit visite à toutes les sections de notre expédition, emportant mes messages et en rapportant de toutes les autres. Au matin du quatrième jour, nous nous préparâmes à rentrer au village, où j'avais laissé mes camarades à la recherche des hommes des neiges. Emile et Jast voulaient encore se rendre à un petit village situé dans la vallée, à cinquante kilomètres au-delà de la bifurcation de notre sentier. J'approuvai leur projet et proposai de les accompagner. Nous campâmes cette nuit-là dans une cabane de berger. Nous repartîmes de très bonne heure afin d'arriver de jour à destination le lendemain, car nous étions à pied. Faute de pouvoir aller au temple avec nos chevaux, nous les avions laissés au village de mes camarades.

Ce matin-là, vers dix heures, survint un violent orage électrique avec menace de pluie diluvienne. Mais il ne tomba pas une goutte d'eau. Nous traversions un pays fortement boisé. Le sol était couvert d'une grosse herbe drue et sèche. Toute la contrée me parut exceptionnellement sèche. La foudre enflamma l'herbe en plusieurs endroits, et avant de nous en rendre compte nous fûmes encerclés par un incendie de forêt. Au bout de très peu de temps, l'incendie fit rage avec une folle violence et s'avança vers nous de trois côtés à la fois à la vitesse d'un express. La fumée s'étalait en nuages épais, si bien que je devins perplexe et finis par être pris de panique. Emile et Jast paraissaient calmes et recueillis, ce qui me rassura quelque peu.

Ils dirent : Il y a deux moyens d'échapper. Le premier consiste à tenter de gagner un ruisseau proche qui coule au fond d'un profond ravin. Il y a huit kilomètres à franchir. Si nous y parvenons, il est probable que nous pourrons nous mettre en sûreté jusqu'à ce que l'incendie s'éteigne faute d'aliments. Le second moyen consiste à traverser l'incendie, mais il faut que vous ayez foi en notre aptitude à vous faire franchir la zone de feu.

Je me rendis compte que ces hommes s'étaient

toujours montrés à la hauteur de toutes les circonstances, et je cessai immédiatement d'avoir peur. Je me jetai corps et âme sous leur protection et me plaçai entre eux deux. Nous nous mîmes en route dans la direction où l'incendie flamboyait avec le maximum d'intensité. Il me sembla aussitôt qu'une grande voûte s'ouvrait devant nous. Nous passâmes tout droit au travers de l'incendie sans être le moins du monde incommodés par la fumée, la chaleur, ou les tisons qui jonchaient le chemin. Nous franchîmes de la sorte au moins dix kilomètres. Il me sembla que nous suivions notre chemin aussi paisiblement que si l'incendie n'avait pas fait rage autour de nous. Cela dura jusqu'à la traversée d'une petite rivière, après quoi nous nous trouvâmes hors de la zone des flammes. Lors de mon voyage de retour, j'eus largement le temps d'observer le chemin ainsi suivi.

Tandis que nous franchissions la zone en feu, Emile me dit : Ne voyez-vous pas combien il est facile, en cas de nécessité absolue, de faire appel aux lois supérieures de Dieu et de les substituer aux lois inférieures ? Nous avons présentement élevé les vibrations de nos corps à un rythme supérieur à celui du feu, et celui-ci ne peut plus nous faire de mal. Si le commun des mortels avait pu nous observer, il aurait cru que nous avions disparu, alors qu'en réalité notre identité n'a pas varié. En fait, nous ne voyons aucune différence. C'est le concept des sens matériels qui a perdu contact avec nous. Un homme ordinaire croirait à notre Ascension, et c'est d'ailleurs ce qui s'est passé. Nous sommes montés à un niveau de conscience où les mortels perdent contact avec nous. Chacun peut nous imiter. Nous employons une loi que le Père nous a donnée pour que nous en usions. Nous pouvons nous en servir pour transporter notre corps à toutes distances. C'est la loi que nous utilisons pour apparaître et disparaître à vos yeux, pour annihiler l'espace, comme vous dites. Nous triomphons tout simplement des difficultés en élevant notre conscience au-dessus d'elles. Cela nous permet de vaincre toutes les limitations que l'homme s'est imposées à lui-même dans sa conscience mortelle.

Il me semblait que nous ne faisions qu'effleurer le sol. Quand nous fûmes sortis de l'incendie et nous trouvâmes sains et saufs de l'autre côté de la rivière, j'eus d'abord l'impression que je me réveillais d'un profond sommeil et qu'il s'agissait d'un rêve. Mais la compréhension des événements grandit progressivement en moi, et la clarté de leur véritable signification commença d'illuminer lentement ma conscience.

Nous trouvâmes un lieu ombragé au bord de la rivière, prîmes une collation, nous reposâmes pendant une heure, et rentrâmes au village.

14

Ce village se révéla très intéressant, car il contenait des documents historiques fort bien conservés. Une fois traduits, ils nous parurent apporter la preuve indiscutable que Jean-Baptiste avait séjourné là cinq ans. Nous eûmes plus tard l'occasion de voir et de traduire d'autres documents montrant qu'il était resté une douzaine d'années dans la région. Plus tard encore, on nous montra des documents paraissant prouver qu'il avait voyagé avec les gens d'ici pendant une vingtaine d'années à travers le Tibet, la Chine, la Perse, et les Indes. Nous eûmes l'impression de pouvoir suivre ses traces jalonnées par ces documents. Ceux-ci nous intéressèrent tellement que nous retournâmes aux divers villages pour approfondir notre enquête. En compilant les données obtenues, nous pûmes établir une carte montrant très exactement l'itinéraire des déplacements de Jean. Certains événements nous furent décrits en des récits tellement vivants que nous nous imaginions marcher dans le même chemin que

Jean-Baptiste et suivre les sentiers qu'il foula dans un lointain passé.

Nous restâmes dans ce village pendant trois jours, durant lesquels un vaste aperçu du passé se déroula devant moi. Je pus remonter dans la nuit des temps et retracer l'origine de ces doctrines jusqu'au vrai commencement, à l'époque où tout émanait de l'unique Source de Substance, c'est-à-dire de Dieu. Je pus saisir les divisions doctrinales formulées par les hommes, dont chacun ajoutait son idée personnelle, croyant qu'elle lui était révélée par Dieu pour lui appartenir en propre, s'imaginant ensuite qu'il possédait le seul vrai message, et qu'il était seul qualifié pour apporter ce message au monde. C'est ainsi que les conceptions humaines se mélangèrent avec les révélations pures. A partir de ce moment des concepts matériels s'introduisirent, et il en résulta de la diversité et de l'inharmonie.

Je pus voir les Maîtres, solidement plantés sur le roc de la vraie spiritualité, percevant que l'homme est vraiment immortel, non soumis au péché ni à la mort, immuable, éternel, créé à l'image et à la ressemblance de Dieu. Si l'on entreprenait des recherches plus approfondies, on obtiendrait la certitude que ces grands hommes ont transmis cette doctrine à l'état pur au long des millénaires. Ils ne prétendent pas tout savoir. Ils ne demandent pas que l'on accepte des faits si l'on ne peut pas les prouver soi-même en accomplissant les mêmes œuvres qu'eux. Ils ne prétendent faire autorité que par leurs œuvres.

Après trois jours, nous fûmes prêts à retourner au village où j'avais laissé mes camarades. La mission d'Emile et de Jast dans ce village ne consistait qu'à guérir des malades. Ils auraient indubitablement pu faire le voyage et celui du temple en bien moins de temps que nous n'en prîmes, mais comme je ne pouvais me déplacer à leur manière, ils avaient emprunté la mienne.

Mes camarades nous attendaient au village. Ils

avaient complètement échoué dans leur recherche des hommes des neiges. Au bout de cinq jours, ils s'étaient lassés et avaient abandonné. Sur le chemin du retour, leur attention avait été attirée par la silhouette d'un homme se découpant dans le ciel sur une arête distante de quinze cents à deux mille mètres. Avant qu'ils aient pu la saisir dans le champ de leurs jumelles, l'homme avait disparu. Ils ne le virent que pendant un laps de temps très court. Ils en gardèrent l'impression d'une forme simiesque couverte de poils. Ils se hâtèrent vers le lieu de l'apparition, mais n'en trouvèrent aucune trace. Ils passèrent tout le reste de la journée à explorer les environs sans succès, puis finirent par abandonner leurs recherches.

A l'audition de mon récit, mes camarades voulurent retourner au temple, mais Emile les informa que nous en visiterions très prochainement un similaire, sur quoi ils renoncèrent à leur projet.

Un grand nombre de gens des environs s'étaient rassemblés au village en vue d'obtenir des guérisons, car des messagers s'étaient répandus partout, relatant le sauvetage des quatre captifs des hommes des neiges. Le jour suivant, nous assistâmes aux réunions et fûmes témoins de quelques guérisons remarquables. Une jeune femme d'une vingtaine d'années qui avait eu les pieds gelés l'hiver précédent les vit se rétablir. Il nous fut donné de voir sa chair se reformer à vue d'œil jusqu'à ce que ses pieds fussent redevenus normaux et qu'elle fût en état de marcher parfaitement. Deux aveugles recouvrèrent la vue. L'un d'eux était, paraît-il, aveugle de naissance. Beaucoup de maux bénins furent guéris. Tous les malades paraissaient profondément impressionnés par les paroles des Maîtres.

Après la réunion, nous demandâmes à Emile s'il se produisait beaucoup de conversions. Il répondit : Beaucoup de gens sont réellement aidés, ce qui excite leur intérêt. Certains se mettent au travail spirituel pour un temps. Mais la plupart ne tardent pas à retomber dans leurs anciennes habitudes. Ils mesurent l'effort à fournir, et celui-ci leur paraît trop grand. Ils vivent presque tous une vie facile et insouciante. Parmi ceux qui prétendent avoir la foi, un pour cent environ prend le travail au sérieux. Le reste compte entièrement sur autrui pour se faire aider en cas de difficulté. Telle est la cause essentielle de leurs ennuis. Ils affirment pouvoir aider quiconque désire de l'aide, mais sont incapables de faire le travail pour quiconque. Ils peuvent parler de l'abondance tenue en réserve pour leurs malades. Mais pour baigner réellement dans cette abondance, il faut l'accepter et la démontrer pour soi-même en accomplissant réellement les œuvres de la vie sainte.

15

Nous quittâmes le village le lendemain matin, accompagnés de deux habitants qui paraissaient avoir entrepris le travail spirituel. Le troisième soir, nous arrivâmes à un village situé à une vingtaine de kilomètres de celui de Jean-Baptiste. Je désirais vivement que mes camarades pussent compulser à leur tour les documents que j'avais vus. Nous décidâmes donc de séjourner dans le second village, et Jast nous y accompagna. Les écrits les impressionnèrent profondément et nous servirent à dresser une carte retraçant les voyages de Jean-Baptiste.

Ce soir-là, le Maître qui accompagnait la quatrième section vint passer la nuit avec nous. Il nous apportait des messages de la première et de la troisième section. Il était né dans ce village et y avait grandi. C'étaient ses ancêtres qui avaient rédigé les documents, lesquels avaient toujours été conservés dans la famille. Il appartenait à la cinquième génération des descendants de l'auteur, et nul membre de sa famille n'avait subi l'expérience de la mort. Ils avaient tous emporté leurs corps avec eux et pouvaient revenir à volonté. Nous demandâmes si cela ne gênerait pas trop l'auteur des écrits de venir converser avec nous. Le Maître répondit que non, et il fut convenu que l'entretien aurait lieu le soir même.

Nous étions assis depuis peu de temps quand un homme paraissant âgé de trente-cinq ans apparut subitement dans la pièce. On nous le présenta, et nous lui serrâmes tous la main. Son aspect nous rendit muets d'étonnement, car nous nous attendions à voir quelqu'un de très âgé. Il était de taille moyenne avec des traits accusés, mais son visage était empreint de la plus profonde expression de bonté que j'eusse jamais rencontrée. Chacun de ses mouvements décelait sa force de caractère. Une lumière étrange émanait de tout son corps.

Avant de se rasseoir, Emile, Jast, le Maître, et l'étranger se tinrent un moment les mains unies dans un parfait silence. Nous nous rassîmes tous, puis l'étranger qui était apparu si subitement dans la pièce prit la parole et dit : Vous avez demandé cet entretien pour mieux comprendre les documents qui vous ont été lus et interprétés. C'est bien moi qui les ai rédigés et conservés. Ceux qui concernent la grande âme de Jean-Baptiste et qui ont paru tant vous surprendre relatent les événements réels de son séjour ici avec nous. Comme il est dit, c'était un homme de grand savoir et une puissante intelligence. Il perçut la vérité de notre doctrine, mais, apparemment, il ne put jamais l'assimiler complètement, car s'il l'avait fait, il n'aurait jamais connu la mort. Bien souvent je me suis trouvé assis dans cette chambre, écoutant parler Jean et mon père. C'est ici que Jean reçut une grande partie de son enseignement. C'est ici que mon père trépassa en emportant son corps, ce dont Jean fut témoin. Tous les membres de ma famille paternelle et maternelle ont emporté leur corps en trépassant. Ce trépas, ce passage, signifie que le corps est spirituellement parfait. On devient conscient du sens spirituel de la vie, du sens de Dieu, au point que l'on perçoit la vie de la même manière que Dieu. Alors on bénéficie du privilège de recevoir les plus hauts enseignements et l'on peut aider tout le monde.

Nous ne descendons jamais de ce royaume, car ceux qui l'ont atteint n'ont pas le désir d'en déchoir. Ils savent tous que la vie est un progrès, un avancement. Il n'y a pas de recul, et nul ne désire revenir en arrière. Tous tendent la main pour aider ceux qui recherchent la lumière. Ils envoient continuellement des messages dans l'Universel. Dans toutes les parties du monde, il est aujourd'hui des enfants de Dieu réceptifs qui les interprètent. C'est essentiellement pour rendre ce genre de service que nous désirons atteindre ce royaume, cet état de conscience. Nous sommes tous capables et désireux d'aider de quelque manière. Nous pouvons parler aux esprits réceptifs, les instruire, et élever leur conscience soit directement, soit par un intermédiaire. Nous faisons tout cela. Mais un intermédiaire ne peut pas faire le travail pour d'autres ni les traîner indéfiniment. Il faut décider de faire le travail soi-même et passer à l'exécution. Alors on est libre et l'on compte sur soi-même.

Jésus avait conscience que le corps est spirituel et indestructible. Quand tous atteindront cet état de conscience et s'y maintiendront, nous pourrons communiquer avec tous et répandre dans la masse l'enseignement que nous avons reçu. Nous jouissons du privilège de savoir que chacun peut accomplir les mêmes œuvres que nous et résoudre tous les problèmes de la vie. Toutes les difficultés et les complications apparaîtront dans leur simplicité. Mon aspect n'est différent ni du vôtre ni de celui des gens que vous rencontrez tous les jours. Et je ne vois aucune différence entre vous et moi.

Nous lui assurâmes que nous apercevions en lui quelque chose d'infiniment plus beau. Il répondit : Ce n'est que le mortel se comparant à l'immortel. Regardez donc la qualité divine de chaque homme sans le comparer à d'autres, et vous le trouverez semblable à moi. Recherchez le Christ sur tout visage et vous y ferez apparaître cette qualité divine. Nous évitons les comparaisons. Nous ne voyons que le Christ en tous et à tout instant. Ce faisant, nous sommes invisibles pour vous. Grâce à notre vision parfaite, nous voyons la perfection, tandis qu'avec votre vue imparfaite vous voyez l'imperfection.

Notre doctrine vous paraîtra de nature inspirée jusqu'à ce que vous ayez pris contact avec un Maître capable de vous instruire et que vous aurez pu élever votre conscience au point de nous voir et de nous parler comme maintenant. Il n'y a nulle inspiration dans le fait de parler ou d'essayer de parler à quelqu'un. Notre enseignement conduit jusqu'au point où l'on peut recevoir la véritable inspiration. Mais celle-ci provient exclusivement et directement de Dieu. En laissant Dieu s'exprimer par vous, vous vivrez avec nous.

L'image idéale de la fleur dans ses plus infimes détails existe dans la graine. Il faut un processus continu de préparation pour que la graine croisse, se multiplie, s'épanouisse et se transforme en fleur parfaite. Quand l'image intérieure est achevée dans ses ultimes détails, la fleur apparaît dans sa magnificence. De même, Dieu tient dans sa pensée l'image idéale de chaque enfant, l'image parfaite par laquelle il désire s'exprimer.

Dans ce mode idéal d'expression, nous dépassons de beaucoup la fleur quand nous laissons Dieu s'exprimer à travers nous selon son propre idéal. C'est quand nous prenons les choses en main qu'elles commencent à se gâter. Cette doctrine s'applique à tous et non à une minorité. On nous a montré que nous n'étions pas différents de vous par nature, mais seulement par degré de compréhension.

Tous les cultes, sectes en « isme », credo, et points de vue dogmatiques sont bons, car ils conduiront finalement leurs adeptes à la conclusion qu'il existe un facteur sous-jacent commun, réel et méconnu, une chose profonde qu'ils n'ont pas atteinte. Ou alors ils comprendront qu'ils n'ont pas pris contact avec les biens qui leur appartiennent de droit, et dont ils pourraient et devraient être légitimes propriétaires. C'est cela qui poussera l'homme en avant. Il sait qu'il y a quelque chose à posséder. Il ne le possède pas, mais pourrait le posséder. Cela le stimulera jusqu'à ce qu'il soit arrivé à ses fins.

Voici comment s'effectuent les progrès dans tous les domaines. D'abord, l'idée du progrès est pressée hors de Dieu et introduite dans la conscience humaine. L'homme perçoit un but susceptible d'être atteint par ses efforts. C'est alors généralement qu'il commence ses bévues. Au lieu de reconnaître la source d'où l'idée émane, il se figure qu'elle provient entièrement de lui. Il s'écarte de Dieu au lieu de laisser Dieu exprimer par lui la perfection que Dieu conçoit pour lui. Il s'exprime à sa manière et produit imparfaitement la chose qui aurait dû être faite ou manifestée avec perfection.

L'homme devrait avoir conscience que toute idée est une expression directe et parfaite de Dieu. Aussitôt qu'elle traverse son esprit, il devrait en faire un idéal exprimant Dieu, ne plus y apporter son grain de sel mortel, et laisser Dieu s'extérioriser à travers lui d'une façon parfaite. Alors l'idéal apparaîtrait sous forme parfaite. Dieu est au-dessus du domaine mortel. Le matérialisme ne peut apporter aucune aide à Dieu. Si l'homme avait conscience de tout cela et agissait en conséquence, il ne tarderait pas à exprimer la perfection. Il faut absolument que l'humanité franchisse le stade où elle s'appuie sur les forces psychiques et mentales. Il faut qu'elle s'exprime directement à partir de Dieu. Les forces psychiques sont exclusivement créées par l'homme et de nature à le faire dévier du droit chemin.

16

Le lendemain matin nous nous levâmes de bonne heure et fûmes prêts à six heures et demie pour le petit déjeuner. Au moment où nous traversions la rue qui séparait notre logement du local où nous prenions nos repas, nous rencontrâmes nos amis les Maîtres qui prenaient le même chemin. Ils marchaient et causaient entre eux comme de simples mortels. Ils nous saluèrent et nous exprimâmes notre surprise de les rencontrer ainsi.

Ils répondirent : Nous ne sommes que des hommes semblables à vous. Pourquoi persistez-vous à nous considérer comme différents ? Nous ne différons de vous en rien. Nous avons simplement développé davantage les pouvoirs que Dieu donne à tous.

Nous demandâmes alors : Pourquoi sommes-nous incapables d'accomplir les mêmes œuvres que vous ? La réplique arriva : Et tous ceux avec qui nous entrons en contact, pourquoi ne nous suivent-ils pas et n'accomplissent-ils pas les œuvres ? Nous ne pouvons ni ne désirons imposer nos méthodes. Chacun est libre de vivre et d'aller son chemin comme bon lui semble. Nous ne cherchons qu'à montrer le chemin facile et simple que nous avons essayé et trouvé très satisfaisant.

Nous nous assîmes à table, et la conversation porta sur les événements de la vie courante. J'étais éperdu d'admiration. Quatre hommes étaient assis en face de nous. L'un d'eux avait achevé depuis près de deux mille ans la perfection de son corps et pouvait l'emmener où il voulait. Il avait vécu un millier d'années sur terre et conservait l'activité et la jeunesse d'un homme de trente-cinq ans.

A côté de lui était un homme issu de la même famille, mais plus jeune de cinq générations. Bien qu'ayant vécu plus de sept cents ans sur terre, il ne paraissait pas avoir atteint la quarantaine. Son ancêtre et lui pouvaient s'entretenir comme deux hommes ordinaires et ils ne s'en privaient pas.

Puis venait Emile, qui avait déjà vécu plus de cinq cents ans et en paraissait soixante. Enfin Jast, qui avait quarante ans et les paraissait. Tous quatre causaient comme des frères, sans le moindre sentiment de supériorité. Malgré leur aimable simplicité, chacune de leurs paroles dénotait une logique parfaite et montrait qu'ils connaissaient leur sujet à fond. Ils ne présentaient trace ni de mythe ni de mystère. Ils se présentaient comme des hommes ordinaires dans leurs affaires courantes. J'avais cependant peine à croire qu'il ne s'agissait pas d'un rêve.

Après le repas, l'un de mes camarades se leva pour payer l'addition. Emile dit : Vous êtes ici nos hôtes. Et il tendit à la tenancière une main que nous croyions vide. A l'examen, nous vîmes qu'elle contenait le montant exact de la note. Les Maîtres n'emportent pas d'argent sur eux et n'ont besoin de personne pour leur en fournir. En cas de besoin, l'argent est à portée de la main, tiré directement de la Substance Universelle.

En sortant de l'auberge, le Maître qui accompagnait la cinquième section nous serra la main en disant qu'il lui fallait retourner à son groupe, puis il disparut. Nous notâmes l'heure exacte de sa disparition et nous pûmes vérifier plus tard qu'il avait rejoint sa section moins de dix minutes après nous avoir quittés.

Nous passâmes la journée avec Emile, Jast, et notre « ami des archives », comme nous l'appelions, à nous promener dans le village et les environs. Notre ami nous raconta avec force détails certaines circonstances du séjour de douze ans de Jean-Baptiste dans le village. En fait, ces histoires nous étaient présentées d'une manière si vivante que nous eûmes l'impression de revivre un obscur passé, parlant et marchant avec

Jean. Jusqu'alors, nous avions toujours considéré cette grande âme comme un caractère mythique évoqué magiquement par des mystificateurs. A partir de ce jour, il devint pour moi un vrai caractère vivant. Je me l'imagine comme si je pouvais le voir, se promenant comme nous dans le village et aux environs, et recevant de ces grandes âmes un enseignement dont il n'arrivait pas à saisir complètement les vérités fondamentales.

Pendant toute la journée, nous allâmes de-ci de-là, nous écoutâmes d'intéressants récits historiques, nous entendîmes la lecture et la traduction de documents sur le lieu même où les faits relatés s'étaient passés des milliers d'années plus tôt. Puis nous rentrâmes au village juste avant la tombée de la nuit, recrus de fatigue.

Nos trois amis n'avaient pas fait un pas de moins que nous, mais ne montraient pas le moindre signe de lassitude. Tandis que nous étions couverts de boue, de poussière, et de sueur, ils étaient frais et dispos, et leurs vêtements blancs restaient immaculés comme au départ. Nous avions déjà noté, au cours de nos voyages, que les vêtements des Maîtres ne se salissaient jamais, et nous en avions souvent fait la remarque, mais sans obtenir de réponse.

Ce soir-là, la question fut renouvelée, et notre ami des archives répliqua : Cela vous étonne, mais nous sommes encore bien plus étonnés du fait qu'un grain de substance créé par Dieu puisse adhérer à une autre création de Dieu à laquelle il n'appartient pas, à un endroit où il n'est pas désiré. Avec une conception juste, cela ne pourra pas arriver, car aucune parcelle de la Substance de Dieu ne peut se trouver placée à un mauvais endroit.

Une seconde plus tard, nous constatâmes que nos vêtements et nos corps étaient aussi propres que ceux des Maîtres. La transformation — et c'en était une — avait eu lieu instantanément pour mes camarades et moi. Toute trace de fatigue nous avait quittés, et nous

nous sentîmes aussi reposés que si nous venions de nous lever et de prendre un bain. Telle fut la réponse à toutes nos questions.

Je crois que nous nous retirâmes cette nuit-là avec le sentiment de paix le plus profond que nous eussions encore ressenti depuis le début de notre séjour avec les Maîtres. Notre crainte respectueuse se transformait rapidement en un profond amour pour ces cœurs bons et simples qui faisaient tant de bien à l'humanité. Ils qualifiaient tous les hommes de frères, et nous commençâmes aussi à les considérer comme tels. Ils ne s'attribuaient aucun mérite, disant toujours que c'était Dieu qui s'exprimait à travers eux.

« De moi-même, je ne peux rien faire. Le Père qui demeure en moi fait seul les œuvres. »

17

Le lendemain matin, toutes nos facultés étaient alertées par l'attente de la révélation que ce jour allait nous apporter. Nous commencions à considérer chaque journée en elle-même comme le développement d'une révélation, et nous avions le sentiment d'effleurer seulement le sens profond de nos expériences. Au petit déjeuner, on nous informa que nous irions à un village situé plus haut dans la montagne. De là, nous irions visiter le temple situé sur l'une des montagnes que j'avais aperçues du toit du temple précédemment décrit. Il ne serait pas possible de faire plus de vingt-cinq kilomètres à cheval. Il fut convenu que deux villageois nous accompagneraient sur cette distance, puis conduiraient les chevaux à un autre petit village où ils les garderaient en attendant notre retour. Les choses se passèrent comme prévu. Nous confiâmes les chevaux aux villageois et nous commençâmes l'ascension de l'étroit sentier de montagne qui conduisait à notre village de destination. Certaines parties du sentier étaient des marches taillées dans la pierre.

Nous campâmes cette nuit-là près d'une auberge située sur une crête, à mi-chemin entre le point où nous avions quitté les chevaux et le village de destination. L'aubergiste était un vieillard gros et jovial. En fait, il était tellement gras et dodu qu'il avait plutôt l'air de rouler que de marcher, et il était difficile d'affirmer qu'il eût des yeux. Dès qu'il reconnut Emile, il demanda à être guéri, disant que si on ne lui portait pas secours il allait sûrement mourir. Nous apprîmes que le service de cette auberge était assuré de père en fils depuis des centaines d'années. L'aubergiste lui-même était en fonction depuis soixante-dix ans.

A ses débuts, il avait été guéri d'une tare congénitale, réputée incurable, et s'était mis activement au travail spirituel pendant deux ans. Ensuite, il s'en était peu à peu désintéressé et avait commencé à compter sur autrui pour le tirer de ses difficultés. Cela dura une vingtaine d'années pendant lesquelles il parut jouir d'une santé impeccable. Soudain, il retomba dans ses anciens errements sans vouloir faire l'effort de sortir de sa prétendue léthargie. Ce n'était qu'un cas typique parmi des milliers d'autres. Ses congénères vivent sans se donner de mal. Tout effort devient vite un fardeau insupportable pour eux. Ils s'en désintéressent, et leurs prières d'appel à l'aide deviennent mécaniques au lieu d'être formulées avec un sens profond ou un désir intime.

Nous partîmes de très bonne heure le lendemain matin, et à quatre heures de l'après-midi nous étions arrivés à destination. Le temple était perché sur un sommet rocheux presque à la verticale du village. La paroi rocheuse était si abrupte que la seule voie d'accès consistait en un panier attaché à une corde. On descendait le panier grâce à une poulie supportée par une poutre de bois fixée aux rochers. Une extrémité de la corde s'enroulait sur un treuil, l'autre passait sur la poulie et supportait le panier. Le panier servait à monter aussi bien qu'à descendre. Le treuil était placé dans une petite chambre taillée dans le roc d'un surplomb. La poutre qui portait la poulie débordait de manière que le panier puisse descendre sans heurter le surplomb. A la remontée, quand le panier avait franchi le surplomb, on lui imprimait un balancement qui permettait d'aborder en sécurité sur le surplomb et d'entrer dans la petite pièce taillée dans le roc. Le surplomb était si accusé que le panier se promenait dans l'air à une vingtaine de mètres de la paroi.

A un signal donné, on fit descendre le panier et nous fûmes hissés un par un jusqu'au surplomb, à cent trente mètres de hauteur. Une fois là, nous cherchâmes un sentier pour monter jusqu'au temple, situé cent soixante-quinze mètres plus haut, et dont les murs faisaient suite à la paroi rocheuse. On nous informa que la seconde ascension se ferait comme la première. En effet, nous vîmes émerger du temple une poutre semblable à celle du surplomb. On envoya une corde qui fut attachée au même panier, et nous fûmes à nouveau hissés un par un jusque sur la terrasse du temple.

J'eus encore une fois l'impression de me trouver sur le toit du monde. Le sommet rocheux qui supportait le temple dominait de trois cents mètres toutes les montagnes environnantes. Le village d'où nous étions partis se trouvait trois cents mètres plus bas, au sommet d'un col où l'on passait pour traverser les Himalayas. Le niveau du temple était inférieur de trois cent cinquante mètres à celui du temple que j'avais visité avec Emile et Jast, mais ici la vue était beaucoup plus étendue. Il nous semblait que nous pouvions regarder dans l'espace infini.

On nous installa confortablement pour la nuit. Nos trois amis nous informèrent qu'ils allaient rendre visite à quelques groupes de nos camarades et qu'ils étaient disposés à emporter tout message de notre part. Nous écrivîmes donc à tous nos camarades en indiquant avec soin la date, l'heure, et la localité. Nous gardâmes copie de nos messages et nous eûmes l'occasion de constater plus tard que tous avaient été remis aux destinataires moins de vingt minutes après avoir quitté nos mains. Quand nous eûmes donné les messages à nos amis, ils nous serrèrent la main en nous disant au revoir jusqu'au lendemain matin, puis disparurent un à un.

Après un bon dîner servi par les gardiens, nous nous retirâmes pour la nuit, mais sans pouvoir dormir, car nos expériences commençaient à nous impressionner profondément. Nous étions à trois mille mètres d'altitude, sans une âme à proximité, excepté les desservants, et sans autre bruit que le son de nos propres voix. L'air était absolument immobile.

L'un de nos camarades dit : Il n'y a rien d'étonnant à ce qu'on ait choisi l'emplacement de ces temples comme lieu de méditation. Le silence est tellement intense qu'on le croirait tangible. Ce temple est certainement un bon endroit de retraite. Je vais sortir pour jeter un coup d'œil aux alentours.

Il sortit, mais rentra peu après en disant qu'il y avait un épais brouillard et qu'on n'y voyait rien. Mes deux camarades s'endormirent bientôt, mais j'avais de l'insomnie. Je me levai donc, m'habillai, montai sur le toit du temple, et m'assis les jambes pendant à l'extérieur de la muraille. Il y avait juste assez de clair de lune filtrant à travers le brouillard pour dissiper l'obscurité complète qui aurait prévalu sans cela. La faible lumière lunaire donnait du relief aux grands bancs de brouillard dont les ondulations se déroulaient à proximité. Elle rappelait que l'on n'était pas suspendu dans l'espace, qu'il y avait quelque chose plus bas, que le sol existait toujours, et que l'endroit où j'étais assis était relié à la terre.

Soudain j'eus une vision. Je vis un grand faisceau lumineux dont les rayons s'étalaient en éventail et s'élargissaient vers moi. J'étais assis à peu près au milieu de l'éventail. Le rayon central était le plus brillant. Chaque rayon continuait son trajet jusqu'à ce qu'il illuminât une partie bien déterminée de la terre. Puis les rayons se fondaient tous en un grand rayon blanc. Ils convergeaient en un point central de lumière blanche si intense qu'elle paraissait transparente comme du cristal. J'eus alors l'impression de planer dans l'espace au-dessus de ce spectacle. En regardant vers la source lointaine du rayon blanc, j'aperçus des spectres d'un passé immensément reculé. Ils avancèrent en nombre croissant et en rangs serrés jusqu'à un endroit où ils se séparèrent. Ils s'éloignèrent de plus en plus les uns des autres jusqu'à remplir le rayon lumineux et à couvrir la terre. Ils paraissaient tous émaner du point blanc central, d'abord un par un, puis deux par deux, puis quatre par quatre, et ainsi de suite jusqu'au point de divergence où ils étaient plus de cent côte à côte, déployés en un éventail serré. Au point de divergence, ils s'éparpillaient, occupaient tous les rayons, et marchaient sans ordre, chacun à son idée. Le moment où ils eurent couvert toute la terre coïncida avec le maximum de divergence des rayons. Puis les formes spectrales se rapprochèrent progressivement les unes des autres. Les rayons convergèrent vers leur point de départ, où les formes entrèrent de nouveau une à une, ayant ainsi complété leur cycle. Avant d'entrer, elles s'étaient regroupées côte à côte en un rang serré d'une centaine d'âmes. A mesure qu'elles avançaient, leur nombre diminuait jusqu'à ce qu'il n'y en eût plus qu'une, et celle-là entra seule dans la lumière.

Je me levai brusquement, avec l'impression que l'endroit manquait de sécurité pour rêver, et je regagnai mon lit, où je ne tardai pas à m'endormir.

18

Nous avions prié l'un des gardiens de nous réveiller aux premières lueurs de l'aube. Il frappa à notre porte alors qu'il me semblait avoir à peine eu le temps de dormir. Nous bondîmes tous hors de nos lits, tant nous étions anxieux de voir le lever du soleil du haut de notre perchoir. Nous fûmes habillés en un rien de temps et nous nous ruâmes vers la terrasse comme trois écoliers impatients. Nous fîmes tant de bruit que nous effrayâmes les gardiens, qui vinrent en hâte voir si nous avions gardé notre bon sens. Je pense que jamais vacarme semblable n'avait troublé la paix de ce vieux temple depuis sa construction, c'est-à-dire depuis plus de dix mille ans. En fait, il était si ancien qu'il faisait corps avec le rocher sur lequel il reposait.

En arrivant sur la terrasse, les recommandations de calme devinrent inutiles. Dès le premier coup d'œil, mes deux camarades restèrent bouche bée, les yeux grands ouverts. Je suppose que j'en fis autant. J'attendais qu'ils parlassent lorsqu'ils s'écrièrent presque ensemble : « Mais nous sommes certainement suspendus dans l'air. » Leur impression était exactement la même que celle que j'avais eue dans l'autre temple. Ils avaient oublié un instant que leurs pieds reposaient sur le sol et avaient la sensation de flotter dans l'atmosphère. L'un d'eux remarqua : « Je ne m'étonne pas que les Maîtres puissent voler après avoir ressenti cette sensation. »

Un bref éclat de rire nous tira de nos pensées. Nous nous retournâmes et vîmes immédiatement derrière nous Emile, Jast, et notre ami des documents. Un de mes camarades voulut serrer toutes leurs mains à la fois et s'écria : « C'est merveilleux. Il n'y a rien d'étonnant à ce que vous puissiez voler après avoir séjourné ici ! » Ils sourirent, et l'un d'eux dit : « Vous êtes aussi libres de voler que nous. Il vous suffit de savoir que vous avez le pouvoir intérieur de le faire, puis de vous en servir. »

Nous contemplâmes le paysage. Le brouillard s'était abaissé et flottait en grands rouleaux de houle. Mais il était encore assez haut pour qu'aucun mètre carré de terre ne fût visible. Le mouvement des bancs de brouillard nous donnait la sensation d'être emportés sur des ailes silencieuses. En regardant au loin, on perdait tout sens de la gravitation, et il était difficile de s'imaginer que l'on ne planait pas dans l'espace. Personnellement, j'avais si bien perdu le sens de la pesanteur que je flottais au-dessus du toit. Au bruit d'une voix, j'y retombai si rudement que je ressentis un choc dont les effets mirent plusieurs jours à se dissiper.

Ce matin-là, nous décidâmes de rester trois jours au temple, n'ayant plus qu'un seul endroit intéressant à visiter avant de retrouver les autres sections. Emile avait apporté des messages. L'un d'eux nous informait que la section de notre chef avait visité notre temple trois jours seulement auparavant. Après le petit déjeuner, nous sortîmes pour voir le brouillard se dissiper graduellement. Nous l'observâmes jusqu'à disparition complète et apparition du soleil. On voyait le petit village niché sous la falaise de la vallée s'étendant au loin.

Nos amis ayant décidé de visiter le village, nous demandâmes la permission de les accompagner. Ils répondirent par l'affirmative en riant et nous conseillèrent de nous servir du panier, disant qu'ainsi nous aurions, à l'arrivée, un aspect plus présentable que si nous tentions d'employer leur mode de locomotion. On nous descendit donc un à un sur le surplomb et, de là, sur le petit plateau qui dominait le village. A peine le dernier de nous avait-il sauté du panier que nos amis étaient là. Nous descendîmes tous ensemble au village, où nous passâmes la majeure partie de la journée.

C'était un vieux village bizarre, caractéristique de

ces régions montagneuses. Il comprenait une ving-taine de maisons creusées dans la paroi de la falaise. Les ouvertures se bouchaient avec des dalles de pierre. On avait adopté ce mode de construction pour éviter que les maisons ne s'écrasent sous le poids des neiges hivernales. Les villageois ne tardèrent pas à se rassembler. Emile leur parla quelques instants et il fut convenu qu'une réunion aurait lieu le lendemain après-midi. Des messagers furent envoyés pour prévenir les gens du voisinage désireux d'y assister.

On nous informa que Jean-Baptiste avait vécu dans ce village et reçu certains enseignements dans le temple. Celui-ci était exactement dans le même état qu'à cette époque. On nous montra l'emplacement de la maison que Jean avait habitée, mais qui avait été détruite. Quand nous retournâmes au temple en fin de journée, le temps s'était clarifié, et l'on pouvait apercevoir une vaste région. On nous montra les chemins que Jean suivait pour se rendre aux villages environnants. Le temple et son village avaient été bâtis six mille ans au moins avant la visite de Jean. On nous fit voir notre chemin de départ, qui était en service depuis la même époque. Vers cinq heures du soir, notre ami des documents nous serra la main en disant qu'il allait s'absenter, mais reviendrait bientôt. Aussitôt après il disparut.

Ce soir-là, nous assistâmes du toit du temple au plus extraordinaire coucher de soleil que j'aie jamais vu, et cependant j'ai eu la bonne fortune d'en voir dans presque tous les pays du monde. A la tombée du soir, une légère brume couvrit une petite chaîne de montagnes bordant une vaste zone de plateaux sur lesquels notre regard pouvait plonger. Quand le soleil atteignit cette bordure, il sembla la dominer de si haut que nous contemplions une mer d'or en fusion. Puis vint le crépuscule qui enflamma tous les hauts sommets. Les montagnes neigeuses du lointain étincelaient. Les glaciers ressemblaient à d'immenses langues de feu.

Toutes ces flammes rejoignaient les diverses tonalités du ciel et paraissaient s'y fondre. Les lacs parsemant la plaine ressemblèrent soudain à des volcans lançant des feux qui se mêlaient aux couleurs du ciel. Pendant un moment, nous eûmes l'impression de nous trouver au bord d'un enfer silencieux, puis l'ensemble se fondit en une seule harmonie de couleurs, et une soirée douce et tranquille tomba sur le paysage. La paix qui s'en dégageait était indicible.

Nous restâmes assis sur la terrasse jusqu'à minuit, bavardant et posant des questions à Emile et à Jast. Ces questions portaient surtout sur l'ethnographie et l'histoire générale du pays. Emile nous fit de nombreuses citations de documents connus des Maîtres. Ces documents prouvent que le pays était habité des milliers d'années avant nos temps historiques.

Emile finit par dire : Je ne voudrais ni dénigrer votre histoire ni faire bon marché de vos historiens. Mais ceux-ci ne sont pas remontés assez loin dans le passé. Ils ont admis que l'Egypte signifiait ténèbres extérieures ou désert, comme son nom l'indique. En réalité, ce nom signifie « désert de pensée ». A l'époque égyptienne comme aujourd'hui, une grande partie du monde vivait dans un désert de pensée, et vos historiens n'ont pas recherché le sens caché de cette formule pour l'approfondir. Ils ont accepté et relaté les témoignages superficiels des yeux et des oreilles. Ce fut le début de votre histoire. Il est très difficile de la relier à la nôtre. Je ne vous demande pas de considérer la nôtre comme authentique, mais je suggère que vous choisissiez librement entre les deux.

La lune apparut alors ronde et pleine au-dessus des montagnes qui barraient l'horizon dans le lointain. Nous restâmes à la contempler jusqu'à ce qu'elle fût presque au zénith. Le spectacle était magnifique. De légers nuages passaient de temps à autre devant une montagne voisine un peu plus haute que le temple. Quand ils passaient près de la lune, nous avions l'impression de nous déplacer avec elle devant les nuages immobiles. Cela dura une heure.

Soudain, nous entendîmes derrière nous un bruit semblable à celui de la chute d'un corps. Nous nous levâmes pour regarder, et voici qu'une vieille dame d'un certain âge était là et nous demanda en souriant si elle nous avait effrayés. Nous eûmes d'abord l'impression qu'elle avait sauté du parapet sur la terrasse, mais elle avait simplement frappé du pied pour attirer notre attention, et l'intensité du silence avait amplifié le son. Emile s'avança rapidement pour la saluer et nous présenta sa sœur. Elle sourit et demanda si elle avait dérangé nos rêves.

Nous nous rassîmes, et la conversation s'orienta sur les réminiscences de ses expériences et de son travail dans la vie sainte. Elle avait trois fils et une fille, tous éduqués dans le même esprit. Nous lui demandâmes si ses enfants l'accompagnaient. Elle répondit que les deux plus jeunes ne la quittaient jamais. Nous demandâmes à les voir. Elle répondit qu'ils étaient précisément libres, et aussitôt deux personnages apparurent, un homme et une femme. Ils saluèrent leur oncle et leur mère, puis s'avancèrent pour être présentés à mes deux camarades et à moi. Le fils était un grand gaillard bien droit et d'aspect mâle. Il paraissait trente ans. La fille était plutôt petite, mince, avec des traits ravissants. C'était une belle jeune fille bien équilibrée, paraissant avoir vingt ans. Nous apprîmes plus tard que le fils avait cent quinze ans et la fille cent vingt-huit. Ils devaient assister à la réunion du lendemain et ne tardèrent pas à descendre.

Après leur départ, nous complimentâmes leur mère à leur sujet. Elle se tourna vers nous et répondit : Tout enfant est bon et parfait à sa naissance. Il n'en est point de mauvais. Peu importe que leur conception ait été parfaite et immaculée ou au contraire matérielle et sensuelle. L'enfant de la conception immaculée reconnaît très tôt sa filiation avec le Père. Il sait qu'il est le Christ fils de Dieu. Il se développe rapidement et ne conçoit que la perfection. L'enfant conçu par la voie des sens peut aussi reconnaître immédiatement sa filiation, percevoir que le Christ demeure également en lui, et réaliser sa perfection en faisant du Christ son idéal. Il contemple cet idéal, l'aime et le chérit, et à la fin il manifeste ou reproduit l'objet de ses pensées. Il est né de nouveau, il est parfait. Il a fait ressortir sa perfection intérieure qui avait toujours existé. Le premier s'en est tenu à l'idéal, et il est parfait. Le second a perçu l'idéal et l'a développé. Tous deux sont parfaits. Aucun enfant n'est mauvais. Tous sont bons et viennent de Dieu.

L'un de nous suggéra alors qu'il était temps de se coucher, car il était plus de minuit.

19

Le lendemain matin, à cinq heures, nous étions tous réunis sur la terrasse du temple. Après les salutations d'usage, nous nous installâmes à la ronde, et, selon la coutume, on lut des extraits d'écritures sacrées. Ce matin-là, les extraits avaient été choisis parmi les documents du temple. Jast les traduisit. Nous eûmes la surprise de constater que la première citation correspondait au premier chapitre de l'Evangile selon saint Jean, et la deuxième au premier chapitre de l'Evangile selon saint Luc. Nous demandâmes à chercher nos bibles pour comparer. On nous le permit volontiers. Jast nous aida à faire les parallèles, et nous fûmes tous surpris de la similitude des deux Ecritures.

A peine avions-nous terminé que la cloche du repas matinal sonna. Nous rentrâmes tous à l'intérieur. Après le repas, nous nous préparâmes à descendre au village et ne pensâmes plus aux parallèles. Au village, nous trouvâmes une assemblée nombreuse de gens du voisinage. Jast nous dit que c'étaient principalement des bergers qui conduisaient leurs troupeaux en été dans les hauts pâturages, et que le moment de redescendre vers les vallées basses approchait rapidement. C'était une coutume de réunir annuellement ces gens peu de temps avant leur départ.

En traversant le village, nous rencontrâmes le neveu d'Emile, qui nous suggéra de faire une promenade avant le déjeuner. Nous acceptâmes volontiers, car nous avions envie de connaître les environs. Au cours de la promenade, il nous montra de loin divers villages de la vallée, qui présentaient un intérêt spécial. Leurs noms une fois traduits ressemblaient beaucoup à ceux des premiers chapitres de la Bible. Mais la vraie signification de l'ensemble nous apparut seulement plus tard, après que nous eûmes repris le chemin du village, déjeuné, et pris place à la réunion.

Il y avait environ deux cents personnes assemblées quand nos amis du temple apparurent. Le neveu d'Emile se dirigea vers deux hommes qui tenaient un objet ressemblant à un gros livre. Quand ils l'ouvrirent, nous vîmes que c'était une boîte en forme de livre. Elle contenait des paquets de feuillets semblables à des pages de livre. Le père du neveu d'Emile en choisit un, et l'on plaça la boîte sur le sol. Il le donna au premier homme, qui l'ouvrit. Ensuite, il lui passa les feuillets un à un. Après lecture, il les donnait au deuxième homme qui les remettait dans la boîte.

La lecture se poursuivit avec Jast pour interprète. Nous ne tardâmes pas à nous rendre compte que l'histoire lue ressemblait d'une manière frappante à l'Evangile selon saint Jean, mais avec beaucoup plus de détails. Suivirent des feuillets semblables à l'Evangile de Luc, puis d'autres semblables à celui de Marc, et enfin d'autres semblables à celui de Matthieu.

Après la lecture, les auditeurs se réunirent en petits groupes. Quant à nous, avec Jast, nous cherchâmes Emile pour lui demander des explications d'ensemble. Il nous informa que ces documents étaient lus à chaque assemblée annuelle, et que le village était le centre du pays qui avait été jadis le théâtre de ces scènes. Nous lui fîmes remarquer leur similitude avec les histoires relatées dans la Bible. Il nous dit que beaucoup d'histoires de l'Ancien Testament étaient tirées des documents que nous venions de voir, mais que les scènes plus récentes, comme celle de la crucifixion, s'étaient passées ailleurs qu'ici. Néanmoins, l'ensemble était centré sur la naissance et la vie du Christ. Le thème principal portait sur la recherche du Christ dans l'homme, et cherchait à montrer aux égarés, éloignés de cet idéal, que le Christ vivait toujours en eux. Emile en vint même à dire que le lieu des événements n'avait aucune importance parce que le désir des Maîtres consistait surtout à perpétuer le sens spirituel des événements.

Nous employâmes le reste de la journée et le lendemain à faire des comparaisons et à prendre des notes. Faute de place, je ne puis les reproduire ici. Le lecteur comprendra le sens spirituel de l'histoire des feuillets en relisant les chapitres cités de la Bible. Nous découvrîmes que le père du neveu d'Emile, qui avait fait la lecture, descendait en ligne droite du père de Jean-Baptiste. C'était la coutume qu'un membre de sa famille lût les documents à cette assemblée. Le temple où nous logions avait été un lieu d'adoration pour Jean et Zacharie.

Nos amis manifestèrent le désir d'aller leur chemin. Nous convînmes donc que Jast resterait avec nous et que les autres s'en iraient. Le lendemain nous achevâmes de lire les documents, et le surlendemain nous partîmes à notre tour. Bien que l'heure fût très matinale, presque tous les villageois s'étaient levés pour nous souhaiter bon voyage.

20

Pendant les cinq jours suivants, notre chemin traversa le pays jadis parcouru par Jean. Au cinquième jour, nous arrivâmes au village où nos chevaux nous attendaient. Emile était là, et à partir de ce moment le voyage fut relativement aisé jusqu'à notre arrivée à son village natal. A l'approche de ce village, nous observâmes que le pays était plus peuplé. Routes et pistes étaient les meilleures que nous eussions rencontrées jusqu'ici.

Notre chemin longeait une vallée fertile que nous remontâmes jusqu'à un plateau. Nous remarquâmes que la vallée se resserrait de plus en plus. A la fin, les parois se rapprochaient de la rivière au point que la vallée ne formait plus qu'un ravin. Vers quatre heures de l'après-midi, nous arrivâmes soudain devant une falaise verticale d'une centaine de mètres de hauteur d'où la rivière tombait en cascade. La route conduisait à un endroit plat, au pied de la falaise de grès, près de la cascade. Un tunnel s'ouvrait dans la paroi et montait à quarante-cinq degrés jusqu'au plateau supérieur. On avait taillé des marches dans le tunnel, de sorte que la montée était aisée.

De grandes dalles de pierre étaient préparées pour boucher le cas échéant l'ouverture inférieure du tunnel et présenter ainsi une barrière formidable à une attaque éventuelle. En arrivant au plateau supérieur, nous constatâmes que l'escalier souterrain en constituait le seul accès possible à partir du ravin. Autrefois il y avait eu trois chemins d'accès, mais le rempart extérieur du village avait été construit de manière à en boucher deux. Beaucoup de maisons du village étaient adossées à ce rempart. Elles avaient alors généralement trois étages, mais sans ouvertures dans le rempart avant le troisième étage. Chaque ouverture comportait un balcon assez large pour que deux ou trois personnes puissent s'y tenir à l'aise et observer continuellement les environs.

On nous raconta que le district avait été jadis habité par une tribu indigène qui s'était isolée du monde jusqu'au point de disparaître en tant que tribu. Les rares survivants s'étaient agrégés à d'autres tribus. Tel était le village natal d'Emile et le lieu de rendez-vous des membres de notre expédition, qui s'étaient répartis en petits détachements pour couvrir plus de territoire.

Une enquête nous révéla que nous étions les premiers arrivants, et que les autres suivaient à vingt-quatre heures. On nous assigna pour logement une maison du village adossée au rempart. Les fenêtres du troisième étage avaient vue au midi sur des plissements montagneux. On nous installa confortablement et l'on nous informa que le souper serait servi au rez-de-chaussée. En descendant, nous trouvâmes assis à table la sœur d'Emile, son mari, et leurs deux enfants que nous avions rencontrés au temple, ainsi qu'Emile lui-même.

A peine avions-nous fini de souper que nous entendîmes du bruit dans le petit square situé en face de la maison. Un villageois vint avertir que l'un des autres détachements venait d'arriver. C'étaient les compagnons de notre chef Thomas. On leur servit à dîner, on les installa pour la nuit avec nous, puis nous montâmes tous sur la terrasse du toit. Le soleil était couché, mais le crépuscule durait encore.

Nous avions vue sur un bassin où affluaient par des gorges profondes des torrents provenant des montagnes environnantes. Ces torrents se jetaient tous dans la rivière principale juste avant que celle-ci ne se précipitât en cascade par-dessus la falaise de grès déjà décrite. La grande rivière émergeait d'un ravin profond et ne parcourait qu'une centaine de mètres sur le plateau avant de se jeter en cascade dans le précipice.

D'autres petits torrents formaient des cascades de trente à soixante mètres sur les parois verticales qui bordaient la rivière principale. Plusieurs débitaient un fort volume d'eau, d'autres seulement quelques gouttes, d'autres enfin avaient creusé les parois latérales des gorges et y tombaient par une suite de cataractes.

Bien plus haut dans les montagnes, les ravins contenaient des glaciers qui se projetaient comme des doigts de géant à partir des neiges éternelles qui couvraient toute la chaîne.

Le rempart extérieur du village rejoignait les parois de la gorge de la rivière principale, puis bordait la rivière jusqu'à la cascade. A l'endroit de la jonction avec les parois de la gorge, les montagnes étaient presque verticales sur six cents mètres de hauteur et formaient une barrière naturelle aussi loin que l'œil pouvait les suivre. Le plateau s'étendait du nord au sud sur une centaine de kilomètres et de l'est à l'ouest sur une cinquantaine. En dehors du tunnel incliné, l'unique accès au plateau se trouvait à l'endroit de sa plus grande largeur. Là, un sentier conduisait à un col défendu par un rempart similaire au nôtre.

Tandis que nous commentions les avantages décisifs de ce dispositif, la sœur et la nièce d'Emile nous rejoignirent. Un peu plus tard, son beau-frère et son neveu vinrent aussi. Nous remarquâmes chez eux des symptômes d'agitation contenue, et la sœur d'Emile ne tarda pas à nous dire qu'elle attendait ce soir la visite de sa mère. Elle dit : Nous sommes si heureux que nous pouvons à peine nous contenir, tant nous aimons notre mère. Nous aimons tous ceux qui vivent dans les sphères de réalisation les plus hautes, car ils sont tous beaux, nobles et secourables. Mais notre mère est si belle, si exquise et adorable, si serviable et aimante, que nous ne pouvons nous empêcher de l'aimer mille fois plus. En outre, nous sommes de sa chair et de son sang. Nous savons que vous l'aimerez aussi.

Nous demandâmes si elle venait souvent. La réponse fut : Oh ! oui, elle vient toujours quand nous avons besoin d'elle. Mais elle est si occupée par son travail dans sa sphère qu'elle vient seulement deux fois par an de son propre chef, et nous sommes au jour d'une de ses visites bisannuelles. Cette fois-ci, elle restera une semaine. Nous en sommes si heureux que nous ne savons plus que faire en l'attendant.

La conversation s'orienta sur nos expériences depuis notre séparation, et la discussion avait pris un tour animé lorsqu'un silence soudain s'abattit sur nous. Avant d'avoir pu nous en rendre compte, nous étions tous assis sans mot dire et sans que personne fît une réflexion. Les ombres du soir avaient grandi et la chaîne neigeuse des montagnes lointaines ressemblait à un monstre énorme prêt à lancer ses griffes de glace dans la vallée. Puis nous entendîmes un léger frou-frou né du silence, comme si un oiseau se posait. Un brouillard parut se condenser à l'est du parapet. Il prit soudainement forme, et voici devant nous une femme magnifiquement belle de visage et d'aspect, entourée d'un rayonnement lumineux si intense que nous pouvions à peine la regarder.

La famille se précipita vers elle les bras tendus et s'écria d'une seule voix : Maman ! La dame descendit avec légèreté du parapet sur la terrasse du toit et embrassa les membres de sa famille comme toute mère tendre l'aurait fait, puis on nous présenta. Elle dit : Oh ! c'est vous, les chers frères venus de la lointaine Amérique pour nous rendre visite ? Je suis trop heureuse de vous souhaiter la bienvenue dans notre pays. Nos cœurs vont vers tous, et si les hommes voulaient seulement nous laisser faire, il nous semble que nous les serrerions tous dans nos bras comme je viens de le faire pour ceux que j'appelle les miens. Car en réalité nous ne formons qu'une famille, celle des enfants de Dieu le Père. Pourquoi ne pouvons-nous pas nous réunir tous comme des frères ?

Nous venions de remarquer que la soirée devenait très fraîche. Mais quand la dame apparut, le rayonne-

106

ment de sa présence transforma l'ambiance en celle d'une nuit d'été. L'air parut chargé de parfums de fleurs. Une lumière semblable à celle de la pleine lune imprégnait tous les objets, et il régnait une tiédeur rayonnante que je ne parviens pas à décrire. Cependant, aucun geste des Maîtres n'était théâtral. Les manières de ces gens étaient profondément aimables et d'une simplicité enfantine.

Quelqu'un suggéra de descendre. La Mère et les autres dames passèrent les premières. Nous suivîmes, et les hommes de la maison fermèrent la marche. Tandis que nous descendions l'escalier à la manière habituelle, nous remarquâmes que nos pieds ne faisaient aucun bruit. Cependant, nous ne nous efforcions pas au silence. L'un de nous avoua même qu'il avait essayé de faire du bruit, mais sans y parvenir. Il semblait que nos pieds n'entraient en contact ni avec le sol de la terrasse ni avec les marches de l'escalier.

A l'étage de nos chambres, nous entrâmes dans une pièce magnifiquement meublée où nous nous assîmes. Nous remarquâmes aussitôt une tiédeur rayonnante, et la pièce fut éclairée d'une lumière douce, inexplicable pour nous. Un profond silence régna quelque temps, puis la Mère nous demanda si nous étions bien installés, si l'on s'occupait de nous, et si notre voyage nous satisfaisait.

La conversation s'engagea sur les choses de la vie ordinaire, avec lesquelles elle parut très familière. Puis la causerie s'orienta sur notre vie de famille. La Mère nous cita les noms de nos parents, frères et sœurs, et nous surprit en nous faisant la description détaillée de nos vies sans nous poser la moindre question. Elle nous indiqua les pays que nous avions visités, les travaux que nous avions accomplis, et les erreurs que nous avions commises. Elle ne parlait pas d'une manière vague qui nous aurait obligés à adapter nos souvenirs. Chaque détail ressortait comme si nous revivions les scènes correspondantes.

Quand nos amis nous eurent souhaité bonne nuit,

nous ne pûmes qu'exprimer notre émerveillement en songeant qu'aucun d'eux n'avait moins de cent ans et que la Mère était âgée de sept cents ans, dont six cents passés sur terre dans son corps physique. Cependant, ils étaient tous enthousiastes et avaient le cœur léger comme à vingt ans, sans aucune affectation. Tout se passait comme si nous vivions avec des jeunes.

Avant de se retirer ce soir-là, ils nous avaient prévenus qu'il y aurait une nombreuse société à dîner à l'auberge le lendemain soir et que nous étions invités.

21

Le lendemain avant midi, tous les détachements de notre expédition étaient arrivés. Nous passâmes l'après-midi à confronter nos notes qui se recoupaient exactement. Le défaut de place ne me permet pas de les reproduire ici. Quand nous eûmes terminé, nous fûmes priés de nous rendre directement à l'auberge pour le dîner. En y arrivant nous trouvâmes environ trois cents personnes assises à de longues tables de banquet. On nous avait réservé des places à une extrémité de la salle, de sorte que nous pouvions la voir en enfilade. Toutes les tables étaient recouvertes de magnifiques nappes de lin blanc, d'argenterie et de porcelaine, comme pour un vrai banquet, et pourtant il n'y avait qu'une seule petite lampe pour éclairer l'ensemble. Après que nous fûmes restés assis une vingtaine de minutes, et que toutes les places eurent été occupées, à part quelques vides çà et là, un profond silence s'établit dans la salle et une lumière gaie ne tarda pas à l'inonder. La lumière s'intensifia peu à peu comme si des milliers de lampes électriques habilement dissimulées s'allumaient progressivement. La salle fut bientôt illuminée, et tous les objets se mirent à étinceler. Nous devions apprendre plus tard que le village était dépourvu d'éclairage électrique.

Après l'illumination, le silence persista un quart d'heure, puis tout à coup, il sembla qu'un brouillard se condensait, et nous entendîmes le même frou-frou que la veille, lors de l'apparition de Marie, mère d'Emile. Le brouillard se dissipa, et voici que nous vîmes debout dans la salle, à divers endroits, Marie et onze autres personnages, neuf hommes et deux femmes. Je ne trouve pas de mots pour décrire la radieuse beauté de cette scène. Je n'exagère pas en disant que les personnages apparurent comme une troupe d'anges, mais sans ailes. Ils se tinrent un instant comme figés, la tête inclinée, dans une attitude expectative. Bientôt éclatèrent les voix d'un chœur invisible, accompagnées de la musique la plus grandiose que l'on puisse imaginer. J'avais entendu parler de voix célestes, mais ne les avais jamais entendues jusqu'à ce jour. Nous fûmes pour ainsi dire soulevés de nos sièges.

Vers la fin du chant, les douze personnages gagnèrent leurs places. Nous remarquâmes à nouveau qu'ils ne faisaient aucun bruit de pas, bien qu'ils ne fissent nul effort spécial pour marcher silencieusement. Quand ils furent assis, le même brouillard réapparut, et quand il fut dissipé, douze nouveaux personnages apparurent, une femme et onze hommes, dont notre ami des documents. Ils se tinrent immobiles un instant et le chœur invisible chanta une deuxième fois. Vers la fin du chant, les douze gagnèrent leurs places sans faire le moindre bruit. A peine étaient-ils assis que le brouillard apparut une troisième fois, et quand il se dissipa, treize personnages en rang, six hommes et sept femmes, apparurent à l'extrémité opposée de la salle.

Au centre était une jeune femme de moins de vingt ans avec trois hommes et trois femmes à sa droite et à sa gauche. Toutes les dames apparues jusqu'ici étaient fort belles, mais cette jeune femme les surpassait toutes en beauté. Les treize personnages se tinrent immobiles un moment, la tête inclinée, et la musique éclata à nouveau. Après quelques mesures, le chœur s'y joignit. Nous nous levâmes, et tandis que la mélodie se déroulait, il nous sembla voir des milliers de formes mystiques qui évoluaient en chantant à l'unisson. Il n'y avait aucun refrain triste, aucune tonalité mineure. La musique éclatait en sonorités libres et joyeuses, venant de l'âme et touchant les âmes, les élevant de plus en plus jusqu'à ce que nous eussions le sentiment de perdre contact avec la terre.

A la fin du chœur, les treize personnages gagnèrent leurs places respectives et s'assirent, mais nos regards ne pouvaient quitter la figure centrale, la jeune femme qui s'avançait vers notre table avec une dame à chacun de ses côtés. Elle s'assit avec ses deux compagnes à l'extrémité de notre table. On accumula rapidement les assiettes à sa gauche. Les lumières pâlirent pendant un moment, et nous aperçûmes autour de chacun des trente-six personnages apparus la lumière sans source qui nous intriguait toujours, tandis qu'une magnifique auréole brillait au-dessus de la tête de notre hôtesse d'honneur. Nous fûmes les seuls dans l'assemblée à être profondément impressionnés par cette scène. Les autres la trouvaient toute naturelle.

Quand tout le monde fut assis, il y eut un moment de silence, puis la plupart des personnes présentes entonnèrent un chœur joyeux et libre, sous la conduite des trente-six personnages apparus. La musique une fois terminée, l'hôtesse d'honneur se leva, étendit les mains, et voici qu'il y apparut un petit pain d'environ cinq centimètres de diamètre et trente-cinq de long. Chacun des trente-six personnages apparus précédemment se leva, s'approcha d'elle, et reçut un pain semblable. Ils firent ensuite le tour de toutes les tables pour donner un morceau de pain à chaque convive. La dame magnifique en fit autant à notre table.

En donnant à chacun de nous sa portion, elle dit : Ne savez-vous pas que Christ demeure en vous comme en chacun ? Ne savez-vous pas que votre corps est pur, parfait, jeune, toujours beau et divin ? Ne savez-vous pas que Dieu vous a créés exactement à son image et à sa ressemblance, et vous a donné autorité sur toutes choses ? Par vous-mêmes, vous êtes toujours Christ, le parfait Fils de Dieu, le fils unique en qui le Père et la Mère prennent plaisir. Vous êtes purs, parfaits, saints, divins, unis à Dieu qui est la totalité du Bien. Et tout enfant a le droit de proclamer cette filiation, cette divinité.

Après nous avoir donné à chacun un morceau de pain, elle reprit sa place. Sa petite miche avait encore la même taille qu'avant la distribution. Une fois cette cérémonie terminée, la nourriture commença d'arriver. Elle vint dans de grandes soupières munies d'un couvercle, et celles-ci apparurent devant les dames comme posées par des mains invisibles. La dame magnifique ôta les couvercles, les mit de côté, et commença à servir. Chaque fois qu'une assiette était remplie, elle la passait alternativement à sa voisine de droite et à sa voisine de gauche. Celles-ci les faisaient suivre, et tous les convives furent largement servis. Alors ils se mirent à manger et parurent apprécier vivement les mets.

Dès le début du repas, Thomas demanda à la dame quel attribut de Dieu elle considérait comme majeur. Sans hésiter un instant, elle répondit : L'Amour. Puis elle continua en ces termes : L'Arbre de Vie est situé au milieu du paradis de Dieu, au plus profond de notre âme. Le fruit abondant et riche qui pousse et mûrit avec le plus de perfection, le fruit le plus accompli, le plus vivifiant, c'est l'Amour. Ceux qui perçoivent son véritable caractère l'ont défini comme étant la plus grande chose du monde. J'ajouterai que c'est la plus grande force de guérison du monde. L'Amour ne manque jamais de répondre à une demande du cœur humain. On peut se servir du principe divin de l'Amour pour faire face à tous les besoins de l'humanité et dissiper toutes les tristesses, infirmités, ou situations misérables qui la harcèlent.

Grâce à la compréhension et au bon usage de l'Amour, grâce à son influence subtile et illimitée, toutes les blessures du monde pourraient être guéries. Le doux manteau de la compassion céleste pourrait recouvrir toutes les inharmonies, l'ignorance et les fautes de l'humanité. Quand l'Amour déploie ses ailes, il recherche les lieux arides du cœur humain, les endroits de la vie qui sont gâchés. Son contact rachète l'humanité et transforme le monde comme par magie. L'Amour est Dieu, éternel, illimité, immuable, s'étendant à l'infini au-delà de toute imagination. Quant à son aboutissement, nous ne pouvons le connaître que par des visions.

L'Amour accomplit la loi de son propre esprit, achève son travail dans la perfection, et révèle le Christ dans l'âme humaine. L'Amour cherche continuellement une issue pour affluer dans le cœur humain et se répandre en bienfaits. Si la perversité et les pensées discordantes de l'homme ne le détournent pas, le fleuve éternel et immuable de l'Amour de Dieu s'écoule continuellement, entraînant dans le grand océan universel de l'oubli toute apparence d'inharmonie ou de laideur susceptible de troubler la paix des hommes. L'Amour est le fruit parfait de l'esprit. Il s'avance pour panser les plaies de l'humanité, rapprocher les nations dans l'harmonie, et apporter au monde la paix et la prospérité. Il est la pulsation même du monde, le battement de cœur de l'univers. Il faut que ce courant d'amour de la grande vie omniprésente remplisse l'humanité, si elle veut accomplir les œuvres de Jésus.

La pression de la vie s'exerce-t-elle fortement sur vous ? Avez-vous besoin de force et de courage pour faire face à vos problèmes ? Etes-vous malade, avez-vous peur ? Si oui, élevez votre cœur et priez Celui qui montre le chemin. L'amour impérissable de Dieu vous entoure, il n'est plus besoin de craindre. Le Maître n'a-t-il pas dit : « Avant que vous appeliez je répondrai, avant que vous ayez fini de parler j'aurai entendu » ?

Approchez audacieusement de son trône de grâce, renoncez à vos attitudes rampantes et suppliantes, priez avec une foi intelligente, sachez que l'aide dont vous avez besoin est déjà accordée. Ne doutez jamais. Faites plus, demandez. Proclamez comme Jésus votre droit de naissance de Fils du Dieu vivant. Sachez qu'il existe une Substance invisible et universelle, au milieu de laquelle nous vivons et évoluons. En elle se trouvent toutes les choses bonnes et parfaites que l'homme peut désirer. Elles n'attendent que l'expression de sa foi pour en être dégagées sous forme visible et manifeste. Lisez dans votre Bible ce que Paul dit de l'Amour dans I, Corinthiens 13, en employant le mot Amour et non celui de charité.

Considérez Salomon pendant la nuit de son expérience, quand il permit à sa radieuse nature de s'étendre jusqu'au plan de conscience universel où il demanda que sa vie fût exempte d'égoïsme et consacrée au service de tous. Cela lui rapporta d'immenses trésors, sans compter les honneurs qu'il n'était même pas en son pouvoir de réclamer. Il avait reconnu la sagesse de l'Amour, et l'Amour le combla de ses richesses illimitées. « L'argent n'était compté pour rien aux jours de Salomon. » La vaisselle même de ce puissant roi d'amour était d'or pur.

Aimer, c'est ouvrir le réservoir illimité des trésors d'or de Dieu. Quiconque aime ne peut s'empêcher de donner. Or, donner c'est gagner. Ainsi le veut l'accomplissement de la loi d'amour. En donnant, nous mettons en mouvement la loi infaillible « mesure pour mesure ». En donnant sans arrière-pensée de recevoir, on ne peut éviter de recevoir, car l'abondance dont on a donné vous est retournée en accomplissement de la loi. « Donnez et l'on vous donnera, une pleine mesure secouée, tassée, et débordante. C'est ainsi que les hommes rempliront votre sein. Car on vous mesurera avec la mesure même dont vous vous êtes servis pour mesurer. »

Si nous agissons dans l'esprit d'amour, il faut que Dieu soit présent dans notre conscience. S'identifier avec la Vie, l'Amour, et la Sagesse, c'est prendre consciemment contact avec Dieu, c'est recevoir un afflux d'abondance semblable à l'afflux de vivres qui nous fut envoyé ce soir. Vous voyez que l'abondance règne pour tous, et qu'en sa présence nul n'est dans le besoin. Il faut que cette idée d'abondance élève l'esprit bien au-delà des frontières des limitations. Pour recevoir l'abondance, il faut abandonner toute idée d'objet particulier. Elle est si vaste qu'elle ne laisse pas place aux idées de détail. Pour la maintenir dans la pensée, il faut que la conscience s'élance au loin dans l'Universel et s'ébatte dans la joie d'une liberté parfaite.

Toutefois, il ne faut pas prendre cette liberté pour une licence, car nous sommes tenus pour responsables de toutes nos pensées et de tous nos actes. Notre conscience ne saurait atteindre en un instant ce degré de liberté. La rupture des derniers vestiges de limitation peut avoir lieu instantanément, mais il faut que ce glorieux événement soit préparé. La préparation s'accomplit de l'intérieur dans les moindres détails, de même que chaque pétale d'une fleur est parfait dans ses moindres détails à l'intérieur du bourgeon. Quand la perfection est achevée, le bourgeon fait éclater sa coquille de sépales, et la fleur s'épanouit dans sa beauté. De même l'homme doit briser sa coquille d'égoïsme avant de s'épanouir.

Les lois de Dieu sont éternellement les mêmes, maintenant comme toujours. Tout en étant immuables, elles sont bienfaisantes, car elles sont bonnes. Si nous vivons en nous y conformant, elles deviennent les pierres fondamentales sur lesquelles nous bâtissons santé, bonheur, paix, équilibre, succès, et aboutissement. Si nous demeurons entièrement dans la loi de Dieu, aucun mal ne peut nous advenir. Nous n'avons

114

pas besoin d'être guéris, nous sommes sains jusqu'au bout des ongles.

Comme nous comprenons bien le profond « mal du pays » que l'humanité ressent dans son grand cœur ! Rien ne saurait le guérir sinon une claire compréhension, une claire conscience de Dieu notre Père. Aucun désir n'est plus vivace dans l'âme humaine que celui de connaître Dieu. « Et sa connaissance véritable, c'est la vie éternelle. »

Nous voyons des gens papillonner continuellement dans l'espoir de trouver la tranquillité dans l'accomplissement de quelque œuvre, ou le repos dans la possession d'un objet matériel forcément limité. Nous les voyons poursuivre ces buts et les atteindre, et cependant se trouver insatisfaits. Les uns s'imaginent avoir besoin de terres et de maisons, d'autres d'une grande fortune, d'autres d'une grande conscience. Nous avons le privilège de savoir que l'homme possède toutes ces choses en lui-même.

Jésus, le grand Maître, essaya de faire voir cela à tous. Comme nous l'aimons ! Il resplendit magnifique et triomphant à cause de ses œuvres, et nous aimons tous ceux qui ont atteint les mêmes hauteurs de conscience que lui. Nous ne les aimons pas seulement pour leurs œuvres, mais à cause de ce qu'ils sont. Après sa transfiguration, Jésus ne se permit jamais de demeurer à l'extérieur. Il maintint toutes ses pensées au centre de son être, qui est le Christ, l'étincelle centrale, Dieu en nous tous, vivant aujourd'hui en nous. Jésus fit briller le Christ pour le montrer dans sa perfection, qui déborde l'homme de chair, dépasse le corps physique. C'est ainsi qu'il accomplit toutes ses œuvres puissantes, et non parce qu'il différait de vous en quelque point. Ses pouvoirs n'étaient pas plus grands que les vôtres aujourd'hui. Il ne faut pas le considérer comme fils d'un Dieu dont nous serions seulement les serviteurs. Le Père a implanté dans chaque enfant la même étincelle divine. Mais Jésus l'aviva en une flamme plus brillante par ses efforts

115

pour se maintenir en communion consciente avec Dieu en lui, source de toute Vie, de tout Amour, de toute Puissance.

Jésus était un homme semblable à tous nos contemporains. Il a souffert, il a été tenté et éprouvé, tout comme vous souffrez de vos tentations et de vos épreuves. Pendant son séjour sur terre, dans son corps physique, il passait quotidiennement plusieurs heures seul à seul avec Dieu. Il eut à franchir son adolescence comme nous la nôtre, et vous la vôtre aujourd'hui. Chacun doit triompher de la matière, des désirs charnels, des doutes et des craintes pour arriver à la conscience parfaite de la présence intérieure, à la reconnaissance du Père en nous, du Père à qui Jésus attribuait le mérite de toutes ses œuvres.

Il lui fallut apprendre comme nous, comme vous apprenez vous-mêmes aujourd'hui. Il lui fallut faire des essais et les recommencer comme vous et nous, tenir bon, serrer les poings et les dents en disant : « Je réussirai, car je sais que le Christ vit en moi. » Nous reconnaissons que c'est le Christ intérieur qui fit de Jésus ce qu'il fut autrefois et ce qu'il est aujourd'hui. Mais chacun peut aboutir au même résultat. Nous ne disons pas cela pour le diminuer, car nous l'aimons d'un amour indicible. Il a subi la parfaite crucifixion de son moi pour amener son peuple à Dieu, pour lui montrer le chemin conduisant hors du péché, de la maladie et des malheurs, pour permettre à ses disciples de manifester le Père en eux, pour enseigner à tous que le Père vit en tous et aime chacun. Nul ne peut serrer de près la vie et la doctrine de Jésus sans l'aimer. Il est notre parfait frère aîné.

Mais si nous vendons notre droit d'aînesse, si nous négligeons ou traitons avec mépris les lois bienfaisantes de Dieu, nous tournons le dos à la demeure du Père et nous nous égarons en pays lointain. A quoi nous servent alors la chaleur et la gaieté qui abondent dans la maison natale ? Quand on est excédé des ennuis de la vie, quand on est lassé, quand on ressent le mal du pays, on peut revenir à pas chancelants à la maison du Père. Mais on peut effectuer ce retour soit par le chemin des expériences amères, soit par l'abandon joyeux des biens matériels. Peu importe la manière dont on acquiert l'intelligence et le savoir, on finit toujours par tendre vers le but où l'on est appelé d'en haut. A chaque pas on devient plus fort et plus audacieux. Finalement, on cesse de chanceler et d'hésiter. On recherche en soi-même son illumination et l'on comprend que l'on est chez soi dans la conscience ainsi éveillée. Telle est la divine omniprésence dans laquelle nous vivons et évoluons. Nous la respirons à chaque souffle, nous la vivons à chaque battement de cœur.

Ne croyez pas qu'il vous faille venir à nous. Allez chez vous, dans votre église, dans votre maison de prière, seuls à l'endroit que vous voudrez. Vous pouvez y recevoir l'aide de Jésus, le grand Maître de l'amour, et celle de tous les trépassés qui reçoivent le plus haut enseignement. Tous essayent de vous aider là où vous vous trouvez à chaque instant. Comme nous voyons clairement Jésus et les autres toujours prêts à aider ceux qui les appellent ! Il vous suffit d'appeler, ils répondent avant la fin de votre appel. Ils se tiennent et marchent à vos côtés à chaque instant du jour. Elevez seulement votre conscience pour voir et savoir que vous marchez à leurs côtés, et alors vous ne broncherez pas. Ils tendent la main en disant : « Venez vers moi et je vous donnerai le repos. » Cela ne signifie pas : Venez après la mort, mais bien : Venez maintenant, tels que vous êtes, élevez votre conscience à la hauteur de la nôtre, et voici, vous vous trouvez là où nous sommes ce soir, au-dessus de toute limitation matérielle, abondamment libres.

Paix, santé, amour, joie, et prospérité sont là. Ce sont les fruits de l'Esprit, les dons de Dieu. Aucune blessure ne peut frapper celui qui regarde Dieu, aucun mal ne peut lui advenir. Si nous ne regardons que Dieu, nous sommes guéris de nos infirmités au nom transcendant de la Loi, c'est-à-dire de Jésus-Christ.

Dieu est au milieu de vous, enfant de l'infini, esprit immortel. Rien ne saurait vous faire trembler, désespérer, ou craindre. Vous êtes issus du sein du Père. C'est le souffle du Tout-Puissant qui a fait de vous une âme vivante. « Avant qu'Abraham fût, vous étiez. Bien-Aimés, nous sommes maintenant Fils de Dieu, cohéritiers avec Christ. » Le pouvoir de Jésus existe aussi en vous. Ayez-en une conception juste, et vous découvrirez que rien ne saurait vous enlever la vie d'aucune manière, pas plus la vieillesse que la mort ou les accidents.

On peut s'envelopper de manière si serrée dans ce manteau que rien ne peut plus le transpercer ni vous toucher. Tous les moyens de destruction, toutes les forces déchaînées par les hommes peuvent être dirigés contre vous. Néanmoins, vous sortirez indemnes de l'épreuve. Même si par hasard votre corps venait à être détruit, il se rebâtirait par l'esprit en conservant son ancien aspect extérieur. Nous disposons donc d'une armure bien plus efficace que les plus savantes plaques de blindage d'invention humaine, et nous pouvons nous en servir gratuitement à tout moment sans avoir eu à la payer. Présentez-vous donc tels que vous êtes, fils du Dieu vivant.

Jésus avait reconnu ce fait et aurait pu éviter son Calvaire. S'il avait voulu se servir de son pouvoir, personne n'aurait réussi à l'atteindre. Il s'était rendu compte du grand changement spirituel effectué dans son corps, et ne voulait pas voir ce changement se manifester sans transition au milieu des êtres qu'il chérissait. Il fallait le grand changement extérieur de la mort pour que la foule reconnût l'importance spirituelle de la transformation et n'idolâtrât pas la personne. Connaissant son pouvoir de triompher de la mort, Jésus voulut montrer à ses disciples bien-aimés que chacun dispose du même pouvoir. C'est pourquoi il choisit le chemin du Calvaire afin qu'ils puissent voir, et qu'en voyant ils croient.

Il voulut aussi leur montrer qu'il avait perfectionné son corps au point de pouvoir permettre à ses ennemis de lui ôter ce qu'ils croyaient être la vie. Ceux-ci placèrent son corps dans une tombe et roulèrent une grosse pierre pour la fermer, poussant ainsi la violence humaine jusqu'à la dernière extrémité. Cependant, le véritable moi de Jésus put écarter la pierre et élever son corps spirituel réel au-dessus de toute limitation matérielle. Jésus aurait pu disparaître en emmenant son corps, mais il voulut montrer que sous sa forme incorruptible rien ne pouvait le détruire, pas plus un accident matériel que des circonstances fortuites, ni même la perte de la vie physique par les violences d'autrui.

Après sa Crucifixion et son Ascension, son corps spirituel se développa au point que Jésus fut obligé d'élever la conscience de ceux qui l'entouraient à un niveau leur permettant de le voir. C'est ainsi que nous sommes également obligés d'élever le niveau de conscience de presque tous nos convives d'aujourd'hui. Quand les femmes attachées à Jésus approchèrent de sa tombe au matin, elles virent la pierre roulée de côté et les vêtements funéraires gisant à terre. Mais elles ne reconnurent pas le Maître avant qu'il eût élevé leur conscience au niveau d'où elles pouvaient le voir. Plus tard, quand Jésus vint s'entretenir avec les deux pèlerins sur la route d'Emmaüs, ils ne le reconnurent pas jusqu'à ce qu'il eût rompu le pain avec eux. C'est alors que leur conscience fut élevée au niveau d'où ils pouvaient le voir. Il en fut de même lors de ses autres apparitions. Il parlait et marchait avec ses amis sans qu'ils le reconnussent, parce que leur conscience ne fonctionnait pas sur le plan où il était visible. Mais aussitôt qu'elle y atteignait, ils l'apercevaient.

Alors quelques-uns commencèrent à entrevoir l'importance spirituelle de la réalité. Ils en perçurent le sens profond et caché. Ils eurent la connaissance.

Malgré cela, la majorité ne crut pas en Jésus, faute d'avoir atteint un niveau de conscience suffisant pour percevoir la vérité spirituelle sous-jacente.

Mais le voile du mystère, tendu par les sens matériels de l'homme, était désormais écarté. « Et le voile du temple se déchira en deux depuis le haut jusqu'en bas. » Les hommes prirent conscience du triomphe sur la mort. Mieux encore, ils comprirent que l'on pouvait surmonter toutes les limitations humaines en s'élevant au-dessus d'elles jusqu'au niveau de conscience d'où l'on voit qu'elles n'existent pas. Il suffit d'aimer et de chérir une telle conscience pour qu'elle se manifeste.

Telle fut la révélation de Jacob gisant sur le sol rocailleux du matérialisme. Les états de conscience sur lesquels l'homme centre son attention deviennent manifestes en lui. Cela incita Jacob à disposer des baguettes tachetées dans l'abreuvoir des vaches, et celles-ci mirent bas une progéniture tachetée qui délivra Jacob de son esclavage matériel.

Nous pouvons projeter notre idéal avec tant de précision dans la Substance Universelle informe, invisible à la conscience mortelle, que cet idéal prend forme directement à partir de l'informe. L'eau de l'abreuvoir symbolise le miroir grâce auquel l'image maintenue dans la pensée est réfléchie vers l'âme, au plus profond de l'homme, puis conçue et manifestée.

Il en est de même pour les amis réunis ici ce soir. Seuls un petit nombre de gens sérieux perçoivent l'idéal, vont de l'avant, se développent, et accomplissent le vrai travail de Dieu. D'autres commencent bien, mais ne peuvent soutenir leur effort jusqu'au franchissement de la première muraille matérielle. Ils estiment plus aisé de voguer au gré des courants de la marée et quittent la scène. Nous avons tous vécu ici-bas sur le plan matériel visible. En fait, nous n'avons jamais quitté la terre. Nous ne sommes invisibles qu'aux hommes centrés dans la conscience matérielle. Nous sommes toujours visibles pour ceux qui ont atteint un plan plus élevé.

Tout germe d'idée placé dans l'âme devient une conception. L'activité cérébrale lui donne une forme pensée, puis l'idée s'extériorise sous un aspect physique. Les idées de perfection produisent des perfections, les idées imparfaites des imperfections. De même que la terre ensoleillée produit avec la même bonne volonté le plus grand arbre ou la fleur la plus frêle selon les graines respectives qui y sont plantées, de même l'âme illuminée par l'esprit répond à l'homme. Ce que l'homme désire, ce qu'il a demandé avec foi, il l'a déjà reçu.

Les âmes sorties du domaine visible par les portes de la mort continuent à se manifester sur le même plan psychique qu'avant leur départ. C'est la raison d'être du grand royaume psychique qui relie le monde matériel et visible au vrai monde spirituel. Toutes les âmes qui aspirent au second doivent se tailler de force un chemin dans le premier avant de percevoir la spiritualité. Il faut qu'elles se frayent leur route à travers le royaume psychique en droite ligne vers Dieu.

La mort ne laisse l'esprit libre de fonctionner que sur le plan psychique où il se trouvait quand l'esprit a quitté le corps. Le trépassé n'a pas perçu qu'il n'existe qu'un seul Esprit, une seule Pensée, un seul Corps, ni que tous en sont issus et doivent y retourner. L'Esprit émané de Dieu et détenteur d'un corps parfait fait partie de l'Esprit unique, comme notre bras fait partie de notre corps. Il n'en est pas plus séparé qu'un de nos membres n'est séparé de notre corps. Le membre ne fait qu'un avec le corps et il lui faut être bien ajusté pour former un ensemble. De même, il faut que tous les esprits soient bien ajustés les uns aux autres pour former un tout complet et parfait.

La phrase : « Ils se réuniront tous en un lieu » signifie que nous serons tous conscients de notre unité avec Dieu et de notre provenance de cette source unique. Voilà l'unisson, la communion dans la connaissance que nous sommes créés à l'image et à la ressemblance de Dieu, exactement semblables à lui. C'est par cette image que Dieu exprime l'idéal qu'il a conçu pour nous.

Que signifie la phrase : « Que ta volonté soit faite, ô mon Dieu, et non la mienne » ? Elle signifie que l'homme désire que Dieu exprime à travers lui le plus haut idéal que Dieu a conçu pour lui. Nul ne peut s'élever au-dessus des idées matérielles sans faire consciemment ou non la volonté de Dieu.

La conversation s'interrompit un instant, puis l'un de nous posa une question sur la relativité de la matière. La dame magnifique répondit : Le mot exact est substance, Relativité de la Substance. Considérons un instant les cinq règnes, minéral, végétal, animal, humain, et divin. Commençons par le plus bas sur l'échelle, le règne minéral. Nous y trouvons des particules de matière qui expriment toutes la vie unique, la vie de Dieu. Leur désintégration et leurs combinaisons avec l'air et l'eau ont formé la terre, dont toutes les particules retiennent encore la vie originelle de Dieu. Il en est résulté que le règne végétal, expression suivante de Dieu sur l'échelle des valeurs, a trouvé place. Les plantes, dont chaque cellule contient la vie unique, ont pris une fraction de la vie du règne minéral et l'ont accrue et multipliée. Elles l'expriment à un degré plus haut en direction du règne de Dieu.

Cela permet au règne animal, expression suivante de Dieu, de trouver place. Les animaux, dont chaque organe contient la vie unique, ont pris une fraction de la vie du règne végétal et l'ont accrue et multipliée. Ils l'expriment à un degré plus haut en direction du règne de Dieu. Cela permet au règne humain, expression suivante de Dieu, de trouver place. Les hommes, qui contiennent la vie unique dans chaque partie de leur être, ont pris une fraction de la vie du règne animal. En l'exprimant à un degré plus haut, ils ont laissé place au royaume de Dieu, le plus haut mode par lequel Dieu s'exprime à travers l'homme.

Quand l'homme atteint ce règne, il se trouve en un lieu où il reconnaît que tout provient d'une seule Source et contient la vie unique, celle de Dieu. Il a gagné la maîtrise sur tous les phénomènes matériels. Mais il n'est pas obligé de s'arrêter là, car tout est progression. Il reste encore d'autres mondes à conquérir. Nous arrivons maintenant au lieu où nous reconnaissons que toute l'immensité de l'espace contient la vie unique de Dieu, et que tout provient de la Source et de la Substance uniques. Alors toute substance devient relative, ou reliée à sa source. N'en est-il pas ainsi ?

La conversation prit fin. Le dîner étant terminé, on débarrassa la salle des tables et des chaises. Alors commença un temps de jeux et d'amusements, avec danses et chants. La musique était fournie par le chœur invisible, et nous passâmes un bon moment tous ensemble. La soirée se termina dans une orgie de musique. Le chœur invisible devint visible. Il se promenait dans l'assemblée et flottait parfois au-dessus d'elle. Pour finir, il y eut un tumultueux éclat de musique, de chants, et de rires avec participation de tous les convives. Dans l'ensemble, ce fut la scène la plus impressionnante dont il nous fut jamais donné d'être témoins.

On nous informa que si nous devenions tout à fait calmes, nous pourrions entendre la musique à tout moment, mais que le chœur d'accompagnement ne se faisait entendre que dans des circonstances comme celles-ci. Nous tentâmes bien des fois l'expérience par la suite, et chaque fois nous entendîmes la musique. Elle était toujours faible et exquisément douce, mais ne comportait jamais de joyeux éclats de liberté comme ce soir-là, à moins qu'un certain nombre de Maîtres ne fussent réunis. C'est cette musique qui est connue sous le nom de Chœur des Anges. Les Maîtres l'appellent la symphonie des âmes à l'unisson.

Nous restâmes trois jours dans ce village. Au cours de ces journées, nous vîmes un grand nombre de nos amis. Au soir du troisième jour, ils prirent congé de nous en disant qu'ils nous retrouveraient à nos quartiers d'hiver, puis ils disparurent.

22

Le lendemain matin, nous quittâmes le village avec Emile et Jast pour seuls compagnons. Nous nous dirigeâmes vers un village situé plus au nord, que nous avions choisi pour hiverner. Les hivers sont très rudes dans cette région, et nous voulions être certains de nous loger confortablement avant les froids. Là encore, comme en bien d'autres occasions, nos craintes se révélèrent mal fondées. Dès notre arrivée, nous trouvâmes des logements confortables tout préparés et n'eûmes que la peine de nous y installer.

Le sentier que nous prîmes en partant du village d'Emile traversait le plateau puis suivait un long ravin serpentant jusqu'à un col où se trouvait le second village fortifié défendant le plateau. Les parois du ravin étaient verticales sur cent à trois cents mètres, puis rejoignaient les montagnes dont les sommets se dressaient à sept ou huit cents mètres plus haut. Au sommet du col, deux grands rebords rocheux écartés de deux cents mètres surplombaient et encadraient un espace plan d'environ un hectare. On les avait réunis par une muraille qui avait une douzaine de mètres de hauteur, vingt mètres d'épaisseur à la base, et dix au sommet.

Cette muraille constituait un puissant barrage. Elle était construite de telle sorte que sa crête formait un chemin où l'on pouvait rouler de gros blocs de rocher. De là, on pouvait les faire tomber à l'extérieur sur un terrain en pente relié à une forte déclivité sur laquelle le sentier continuait de l'autre côté du col. Des points de chute étaient disposés tous les trente mètres avec des surplombs suffisants pour que les blocs de pierre tombant à l'extérieur ne risquent pas de heurter la base de la muraille. Un bloc ainsi projeté tombait d'abord sur la pente, puis roulait sur la déclivité et suivait le ravin sur au moins six kilomètres avant de s'arrêter, à moins d'éclater auparavant sous la violence d'un impact.

Cet ensemble formait un puissant système défensif, car le ravin n'avait nulle part plus de vingt mètres de large sur les six kilomètres, et sa pente restait suffisante pour donner de l'accélération aux blocs de pierre. De part et d'autre du ravin, il y avait encore quatre plates-formes reliées par des sentiers aux extrémités de la muraille. De ces plates-formes on pouvait aussi faire tomber des blocs de rocher dans le ravin. Nous vîmes un assez grand nombre de blocs préparés pour toute éventualité sur la crête de la muraille. Ils avaient environ quatre mètres de diamètre. On nous informa qu'il n'avait jamais été nécessaire de s'en servir. Une seule tribu avait jadis tenté d'accéder au village sans en être priée. Elle avait été à peu près anéantie par les blocs de rocher lâchés à partir des quatre plates-formes situées dans les parois du ravin. Les premiers blocs en détachèrent d'autres dans leur chute, si bien qu'une avalanche de pierres balaya le ravin et emporta tout avec elle. Les blocs que nous apercevions sur la crête de la muraille étaient là depuis plus de deux mille ans. Il n'y avait pas eu de bataille dans le pays depuis ce temps-là.

Le village comprenait six maisons de trois étages construites dans la muraille. Leurs terrasses de toiture étaient de niveau avec la crête de la muraille à laquelle on accédait par l'intérieur des maisons, où des escaliers montaient jusqu'à chaque terrasse. Des fenêtres étaient percées dans la muraille au niveau du troisième étage. Elles dominaient le ravin. De ces fenêtres, et de la crête de la muraille, on voyait le sentier serpenter le long des montagnes sur des kilomètres.

On nous installa confortablement pour la nuit au

troisième étage de l'une des maisons. Nous dînâmes de bonne heure et montâmes tous sur la terrasse pour regarder le coucher du soleil. Au bout de quelques instants, un homme d'une cinquantaine d'années monta l'escalier et nous rejoignit. Jast nous le présenta, et il prit part à la conversation. Il habitait le village où nous allions prendre nos quartiers d'hiver et s'y rendait. Supposant qu'il voyageait comme nous, nous l'invitâmes à faire route avec nous. Il nous remercia, disant qu'il pouvait aller beaucoup plus vite, qu'il s'était arrêté pour rendre visite à un proche parent, et qu'il serait rentré chez lui le soir même.

Nous nous mîmes à parler du temple que trois d'entre nous avaient visité avec Emile et Jast. L'homme dit alors tranquillement : Je vous ai vu cette nuit-là, assis sur le parapet du temple. Puis il continua et me décrivit mon rêve ou ma vision, exactement comme il s'était passé et comme relaté précédemment. Ce fut une surprise pour mes camarades et pour moi, car je ne leur avais jamais fait part de ce rêve. L'homme nous était complètement étranger, et cependant il raconta la vision d'une manière aussi vivante qu'elle m'était apparue.

Puis il continua : On vous a montré comme à nous que les hommes proviennent de Dieu, la Substance unique. Ils se sont avancés en bon ordre aussi longtemps qu'ils ont eu conscience de ce fait et usé justement de leur pouvoir de domination. Mais dès l'instant où leur personne mortelle a conçu une dualité de pouvoirs, ils ont commencé à voir une division, à mésuser de leur pouvoir légitime, et à provoquer une scission. Il en résulta des divergences et de profondes séparations qui s'étendirent sur toute la terre. En effet, l'homme jouit du libre arbitre et fait advenir l'objet de ses pensées.

Mais un changement va survenir, car les divergences ont à peu près atteint leurs limites, et les hommes sont en train de se rapprocher les uns des autres. Ils commencent à reconnaître leur origine commune et à considérer chaque homme comme leur frère et non plus comme leur ennemi. Quand cette notion sera bien incorporée, ils verront qu'ils proviennent tous de la Source unique et qu'il leur faut y retourner, c'est-à-dire devenir réellement des frères. Alors ils se trouveront au ciel et comprendront que ciel signifie paix intérieure dans tous les domaines et harmonie complète créée par eux-mêmes ici-bas, sur terre. Ils créent leur enfer et leur ciel selon la voie qu'ils choisissent. Le ciel a été bien conçu par eux, mais mal situé géographiquement. Dieu demeure bien dans les hommes, mais demeure en outre dans tout ce qui les entoure, dans chaque pierre, chaque arbre, chaque plante, chaque fleur, et chaque créature. Dieu est dans l'air que l'homme respire, dans l'eau qu'il boit, dans l'argent qu'il dépense. Dieu est la substance de toutes choses. Quand l'homme respire, il respire Dieu autant que l'air. Quand il prend sa part de nourriture, il se nourrit de Dieu autant que d'aliments.

Nous n'avons pas le désir de former de nouvelles sectes ni de nouveaux cultes. Les Eglises d'aujourd'hui suffisent. Ce sont les centres logiques de propagande pour aider les gens à se rapprocher de Dieu par le truchement de Christ en tous. Il faut que les membres des Eglises comprennent que leur Eglise ne symbolise qu'une chose, la conscience de Christ dans toute l'humanité. S'ils le comprennent, il ne peut exister de divergences entre Eglises, mais seulement dans la pensée mortelle des hommes.

En quoi une Eglise ou une association diffère-t-elle d'une autre ? Les divergences à l'existence desquelles on croit aujourd'hui ne se trouvent que dans les conceptions matérielles des hommes. Regardez à quoi elles ont abouti : aux grandes guerres, à des haines implacables entre nations et familles, et même entre individus. Tout cela parce que l'une ou l'autre des organisations cléricales estime que sa doctrine et ses croyances sont meilleures que celles de la voisine. Cependant, elles sont toutes les mêmes, car elles aboutissent toutes au même point.

Il serait impossible à chacune d'avoir un ciel qui lui

fût propre. Sans quoi, que ferait un individu qui aurait achevé de gagner sa marque de ciel et serait prêt à recevoir sa récompense ? Il serait obligé de passer le reste de son existence à chercher dans le labyrinthe des cieux le ciel spécial auquel il aurait été destiné. Les organisations ecclésiastiques et leurs séides se rapprochent quotidiennement les unes des autres. Un temps viendra où elles fusionneront. Il n'y aura plus besoin d'organisation, tout se passera dans l'unité.

Pourtant, la faute n'incombe pas entièrement aux Eglises. Bien minime est le nombre de ceux qui se sont éveillés à la notion de ce que la vie leur réserve vraiment. La grande majorité se traîne insatisfaite dans la vie, égarée, écrasée, ou tout au moins perplexe. Il faut que chaque âme apprenne à exprimer la vie, à s'en saisir, et à rayonner à partir de son propre centre vital pour extérioriser, en vue d'un but défini et par une action précise, les dons que Dieu lui a conférés.

Il faut que chacun épanouisse sa propre vie. Il n'est pas possible à l'un de vivre à la place de l'autre. Nul ne peut exprimer votre vie à votre place, ni vous dire comment vous devriez l'exprimer. « De même que le Père a la vie en lui-même, il a été donné au Fils d'avoir la vie en lui-même. » Une âme qui a compris cela ne peut plus flotter au gré des vents, car toute la raison d'être de la vie se révèle dans le privilège et la possibilité pour l'homme d'exprimer son moi divin intérieur. Le but de Dieu, c'est que l'homme demeure à sa divine image, et à sa ressemblance. Le principal but de la vie d'un homme devrait donc être d'exprimer ce que Dieu a conçu pour lui.

Quand Jésus était sur le sommet de la montagne et que ses disciples vinrent à lui, voyez quelles paroles de sagesse il leur adressa. L'homme ne peut développer la plénitude de ses pouvoirs que s'il a un idéal sincère, un but véritable dans la vie. Jésus en avait conscience et avait pris fermement la haute résolution d'agir en conformité. Une graine ne peut commencer à croître que si elle est solidement implantée dans la terre. Le pouvoir intérieur de Dieu ne peut produire un désir juste que s'il est solidement implanté dans l'âme humaine. Il faut que nous sachions tous comme Jésus que la première poussée spirituelle vers l'expression est le désir précis de s'exprimer.

Jésus a dit : « Heureux les pauvres », voulant dire par là que toute limitation dans la vie est bonne si elle peut créer chez l'individu le désir de s'élever au-dessus d'elle et de s'en libérer. Il savait que le besoin prophétise la satisfaction. Il considérait tout besoin comme un sol préparé pour une semence. Si l'on plante la semence et si on lui permet de croître, elle satisfera le besoin. La notion de besoin est fort mal comprise en général. Le besoin est un désir de développement de la vie. Certains grands éducateurs ont enseigné qu'il fallait arracher du cœur ce désir. Mais Jésus a dit : « Malheur à vous qui êtes rassasiés. » Quiconque est rassasié devient stationnaire. Or, pour avoir un contact étendu avec la vie, il faut constamment chercher à l'exprimer pleinement. Le désir correspondant témoigne de la pression qui s'exerce dans ce sens.

Fatigué de ramper dans la poussière de la terre, l'homme voudrait s'envoler. Son désir le pousse à découvrir la loi qui lui permettra de s'élever au-dessus de ses limitations. Il a la capacité d'aller où il veut en annihilant les notions de temps et de distance. On a dit que l'homme propose et que Dieu dispose. C'est le contraire qui est vrai, car Dieu propose et l'homme dispose. Et l'homme peut faire tout ce que fait Dieu s'il est disposé à le faire. Le Fils ne peut-il faire la même chose que le Père ?

Du fait que les choses matérielles ne satisfont pas l'âme, celle-ci est conduite à rechercher le pouvoir intérieur. Alors l'individu peut découvrir le « JE SUIS », et savoir que c'est à l'intérieur de lui-même que se trouve tout pouvoir capable de satisfaire l'âme, de répondre à tous ses besoins et désirs. Dès qu'il sait que JE SUIS est l'accomplissement de son désir, celui-ci se trouve accompli. C'est folie que de regarder à l'extérieur du moi divin pour satisfaire un désir. Pour que l'homme s'épanouisse, il faut que son moi accomplisse le développement.

Alors la connaissance du JE SUIS apporte une compréhension et un réveil incroyables. Elle montre qu'à l'intérieur de soi se trouvent le pouvoir, la substance, et l'intelligence à partir desquels toute forme prend naissance. Dès que l'on est en mesure de formuler intelligemment un désir juste et de préciser l'idée correspondante, le pouvoir, l'intelligence, et la substance de l'esprit affluent nécessairement pour le réaliser. Ne sont-ce pas là les trésors du ciel, invisibles aux yeux humains ? Là, dans l'invisible, gisent des richesses illimitées cachées en nous-mêmes. Comme tout cela est clair pour celui qui a trouvé la perle de grand prix !

Songez alors à la parole : « Cherchez d'abord le royaume de Dieu et sa justice (son bon usage), et toutes ces choses vous seront données par surcroît. » Pourquoi sont-elles données par surcroît ? Parce qu'elles sont faites de l'essence même de l'Esprit. Il faut que la conscience découvre l'Esprit avant de pouvoir former la chose désirée.

L'homme éclairé perçoit le principe créateur intérieur, puis voit clair et comprend. Il rencontre alors la chance de sa vie. Il a la vision de ses possibilités, il devient conscient du domaine ouvert devant lui. Sachant que le principe créateur est intérieur, il reprend les désirs de son cœur, et ceux-ci deviennent un idéal, un moule qui attire pouvoir et substance pour se remplir. JE VOIS est la conception de l'âme, la Terre Promise, le rêve devenu réalité vers lequel l'âme peut regarder avec foi.

L'homme ne possède peut-être pas consciemment cette réalité. Pourtant, quand il accomplit la loi, elle prend nécessairement forme visible. Il peut être indispensable d'aborder les épreuves du désert et d'en triompher. Quand l'âme comprend la vision comme une Terre Promise, comme un idéal qui doit devenir réalité, elle ne voit plus que le bien, objet de son désir. Arrivée à ce point, il ne faut pas qu'elle ait de doute, d'hésitation, ni de flottement. Ce serait fatal. Il faut être fidèle à la vision et aller de l'avant. Cette vision est caractéristique. Elle est aussi indispensable à la vie que les plans et spécifications à la construction d'un immeuble. L'homme doit être fidèle à la vision comme l'entrepreneur est fidèle aux plans et spécifications de l'architecte. Il faut éliminer tout ce qui n'est pas la vérité.

Toutes les grandes âmes sont fidèles à leur vision. Tout accomplissement a d'abord été une vision, une semence d'idée plantée dans l'âme et à laquelle on a permis de croître et de s'épanouir. Les grandes âmes ne se laissent jamais influencer par l'incrédulité d'autrui. Elles sont prêtes à se sacrifier pour leur vision, elles y croient, et finalement il est fait selon leur foi. Jésus resta fermement fidèle à sa vision et attaché à son plan, même quand ses proches parents étaient incrédules et ses plus chers amis infidèles. Il lui fut fait selon sa foi, et il en est ainsi pour chacun.

Quand un homme part pour la Terre Promise, il lui faut renoncer au pays des ténèbres et l'oublier. Il faut quitter les ténèbres et partir pour la lumière. On ne peut à la fois rester et partir. Il faut renoncer aux vieilles idées et adhérer aux nouvelles, oublier ce que nous ne souhaitons pas nous rappeler, et nous rappeler seulement ce que nous voulons retenir. Ces deux choses sont indispensables. Seule la vision doit nous rester en mémoire si nous voulons qu'elle s'accomplisse. On se la rappelle en maintenant sa pensée la chose à reproduire. On démembre, on refuse de se rappeler la chose à ne pas reproduire. Pour extérioriser la vision, il faut y conformer toutes nos idées, nos pensées, nos paroles, et nos actes. Telle est la vraie concentration, celle de la dévotion, le centrage de toutes les forces sur l'essentiel. C'est le signe que l'on aime l'idéal. Or, l'idéal ne peut être exprimé qu'au moyen de l'amour, car c'est l'amour qui en fait est un idéal.

Même si l'homme débute par un échec, il faut qu'il soit décidé à persévérer. C'est l'exercice de la volonté, le cri de la confiance en soi, l'expression de la foi dirigeant le pouvoir vers l'idéal. On n'atteint jamais l'idéal sans diriger consciemment le pouvoir vers lui, sans exercer la volonté. Cependant, si l'idéal n'était pas une volonté idéale, cela lui serait fatal. Il faut que la volonté idéale soit aussi utile que l'idéal sans quoi l'âme ne peut libérer le pouvoir que la volonté voudrait diriger. La volonté d'être servi au lieu de servir provoque le retour du courant vital contre lui-même. La volonté de servir maintient le flux du courant vital à travers l'âme et entretient le rayonnement de la personnalité.

La volonté de servir donne un but à la vision et laisse l'amour se déployer dans la vie. Comment l'amour s'exprimerait-il s'il ne passait à travers celui qui exprime la vie ? S'il passe à travers la conscience, l'organisme entier répond et fait vibrer chaque cellule par l'amour qu'il exprime. Alors le corps s'harmonise, l'âme rayonne, la pensée s'illumine, les idées deviennent pénétrantes, brillantes, vivantes, précises. La parole devient positive, vraie, constructive. La chair est renouvelée, purifiée, vivifiée. Les affaires s'arrangent, et toutes choses prennent leur aspect véritable.

Le « JE SUIS » s'exprime par le Moi, et il n'est plus permis au Moi de supprimer le « JE SUIS ». Si le corps n'obéit pas à l'esprit, comment exprimerait-il l'Esprit ? L'intelligence consciente doit désirer et rechercher l'Esprit afin de connaître le pouvoir de l'Esprit. De cette manière, l'homme apprend que l'Esprit est l'accomplissement du besoin. Et l'Esprit reçoit son expression suprême quand on lui permet de donner satisfaction aux besoins d'autrui. Les portes qui retiennent les réserves de l'Esprit s'ouvrent quand on laisse celui-ci s'écouler vers autrui. C'est la volonté de servir qui ouvre à tous les réserves illimitées de Dieu et provoque l'épanouissement de l'âme.

L'âme est revenue à la maison du Père dès qu'elle a ressenti la volonté de servir. Le prodigue qui sert devient le Fils choyé. Le mercenaire qui se nourrissait de déchets devient prince d'une maison royale, la maison de ses propres possibilités. Il connaît l'amour de Dieu, comprend le don de son Père, et l'affecte à un bon usage. Nul ne peut recevoir ce don, sinon un fils. Aucun serviteur, aucun mercenaire ne peut entrer dans la joie de l'héritage du fils. Le serviteur recherche toujours un résultat. Le fils a déjà hérité de toutes les possessions du Père.

Quand nous savons que nous appartenons à la maison du Père et sommes héritiers de tous ses biens, nous pouvons commencer à vivre selon les désirs du Père. « Voici, nous sommes maintenant des Fils de Dieu. » La conscience d'être fils provoque l'accomplissement, la conscience d'être serviteur provoque la pénurie. Dès que nous jouons le rôle du Fils en pensée, en paroles, et en action, nous découvrons que le Père a exaucé tous les désirs de notre cœur.

Arrivé là, l'orateur se leva, nous souhaita bonne nuit, et exprima l'espoir de nous revoir avec plusieurs de nos camarades à notre arrivée à nos quartiers d'hiver. Puis il s'en alla.

23

Le lendemain matin, nous quittâmes le village et suivîmes pendant trois jours un sentier qui traversait une âpre région montagneuse dont la population était si clairsemée qu'il nous fallut coucher toutes les nuits sous la tente. Nous n'avions pas emporté de provisions, mais dès que nous avions besoin de nourriture, il y en avait là à portée de la main. A peine avions-nous pris des dispositions pour un repas que des mets abondants apparaissaient pour notre consommation. Jamais nous n'en vîmes la fin, il y en avait toujours un peu de reste.

Au soir du troisième jour, nous arrivâmes en haut d'une large vallée que nous devions descendre pour arriver au village de notre destination. A partir de ce moment notre route traversa une contrée fertile et peuplée. Nous avions choisi ce village pour y prendre nos quartiers d'hiver parce qu'il était situé au cœur du pays que nous visitions. Nous espérions que cela nous fournirait l'occasion souhaitée de garder plus longtemps un contact quotidien avec les Maîtres. Un grand nombre de personnages que nous avions rencontrés en divers lieux vivaient dans ce village et nous avaient tous cordialement invités à leur rendre visite. Nous avions le sentiment qu'en y passant l'hiver nous aurions de bonnes chances d'observer de plus près leur vie quotidienne.

Nous y arrivâmes le 20 novembre et fîmes, à partir de ce village, une série d'excursions jusqu'à ce que les chutes de neige eussent rendu les déplacements difficiles. Nous étions très confortablement logés, les gens étaient charmants, et nous nous préparâmes à faire partie de la vie du village. Toutes les maisons nous furent ouvertes, et l'on nous informa que les loquets n'étaient jamais verrouillés, car les habitants considéraient tous les hommes comme des frères.

Nous fûmes alors invités à partager la demeure de l'une des femmes remarquables du village, que nous avions déjà rencontrée à la frontière. Comme nous étions bien installés, nous n'éprouvions pas la nécessité de la déranger, mais elle insista en assurant que nous ne la dérangerions pas. Nous emménageâmes donc chez elle avec armes et bagages, et son foyer devint le nôtre pour le reste de notre séjour.

Je n'oublierai jamais notre première rencontre avec elle dans une petite ville de la frontière. Quand on nous la présenta, nous jugeâmes tous qu'elle n'avait pas

134

plus de dix-huit ans et qu'elle était ravissante. Le lecteur jugera de notre surprise quand nous apprîmes qu'elle avait plus de quatre cents ans et qu'elle était l'une des éducatrices les plus aimées du pays. Toute sa vie était consacrée au service d'autrui. Quand nous eûmes habité chez elle et vécu quotidiennement avec elle, il nous fut aisé de comprendre pourquoi elle était pareillement aimée. Lors de notre première rencontre, nous l'avions vue pendant une quinzaine de jours, mais sa personnalité ne ressortit vraiment que quand nous eûmes vécu chez elle. Il était impossible à quiconque de faire autrement que de l'aimer et de la respecter.

D'ailleurs, plus nous connaissions les Maîtres, plus nous les aimions et les respections.

Nous eûmes la possibilité de recouper leurs affirmations au sujet de leurs âges respectifs grâce à des documents tout aussi irréfutables que les présentes notes de voyage. Nous habitâmes chez cette dame et prîmes nos repas à sa table depuis le début de décembre 1895 jusqu'au mois d'avril 1896. Nous pûmes longuement observer sa vie au foyer, et celle de beaucoup d'autres Maîtres habitant le village. Nous les trouvâmes toutes idéales.

24

Le temps passa rapidement jusqu'à la fin de décembre. L'année allait se terminer. Nous avions remarqué qu'un grand nombre de personnes affluaient au village en vue d'une cérémonie à laquelle les Maîtres sont pratiquement seuls à assister. Tous les jours on nous présentait des inconnus. Ils parlaient tous anglais, et nous eûmes le sentiment d'être incorporés à la vie du village.

Un jour, on nous informa que l'événement aurait

lieu le soir du réveillon et que nous étions invités. On ajouta que la cérémonie n'était pas destinée aux étrangers. Malgré cela, la réunion n'était pas privée. D'ailleurs, aucune réunion des Maîtres ne l'était. L'assemblée était destinée à réunir ceux qui avaient entrepris le travail spirituel, l'avaient pris au sérieux, et se trouvaient assez avancés pour confirmer leur désir de vivre la vie sainte. Ils étaient venus à l'endroit où ils avaient accepté une conscience plus haute et compris la place qu'elle devait occuper dans leur vie. Certains appelaient cette réunion la Fête du Passage ou Festin de la Pâque. Un rassemblement de ce genre s'effectuait habituellement à cette époque de l'année dans un endroit déterminé à l'avance, en vue d'y fêter l'événement. Cette année, le choix était tombé sur notre village.

Au matin du jour prévu pour la réunion, l'aurore était brillante et claire, et le thermomètre marquait plus de vingt degrés au-dessous de zéro. Nous étions tous impatients, avec le sentiment que cette soirée apporterait un nouvel appoint aux nombreux événements intéressants de notre voyage. Nous arrivâmes au lieu de réunion vers huit heures du soir et trouvâmes environ deux cents personnes assemblées. La salle était superbe et illuminée de la manière décrite précédemment.

Nous apprîmes que notre hôtesse serait la maîtresse de maison. Elle arriva peu de temps après nous, et à son entrée nous admirâmes tous sa jeunesse et sa beauté. Elle portait une magnifique robe blanche, mais ne cherchait nullement à se faire remarquer. Elle monta tranquillement sur une petite estrade et commença son allocution.

Elle dit : Nous sommes réunis ce soir avec le désir de mieux comprendre la signification du Passage d'un état de conscience inférieur à un supérieur. Nous souhaitons la bienvenue à ceux d'entre vous qui y sont préparés. Au début, vous nous avez suivis par intérêt pour nos œuvres. Vous les avez d'abord considérées avec étonnement et crainte en les tenant pour miraculeuses. Maintenant vous les regardez comme faisant partie intégrante naturelle d'une vie vécue comme elle doit l'être, comme Dieu souhaite que nous la vivions toujours. A l'heure actuelle, vous êtes convaincus que nous n'avons accompli aucun prodige. Vous avez compris le véritable sens spirituel de ce que vous faites. Quand la conscience fonctionne sur le vrai plan spirituel, elle interprète toutes les manifestations en les rapportant à l'idéal sous-jacent. Alors la grande signification intérieure en est révélée, et il n'y a plus de mystère, donc pas de prodige ni de miracle.

Passer d'un état de conscience inférieur à un supérieur signifie écarter le monde matériel où tout est discorde et inharmonie pour accepter la Conscience de Christ et s'y attacher. Alors tout est beauté, harmonie, et perfection. Telle est la manière naturelle de vivre, celle qui a été choisie par Dieu pour nous, celle dont Jésus a fourni sur terre un si magnifique exemple. La manière de vivre égoïste est contre nature. C'est le chemin raboteux. Que le chemin de Christ est facile et naturel quand nous l'avons compris ! Quiconque le suit vit dans la Conscience du Christ.

Nous sommes devant des tables servies. C'est l'unique occasion où nous nous réunissons pour un festin. Ce n'est pas là un festin conforme à l'idée que s'en font les mortels. Il est d'intelligence et d'accomplissement, symbole de la Fête du Passage du temps de Jésus, du Festin de la Pâque, du passage si mal compris de nos jours de la conscience mortelle à celle de Christ. Nous croyons qu'un jour tous les enfants de Dieu s'assoiront pour un festin semblable en comprenant sa signification véritable.

Nous avons ce soir pour convives quelques êtres qui ont perfectionné leurs corps au point de pouvoir les emmener dans les royaumes surcélestes et y recevoir les plus hauts enseignements. Ils ont tous vécu quelque temps sur terre sous forme visible, puis ont passé, emportant leurs corps avec eux dans un endroit de la conscience où ils sont invisibles aux mortels. Il faut élever notre conscience à la Conscience du Christ pour pouvoir nous entretenir avec eux. Mais ces êtres peuvent revenir vers nous et s'en aller à volonté. Ils peuvent venir instruire tous ceux qui sont réceptifs à leur doctrine, et apparaître ou disparaître à volonté. Ce sont eux qui viennent nous instruire quand nous sommes prêts à recevoir leurs leçons, tantôt par intuition, tantôt par contact personnel. Cinq d'entre eux vont venir rompre le pain avec nous ce soir. Parmi eux est une femme que nous aimons tout spécialement, car elle est la mère de l'un de nous et a vécu jadis parmi nous. (Il s'agissait de la mère d'Emile.) Rassemblons-nous maintenant autour des tables.

Les lumières baissèrent pendant un instant, et tous les convives assis restèrent parfaitement silencieux, la tête inclinée. Puis la lumière se raviva. Les cinq étaient là dans la salle, trois hommes et deux femmes, tous habillés de blanc, tous d'une beauté resplendissante et entourés d'un doux halo de lumière. Ils s'avancèrent tranquillement, et chacun s'assit à la place laissée vide pour lui à l'extrémité d'une des cinq tables. Marie, mère d'Emile, prit la place d'honneur à notre table avec notre chef à sa droite et Emile à sa gauche. Quand ils furent assis, les mets commencèrent à arriver. Le repas était très simple, mais excellent, composé de pain, de légumes, de fruits et de noix.

Les entretiens qui suivirent comportaient surtout des instructions destinées à ceux qui s'étaient réunis en vue de cet événement. Elles furent données en langue indigène, et Jast nous les traduisit. Je ne les reproduirai pas ici car la majeure partie en a déjà été exposée.

Marie fut la dernière à parler. Elle le fit en un anglais parfait, d'une voix claire et nette. Voici quelles furent ses paroles : Nous employons quotidiennement des forces que les mortels tournent en dérision. Ayant le privilège de les percevoir et de nous en servir, nous faisons tout ce qui est en notre pouvoir pour les

138

montrer aux hommes. Ceux-ci écartent de leur vie, par leurs pensées, les choses parfaites qui sont à portée de leur main et n'attendent que d'être saisies. Dès que les hommes se seront approprié ces forces, elles deviendront infiniment plus réelles et vivantes pour eux que les choses matérielles auxquelles ils s'attachent si désespérément parce qu'ils peuvent les voir, les sentir, et entrer en contact avec elles par leurs sens matériels limités.

Vous remarquerez que toutes les commodités de cette salle et des chambres que vous occupez, telles que lumière, chaleur, et même les aliments dont vous vous êtes nourris, ont été mises en œuvre par cette force. Appelez-la rayon de lumière ou autrement. Nous la percevons comme un grand pouvoir universel. Quand l'homme entrera en contact avec cette force, elle travaillera pour lui bien plus efficacement que la vapeur, l'électricité, le pétrole, ou le charbon. Cependant, nous la considérons comme l'une des moindres parmi les sources de puissance.

Elle ne se bornera pas à fournir toute la force motrice utile aux hommes. Elle leur procurera aussi la chaleur nécessaire à tous leurs besoins, en tout lieu et à tout moment, et ce, sans consommer un gramme de combustible. Elle est parfaitement silencieuse, et quand les hommes s'en serviront, elle supprimera une grande partie du bruit et du désordre qui paraissent actuellement inévitables. Elle est à portée de votre main, tout autour de vous, attendant que vous vous en serviez. Quand vous l'emploierez, elle vous paraîtra infiniment plus simple que la vapeur ou l'électricité.

Quand les hommes seront arrivés à ce point, ils verront que tous les moteurs et modes de locomotion qu'ils ont inventés ne sont que des expédients issus de leurs conceptions matérielles. Ils croient les avoir produits eux-mêmes et n'ont donc pu construire que des objets tangibles et imparfaits. S'ils avaient compris que tout vient de Dieu qui s'exprime à travers les hommes, ils ne produiraient que des choses parfaites.

Cependant, dans leur libre arbitre, ils ont choisi le chemin rocailleux au lieu de comprendre leur filiation avec Dieu et de se servir de tous les dons de Dieu. Ils continueront dans ce chemin jusqu'à ce qu'ils soient amenés à percevoir qu'il devrait y en avoir un meilleur et que celui-ci existe en effet. A la fin, ils sauront que le chemin de Dieu est le seul bon. L'homme exprimera alors la perfection que Dieu voudrait lui voir exprimer dès maintenant.

Ne voyez-vous pas qu'il faut vous concentrer dans le Père qui est en vous, tirer de lui tout ce qui est bon, et faire agir à partir de votre moi divin toutes les forces de votre nature ? Au commencement de toute expression, il y a Dieu le Père, au-dedans de vous. Autrement, vous ne sauriez l'exprimer, l'extérioriser.

Ici l'un de nous demanda quelle influence nos pensées et nos paroles avaient sur notre vie. Marie étendit la main, et un petit objet y apparut au bout d'un instant. Elle dit : Je fais tomber ce caillou dans ce bol d'eau. Le point de chute sur l'eau forme un centre d'où partent des cercles concentriques. Ces ondulations s'agrandissent jusqu'à ce qu'elles atteignent la paroi du bol qui forme la limite extérieure de l'eau. A l'œil, elles paraissent alors perdre leur force et s'arrêter. En réalité, dès qu'elles ont atteint les limites de l'eau elles repartent pour l'endroit où le caillou a touché l'eau, et ne se reposent pas avant d'avoir atteint ce centre. C'est la représentation exacte de toutes nos pensées et de toute parole que nous prononçons. La pensée et la parole mettent en mouvement certaines vibrations qui se propagent au loin en cercles toujours grandissants jusqu'à ce qu'ils embrassent l'univers. Puis elles retournent à celui qui les a émises. Toutes nos pensées et nos paroles, bonnes ou mauvaises, reviennent à nous aussi sûrement que nous les avons émises.

Ce retour est le Jour du Jugement dont parle votre Bible. « Chaque jour leur sera un jour de jugement. » Le jugement sera bon ou mauvais selon que la pensée ou la parole émise aura été bonne ou mauvaise. Toute idée (pensée ou exprimée) devient une graine. Cette graine d'idée est émise, plantée dans l'âme (maintenue dans la pensée) et devient une conception qui se manifestera ultérieurement sous forme physique. Les idées de perfection produisent la perfection. Les idées d'imperfection produisent l'imperfection.

Le soleil et la terre combinés produisent avec la même bonne volonté le puissant banian ou la plus petite fleurette, pourvu que la graine de leur espèce soit plantée. C'est ainsi que l'âme et l'esprit répondent à l'appel de l'homme. Celui-ci a reçu ce qu'il a demandé en parole ou en pensée, cela lui a été retourné. Le brouillard des pensées matérielles dont l'homme a entouré le ciel est la seule chose qui le sépare du ciel. C'est ce qui a donné naissance au mysticisme entourant toutes les choses divines. Mais le voile du mystère est graduellement retiré, et l'on s'aperçoit qu'il n'y a pas de mystère.

Les fondateurs des diverses organisations cléricales ont trouvé commode d'entourer de mystère les choses de Dieu, espérant ainsi mieux asseoir leur autorité sur le peuple. Mais chacun découvre maintenant que les choses profondes de Dieu sont simplement les objets réels de la vie courante. Sinon à quoi serviraient-ils ? Tout le monde perçoit que l'Eglise ne fait que représenter la Conscience de Christ dans l'homme, Dieu centre de l'humanité. On aperçoit l'idéal au lieu d'adorer l'idole bâtie par la pensée mortelle.

Considérez le grand nombre d'organisations hétérodoxes qui surgissent de tous côtés. Elles sont largement diversifiées aujourd'hui, mais conduiront forcément à l'unité. Cette diversité n'est-elle pas justement produite pour amener les Eglises à la véritable réalisation de l'unité ?

Nous autres, qui avons perfectionné nos corps au point de pouvoir les emmener où nous voulons, avons le privilège de voir le Royaume des Cieux et d'y demeurer. Beaucoup de gens connaissent ce royaume sous le nom de septième ciel et le considèrent comme le mystère des mystères. Là encore, les mortels se trompent. Il n'y a aucun mystère. Nous avons simplement atteint un lieu de conscience où nous sommes réceptifs aux plus hauts enseignements. C'est là que Jésus réside aujourd'hui.

C'est un lieu de conscience où nous savons qu'en écartant la mort, nous pouvons revêtir l'immortalité. L'homme y est immortel, sans péché, immuable, éternel, semblable à Dieu, tel que Dieu le voit. C'est un lieu où nous connaissons le sens réel de la Transfiguration, où nous pouvons communier avec Dieu et le voir face à face. Chacun peut y venir, recevoir son héritage et être comme nous. Avant longtemps, la conscience générale s'élèvera au plan où nous pourrons parler à l'humanité face à face et la regarder dans les yeux. Notre invisibilité n'est que l'élévation de notre conscience au-dessus du plan mortel. Nous ne sommes invisibles qu'aux mortels.

Nous aimons spécialement à considérer trois événements. Le premier s'est produit depuis longtemps et représente pour vous la naissance de la Conscience de Christ dans l'homme. C'est la naissance de l'enfant Jésus. Nous voyons poindre le second. C'est l'intelligence et l'acceptation par votre grande nation de la Conscience de Christ. Enfin nous aimons à contempler le troisième et dernier, la plus grande des splendeurs, la seconde et dernière venue du Christ, le jour où chacun connaîtra et acceptera le Christ intérieur, vivra et se développera dans cette conscience, et croîtra comme le lis des champs. C'est la Communion finale.

Tandis que Marie finissait de parler, le chœur invisible recommença à chanter. La salle fut d'abord remplie d'une musique qui se termina par un solennel hymne funèbre. Puis il y eut un moment de silence, et le chœur reprit avec un joyeux éclat de musique où chaque mesure se terminait par un boum semblable aux coups d'une grosse cloche. Au bout de douze mesures, nous comprîmes soudain qu'il était minuit et que la nouvelle année avait commencé.

C'est ainsi que se termina notre première année de séjour avec ces gens merveilleux.

DEUXIÈME PARTIE

1

Le matin du premier janvier nous trouva levés de bonne heure, en pleine possession de nos moyens. Chacun de nous avait le sentiment d'un événement à venir qui ferait considérer nos expériences passées comme de simples bornes sur le chemin de celles à venir.

Tandis que nous nous réunissions autour de la table du petit déjeuner, nous vîmes se joindre à nous l'ami que nous avions rencontré sur le toit de la maison d'Emile dans le petit village où nous avions fait halte sur le chemin pour venir ici. On se le rappellera comme étant celui qui avait interprété mon songe. Après échange de salutations, il dit : « Vous avez été avec nous pendant plus d'une année. Vous avez voyagé et vécu avec nous. Comme vous allez rester avec nous jusqu'au mois d'avril ou de mai, je suis venu vous inviter à vous rendre au temple de la Grande Croix en "T", taillé comme vous l'avez observé dans la paroi rocheuse juste à la sortie du village. »

Nous nous rendîmes compte plus tard que les chambres de ce temple étaient creusées dans ce rocher qui formait une paroi verticale de plus de deux cents mètres de hauteur. Les cavités étaient assez profondes pour laisser un bon mur du côté de la paroi extérieure. Partout où se faisait sentir le besoin de fenêtres pour la lumière ou l'aération, des ouvertures avaient été découpées dans ce mur, qui faisait face au midi. Les ouvertures des fenêtres mesuraient environ un mètre carré et chaque chambre avait deux fenêtres, sauf la première qui se trouvait au niveau inférieur. Celle-ci n'avait qu'une issue communiquant avec une grande crevasse formée par érosion dans la muraille rocheuse à l'est du temple. On ne pouvait entrer dans la chambre inférieure que par un tunnel creusé en plein roc et partant de la crevasse. La fenêtre de cette chambre ne fut découpée que plus tard. Au début, l'entrée du tunnel était cachée sous une grosse pierre faisant partie d'un éboulis de la paroi. Cette pierre était placée sur un rebord et avait été disposée de telle manière qu'on pouvait la laisser retomber de l'intérieur. Elle bouchait alors l'entrée, et quand elle était en place, on ne pouvait la déplacer de l'extérieur. Il n'était possible d'accéder à ce rebord que par une échelle d'une vingtaine de mètres, levée ou abaissée d'en haut. Les ouvertures qui servaient de fenêtres étaient munies de grandes pierres plates insérées dans des rainures de manière que l'on pût les glisser en place pour boucher les fenêtres. Alors aucune ouverture n'était plus visible pour un observateur placé dans le village. Nous fûmes informés que l'on avait eu recours à ce mode de construction pour protéger le temple contre les bandes de maraudeurs qui infestaient la contrée plus au nord. Ces bandes descendaient quelquefois jusqu'au village. Celui-ci avait été détruit plusieurs fois, mais ses habitants n'avaient eu aucun mal car ils avaient pu se réfugier dans le temple.

Nos amis n'avaient pas bâti eux-mêmes ce temple. Ils l'avaient acquis des villageois pour y conserver de nombreuses archives auxquelles ils attachaient un très grand prix. Depuis cette acquisition, les raids des bandits avaient cessé, les villageois n'avaient plus été molestés, et tout le monde vivait en paix. On prétend que certaines de ces archives datent de la venue sur terre des hommes civilisés et proviennent en ligne droite de la Terre Maternelle. Ce seraient celles des Naacals ou Frères Saints, qui apparurent en Birmanie et enseignèrent les Nagas. Elles semblent prouver que les ancêtres de ces gens étaient les auteurs de la Sourya Siddhanta et des Vedas primitives. La Sourya Siddhanta est le plus ancien ouvrage connu en astronomie. Les archives dont il est question le font remonter à trente-cinq mille ans. Les Vedas primitives dateraient de quarante-cinq mille ans. Il n'est pas dit que les documents du temple soient tous des originaux, car plusieurs ont été copiés aux mêmes sources que les archives babyloniennes et apportés ici en vue de leur préservation. Les documents primitifs seraient les originaux datant d'Osiris et de l'Atlantide.

Les chambres du temple étaient disposées l'une au-dessus de l'autre sur sept étages et communiquaient au moyen d'escaliers taillés en plein roc. L'accès aux marches se trouvait dans un coin de chaque chambre. Chaque escalier montait à quarante-cinq degrés jusqu'à un palier sur lequel ouvrait la chambre voisine. Il y avait environ deux mètres cinquante d'épaisseur de pierre entre le plafond d'une chambre et le plancher de la suivante. Le plafond de la chambre supérieure du septième étage se trouvait à environ quatre mètres au-dessous d'un large rebord en surplomb situé à une trentaine de mètres du sommet du précipice. Un escalier partait de cette chambre et communiquait avec la chambre centrale d'une série horizontale de cinq chambres découpées dans la paroi du rebord. Il y en avait deux à droite et deux à gauche de la chambre centrale, de sorte que le graphique de la construction formait un immense « T ».

Les chambres supérieures étaient creusées de telle sorte que le rebord leur servait de balcon. On n'y pénétrait que par ce balcon. Le rocher était de granit tendre à gros grains. Le travail avait été évidemment fait à la main avec des outils rudimentaires et son achèvement avait certainement exigé de nombreuses années. Aucune pièce de bois n'aurait été employée pour la construction.

Après leur acquisition, nos amis introduisirent du bois dans l'aménagement des chambres, qui étaient toutes très agréables, surtout pendant les jours ensoleillés.

Nous apprîmes que depuis lors on n'avait jamais fermé les fenêtres ni bouché l'entrée. Cependant, les visiteurs avaient été extrêmement rares, en dehors de ceux ayant quelque connaissance de la véritable illumination spirituelle.

Notre ami continua : Ce jour est pour vous le commencement d'une nouvelle année. De votre point de vue, l'année écoulée est sortie de vos vies pour n'y plus jamais rentrer, sauf peut-être en pensée par le souvenir de ses plaisirs, de ses tristesses et de ses réalisations. Les pensées absorbantes de votre travail courant reviennent en foule. A part cela, l'année dernière est oubliée, partie à jamais. Une page annuelle de votre livre de vie est déchirée.

Notre point de vue est tout différent. Nous considérons cette année comme une période de progrès et d'aboutissement s'ajoutant à nos réussites. Elle forme un trait d'union nous menant à des réalisations et à un développement plus splendides, à un temps d'illumination et de promesses plus grandes, un temps où chaque expérience successive nous permet de devenir plus jeunes, plus forts, et plus aimants.

Vous pensez : Comment cela ? Nous répondons : Tirez vos propres conclusions, choisissez votre propre vie.

Sans vouloir le moins du monde s'imposer, notre chef dit : Nous souhaitons voir et connaître.

Notre ami reprit : A partir de maintenant il y a des leçons précises pour ceux qui ne voient pas, ne connaissent pas, ne saisissent pas la pleine signification du but d'une vie bien vécue. Il ne s'agit pas d'une vie d'ascétisme, d'austérité, d'isolement, ou de tristesse, mais bien d'une vie d'accomplissement dans la joie, d'où tout chagrin et toute douleur sont bannis pour toujours.

Il prit ensuite un ton moins grave et dit : Vous avez exprimé le désir de voir et de connaître. En vous regardant ainsi réunis, la pensée exprimée par un verset de votre Bible m'est venue à l'esprit : « Lorsque deux ou trois d'entre vous sont réunis en mon nom, je suis là au milieu d'eux. »

Que de fois n'a-t-on pas considéré ce verset comme un simple jeu de mots au lieu de l'incorporer et de le rendre réel ! Vous avez commis une grande erreur avec les enseignements de Jésus en les reléguant dans un passé obscur et brumeux. Vous les avez considérés comme mythologiques, mystiques, inefficaces avant la mort. Au lieu de cela, vous auriez dû savoir que tout le monde peut en appliquer les leçons dans sa vie quotidienne, ici et maintenant, pourvu qu'il le veuille.

Comprenons-nous bien : Nous ne disons pas que Jésus en tant que Christ représentait un plan de vie réalisé par lui seul, plan que n'auraient même pas pu atteindre partiellement un grand nombre de voyants et de prophètes, à d'autres époques et chez d'autres peuples. Nous mettons l'accent sur sa vie comme étant celle qui vous est la plus pleinement compréhensible.

Quand on s'y réfère spécifiquement, elle ne peut avoir qu'un but et un sens, celui d'inspirer la foi par le seul fait que l'existence et les œuvres de Jésus ont été la démonstration vivante de son enseignement. On ne doit pas imputer à l'auteur du Sermon sur la Montagne et de la Parabole du Fils Prodigue le dogme spéculatif du sacrifice par procuration, dogme qui a vicié la pensée chrétienne pendant des siècles.

Les guides de la pensée occidentale ont détourné les fidèles de l'application pratique des enseignements de Jésus et de l'étude du pouvoir de Dieu. Ils leur ont enseigné à confondre son enseignement avec les expériences des Apôtres. Il aurait fallu enseigner que les lois fondamentales sur lesquelles s'appuient ces expériences forment une science exacte susceptible d'être comprise et appliquée dans la vie courante.

Les Orientaux prennent pour objectif suprême de

leurs études et de leurs réalisations la partie scientifique de leur religion. Ce faisant, ils se sont portés à un autre extrême. De part et d'autre on a relégué la religion dans un domaine miraculeux et surnaturel. Les Occidentaux se sont laissé absorber entièrement par la morale, les Orientaux par la science religieuse. Tous deux se sont fermés à la vérité spirituelle.

Les vies monastiques de retraite et d'ascétisme, la séparation du monde dans les monastères chrétiens ou bouddhiques ne constituent pas une nécessité. Elles ne permettent pas d'atteindre à la véritable illumination spirituelle, de réaliser la vie parfaite de sagesse véritable et de puissance telle que Jésus l'intériorisa et l'extériorisa.

Tous ces systèmes ont existé pendant des millénaires. Cependant les enseignements de Jésus au cours des quelques années de son passage sur terre ont apporté une contribution infiniment plus grande à l'élévation des gens du peuple.

On sait parfaitement que Jésus connaissait tous les enseignements monastiques, avait passé par les initiations, étudié les mystères dénommés sacrés ainsi que les formes rituelles et les cérémonies, et arriva enfin aux enseignements d'Osiris. Ces derniers lui furent commentés par un prêtre qui lui-même s'était tenu à l'écart de toutes les formes d'adoration rituelle, monastique, et matérielle.

Ce prêtre était un disciple du roi Thoth de la première dynastie des rois égyptiens. L'empire connu antérieurement sous le nom d'égyptien fut amené à son stade élevé de culture et de réalisation sous Osiris et ses successeurs. Ces gens appartenaient à la pure race blanche. Plus tard, ils furent connus sous le nom d'Israélites, attachés à la race hébraïque.

Quand le roi Thoth proclama l'empire d'Egypte, il le fut comme dictateur, usurpateur des droits du peuple. Grâce aux directives d'Osiris et de ses successeurs, les habitants avaient bâti et maintenu pendant des siècles une splendide civilisation d'unité et de fraternité.

Thoth gouverna sagement et s'efforça de maintenir la doctrine d'Osiris. Mais les conceptions matérielles et obscures apparurent à mesure que les Egyptiens, ou hordes noires du Sud, qui avaient porté Thoth au pouvoir, accrurent leur influence. Les dynasties suivantes s'écartèrent des enseignements d'Osiris. Elles adoptèrent progressivement les obscures conceptions de la race sombre, et finalement pratiquèrent exclusivement la magie noire. Le royaume ne tarda pas à tomber, car il faut que ce genre de royaume tombe.

Après que Jésus eut écouté attentivement ce prêtre, il perçut le profond sens intérieur de sa doctrine. Les vues sommaires que Jésus possédait sur les enseignements bouddhiques et qu'il tenait des sages de l'Orient lui permirent de voir la grande similitude sous-jacente à toutes ces doctrines. Il prit alors la résolution de se rendre aux Indes, projet parfaitement réalisable par l'ancien chemin des caravanes qui était entretenu à cette époque.

Après avoir étudié les enseignements bouddhiques conservés avec un certain degré de pureté, Jésus perçut les similitudes. Il comprit que, malgré les formes rituelles et les dogmes imposés par les hommes, les religions n'avaient qu'une source qui est Dieu. Il l'appela son Père et le Père de tous. Alors il jeta toutes les formes aux vents et alla directement vers Dieu, droit au cœur de son Père aimant. Une merveilleuse compréhension s'ensuivit. Jésus ne tarda pas à trouver superflu de fouiller pendant de longues années les documents, rites, croyances, formules, et initiations que les prêtres imposent subrepticement au peuple pour le maintenir dans l'ignorance et la sujétion. Il vit que l'objet de ses recherches était au fond de lui-même. Pour être le Christ, il lui fallait proclamer qu'il était le Christ, puis avec des mobiles purs dans sa vie, sa pensée, sa parole, et ses actes, vivre la vie qu'il recherchait afin de l'incorporer dans son propre corps physique. Après quoi il eut le courage de s'extérioriser et de proclamer tout cela à la face du monde.

Peu importaient les sources où il avait puisé. C'était son travail qui comptait et non celui d'autrui. Les gens du commun, dont il épousait la cause, l'écoutaient avec ravissement. Il n'empruntait pas ses préceptes à l'Inde, à la Perse, ni à l'Egypte. Les doctrines extérieures l'amenèrent simplement à voir sa propre divinité et la représentation de celle-ci, le Christ, qui existe en chacun, non pas chez quelques-uns, mais chez tous.

Osiris naquit en Atlantide, il y a plus de trente-cinq mille ans. Longtemps après son époque, les chroniqueurs de sa vie le déifièrent à cause de ses œuvres magnifiques. Il descendait directement des hommes de pensée élevée, qui dans la Terre Maternelle de l'Homme, avaient gardé la clarté de leurs conceptions. C'était le cas de la plupart des êtres mythologiques dont la description est venue jusqu'à nous. Leurs œuvres et leur caractère ont été déformés par les reproductions et traductions successives. Leurs travaux et leurs aboutissements furent considérés comme surnaturels par tous ceux qui ne voulaient pas consacrer le temps nécessaire à en approfondir le sens ni faire l'effort de pensée indispensable pour découvrir que tout est divinement naturel pour l'homme opérant dans son véritable domaine.

Après avoir déifié Osiris, les chroniqueurs commencèrent à reproduire ses traits. Au début, son image ne visait qu'au symbole de ce qu'il représentait, puis elle se fixa progressivement dans les esprits. L'idéal fut oublié, et seule subsista l'idole vide de sens.

Bouddha fut également déifié par les chroniqueurs longtemps après son époque. Remarquez le nombre d'images qui ont été faites de lui, la conséquence en étant que l'on adore l'image au lieu de l'idéal. Il en résulta de nouveau une idole vide de sens. Il en va de même pour tous les signes et symboles.

Bouddha reçut ses enseignements de la même source qu'Osiris, mais d'une manière différente. Les enseignements qui parvinrent au Bouddha en Birmanie provenaient de la Terre Maternelle et lui furent apportés par les Naacals. Les enseignements d'Osiris lui parvinrent sans intermédiaires, car ses ancêtres vivaient dans la Terre Maternelle où il fut envoyé dès sa jeunesse pour étudier. Après la fin de ses études, il revint à son foyer, devint le guide des Atlantes, et ramena vers l'autorité de Dieu son peuple qui s'en écartait progressivement sous l'influence des obscures conceptions des sombres races environnantes.

Moïse fut encore un de ces chefs dont les successeurs et les chroniqueurs firent un Dieu après son époque. Il était israélite. Il avait puisé ses enseignements dans les annales de Babylone qui forment une partie de votre Bible. Il reproduisit exactement par écrit la lettre de ce qu'il avait appris. Mais les faits qu'il a relatés furent déformés par les traducteurs. Je pourrais citer beaucoup de cas du même genre.

Jésus prit connaissance de toutes ces doctrines. Avec son style caractéristique, il alla droit au cœur de leur signification et les dépassa d'un degré, glorifiant son corps jusqu'au point où il put permettre aux hommes de le crucifier. Cependant, il le reconstruisit au cours d'une résurrection triomphale.

Si vous étudiez les enseignements d'Osiris, de Bouddha, et de Jésus, vous les trouverez semblables. A certains moments, la similitude va jusqu'à l'emploi des mêmes mots. Cependant on ne saurait tenir l'un d'eux pour un copiste.

Leurs études leur montrèrent le chemin de l'extérieur vers l'intérieur. Ensuite il leur fallut abandonner toute doctrine, toute initiation, et faire un pas de plus. Supposez que l'un d'eux se soit borné à copier et à étudier ce qu'il voyait et ce qu'on lui apprenait, sans être capable ensuite de percevoir que tout en lui-même provenait de Dieu. Il serait encore en train d'étudier et nul n'aurait jamais relaté sa vie et ses œuvres.

Ils passèrent tous par la même expérience, en ce sens que leurs adeptes voulurent les couronner rois d'un royaume matériel, mais qu'aucun d'eux ne s'y prêta. Ils exprimèrent la même pensée dans des termes presque identiques : « Mon royaume n'est pas de ce monde, il est spirituel. » Dans le cas d'Osiris, la chose alla si loin que les chroniqueurs tardifs le dépeignirent comme un roi d'Egypte.

L'entretien prit fin et nous allâmes tous au temple. En arrivant dans la chambre inférieure notre ami reprit : En montant de chambre en chambre dans ce temple, souvenez-vous, je vous prie, qu'aucun homme ne peut conférer de droits à un autre. En développant votre compréhension, vous découvrirez qu'ils sont égaux. Quiconque essaye de vous conférer ses droits ou sa position est bien léger, puisque vous possédez la même chose que lui. Il tente de donner ce qu'il n'a pas. On peut essayer de montrer le chemin à son frère, pour qu'il étende sa vision et incorpore le bien, mais on ne peut lui transférer ce que l'on possède.

À ce moment, nous étions arrivés à la deuxième chambre. Nous y trouvâmes quatre de nos amis du village qui nous avaient précédés. Après quelques instants de conversation générale, nous nous assîmes tous et notre instructeur reprit : Aucun caractère de votre histoire ne ressort comme celui de Jésus. Votre calendrier compte les années avant et après sa naissance. Une majorité de vos concitoyens l'idolâtre, et c'est en quoi elle se trompe. Elle devrait le prendre comme idéal et non comme idole. Au lieu d'en faire des images sculptées, il faudrait le considérer comme existant et vivant, car il vit effectivement aujourd'hui dans le corps même où il a été crucifié. Il vit et peut vous parler exactement comme avant sa crucifixion. La grande erreur de tant de gens, c'est de voir Jésus finir dans le malheur de la mort sur la croix. Ils oublient totalement que la plus grande partie de sa vie s'est écoulée postérieurement à sa résurrection. Jésus est capable d'enseigner et de guérir aujourd'hui bien mieux que jamais autrefois. Vous pouvez accéder à sa présence à tout moment pourvu que vous le vouliez. Si vous le cherchez, vous le trouverez. Jésus n'est pas un roi qui puisse vous obliger à accepter sa présence, mais un grand frère qui reste toujours prêt à vous aider et à aider le monde. Quand il vivait sur le plan mortel ou terrestre, il ne pouvait atteindre qu'un nombre restreint de personnes. Sous la forme qu'il a revêtue aujourd'hui, il peut atteindre tous ceux qui regardent vers lui. N'a-t-il pas dit : « Là où je me trouve, vous pouvez vous trouver aussi » ? Cela signifie-t-il qu'il soit loin dans un endroit appelé ciel, et qu'il vous faille mourir pour y accéder ? Non, il est là où vous êtes, il peut marcher et parler avec vous. Il suffit de le laisser faire. Elevez un peu votre regard, embrassez un horizon plus vaste, et vous le verrez pour peu que votre cœur et votre pensée soient sincèrement avec lui. Vous pouvez marcher et parler avec lui. En examinant attentivement son corps vous verrez les cicatrices de la croix, de la lance, et des épines complètement guéries. L'amour et le bonheur qui rayonnent autour de lui vous diront qu'il sait tout oublier, tout pardonner.

Notre ami se tut, et il y eut un profond silence d'environ cinq minutes, après quoi une lueur que nous n'avions pas encore vue illumina la chambre. Nous entendîmes une voix qui parut d'abord lointaine et indistincte. Après qu'elle eut attiré notre attention et que nos pensées furent dirigées vers elle, la voix devint parfaitement distincte et résonna en tons clairs comme des sons de cloches.

L'un de nous demanda : Qui donc parle ? Notre chef répondit : Gardez le silence, c'est notre cher maître Jésus qui parle. L'un de nous dit : Vous avez raison, c'est Jésus qui parle.

Alors la voix continua : Quand j'ai dit : « Je suis le chemin, la vérité, et la vie », je n'avais pas l'intention d'apporter à l'humanité l'idée que j'étais à moi seul l'unique lumière véritable. J'ai dit également : « Autant il y en a qui sont conduits par l'esprit de Dieu, autant il y a de fils de Dieu. » Quand j'ai dit : « Je suis le fils parfait, le Fils Unique engendré de Dieu chez lequel le Père prend son plaisir », j'entendais affirmer à l'humanité entière que l'un des enfants de Dieu voyait, comprenait, et proclamait sa divinité. Cet enfant voyait que sa vie, ses actes, et son existence résidaient en Dieu, le grand principe Père-Mère de toutes choses. Il proclama ensuite qu'il était le Christ, le fils unique engendré de Dieu. Puis en vivant la vie sainte d'un cœur sincère et persévérant, il devint ce qu'il proclamait être. Gardant les yeux fixés sur cet idéal, il en remplit son corps tout entier et le but recherché fut atteint.

Pourquoi tant de gens ne m'ont-ils pas vu ? C'est parce qu'ils me mettent sur un piédestal et me situent dans l'inaccessible. Ils m'ont entouré de miracles et de mystères, et m'ont situé loin des gens du peuple pour lesquels j'éprouve un amour indicible. Je ne me suis pas retiré d'eux, mais eux se sont retirés de moi. Ils ont dressé des voiles, des murs, des séparations, et des médiateurs ainsi que des images de moi-même et des proches qui me sont chers. Chacun de nous fut entouré de mythe et de mystère jusqu'à paraître si éloigné que l'on ne sut plus comment nous atteindre. On prie et on supplie ma mère chérie et mon entourage et l'on nous tient ainsi dans des pensées mortelles. En vérité si on voulait nous connaître tels que nous sommes, on souhaiterait nous serrer la main comme vous le faites aujourd'hui et on le ferait. Si l'on voulait abandonner toute superstition, on nous parlerait comme vous le faites. Vous nous voyez immuables tels que nous sommes. Combien nous aimerions que le monde entier le sache ! Quel réveil, quelle réunion, quelle fête !

Vous nous avez entourés si longtemps de mystère qu'il n'y a rien d'étonnant à ce que le doute et l'incroyance aient fini par prédominer. Plus vous fabriquez d'images et d'idoles et plus vous nous entourez de mort, plus vous nous rendez inaccessibles. Plus vous projetez profondément le doute et l'ombre, et plus l'abîme de la superstition deviendra large et difficile à franchir. Si vous vouliez nous serrer audacieusement les mains et dire : « Je vous connais », alors chacun pourrait nous voir et nous connaître tels que nous sommes. Il n'y a pas de mystère autour de nous ni autour de ceux que nous aimons, car nous aimons le monde entier.

La plupart des gens n'aperçoivent que la fraction de ma vie qui s'est terminée sur la croix. Ils oublient que la plus grande partie en a été vécue sous la forme actuelle. Ils oublient que l'homme continue de vivre, même après une mort apparemment violente. On ne peut pas détruire la vie. Elle continue encore et toujours, et une vie bien vécue ne dégénère ni ne disparaît jamais. La chair elle-même peut devenir immortelle et ne plus changer.

Quand ce bon Pilate s'est lavé les mains et a dit : « Enlevez-le et crucifiez-le vous-mêmes, je ne trouve pas de faute en lui », il ne connaissait pas grand-chose de l'événement historique auquel il prenait part ni de la prophétie qu'il accomplissait. Lui et son entourage ont bien plus souffert que moi. Mais tout cela est passé, oublié, pardonné, comme vous allez le voir par notre réunion en un même lieu.

Deux personnages apparurent, et Jésus les embrassa. Posant la main sur l'épaule de l'un d'eux, il dit : « Le cher frère que voici a parcouru tout le chemin avec moi. Quant à cet autre, il a connu encore bien des épreuves avant que ses yeux ne s'ouvrent, mais quand ils furent complètement ouverts, il nous rejoignit bientôt. Il est tout aussi sincère que les autres, et nous l'aimons du même amour. »

Alors le second personnage avança lentement et se tint un moment debout. Jésus se tourna vers lui les bras ouverts et dit : « Cher Pilate. » Il n'y avait pas d'erreur possible sur la bienveillance de leurs pensées.

Alors Pilate prit la parole et dit : « J'ai peiné et souffert pendant bien des années après le verdict que j'ai prononcé le jour où j'ai rejeté avec légèreté le fardeau qui m'incombait. Pendant leur vie physique, bien peu d'entre nous se rendent compte des fardeaux inutiles qu'ils amoncellent sur autrui dans leurs tentatives pour éluder leurs responsabilités. Mais quand nos yeux sont ouverts, nous comprenons que plus nous essayons d'échapper à nos devoirs et de faire porter nos fardeaux par les autres, plus le fardeau s'appesantit sur nous. Il me fallut bien des années lassantes pour voir cela clairement, mais que de joie j'ai eue depuis que mes yeux se sont ouverts !

Alors le chœur invisible éclata en plain-chant. Sa mélodie défie toute description. Après quelques mesures Jésus s'avança et dit : Vous étonnez-vous que j'aie pardonné depuis longtemps à ceux qui m'ont cloué à la croix ? Dès lors, pourquoi le monde n'a-t-il pas pardonné comme moi-même ?

En ce qui me concerne, le pardon fut complet au moment où j'ai dit : « C'est accompli. » Pourquoi ne me voyez-vous pas tel que je suis, non pas cloué à la croix, mais élevé au-dessus de tout ce qui est mortel ?

Le chœur invisible reprit en chantant : « Salut, salut à tous, vous qui êtes fils de Dieu. Inclinez-vous et louez-le, son royaume est établi pour toujours parmi les hommes. Oui, il est avec vous toujours. » Et cependant que le chœur chantait, les paroles s'inscrivaient sur le mur de la chambre.

Il ne s'agissait pas là d'une scène lointaine, confuse, ou indistincte. Nous étions bien présents dans la chambre et nous parlions à nos interlocuteurs. Nous leur avons serré la main et nous les avons photographiés. Ils étaient parmi nous et nous étions autour d'eux. La seule différence entre eux et nous résidait dans la lumière spéciale qui les entourait. Cette lumière paraissait être la source d'éclairage de la chambre. Il n'y avait d'ombre nulle part. Leur chair semblait posséder une translucidité particulière. Au toucher, elle ressemblait à de l'albâtre. Cependant, elle avait des reflets chauds et sympathiques, et la chaleur rayonnait autour d'eux.

Après qu'ils furent sortis, la chambre elle-même parut conserver leur chaleur et leur lumière. Par la suite, chaque fois que nous entrions dans cette chambre l'un de nous en faisait la remarque. Un jour où quelques membres de notre groupe s'y étaient réunis, nous échangeâmes nos impressions et notre chef dit : « Cette pièce est sublime. » Il avait exprimé notre sentiment commun, et nous n'en parlâmes plus. Quand nous revînmes à l'automne, la chambre ressemblait à un sanctuaire et nous y passâmes de longues heures.

A la fin de cette première rencontre, nous attendîmes que nos interlocuteurs quittassent la chambre. Tandis que Pilate se préparait à partir, il pria notre chef de se joindre à lui. Nous descendîmes tous ensemble les escaliers jusqu'à la chambre inférieure. Puis nous prîmes le passage souterrain jusqu'à la crevasse et ensuite l'échelle. Nous continuâmes vers le village, et arrivâmes à notre maison où nous causâmes jusqu'à minuit. Alors tous se séparèrent comme de coutume, et comme si cette réunion était toute naturelle.

Après le départ des invités, nous nous rassemblâmes autour de notre hôtesse, et chacun à son tour lui serra la main pour la remercier de cette soirée exceptionnelle. L'un de nous dit : La seule manière d'exprimer mes pensées et mes sentiments sera de dire que mes conceptions étroites et matérielles ont été si bien mises en pièces que je ne m'attends pas à en revoir jamais le moindre fragment.

Il semblait bien avoir touché la note qui vibrait dans tous nos cerveaux. Quant à moi, je ne fis aucune tentative pour exprimer ce que je ressentais, et je n'ai jamais essayé de le relater. Je laisse ce soin à l'imagination du lecteur. En quittant notre hôtesse, personne ne souffla plus mot. Chacun avait l'impression qu'un monde entièrement nouveau s'était ouvert. Nous nous retirâmes cette nuit-là avec le sentiment que nous avions passé le jour de l'an le mieux rempli de toute notre existence.

2

Le lendemain matin au petit déjeuner nous questionnâmes notre hôtesse, et découvrîmes qu'il n'était pas inhabituel pour Jésus de venir comme il l'avait fait. Elle nous dit qu'il se joignait souvent à elle-même et à ses amis dans leur travail de guérison.

Notre hôtesse et deux autres dames décidèrent de venir avec nous ce jour-là au temple. Comme nous sortions de la maison, deux hommes nous rejoignirent. L'un d'eux dit à notre hôtesse qu'un enfant malade du village la demandait. Nous nous détournâmes tous de notre chemin et suivîmes les hommes jusqu'à la maison de l'enfant, lequel était effectivement très malade. Notre hôtesse s'avança et tendit les bras. La mère y plaça l'enfant. Le visage du petit s'éclaira immédiatement, puis se contracta un instant. Au bout de quelques minutes il s'endormit d'un profond sommeil. Notre hôtesse le rendit alors à sa mère et nous partîmes pour le temple.

En cours de route elle observa : Oh ! si seulement ces braves gens pouvaient comprendre et faire le travail eux-mêmes au lieu de se reposer sur nous. Combien cela serait meilleur pour eux ! Généralement ils nous laissent complètement à l'écart jusqu'à ce qu'une difficulté s'élève. Alors ils nous appellent, ce qui est très bien, sauf que cela ne leur donne aucune confiance en eux-mêmes. Nous préférerions de beaucoup les voir se tirer seuls d'affaire, mais ils se conduisent d'une manière infantile en toutes circonstances.

Nous étions arrivés au pied de l'échelle. Nous la gravîmes et nous entrâmes dans le tunnel. Les deux hommes nous accompagnaient. Le tunnel étant creusé en plein roc, nous supposions naturellement qu'il serait obscur. Mais il était assez éclairé pour nous permettre de voir loin en avant, et la lumière paraissait nous entourer, de sorte qu'il n'y avait pas d'ombres. Nous avions remarqué ce phénomène la veille, mais personne n'en avait parlé. On répondit à nos questions en disant que la lumière existait autour de nous exactement comme elle nous apparaissait. Quand personne n'était dans le tunnel, celui-ci était alors obscur.

Nous le traversâmes et montâmes les escaliers jusqu'à la troisième chambre, qui était un peu plus grande que les deux chambres inférieures. Il y avait un grand nombre de tablettes rangées le long de deux murs. Nous découvrîmes qu'une autre grande chambre avait été creusée en arrière de celle-ci, et nous apprîmes plus tard qu'elle était également remplie de tablettes semblables. Celles-ci étaient d'un brun-rouge foncé et soigneusement vernies. Le format de quelques-unes était de quarante centimètres sur soixante, leur épaisseur de cinq centimètres, et leur poids de cinq ou six kilos. D'autres étaient beaucoup plus grandes. Nous fûmes très intrigués par la manière dont elles avaient pu être transportées par-delà les montagnes et nous exprimâmes notre étonnement. On nous répondit que ces tablettes n'avaient pas été transportées par-delà les montagnes. Elles avaient été apportées dans le Pays de Gobi à l'époque où cette contrée était une terre fertile et bien peuplée, avant que les montagnes ne se fussent élevées. Ensuite, longtemps après l'érection des montagnes, on les rangea là pour les préserver de tout risque de destruction.

Avant l'apparition des montagnes, il paraît qu'un immense raz-de-marée avait recouvert et complètement ravagé une grande portion du pays, et avait détruit la majeure partie de la population. Les survivants furent coupés du monde et privés de moyens d'existence. Ils devinrent les ancêtres de ces bandes errantes de brigands qui infestent aujourd'hui encore le plateau de Gobi.

Le grand empire Uigour existait alors à la place des

Himalayas et du désert de Gobi. Il y avait de grandes villes et une civilisation très avancée. Après la destruction des villes par l'eau, les ruines avaient été recouvertes par les sables mouvants du désert. Nous prîmes note des descriptions telles qu'on nous les traduisit des tablettes. Plus tard, nous découvrîmes trois de ces villes. Un jour, quand les fouilles auront été complétées, l'authenticité de ces archives se trouvera certainement vérifiée. Elles font remonter la date de cette civilisation à plusieurs centaines de mille ans... Mais ne voulant pas faire d'archéologie, nous arrêtons ici cette digression.

On nous conduisit à travers les diverses chambres du temple. Au cours de la conversation générale, nous apprîmes que l'un des hommes qui nous avaient rejoints le matin était le descendant d'un de nos amis, à savoir l'homme que nous avions rencontré dans le village où Jean-Baptiste avait vécu. Nous l'appelions notre ami des archives. Il présentait les signes d'un grand âge, ce qui nous surprit.

Tandis que nous retournions à la première chambre, notre chef demanda si un désir pouvait se réaliser aussitôt exprimé. Notre hôtesse répondit que tout désir exprimé sous forme parfaite se réalisait. Elle ajouta que le désir est une forme de prière, que c'était la forme parfaite de prière que Jésus employait, car elle était toujours exaucée. Une prière toujours exaucée ne peut qu'être parfaite, donc scientifique, et si elle est scientifique, elle doit être conforme à une loi précise... Notre hôtesse continua : Cette loi est la suivante : « Votre prière est exaucée selon votre foi. » Je dirai sous une autre forme : « Quels que soient les objets de vos désirs quand vous priez, croyez que vous les avez reçus, et vous les aurez. » Si nous savons positivement que tout ce que nous demandons est déjà nôtre, nous saurons aussi que nous travaillons en accord avec la loi. Et si le désir est réalisé nous saurons que la loi est accomplie. Si le désir n'est pas réalisé, nous saurons que nous avons demandé à faux. La faute n'en incombe pas à Dieu mais à nous. Dans ce cas, voici le commandement : « Vous aimerez le Seigneur votre Dieu de tout votre cœur, de toute votre âme, de tout votre esprit, de toute votre force, et de toute votre pensée. » Maintenant descendez au plus profond de votre âme, sans préjugé, sans crainte, et sans incrédulité, avec un cœur joyeux, libre, et reconnaissant, sachant que les choses dont vous avez besoin vous appartiennent déjà.

Le secret consiste à se mettre consciemment à l'unisson avec Dieu. Il faut ensuite s'y maintenir sans dévier d'une ligne, quand bien même le monde entier s'y opposerait. Jésus disait : « De moi-même, je ne puis rien faire. Le Père qui habite en moi fait seul le travail. » Ayez foi en Dieu. Ne doutez pas, ne craignez pas. Souvenez-vous qu'il n'y a pas de limite à la puissance de Dieu. « Toutes choses sont possibles. »

En formulant votre demande, employez des mots positifs. Rien n'existe que l'état de perfection souhaité. Ensuite plantez dans votre âme la graine d'idée parfaite à l'exclusion de toute autre. Demandez à manifester la santé et non à être guéris de la maladie. Priez pour exprimer l'harmonie et réaliser l'abondance, et non pour être délivrés de l'inharmonie, de la misère, et des limitations. Rejetez ces dernières comme de vieux vêtements. Ce sont de vieilles affaires, les seules dont vous n'ayez plus besoin. Vous pouvez vous en débarrasser joyeusement. Ne tournez même pas la tête pour les regarder. Elles sont oubliées, pardonnées, retournées à la poussière d'où elles venaient. Elles n'existent pas. Tous les espaces qui paraissent vides autour de vous, remplissez-les de la pensée de Dieu, le Bien infini.

Ensuite rappelez-vous que la parole est une graine. Il faut qu'elle croisse. Quant à savoir où, quand, et comment, c'est l'affaire de Dieu. A vous, il appartient seulement de dire ce qu'il vous faut, et de donner des bénédictions en sachant qu'à l'instant où vous avez demandé, vous avez reçu. Tous les détails d'exécution du travail concernent le Père. Rappelez-vous que lui seul fait le travail. Remplissez fidèlement votre rôle, et laissez le sien à Dieu en ayant foi en lui. Demandez, affirmez, tournez-vous vers Dieu pour vos besoins, et ensuite recevez de lui l'accomplissement.

Conservez toujours dans l'esprit la pensée de l'abondance de Dieu. Si une autre pensée s'introduit, remplacez-la par celle-là, et bénissez cette abondance. Si besoin est, remerciez continuellement de ce que le travail se fait. Ne revenez pas sur votre demande. Contentez-vous de bénir et de remercier pour l'exécution du travail, pour l'opération de Dieu en vous, et pour la réception de ce que vous désirez, car vous désirez exclusivement le bien pour le répandre autour de vous. Que ceci se passe dans le silence et le secret. Priez votre Père, dans le secret, et votre Père qui voit le secret des âmes vous récompensera publiquement.

Quand vous aurez complété la démonstration, le temps ainsi employé vous apparaîtra comme l'un de vos plus grands trésors et vous aurez prouvé l'existence de la loi. Vous connaîtrez la puissance de votre parole lorsqu'elle est prononcée avec foi et bénédiction. Souvenez-vous que Dieu a perfectionné ses plans parfaits. Il répand continuellement sur nous avec générosité et amour le bien et toutes les bonnes choses que nous pouvons désirer. Il répète : « Eprouvez-moi, vous verrez bien si je n'ouvre pas les fenêtres du ciel, et si je ne répands pas les bénédictions en tel nombre que la place fait défaut pour les recevoir. »

De tout mon cœur

O cœur de mon être, ô Père, je ne fais qu'un avec toi. Je te reconnais pour l'Eternel, le Père de tous. Tu es Esprit, omniprésent, omniscient. Tu es sagesse, amour, et vérité. Tu es le pouvoir, la substance, et l'intelligence dont toutes choses ont été formées et grâce à quoi elles ont été créées. Tu es la vie de mon esprit, la substance de mon âme, l'intelligence de ma pensée. Je t'exprime dans mon corps et mon activité. Tu es le commencement et la fin, la totalité du bien que je peux exprimer. Le désir de ma pensée, implanté par mon âme, est vivifié par toi en mon esprit. Dans la plénitude du temps, et par la loi de la foi, il est rendu visible dans mon expérience. Le bien que je désire existe déjà en esprit sous forme invisible, et je sais que je le possède déjà.

De toute mon âme

Les paroles que je prononce maintenant, ô mon Père, te décrivent l'objet de mon désir. Il est planté comme une graine dans la terre de mon âme et vivifié dans mon esprit par ta vie. Il faut qu'il s'épanouisse, il faut qu'il s'extériorise. Je ne permets qu'à ton esprit — Sagesse, Amour, et Vérité — de se mouvoir dans mon âme. Je désire exclusivement ce qui est bon pour tous, et je te demande maintenant de l'accomplir.

Père qui es en moi, je demande à exprimer l'amour, la sagesse, la force, et la jeunesse éternelle. Je demande à réaliser l'harmonie, le bonheur, et une abondante prospérité. Je demande à recevoir directement mon intelligence de toi afin de comprendre la manière de tirer de la substance universelle ce qui est nécessaire à la satisfaction de tous les bons désirs. Et ceci, non dans un but égoïste, mais avec des mobiles purs en vue de posséder l'intelligence me permettant de rendre service à tous tes enfants.

De toute ma pensée

Ce que je désire est maintenant rendu clair. Je forme uniquement dans ma pensée ce que je désire. Comme une graine qui commence à croître sous terre dans le calme et l'obscurité, mon désir prend maintenant corps dans le royaume silencieux et invisible de mon âme. J'entre dans ma chambre secrète et je ferme la porte. Avec tranquillité et confiance, je maintiens mon désir dans ma pensée comme s'il était déjà accompli. Père, j'attends maintenant son exécution parfaite. Père qui es en moi, je te remercie de ce que l'accomplissement de mon désir soit continuellement réalisé dans l'invisible. Je sais que tu as répandu sur tout le monde avec amour et générosité l'abondance de tes trésors. Tu as exaucé tous les bons désirs de ma vie. Tu me permets de participer à tes opulentes ressources. Je peux réaliser mon unité avec toi, et chacun de tes enfants peut en faire autant. Tout ce que je possède, je peux le répandre sur tous afin d'aider tous tes enfants. Tout ce que j'ai je te le donne, mon Père.

De toute ma force

Par aucun acte ni aucune pensée, je ne dénierai avoir reçu en esprit l'exaucement de mon désir. Sa réalisation est maintenant parfaitement nette. Par l'esprit, l'âme, la pensée, et le corps, je suis sincère quant à mon désir. J'ai perçu ce qui était bon pour moi en esprit. Je l'ai conçu comme une idée parfaite dans mon âme. Je lui ai donné la véritable forme-pensée. Il est parfait. Je l'appelle maintenant à devenir visible, à devenir la manifestation véritable.

Je te remercie, Père, de posséder ce que je possède dès maintenant : l'amour, la sagesse, l'intelligence, la vie, la santé, la force, la jeunesse éternelle, l'harmonie, le bonheur, l'abondance, et la méthode pour produire à partir de la substance universelle ce qu'il faut pour satisfaire tous les bons désirs.

Ne vous ai-je pas dit que si vous croyez, vous verrez la splendeur du Seigneur ?

Après que notre hôtesse eut parlé, il y eut un moment de profond silence, puis elle continua : Comprenez que s'il n'y a pas d'accomplissement, la faute en est à vous et non à Dieu. Si votre désir n'est pas rendu visible, ne retournez pas à votre demande. Faites comme Elie, insistez, tendez la coupe jusqu'à ce qu'elle soit remplie. Répandez-vous en bénédictions pour remercier de l'accomplissement actuel, même si toutes les pensées matérielles du monde vous obsèdent. Continuez, continuez, la chose est là. Croyez-moi, votre foi aura sa récompense.

Supposez que vous désiriez de la glace. Commenceriez-vous par prononcer le mot glace à tort et à travers autour de vous ? Si oui, vous ne feriez que disperser vos forces dans toutes les directions, et rien ne viendrait à vous. Il faut d'abord former une image centrale de ce que vous désirez et la maintenir directement dans votre pensée juste assez longtemps pour la fixer. Ensuite, il faut la laisser complètement de côté et regarder droit à la substance universelle. Sachez que cette substance est une partie de Dieu, par conséquent une partie de vous-même. Elle contient tout ce dont vous avez besoin, et Dieu vous la fournit en surabondance aussi vite que vous pouvez l'employer. Elle est inépuisable. Tous ceux qui en ont bénéficié l'ont puisée consciemment ou inconsciemment à cette source.

Maintenant, ayez votre pensée et votre vision fixées sur l'atome central. Maintenez cet atome dans votre pensée le temps d'imprimer votre désir en lui. Vous abaisserez ses vibrations jusqu'à ce qu'il devienne glace. Alors tous les atomes environnants s'empresseront d'obéir à votre désir. Leurs vibrations seront abaissées jusqu'à ce qu'ils adhèrent à la particule centrale, et au bout d'un instant vous aurez de la glace. Il n'est pas même nécessaire que vous ayez de l'eau, il suffit que vous ayez l'idéal.

Il y eut de nouveau un profond silence. Au bout d'un instant une image apparut sur le mur de la chambre. Au début, les formes dessinées étaient immobiles, et nous n'y prêtâmes pas grande attention. Mais elles ne tardèrent pas à prendre vie et nous pûmes voir les lèvres de personnages remuant comme s'ils parlaient. Notre attention se concentra immédiatement et notre hôtesse dit : Cette image représente une scène qui se déroula il y a bien longtemps, quand l'empire Uigour était à son apogée. Vous pouvez voir combien les gens étaient beaux, la contrée chaude et ensoleillée, les branches agitées par la brise. Les couleurs elles-mêmes sont reproduites. Aucun ouragan ne troublait le pays ni ses habitants. En faisant très attention vous les entendrez parler, et si vous compreniez leur langue, vous connaîtriez le sujet de leur conversation. Vous pouvez même voir le jeu des muscles de leurs corps en mouvement.

Notre hôtesse cessa de parler, et les images continuèrent d'affluer tandis que les scènes changeaient environ toutes les deux minutes. A la fin, il nous sembla faire partie du tableau tellement il était proche de nous.

Tout à coup apparut une scène où figuraient trois membres de notre expédition. Aucune confusion n'était possible. Nous pouvions les entendre parler et reconnaître le sujet de leur conversation. Il s'agissait d'un incident arrivé en Amérique du Sud une dizaine d'années auparavant.

Notre hôtesse reprit : Nous avons la faculté de projeter dans l'atmosphère des vibrations de pensées susceptibles d'entrer en connexion avec celles des trépassés, et nos vibrations collectent les leurs jusqu'à les rassembler en un point donné.

Alors on peut voir des scènes reproduites comme au jour où elles sont advenues. Cela peut vous paraître extraordinaire, mais avant longtemps, votre peuple produira des images semblables. La seule différence en sera qu'elles seront purement photographiques et mécaniques alors que nous n'employons aucun de ces deux procédés.

Les guides de la pensée chrétienne se sont tellement préoccupés de leurs querelles de dialectique qu'ils ont presque oublié la signification d'une vraie vie spirituelle. Chacun d'eux s'efforce d'empêcher les autres de réussir. Parallèlement, les Orientaux se sont tellement concentrés sur le côté ésotérique, occulte, et scientifique de leur philosophie qu'ils ont également laissé échapper le côté spirituel. Un jour viendra où quelques-uns de ceux qui développent la technique mécanique des images aboutiront à un très haut degré de perfection. Ils seront les premiers à en percevoir le véritable sens spirituel, la valeur éducative, le profit que l'humanité peut en tirer, et les développements possibles. Alors ce petit groupe aura le courage de faire un pas de plus. Par ces images, il proclamera l'aboutissement final.

Les procédés actuels et leurs auteurs sont considérés comme tout à fait matérialistes. Mais ils deviendront le plus puissant facteur de démonstration de la vérité spirituelle. Il sera donc donné aux hommes considérés comme les plus matériels d'une grande race matérielle de faire éclore la vraie spiritualité. Vos gens font des progrès et vont établir un procédé par lequel ils reproduiront les voix des morts avec plus de précision encore qu'ils ne le font maintenant pour celles des vivants. Vous arriverez en partie mécaniquement au résultat que nous obtenons par la seule force de la pensée. Vous dépasserez le monde entier dans ce domaine.

La fondation de l'Amérique est la figuration d'un retour de la race blanche à son foyer d'origine. Cette terre est l'un des endroits où se produisit la grande illumination spirituelle des temps primitifs. C'est aussi le pays où aura lieu le plus grand réveil spirituel. D'ici peu, vous serez très en avance sur le reste du monde dans le domaine de la physique et de la mécanique. Vous développerez ces sciences jusqu'à une perfection extrême et vous verrez alors qu'il suffit d'un pas de plus pour atteindre le domaine spirituel. A ce moment, vous aurez le courage de faire ce pas. Un dicton de votre pays affirme que la nécessité est mère de l'invention.

La nécessité vous a conduits à faire face à des tâches apparemment irréalisables. Votre manière de faire vous a rendus très matérialistes, mais avec votre mode d'existence, c'était obligatoire pour vous permettre de survivre. Quand vous prendrez contact avec le royaume spirituel en tant que nation, vos enjambées dans le domaine matériel vous apparaîtront comme jeux d'enfants. Vous avez des corps vigoureux et des réflexes rapides. Votre race apparaîtra comme une lumière aux autres nations.

Vous vous étonnez à l'idée que vos ancêtres se servaient de la diligence et de la chandelle de suif, alors que la vapeur et l'électricité existaient autour d'eux exactement comme elles existent autour de vous. S'ils avaient connu les lois de la physique, ils en auraient bénéficié au même degré que vous. Plus tard, avec le recul voulu, vous vous étonnerez en considérant votre état actuel. Vous découvrirez que le domaine spirituel entoure et domine la matière. Vous découvrirez les lois supérieures du monde spirituel et vous en retirerez le profit dès que vous vous y conformerez. Ces lois ne sont pas plus mystérieuses que celles de la mécanique ou de la matière. Ce qui paraît difficile vous paraîtra simple. Vous triompherez des obstacles spirituels aussi aisément que vous triomphez maintenant des obstacles mécaniques ou matériels. C'est l'effort continu qui permet d'arriver au résultat.

Entre-temps, le vieillard avait choisi une tablette et l'avait apportée et placée sur un chevalet. Notre hôtesse continua : Beaucoup de gens commettent la grave erreur de ne pas considérer les leçons comme un moyen d'aboutissement. Quand le résultat est obtenu et pleinement mis en lumière, ils ne comprennent pas qu'il faut rejeter les leçons et poursuivre l'aboutissement. On peut faire une pause d'une certaine durée et classer les résultats obtenus dans le magasin dénommé subconscient. Ensuite il faut aborder les leçons qui conduisent à la réalisation suivante. Mais aussitôt le nouveau but atteint, il faut de nouveau rejeter les leçons. Pas à pas, on peut arriver ainsi au but suprême. Les leçons ne sont que des marches d'escalier. Si l'on voulait emporter avec soi toutes les marches que l'on a franchies, on serait bien vite écrasé sous le fardeau. En outre, il n'y aurait plus de marches pour les frères désireux de suivre. Laissez les marches pour eux au cas où ils voudraient s'en servir. Elles vous ont aidés à atteindre le sommet. Vous n'en avez plus besoin. Vous pouvez vous arrêter un moment pour respirer ou recevoir une inspiration nouvelle en vue de la suite. Dès que cette inspiration est venue, posez le pied sur la marche suivante et classez le résultat acquis dans le magasin. Si vous dites adieu à toutes les leçons qui vous ont amenés jusqu'ici, vous pouvez continuer votre chemin sans lien ni encombre. Supposez, au contraire, que vous contempliez ces leçons sans conserver la vision du but. Avant de vous en apercevoir, vous aurez fixé les leçons dans votre esprit à la place de l'idéal qu'elles devaient vous apporter. Cela peut vous faire chanceler, regarder en arrière, et dire : « Mes ancêtres sont-ils arrivés au but par le même chemin que moi ? » Si je regarde dans le lointain passé, je dirai oui. Mais si je regarde le futur immédiat, je dirai non, car ils sont arrivés à la sueur de leur front alors que vous employez votre propre pouvoir donné par Dieu.

Si vous vous reportez à vos ancêtres, vous serez en train de les adorer avant même de vous en apercevoir. En effet, vos facultés créatrices auront produit ce sur quoi vous vous concentriez. Vous vivrez à leur mesure au lieu de vivre à la vôtre. Vous commencerez à leur ressembler, mais vous n'accomplirez pas leurs œuvres. Vous commencerez à régresser, car en vivant l'idéal d'un autre, on ne saurait accomplir la même chose que l'initiateur de cet idéal.

Il faut avancer ou reculer. Il n'y a pas de demi-mesure. Le culte des ancêtres est une des causes immédiates de la dégénérescence des nations. Ce culte n'existe pas aux Etats-Unis, c'est pourquoi nous estimons que ce pays deviendra une grande nation. Au début, vous n'aviez que très peu d'orgueil de vos ancêtres, car vous n'en aviez pas à adorer. C'est sur vous-mêmes que le pays se fondait. Votre idéal était de créer un pays libre, et vous l'avez réalisé. Le pays que vous avez conquis n'avait eu ni roi ni dictateur. Peu vous importait la manière dont votre grand-père avait conduit sa vie. Ce qui comptait, c'était la consécration de la vôtre. Ensuite, vous vous êtes réunis à plusieurs, en vue d'un but unique. Votre pouvoir idéal de créer s'est maintenu en communication directe avec vous par l'intermédiaire de votre moi individuel, le pouvoir créateur qui vous donne la vie, c'est-à-dire vous-même, Dieu. Ensuite, vous avez gardé les yeux fixés sur le but, et vous continuez votre chemin vers la réalisation de votre idéal.

Notre hôtesse se tourna vers la tablette et reprit : Il est écrit sur ces tablettes que Dieu était appelé Principe Directeur, Tête, Pensée. Il avait pour symbole un caractère qui ressemble à votre lettre « M » et que l'on épelait M-o-oh. Traduit dans votre langage, il signifierait directeur ou constructeur.

Ce Principe Directeur dominait tout et contrôlait tout. Il créa un premier être appelé Expression du principe directeur. Cet être reçut une forme identique au principe, car le principe n'avait pas d'autre forme que la sienne pour s'exprimer. Ce fut le principe directeur de l'expression extérieure du principe. Il fut créé à l'image du principe, car celui-ci n'avait d'autre forme que la sienne pour modèle. La créature reçut tous les attributs du créateur et elle eut accès à tout ce que le principe possédait. Elle reçut en particulier la domination sur toutes les formes extérieures.

La créature avait donc la forme du créateur et ses attributs, avec le pouvoir de les exprimer de la même manière parfaite que le créateur, à la seule condition de se maintenir en accord direct avec le principe du créateur. Aucun des attributs de la créature n'était développé, mais le créateur avait dans sa pensée l'idéal, ou plan parfait, destiné à être exprimé par sa créature. Il la plaça dans un entourage idéal ou parfait, où elle pouvait exprimer, c'est-à-dire manifester extérieurement, tous ses attributs.

Le créateur ne plaça donc pas sa créature sur terre avant d'avoir réalisé toutes les conditions propres à son développement parfait. Quand elles furent réalisées, l'être fut placé au milieu d'elles et appelé Seigneur Dieu. L'endroit où elle se trouvait fut appelé Mooh et plus tard le Berceau ou la Mère.

J'essaye d'exprimer tout cela dans votre langue pour vous permettre de comprendre. Vous verrez les détails plus tard, après avoir appris à traduire vous-mêmes les tablettes. J'ai fait ressortir certains points essentiels pour servir de base à votre travail de traduction. Ne croyez pas que j'essaye de modifier des opinions que vous auriez pu vous former par ailleurs, à la suite d'autres méditations ou d'autres études. Je vous prie simplement de les mettre de côté pour un temps. Quand vous aurez approfondi vos études actuelles, vous serez libres de recommencer toutes les autres si vous le désirez. Je ne cherche à vous influencer en aucune manière. Toute étude n'est qu'un extérieur, une manière d'arriver à une conclusion. Si la conclusion n'est pas obtenue, si le but recherché n'est pas atteint, les leçons deviennent fatras, bagage inutile, néant.

3

Jour après jour pendant deux mois, nous concentrâmes notre attention sur une série de tablettes qui traitaient exclusivement des caractères et des symboles, de leur position, de leur plan, et de leur signification. Le vieillard nous servait d'instructeur. Il en fut ainsi jusqu'à une matinée des premiers jours de mars, où nous nous rendîmes comme d'habitude à la chambre du temple. En arrivant nous trouvâmes le vieillard gisant sur sa couche comme s'il dormait. L'un de nous s'approcha, posa sa main sur le bras du dormeur pour le réveiller, mais recula aussitôt en criant : « Il ne respire pas. Je crois qu'il est mort. »

Nous nous groupâmes autour de la couche, tellement absorbés par nos pensées de mort que nous n'entendîmes entrer personne. Nous fûmes tirés de notre rêverie par une voix disant : « Bonjour. » Nous nous tournâmes vers la porte et vîmes Emile. Son apparition nous stupéfia, car nous le supposions à quinze cents kilomètres de là. Avant que nous ayons eu le temps de nous ressaisir, il s'était approché et nous donnait des poignées de main.

Au bout d'un instant deux d'entre nous s'écartèrent et Emile approcha de la couche. Plaçant sa main sur la tête du vieillard, il dit : Voici un frère chéri qui a quitté cette terre sans avoir été capable d'achever son travail parmi nous. Comme l'a dit un de vos poètes, il s'est enveloppé dans son manteau et s'est étendu, tourné vers des rêves agréables. En d'autres termes, vous avez jugé qu'il est mort. Votre première idée fut de rechercher un fossoyeur et un cercueil, et de préparer un tombeau pour cacher sa dépouille mortelle pendant sa dissolution.

Chers amis, réfléchissez un instant. A qui Jésus s'adressait-il quand il disait : « Père, je te remercie de ce que tu m'as entendu » ? Il ne parlait pas à la personnalité extérieure, au moi, à la coquille. Il reconnaissait et louait la personnalité intérieure infinie, qui entend, sait, et voit tout, le grand et puissant Dieu omniprésent. Ne voyez-vous pas où se fixait la vision de Jésus quand il se tenait auprès du tombeau de Lazare ? Faisait-il comme vous, regardait-il dans cette tombe, et y voyait-il un Lazare en décomposition ? Non. Tandis que vous étiez centrés sur le mort, lui l'était sur le vivant, le Fils unique de Dieu. Sa vision était fixée sur la vie immuable, éternelle, omniprésente, qui transcende tout.

Maintenant, avec notre vision inébranlablement dirigée vers la réalité toujours présente de Dieu, nous pouvons voir achevée la tâche de ce frère chéri qui ne s'est jamais appuyé complètement sur Dieu. Il a compté partiellement sur sa propre force et en est arrivé au point où vous le voyez. Il a renoncé. Il a commis l'erreur que tant d'entre vous commettent aujourd'hui, la faute que vous appelez la mort. Cette chère âme n'a pas été capable d'abandonner le doute et la crainte. Notre ami s'est donc reposé sur sa propre force et n'a pu achever la tâche qui incombe à chacun de nous. Si nous le laissions tel quel, son corps se dissoudrait. Lui-même serait renvoyé sur terre pour achever sa tâche humaine qui est presque terminée. En fait, cette tâche est si près d'être accomplie que nous pouvons l'aider à l'achever. Nous considérons comme un grand privilège de pouvoir apporter notre aide en pareil cas.

Vous avez demandé s'il pouvait se réveiller et reprendre sa pleine conscience. Oui, il le peut, et tous ceux qui ont trépassé de la même manière le peuvent aussi. Bien qu'à votre avis il soit mort, nous autres qui avons partagé un peu sa vie, nous pouvons l'aider. Il comprendra aussitôt et deviendra capable d'emporter son corps avec lui. Il n'est pas indispensable d'abandonner le corps à la prétendue mort et à la désagrégation, même après avoir commis la grande erreur.

Emile s'interrompit un moment et parut plongé dans une profonde méditation. Très peu de temps après, quatre de nos amis du village entrèrent dans la pièce. Ils se rapprochèrent les uns des autres et à leur tour se plongèrent dans une profonde méditation. Puis deux d'entre eux étendirent les mains et nous invitèrent à nous joindre à eux. Nous nous approchâmes et plaçâmes nos bras sur les épaules les uns des autres, formant ainsi un cercle autour de la couche où gisait la dépouille mortelle.

Après que nous fûmes restés un instant sans mot dire, la lumière devint brillante dans la chambre. Nous nous retournâmes. Jésus et Pilate se trouvaient debout à quelques pas de nous. Ils avancèrent et se joignirent à nous. Il y eut encore un moment de profond silence, puis Jésus s'approcha de la couche, leva les mains, et dit : Chers amis, je vous propose de franchir avec moi pendant quelques instants la vallée de la mort. Elle n'est pas zone interdite comme vous pourriez le croire. Si vous voulez bien la traverser comme nous et la regarder de l'autre rive, vous verrez qu'elle est uniquement formée par vos pensées. Il y a de la vie là-bas, la même vie qu'ici.

Jésus resta un moment les mains étendues puis reprit : Cher frère et ami, tu es avec nous, nous sommes avec toi, et tous nous sommes ensemble avec Dieu. La pureté suprême, la paix et l'harmonie de Dieu entourent, embrassent, et enrichissent tout. Leur réalisation se manifeste maintenant à toi d'une manière si éclatante que tu peux te lever et être reçu chez le Père. Chère créature, tu vois maintenant et tu sais que ton corps n'est ni poussière retournée à la poussière ni cendre retournée à la cendre. La vie est là, pure et éternelle. Il n'est pas nécessaire de laisser le corps se désintégrer dans la mort. Tu perçois maintenant la splendeur de ton royaume d'origine. Tu peux maintenant te lever et aller à ton Père. Tu entendras la grande clameur : « Saluez tous, saluez celui qui est nouvellement né, le Seigneur ressuscité, le Christ parmi les hommes. »

Cher lecteur, quand un mortel essaye de dépeindre la beauté et la pureté de la lumière qui emplissait la salle, les mots ne deviennent que parodie. Quand la forme inanimée se redressa, il sembla que la lumière pénétrait l'intérieur de tous les objets, en sorte que rien ne portait plus ombre, le corps de notre ami pas plus que le nôtre.

Ensuite, les murs parurent s'écarter et devenir transparents, et finalement il sembla que nos regards plongeaient dans l'espace infini. Il est impossible de rendre avec des mots la splendeur de cette scène. Nous comprîmes alors que la Mort avait disparu et que nous étions en présence de la Vie Eternelle, indiciblement majestueuse, ne faiblissant jamais, mais se perpétuant inlassablement.

Nous autres mortels ne pouvions que regarder avec des yeux stupéfaits. Nous fûmes élevés pendant ces quelques instants bien au-dessus de ce qu'une imagination déréglée aurait pu suggérer au sujet du ciel et sa beauté. Il ne s'agissait pas d'un rêve. C'était la réalité. Celle-ci peut donc surpasser tous les rêves. Nous eûmes le privilège de voir à travers les ténèbres et au-delà des ténèbres.

Ce jour-là, l'effet enchanteur de la beauté et de la paix de cette scène, ajouté à la grande foi que nous avaient inspirée nos amis, nous transporta entièrement par-delà la crête qui sépare la vie de la mort. Aujourd'hui, cette crête n'est plus pour nous que plaine unie. Cependant, il nous apparut clairement que, d'une manière ou d'une autre, il fallait que chacun fît lui-même l'effort nécessaire pour escalader les hauteurs s'il voulait percevoir la splendeur de l'au-delà.

Tout vestige de vieillesse avait disparu chez Chander Sen, que nous considérions comme ressuscité d'entre les morts. Il se tourna vers ses amis et prit aussitôt la parole. J'entends toujours les mots qu'il prononça comme s'ils étaient moulés en or sur une tablette placée perpétuellement devant moi. Sa voix, d'une majesté indicible et sans aucune affectation, contenait simplement une note claire et profonde de sincérité et de force. Il dit : Chers amis, vous ne pouvez savoir la joie, la paix, et la grande bénédiction que vous m'avez données en me réveillant comme vous l'avez fait. Un moment plus tôt, tout était sombre. Je me tenais là, craignant d'avancer, et ne pouvant reculer. Je ne puis exprimer mes sensations que d'une manière. J'étais engouffré dans une grande obscurité d'où je me réveillai subitement, et maintenant je suis à nouveau avec vous.

Puis son visage devint si éclatant de joie qu'il était impossible de douter de sa sincérité. Il se tourna vers nous et dit : Chers amis, combien j'aime penser à notre association. Vous ne pouvez savoir la joie que j'ai eue en vous serrant la main. Quel bonheur ce fut pour moi de voir, de connaître, et de ressentir la sincérité avec laquelle vous avez accepté l'intervention de mes chers aides que je puis bien qualifier de divins ! Si vous pouviez voir par mes yeux en ce moment, vous connaîtriez la bénédiction dont je fais l'expérience. Ma plus grande joie réside dans ma certitude absolue que chacun de vous en arrivera au même stade que moi et connaîtra alors la même joie. Je peux bien dire qu'il vaut la peine d'avoir vécu une vie entière pour jouir d'un instant pareil.

Songez que je vois toute l'éternité se dérouler avec des bénédictions semblables. Ne vous étonnez pas de m'entendre dire que mes yeux en sont presque aveuglés et que la révélation m'éblouit. J'éprouve un immense désir de projeter cette vision non seulement devant vous, mais devant tous mes frères et sœurs du vaste univers de Dieu. Chers frères, si je pouvais étendre sur vous mes mains transformatrices et vous élever à ma hauteur, il me semble que mon bonheur présent serait de beaucoup multiplié. Mais on me montre que je ne dois pas le faire. Il faut que vous étendiez vous-mêmes la main transformatrice. Dès que vous l'aurez fait, vous rencontrerez la main de Dieu prête à serrer la vôtre. Vous pourrez marcher et parler avec lui, et il vous bénira éternellement comme il bénit chacun. Le plus grand bonheur dans tout cela, c'est que les castes, les croyances, ou les Eglises n'importent pas. On me montre que tout homme est bienvenu.

Un instant plus tard, Chander Sen avait disparu. Il nous sembla qu'il s'était simplement évanoui. Tout cela n'était-il qu'une vision éthérée ? Mes associés estimèrent unanimement que non, car deux d'entre eux lui avaient serré la main. Je laisse au lecteur le soin d'en décider.

Alors un de nos amis du village se tourna vers nous

et dit : Je sais que vous êtes dans le doute. Mais comprenez que tout cela ne fut pas échafaudé pour votre profit. Il s'agit d'un simple incident fortuit de notre vie. Quand survient un instant critique, nous sommes capables de triompher de la conjoncture. Par ses seules forces, ce cher frère n'aurait pu faire l'ascension de la crête. En fait, comme vous avez pu le voir, il avait trépassé, délaissé son corps. Mais comme il était déjà arrivé à un degré avancé d'illumination, nous avons pu l'aider au moment crucial. Dans ce cas, l'âme revient, le corps achève sa perfection, et l'homme peut alors emporter son corps avec lui. La détresse de ce frère venait de son trop grand désir de trépasser. Il avait abandonné son corps juste au moment où quelques pas de plus auraient suffi pour lui faire franchir la crête et compléter la perfection. Ce fut notre grand privilège de pouvoir l'aider en l'occurrence.

Nous retirâmes lentement nos bras et restâmes au moins une minute dans un silence absolu. L'un de nous rompit ce silence en disant : « Mon Seigneur et mon Dieu. » En ce qui me concerne, il me semblait que je n'aurais jamais plus envie de parler. Je voulais réfléchir. En une heure j'avais vécu une vie entière. Nous nous assîmes tous. Quelques-uns de nous ayant retrouvé l'usage de la parole causaient à voix basse.

Un quart d'heure plus tard, alors que nous étions tous engagés dans une conversation générale, l'un de nous alla jusqu'à la fenêtre et annonça que des étrangers paraissaient arriver au village. Intrigués, nous descendîmes tous à leur rencontre. Il était fort rare en effet que des étrangers visitassent le village à cette époque de l'année et à pied, car nous étions en plein hiver.

En arrivant au village, nous vîmes qu'il s'agissait d'un petit groupe venant d'un village plus petit situé à une cinquantaine de kilomètres en aval. Ces gens avaient amené un homme, égaré trois jours auparavant dans une tempête de neige et presque entièrement gelé. Ses amis l'avaient transporté sur un brancard et avaient franchi toute la distance à pied à travers la neige. Jésus s'approcha, posa la main sur la tête de l'homme et resta ainsi un moment. Subitement l'homme rejeta sa couverture et se mit debout. Sur quoi ses amis le regardèrent, les yeux écarquillés, puis s'enfuirent épouvantés. Nous ne pûmes les convaincre de revenir. L'homme guéri paraissait ahuri et indécis. Deux de nos amis le persuadèrent de les accompagner chez eux pour s'y reposer quelque temps. Le reste du groupe retourna vers notre logis, et nous restâmes jusqu'à minuit à commenter les événements du jour.

4

La conversation en arriva au point où l'un de nous demanda où se trouvait l'enfer et que signifiait le diable. Jésus réagit rapidement et dit : L'enfer et le diable n'ont pas de demeure en dehors de la pensée mortelle de l'homme. Tous deux se trouvent exactement à l'endroit où l'homme les place. Instruits maintenant comme vous l'êtes, pouvez-vous trouver à l'un ou à l'autre une position géographique en quelque point de la terre ? Si le ciel est tout et entoure tout, trouverait-on dans l'éther une place pour l'enfer ou le diable ? Si Dieu régit tout et est tout, où y a-t-il place pour l'un d'eux dans le plan parfait de Dieu ?

Dans le domaine des sciences naturelles, une légende répandue ici dit que toute chaleur, toute lumière, beaucoup d'autres forces naturelles sont contenues dans le sein de la terre. Le soleil ne possède en soi ni chaleur ni lumière. Il a des virtualités qui tirent chaleur et lumière de la terre. Après que le soleil a extrait les rayons lumineux et calorifiques de la terre, la chaleur est reflétée à nouveau vers la terre par l'atmosphère qui flotte dans l'éther. Il en est à peu près de même des rayons lumineux réfléchis vers la terre par l'éther. L'épaisseur de l'atmosphère est relativement faible. L'effet des rayons calorifiques est donc variable entre la surface terrestre et les limites extérieures de l'atmosphère. A mesure que l'air devient moins dense il y a moins de réflexion. En conséquence la chaleur diminue et le froid augmente avec l'altitude. De même chaque rayon lumineux tiré de la terre et réfléchi vers elle retombe sur la terre où il se régénère. En atteignant les limites de l'air, on atteint les limites de la chaleur. Il y a similitude entre les rayons lumineux tirés de la terre et ceux réfléchis par l'éther. L'éther s'étendant beaucoup plus loin que l'air, les rayons lumineux ont toutefois un trajet beaucoup plus étendu à parcourir avant d'être tous réfléchis. En atteignant les limites de l'éther, on atteint les limites de la lumière. Quand les limites de la chaleur et de la lumière sont atteintes, on arrive au grand froid. Celui-ci est infiniment plus dur que l'acier. Il comprime l'éther et l'atmosphère avec une force irrésistible et en assure la cohésion. L'enfer est présumé brûlant, et Sa Majesté Satanique déteste le froid. Il n'y a donc là-bas aucune demeure pour l'un ou pour l'autre.

Maintenant que la question du domaine supérieur est réglée, abordons l'autre légende scientifique, celle du domaine inférieur. Selon cette légende, la masse terrestre est en fusion à peu de distance de sa surface. Elle est si chaude que toute substance y fond. Le noyau central en fusion tourne plus lentement que la croûte solide extérieure. Il en résulte une friction à la ceinture de jonction. C'est là que les forces naturelles sont engendrées et que la main de Dieu commande à tout. Il n'y a donc pas de résidence possible là non plus pour Sa Majesté Satanique ni pour son enfer. Si elle essayait de vivre à l'endroit le plus chaud ou à l'endroit le plus froid, elle s'y trouverait bien plus confortable, car le froid consume tout autant que la chaleur. Nous avons maintenant fouillé tout l'univers et ne trouvons nulle part de place pour le diable. Nous sommes donc bien forcés d'admettre qu'il se trouve là où est l'homme et qu'il ne dispose que des pouvoirs que celui-ci lui a accordés.

C'est uniquement l'adversaire personnel que j'ai banni. Vous imaginez-vous que je m'amuserais à chasser le diable hors de n'importe quel homme, pour lui permettre ensuite d'entrer dans un troupeau de porcs qui eux-mêmes se précipiteraient dans la mer ? Je n'ai jamais vu le diable en aucun homme à moins que cet homme ne l'ait introduit lui-même en soi. Le seul pouvoir que je lui aie reconnu est en l'espèce celui que l'homme lui-même lui a accordé.

Un peu plus tard la conversation roula sur Dieu, et l'un de nous dit : Je voudrais savoir qui est Dieu ou ce qu'il est en réalité. Alors Jésus prit la parole et dit : Je crois comprendre la portée de votre question. Vous voudriez clarifier votre propre pensée. Aujourd'hui, le monde est troublé par beaucoup d'idées qui se heurtent. On ne se réfère pas à l'origine des mots. Dieu est le principe sous-jacent à tout ce qui existe aujourd'hui. Or, le principe sous-jacent à une créature est esprit, et l'esprit est omnipotent, omniscient. Dieu est la Pensée unique qui est la cause à la fois directe et dirigeante de tout le bien qui est autour de nous. Dieu est la cause de la vie que nous voyons autour de nous. Dieu est la source de tout le véritable amour qui maintient et unit toutes les formes. Dieu est un principe impersonnel. Dieu n'est jamais personnel, sauf au moment où il devient un Père aimant, personnel à chaque individu. Pour chaque homme, Dieu peut, en effet, devenir comme père et mère, aimant et donnant tout. Dieu ne devient jamais un grand Etre résidant quelque part dans les cieux, en un endroit appelé paradis, où il serait assis sur un trône et jugerait les gens après leur mort. Car Dieu est la vie elle-même, et la vie ne meurt jamais. La figure précédente n'est qu'une fausse conception née dans la pensée des ignorants.

Il en est de même pour beaucoup d'autres déformations que vous pouvez constater dans le monde qui vous entoure. Dieu n'est ni un juge, ni un roi, qui puisse vous imposer sa présence et vous traduire devant un tribunal de justice. Dieu est un père aimant et généreux qui ouvre les bras et vous enveloppe quand vous vous approchez de lui. Peu lui importe qui vous êtes ou qui vous avez été. Vous êtes toujours son enfant si vous le cherchez avec un cœur et des mobiles sincères, quand bien même vous seriez l'enfant prodigue qui a détourné sa face de la maison paternelle et qui est fatigué de nourrir les porcs avec les épluchures de la vie. Vous pouvez toujours vous tourner à nouveau vers la maison paternelle avec la certitude d'un accueil bienveillant. Le festin vous y attend toujours, la table est toujours mise. A votre retour vous n'entendrez aucun reproche d'un frère rentré avant vous.

L'amour de Dieu ressemble à une eau pure jaillissant d'une montagne. Le ruisseau est pur à sa source, mais se trouble et se salit au long de sa route. Il entre enfin dans l'océan tellement souillé qu'il ne ressemble en rien à ce qu'il était à son origine. Dès son entrée dans l'océan, l'argile et la boue commencent à se déposer au fond. L'eau pure remonte à la surface, incorporée à la mer heureuse et libre, disponible pour régénérer la source.

Vous pouvez voir Dieu et lui parler à tout moment exactement comme vous le faites à vos parents, à un frère, ou à un ami. En vérité, il est bien plus proche de vous qu'aucun mortel, plus dévoué et fidèle qu'aucun ami. Il n'est jamais tortionnaire ni coléreux, ni découragé. Dieu ne détruit jamais, ne blesse jamais, ne gêne jamais aucun de ses enfants ni aucune créature ou création. S'il le faisait, il ne serait pas Dieu. Un dieu qui juge, détruit, refuse une bonne chose à ses enfants, créatures, ou créations, n'est que l'évocation d'un penseur ignorant. Vous n'avez pas à craindre un tel dieu à moins de le faire sciemment. Le véritable Dieu étend la main en disant : « Tout ce que je possède est à vous. » Un de vos poètes a dit que Dieu est plus intime que la respiration et plus proche de nous que nos mains et nos pieds. Il était inspiré de Dieu. Tous sont inspirés de Dieu quand ils recherchent le bien ou la justice. Chacun peut être inspiré de Dieu à tout moment pourvu qu'il le veuille.

Quand j'ai dit : « Je suis le Christ, le Fils unique de Dieu », je n'ai pas proclamé cela pour moi seul. Si je l'avais fait, je n'aurais pas pu devenir le Christ. J'avais vu clairement que pour exprimer le Christ, il était nécessaire pour moi comme pour chacun de le proclamer, puis de vivre la vie sainte. Après quoi, le Christ apparaîtrait nécessairement. Si l'on ne vit pas la vie sainte, on peut proclamer le Christ tant qu'on voudra, il n'apparaîtra jamais. Chers amis, imaginez que tout le monde proclame le Christ et vive la vie sainte pendant un an. Quel prodigieux réveil ! On ne peut en imaginer les conséquences. Voilà la vision que j'ai eue.

Chers amis, ne pouvez-vous pas vous placer à mon point de vue, et avoir la même vision ? Oh, pourquoi m'entourez-vous des ténèbres fangeuses de la superstition ? Pourquoi ne levez-vous pas les yeux, n'élevez-vous pas vos pensées, et ne regardez-vous pas avec une claire vision ? Vous verriez qu'il n'y a ni miracle, ni mystère, ni souffrance, ni imperfection, ni mort, en dehors de ce qui est forgé par les hommes. Quand j'ai dit : « J'ai triomphé de la mort », je savais de quoi je parlais, mais il a fallu la crucifixion pour éclairer ceux qui me sont chers.

Beaucoup de mes amis se sont unis pour aider le monde. C'est le travail de notre vie. Il y eut des époques où il fallut toutes nos énergies combinées pour détourner les vagues de mauvaises pensées, de doute, d'incrédulité, et de superstition qui ont failli engloutir l'humanité. Vous pouvez les appeler forces mauvaises si vous voulez. D'après nous, elles ne sont mauvaises que dans la mesure où l'homme les rend telles.

Mais maintenant, nous voyons grandir une lumière de plus en plus brillante à mesure que les êtres chers rejettent leurs liens. Cette libération peut les faire sombrer quelque temps dans le matérialisme. Mais cela les rapproche du but, car le matérialisme n'oppose pas à l'esprit la même résistance que la superstition, les mythes, et les mystères. Le jour où j'ai marché sur les eaux, croyez-vous que mon regard était dirigé vers les profondeurs, vers la matière ? Non. Il était inébranlablement fixé sur le pouvoir de Dieu qui transcende toutes les puissances de l'abîme. Dès l'instant que je le fis, l'eau devint aussi solide qu'un roc, et je pus marcher à sa surface en toute sécurité.

Jésus s'interrompit un instant, et l'un de nous demanda : Votre causerie avec nous ne vous dérange-t-elle pas et n'interrompt-elle pas votre travail ? Jésus répondit : Vous ne pouvez gêner aucun de nos amis, ne fût-ce qu'un instant, et je crois être rangé parmi eux.

Quelqu'un dit : Vous êtes notre frère.

Le visage de Jésus s'éclaira d'un sourire, et il dit : Je vous remercie, je vous ai toujours appelés frères.

L'un de nous se tourna alors vers Jésus et lui demanda : N'importe qui peut-il exprimer le Christ ?

Il répondit : Oui, il n'y a qu'un seul aboutissement à la perfection. L'homme est issu de Dieu et il lui faut retourner à Dieu. Ce qui est descendu des cieux doit remonter aux cieux. L'histoire du Christ n'a pas commencé avec ma naissance, pas plus qu'elle ne s'est terminée avec ma crucifixion. Le Christ existait quand Dieu créa le premier homme à son image et à sa ressemblance. Le Christ et cet homme ne font qu'un. Tous les hommes et cet homme ne font qu'un. De même que Dieu était son Père, de même Dieu est le Père de tous les hommes, de tous les enfants de Dieu. De même que l'enfant possède les qualités de ses parents, de même le Christ existe en chaque enfant. Pendant de longues années, l'enfant a vécu en ayant conscience de sa qualité de Christ, c'est-à-dire de son unité avec Dieu à travers le Christ en lui. Alors commença l'histoire du Christ qui remonte aux origines de l'homme.

Le Christ signifie plus que l'homme, Jésus. Il n'y a

pas de contradiction à cela. Si je n'avais pas perçu cette vérité, je n'aurais pas pu exprimer le Christ. Elle est pour moi la perle sans prix, le vin vieux dans les outres neuves, la vérité que beaucoup d'autres ont exprimée, l'idéal que j'ai parfait et rendu manifeste.

Pendant plus de cinquante ans après le jour de ma crucifixion, j'ai vécu avec mes disciples et avec beaucoup de ceux que j'aimais tendrement. Je les ai enseignés. En ces jours-là, nous nous réunissions en un endroit tranquille hors de Judée. Nous y étions à l'abri des inquisiteurs superstitieux. C'est là que beaucoup acquirent de grands dons et accomplirent un immense travail. Alors je compris qu'en me retirant pour un temps je pourrais entrer en contact avec le monde entier pour l'aider. Je me retirai donc. D'ailleurs, mes disciples se fiaient à moi bien plus qu'à eux-mêmes. Pour les libérer, il fallait que je me retire d'eux. Leur communion avec moi étant étroite, ne pouvaient-ils me retrouver à volonté ?

Au commencement, la croix fut le symbole de la plus grande joie que le monde ait connue. Le pied de la croix se trouve à l'endroit où le premier homme a foulé la terre. Sa marque symbolise donc l'aurore d'un jour céleste ici sur terre. En vous y reportant, vous verrez que la croix disparaîtra entièrement. Il ne restera que l'homme dans une attitude de dévotion, debout dans l'espace, les bras levés en un geste de bénédiction, envoyant ses présents à l'humanité, et répandant librement ses dons dans toutes les directions.

Sachez que le Christ est la vie adaptée à la forme, l'énergie naissante que les hommes de science devinent sans savoir d'où elle vient. Sentez avec le Christ que l'on doit vivre cette vie pour la donner librement. Apprenez que la dissolution continuelle des formes a forcé l'homme à vivre et que le Christ a vécu pour renoncer aux désirs charnels. Apprenez qu'il a vécu pour un bien dont il ne pouvait jouir immédiatement. Si vous savez tout cela, vous êtes le Christ.

Considérez-vous comme une fraction de la vie illimitée. Acceptez de vous sacrifier pour le bien commun. Apprenez à bien agir sans vous préoccuper des conséquences. Apprenez à renoncer à la vie physique et à tous les biens du monde. Faites-le librement. Ce n'est ni de l'abnégation ni de la pauvreté. A mesure que vous donnerez ce qui vient de Dieu, vous découvrirez que vous avez davantage à donner, même si parfois le devoir semble exiger que vous donniez tout, jusques et y compris la vie. Vous reconnaîtrez aussi que quiconque cherche à préserver sa vie la perdra. Vous constaterez alors que l'or pur est au fond du creuset. Le feu l'a entièrement débarrassé de ses impuretés. Vous découvrirez avec joie que la vie donnée aux autres est précisément celle que vous avez gagnée. Vous saurez alors que recevoir signifie donner libéralement. Si vous immolez votre forme mortelle, une vie supérieure prévaudra. Je vous donne la joyeuse assurance qu'une vie ainsi gagnée est gagnée pour tous.

Sachez que la grande âme de Christ peut descendre à la rivière du baptême. Son entrée dans l'eau symbolise la sympathie que vous ressentez pour les grands besoins du monde. En la ressentant, vous devenez capables d'aider vos compagnons sans vous enorgueillir de votre vertu. Vous pouvez transmettre le pain de vie aux âmes affamées qui s'adressent à vous sans que ce pain diminue jamais du fait de son offrande. Connaissez pleinement et mettez en avant votre faculté de guérir, par la Parole qui assure la plénitude de l'âme, ceux qui s'adressent à vous, les malades, les fatigués, tous ceux qui sont chargés de lourds fardeaux. Vous pouvez ouvrir les yeux des aveugles volontaires ou involontaires. Peu importe le degré auquel une âme est descendue. Elle doit sentir que l'âme du Christ se tient à côté d'elle. Elle doit découvrir que vous foulez avec des pieds humains la même terre qu'elle. Vous verrez alors que la véritable unité entre le Père et le Fils est à l'intérieur et non à l'extérieur.

Il vous faudra rester sereins quand, le Dieu extérieur

étant écarté, le Dieu intérieur seul subsistera. Soyez capables de retenir votre cri d'amour et de crainte quand résonneront les paroles : « Mon Dieu, mon Dieu, pourquoi m'as-tu abandonné ? » Quand cette heure viendra, il ne faudra cependant pas vous sentir solitaires, mais savoir que vous vous tenez auprès de Dieu, que vous êtes plus proches que jamais du cœur aimant du Père. Sachez que l'heure de votre plus grand désespoir est celle où commence votre plus grand triomphe. Sachez en même temps que les chagrins ne peuvent pas vous toucher.

Dès cette heure, votre foi résonnera en un grand chant de liberté, car vous saurez pleinement que vous êtes le Christ dont la lumière doit luire parmi les hommes et pour les hommes. Vous connaîtrez les ténèbres qui existent dans une âme incapable de trouver une main amie au cours de son voyage sur le rude chemin de la découverte du Christ intérieur.

Sachez que vous êtes véritablement divins. Comme cela vous verrez tous les hommes réellement semblables à vous. Vous connaîtrez alors qu'il est des passages ténébreux à franchir avec la lumière que vous avez charge d'emporter au sommet. Votre âme éclatera en louanges parce que vous pourrez rendre service à tous les hommes. Alors, avec un grand cri de joie, vous monterez au pinacle de votre union avec Dieu.

Vous ne pouvez ni substituer votre vie à celle d'autrui, ni rédimer par votre pureté les péchés d'autrui, car tous les hommes sont de libres esprits, libres en eux-mêmes et libres en Dieu. Vous saurez que vous pouvez les atteindre alors qu'ils ne peuvent pas s'atteindre les uns les autres.

Il ne s'agit pas d'aider une âme, mais de donner votre vie pour elle afin qu'elle ne périsse point. Mais il faut la respecter scrupuleusement et ne pas projeter en elle un torrent de vie, à moins qu'elle ne s'ouvre pour le recevoir. Cependant, vous rayonnerez libéralement vers elle en un flot d'amour, de vie, et de lumière, de telle sorte que si une âme ouvre sa fenêtre, la lumière de Dieu s'y répande et l'illumine.

Sachez qu'à chaque Christ qui naît, l'humanité s'élève d'une marche. Vous possédez tout ce que possède le Père, et puisque vous possédez tout, c'est pour le profit de tous. Quand vous vous élevez dans la fidélité, vous soulevez le monde avec vous, car en foulant le chemin vous l'aplanissez pour vos compagnons de route. Ayez foi en vous, sachez que cette foi intérieure existe en Dieu. Enfin, sachez que vous êtes un temple de Dieu, une maison qui n'est pas bâtie par des mains d'homme, une demeure immortelle sur terre et dans les cieux. Alors vous serez accueillis par les chants d'Alléluia : Il vient, le Roi, le voici, il est avec vous pour toujours. » Vous êtes en Dieu et Dieu est en vous.

Puis Jésus dit qu'il lui fallait se rendre ce soir encore à la maison d'un autre frère du village. Toute la compagnie se leva. Jésus nous bénit tous et quitta la chambre avec deux hommes.

5

Après son départ nous nous rassîmes et l'un de nous demanda à Emile si n'importe qui pouvait acquérir l'art de guérir. Il répondit : On ne peut obtenir le pouvoir de guérir qu'en apprenant à remonter à l'origine des choses. Nous n'obtenons la suprématie sur toutes les discordances que dans la mesure où nous comprenons qu'elles ne viennent pas de Dieu. La divinité qui forge vos destinées n'est pas un puissant personnage qui vous moule comme un potier moule son argile. C'est un grand pouvoir divin qui réside en vous et autour de vous. On le trouve également dans toute substance et autour de toute matière. Vous pourrez recourir à volonté à ce pouvoir. Si vous ne saisissez pas cela, vous ne pouvez avoir confiance en vous-mêmes. Le plus grand remède à l'inharmonie est de savoir qu'elle ne vient pas de Dieu, que Dieu ne l'a jamais créée.

Le cerveau a la faculté de recueillir et d'enregistrer les ondes émises par un objet et transmises par l'œil. Il enregistre les vibrations des lumières, des ombres, et des couleurs. Il a aussi la faculté de les extérioriser en les reproduisant grâce à la vision intérieure. Nous pouvons alors en percevoir à nouveau les images visibles. Vous utilisez ce phénomène dans votre appareil photographique chaque fois que vous exposez à la lumière une plaque sensible. Elle reçoit et enregistre les vibrations émises par l'objet que vous voulez photographier. Après quoi il faut fixer les résultats sur la plaque pour les rendre permanents et visibles. D'ici peu, vous découvrirez que l'on peut enregistrer et projeter les mouvements et les couleurs des objets photographiés. On commencera par les fixer, puis on projettera les lumières et les couleurs à la cadence vibratoire qu'elles avaient lors de leur enregistrement.

Il en est de même pour les pensées, les paroles, et les actes. Chaque groupe de cellules sélectives du cerveau enregistre la série de vibrations qui lui correspond. Quand on reprojette ces vibrations, on peut les reproduire exactement à leur cadence primitive pourvu que les cellules sélectives aient été maintenues chacune à sa fonction propre.

Une autre série de cellules cérébrales sélectives peut recevoir, enregistrer, et fixer, puis reproduire et projeter les vibrations des pensées, actes, mouvements, et images émises par d'autres corps ou formes. Ces cellules permettent d'aider autrui et de s'aider soi-même à contrôler la pensée. C'est par leur intermédiaire qu'arrivent les accidents et les calamités telles que guerres, tremblements de terre, inondations, incendies, et tous les malheurs auxquels l'homme mortel est assujetti. Quelqu'un voit arriver une chose ou imagine qu'elle arrive. La vibration correspondante se fixe sur les cellules en question, puis est émise et s'exprime sur les cellules correspondantes de divers cerveaux, et ainsi de suite jusqu'à ce que l'événement soit si bien fixé qu'il advient.

Tous ces désordres peuvent être évités si l'on rétracte immédiatement les pensées correspondantes et si l'on ne permet pas aux vibrations de se fixer sur les cellules cérébrales. Alors les pensées ne peuvent plus se répercuter. C'est par l'intermédiaire de ces cellules que sont prédites toutes les calamités.

Il existe encore une autre série de cellules cérébrales sélectives qui peuvent recevoir, enregistrer, et fixer les vibrations des idées et des actes de la Pensée Divine au sein de laquelle sont créées et émises toutes les vibrations véritables. Cette Pensée Divine où Dieu imprègne toute substance. Elle émet continuellement des vibrations divines et vraies que nous sommes capables de recevoir et d'émettre à notre tour, pourvu que nous maintenions ces cellules à leur véritable fonction. Nous ne possédons pas la Pensée Divine, mais nous possédons les cellules qui peuvent en recevoir et en projeter les vibrations.

Emile s'interrompit, et il y eut un moment de profond silence. Puis une image d'abord immobile apparut sur le mur de la chambre et ne tarda pas à s'animer. Au bout d'une minute environ le décor changea. Il y eut une suite de scènes représentant à peu près tout ce qui peut se passer dans les centres d'activité continentaux prospères. Les scènes changeaient très vite, mais nous avions le temps de reconnaître et de dénommer beaucoup d'endroits familiers. L'une des scènes en particulier reproduisait les événements de notre débarquement à Calcutta en décembre 1894. Ceci se passait bien avant que nous ayons entendu parler du cinématographe. Cependant ces images reproduisaient tous les mouvements humains et ceux des objets inanimés.

Elles continuèrent d'affluer pendant une heure à des intervalles d'environ une minute. Tandis qu'elles passaient, Emile reprit la parole et dit : Ces images représentent les conditions actuelles du monde. Remarquez l'air de paix générale et de prospérité qui prévaut sur une grande partie de la terre. La satisfaction est presque universelle. Les gens ne paraissent pas troublés, ils semblent plutôt heureux. Sous cette apparence, il existe cependant une chaudière bouillonnante de discordes engendrées par la pensée des ignorants. La haine, l'intrigue, et les dissensions règnent parmi les nations. Les hommes commencent à tirer des plans pour monter de grandes organisations militaires, telles qu'on n'en a jamais vu de semblables sur terre. Nous faisons tout ce qui est en notre pouvoir pour manifester le bien. Mais nos efforts combinés seront insuffisants pour renverser les hommes déterminés à régenter le monde par leur propre puissance. Nous sommes persuadés que ceux-ci parviendront à leurs fins, car les gens et les peuples sont endormis alors que précisément ils devraient être éveillés et réfléchir. Si ces plans diaboliques arrivent à maturité, vous verrez dans quelques années des images comme celles-ci.

A ce moment, dix ou douze scènes de guerre apparurent sur la muraille. Nous n'aurions jamais rêvé qu'il pût en exister de semblables et nous ne leur accordâmes que peu d'attention. Emile continua : Contre tout espoir, nous espérons que ces scènes pourront être évitées. L'avenir le dira. Voici les conditions que nous souhaitons voir régner.

Alors se succédèrent des scènes d'une beauté et d'une paix indescriptibles. Emile dit : Voici des scènes que chacun de vous verra se réaliser. Quant aux images de guerre, nous souhaitons que vous les chassiez de votre mémoire dans toute la mesure du possible. Cela nous aidera plus que vous ne pouvez le penser.

Après une courte interruption, l'un de nous demanda ce qu'impliquaient les mots : « Seigneur Dieu. » Emile répondit : Les mots Seigneur Dieu furent employés pour désigner l'Etre parfait que le principe divin ou Dieu créa pour manifester ses qualités ici sur terre. Cet être fut créé à l'image et à la ressemblance du principe divin. Il eut accès à tout ce que possède le principe divin et possibilité de s'en servir. Il reçut le pouvoir de dominer sur tout ce qui existe sur terre. Il avait toutes les virtualités du principe divin et le pouvoir de les exprimer, à condition de coopérer avec le principe divin et de développer les facultés correspondantes selon le plan idéal conçu par le principe divin. Plus tard, cet être fut appelé Seigneur Dieu, ce qui signifiait Activité Créatrice Exprimée, ou Loi de Dieu. Tel est l'être parfait que le principe désire voir exprimer par l'homme. Tel est l'homme divin et unique créé par le principe divin.

Par sa nature spirituelle, l'homme peut accéder à ce Seigneur Dieu et devenir l'Homme Unique. Plus tard cet homme divin fut connu sous le nom de Christ. Il avait autorité sur le ciel et la terre et sur tout leur contenu. Ensuite, usant de son pouvoir créateur, le Seigneur Dieu créa d'autres êtres à sa ressemblance. Ils furent appelés Fils du Seigneur Dieu. Leur créateur reçut le nom de Père et le principe divin celui de Dieu.

Emile s'arrêta un instant et étendit une main. Presque immédiatement apparut dans cette main un gros morceau de substance plastique qui ressemblait à de l'argile. Il le mit sur la table et commença à le modeler. Il lui donna la forme d'un être humain ravissant, d'une quinzaine de centimètres de hauteur. Il travaillait si adroitement que la statuette fut achevée en très peu de temps. Il la tint un instant dans ses deux mains, puis la souleva et souffla dessus, sur quoi elle s'anima. Il la tint dans ses mains encore un instant, puis la posa sur la table où elle se mit à évoluer. Elle agissait tellement comme un être humain que nous ne posâmes aucune question. Nous restâmes à la regarder bouche bée et les yeux écarquillés.

Alors Emile cita l'Ecriture : « Puis le Seigneur Dieu

créa l'homme de la poussière de la terre et souffla dans ses narines un souffle de vie, et l'homme devint une âme vivante. » Alors les Fils du Seigneur Dieu créèrent l'homme avec la poussière de la terre. Grâce à leur faculté créatrice, ils insufflèrent à la statue le souffle de vie, et elle devint une âme vivante.

Un génie peut arriver au même résultat par le travail et ses mains. S'il laisse la statue ou l'image telle que ses mains l'ont formée, elle reste une image, et il n'encourt plus de responsabilité. Mais s'il va plus loin et utilise son pouvoir créateur pour lui insuffler la vie, sa responsabilité ne cesse jamais. Il faut qu'il surveille chacune de ses créations et qu'il les maintienne dans l'ordre divin. Il a fait des images comme celles-ci, leur a donné la vie dans son ardeur, puis ne la leur a pas retirée. Elles errent çà et là sur la terre, sans intention et sans but. S'il en avait retiré la vie, l'image seule serait restée, et la responsabilité de l'homme aurait pris fin.

A ce moment, la statuette d'Emile cessa de se mouvoir. Il continua : Vous avez vu l'argile dans les mains du potier. Mais ce n'est pas l'homme, c'est Dieu qui manipule l'argile. Si l'homme avait créé la statue avec la pure substance de Dieu comme il fut créé lui-même, la statue aurait aussi été un Fils pur et véritable. Tout ceci se clarifiera beaucoup pour vous quand vous aurez traduit la première série des tablettes. Mais comme il est tard, je pense que vous avez tous envie de vous reposer.

Aussitôt le dernier hôte parti, nous nous préparâmes pour la nuit avec le sentiment que les jours écoulés avaient été remplis à déborder.

6

Le lendemain matin nous abordâmes le travail régulier de traduction des caractères employés dans le texte des archives. Nous voulions obtenir le plus de clartés possible sur leur signification. En fait, avec l'aide de notre hôtesse, nous apprîmes l'alphabet de ces anciennes écritures.

Nous nous plongeâmes très profondément dans ce travail. Un matin, au bout d'une quinzaine de jours, nous nous rendîmes comme d'habitude au temple et nous y trouvâmes notre ami Chander Sen qui avait apparemment subi la mort et la résurrection. Il était bien en chair, mais ses traits parfaitement reconnaissables ne présentaient pas le moindre vestige de vieillesse. Aucune erreur n'était possible quant à son identité. A notre entrée dans la chambre, il se leva d'une chaise et s'approcha de nous la main tendue, avec des paroles de bienvenue.

On ne peut imaginer notre surprise tandis que nous nous réunissions autour de lui et commencions à l'assaillir de questions. Nous ressemblions à une bande d'écoliers déchaînés. Tout le monde l'interrogeait en même temps. Nous devions certainement lui apparaître comme un groupe d'enfants ayant repéré un gamin porteur d'une grande nouvelle, tous les autres voulant savoir de quoi il s'agit. Mais le fait subsistait. Chander Sen était là, avec sa voix et ses traits caractéristiques, et sans trace de vieillesse. Sa voix elle-même avait retrouvé le timbre de l'âge mûr. Toute son apparence était celle d'un homme bien vivant, actif, et en pleine possession de ses moyens. L'expression de ses yeux et de son visage défie la description du narrateur.

Au début, nous ne pûmes que faire le rapprochement avec son ancien état. Lorsque nous avions fait sa connaissance, il était un vieil homme décrépit, s'appuyant sur un grand bâton pour marcher. Il avait de longues boucles blanches, une démarche hésitante, et un aspect émacié. D'ailleurs l'un de nous avait remarqué ces détails et avait dit : Voici· donc, parmi ces grandes âmes, quelqu'un de si âgé qu'il paraît bien près de passer dans le grand au-delà.

Bien entendu nous nous rappelions la transformation dont nous avions été témoins quelques jours auparavant. Mais après la disparition subite de Chander Sen tout cela était sorti de nos mémoires, car nous pensions ne jamais le revoir. Les incidents successifs survenus rapidement entre-temps avaient tellement reporté cette affaire à l'arrière-plan de nos préoccupations que nous l'avions presque oubliée. Elle venait de nous être remémorée d'une manière si vivace que nous en étions stupéfaits, et encore est-ce là une expression bien faible.

Chander Sen était mieux que rajeuni. Il avait plutôt été transfiguré comme Celui que nous respectons et aimons si chèrement. A en juger par le contraste entre son aspect primitif et celui de ce matin, son âme était sûrement née à nouveau. Il est vrai que nous n'avions pas vécu longtemps avec lui, mais notre contact quotidien avait assez duré pour que nous le connaissions comme un vieil homme. Il resta avec nous plus de deux ans après ce jour, nous servant de guide et d'interprète dans notre traversée du grand désert de Gobi. Bien des années plus tard, lorsque deux ou trois membres de notre expédition se réunirent et se remémorèrent leurs souvenirs, l'événement de cette matinée fut le premier sujet de leur conversation.

En racontant ce qui suit, je n'essaierai pas de reproduire tout notre entretien mot par mot, car nous passâmes presque deux jours uniquement à causer. Une narration détaillée serait fastidieuse. Je rapporte donc seulement les points principaux de cette affaire. Quand le premier moment d'excitation fut passé, nous nous assîmes, et Chander Sen commença par dire : De même que le corps représente le plus bas degré d'activité de la pensée, de même l'esprit représente les idées les plus élevées de la Pensée Divine. Le corps est l'expression extérieure des idées, tandis que l'esprit est la source où la forme prend son impulsion initiale, directement dans la pensée divine. L'esprit est le moi réel et immortel en qui résident toutes les virtualités de la pensée divine.

L'atmosphère des idées est une chose concrète, une substance qui recèle en elle-même tous les éléments constitutifs du corps. Trop de gens considèrent les choses invisibles comme non substantielles. Bien qu'on leur répète à satiété qu'ils ne peuvent se dissimuler, ils continuent de croire qu'ils le peuvent. Adam et Eve ont-ils réussi à se cacher quand ils tentèrent d'échapper au Seigneur, à la loi de Dieu ? En vérité, nous transportons autour de nous le livre ouvert de notre vie et chacun peut y lire consciemment ou inconsciemment. Il est bon de le savoir. Les uns sont de bons lecteurs de pensée, d'autres sont moins pénétrants. Mais chacun peut lire un peu, et il est impossible de se cacher.

Il se forme continuellement sur nos corps un dépôt provenant de l'atmosphère de nos pensées. Cette condensation lente finit par être visible pour tout le monde. Avec un peu de pratique, on peut sentir la force des pensées de cette atmosphère dont l'existence peut devenir progressivement aussi concrète pour nous que le monde extérieur.

De même que l'homme touche la terre par ses pieds, de même il peut s'élever à des hauteurs célestes sur les ailes de l'inspiration. Comme les héros de l'Antiquité, il peut fouler la terre et parler à Dieu. Plus il le fait, plus il lui devient difficile de discriminer entre la vie universelle et l'existence individuelle. Quand l'homme, par sa compréhension spirituelle, forme une alliance avec Dieu, la frontière entre Dieu et lui disparaît. Quand on en est arrivé là, on comprend ce que Jésus entendait par ces paroles : « Mon Père et moi nous ne sommes qu'un. »

A travers les âges, les grands philosophes ont accepté l'idée de l'homme formant une trinité. Mais ils n'ont jamais cru que l'homme eût une triple personnalité. Ils l'ont considéré comme un être de nature triple dans son unité. Par tendance à personnaliser toutes choses, la conception de la Sainte Trinité s'est dégradée jusqu'à devenir l'idée indéfendable de trois en un.

La meilleure manière de la comprendre c'est de la considérer comme omniprésence, omnipotence, et omniscience de la Pensée Universelle qui est Dieu. Tant que l'on considérera la Sainte Trinité comme trois personnes en une, dogme qu'il faut accepter alors même qu'on ne peut l'expliquer, on errera dans le désert de la superstition, et en conséquence dans le doute et la peur.

Du moment que la nature triunique de Dieu est spirituelle et non physique, il faut considérer la trinité dans l'homme du point de vue mental plutôt que matériel. Un sage philosophe a dit : « Négligeant tout le reste, un homme avisé devrait s'efforcer de se connaître lui-même, car il n'existe aucune connaissance plus élevée ni plus puissamment satisfaisante que celle de sa propre personnalité. » Si un homme connaît son moi véritable, il est forcé de découvrir ses possibilités latentes, ses pouvoirs cachés, ses facultés endormies. A quoi sert de gagner le monde entier pendant que l'on perd son âme ? L'âme est le moi spirituel. Quiconque découvre son moi spirituel peut construire tout un monde, pourvu que ce soit utile à ses compagnons. J'ai appris que quiconque veut atteindre le but ultime doit fouiller les profondeurs de son véritable Moi. Il y trouvera Dieu, plénitude de tout ce qui est bon. L'homme est triple dans son unité formée d'esprit, d'âme, et de corps. Quand il est en état d'ignorance spirituelle, il a tendance à penser d'après le plan physique, le plus bas de sa nature.

L'ignorant considère son corps pour tout le plaisir qu'il en peut tirer. Mais vient un temps où il reçoit de ses sens toutes les douleurs qu'il peut supporter. Ce que l'on n'apprend pas par la sagesse, il faut l'apprendre par les malheurs. La répétition des expériences permet d'affirmer que la sagesse est le meilleur chemin. Jésus, Osiris, et Bouddha ont dit que toute notre intelligence doit être employée à acquérir la sagesse.

La pensée opérant sur le plan de l'intelligence élève les vibrations du corps à un point qui correspond à la phase liquide. Sur ce plan, la pensée n'est ni tout à fait matérielle ni complètement spirituelle. Elle oscille comme un pendule entre la matière et l'esprit. Mais vient un temps où il faut choisir son maître. Un monde de confusion et de chaos attend le serviteur de la matérialité. On peut au contraire choisir l'esprit. Quiconque le fait peut monter au sommet du temple de Dieu dans l'homme. Cet état peut se comparer à la phase gazeuse, qui est élastique avec tendance à une expansion indéfinie.

Dieu laisse toujours à l'homme le soin de choisir l'orientation de son courant fluidique de pensée. L'homme peut opter pour l'ascension vers les hauteurs célestes qui l'élèveront au-dessus des brouillards du doute, de la peur, du péché, et de la maladie, ou pour la chute vers les profondeurs sordides de l'animalité humaine.

L'homme est une trinité d'esprit, d'âme, et de corps. Quand il se place principalement au point de vue de l'âme ou de la pensée, il occupe une position intermédiaire entre les deux grands extrêmes d'activité mentale, le niveau inférieur qui est le corps et le niveau supérieur qui est l'esprit. La pensée est le trait d'union entre le visible et l'invisible. Quand elle opère sur le plan sensuel, la pensée devient le siège de toutes les passions animales. C'est le serpent dans le jardin d'Eden, qui séduit et incite à prendre part au fruit empoisonné. Jésus a dit : « De même que Moïse a élevé le serpent dans le désert, de même il faut que le Fils de l'Homme soit élevé. » Il ne se référait pas à l'élévation de son corps sur la croix, mais à l'élévation de l'âme ou de la pensée au-dessus des illusions des sens.

Se tenant entre l'esprit et le corps sans être séparée de l'un ou de l'autre, l'âme est capable de penser plus bassement que la brute. Elle peut aussi se mettre en communion consciente avec l'esprit pur dans lequel la paix, la pureté, et la puissance de Dieu règnent en abondance.

Quand le fils de l'homme s'élève jusqu'à ce

royaume, il plane au-dessus des illusions du monde physique. Il pense et agit sur le plan de l'intelligence pure. Il discerne entre les instincts qu'il partage avec tous les animaux et les intuitions divines qui le font communier avec Dieu. On m'a montré que si un homme se met à penser sur le plan de l'esprit pur, son âme entre consciemment dans un domaine où elle perçoit l'idéal des choses plutôt que les choses elles-mêmes. Elle ne dépend plus des sens. La clarté de sa vision lui permet d'apercevoir le panorama plus vaste des larges horizons. C'est là que la vérité est révélée par l'intelligence divine et apporte le message de l'inspiration et de la santé.

Quand l'homme est sorti des profondeurs du monde matériel, les images raffinées de la beauté tranquille du monde mental l'entourent. Il ne lui faut pas long-temps pour ressentir une faim spirituelle de bon aloi. Le besoin continuel d'élévation de son âme le porte à des royaumes encore plus élevés. Alors, il ne se borne plus à voir des images passagères de tranquillité, mais vit dans le pays de la tranquillité, entouré d'une beauté perpétuelle. Il a jeté un coup d'œil sur le monde intérieur qui est devenu essentiel pour lui. L'extérieur est devenu l'intérieur. L'homme se meut alors dans un monde de causes tandis qu'il se mouvait auparavant dans un monde d'effets.

L'esprit de l'homme triunique est fait d'intelligence pure. C'est la région de son être où ni le témoignage des sens ni l'opinion humaine n'ont le moindre poids en face de la vérité constatée, du Christ intérieur, du fils de Dieu dans le fils de l'homme. Sa découverte supprime honte et découragement. C'est ainsi que du pinacle de son être l'homme regarde le monde avec la vision claire des âmes éduquées. Il aperçoit plus de choses dans le ciel et la terre que toutes les philoso-phies n'ont pu en rêver. L'homme apprend à n'être pas un corps muni d'une pensée commandée de l'exté-rieur ou de l'intérieur. Il apprend que son corps et sa pensée peuvent devenir les serviteurs obéissants de son véritable moi spirituel. Alors il manifeste la puissance venue de Dieu, dont il avait été doté dès le commencement.

L'esprit est l'essence suprême de l'être humain. L'esprit n'est jamais malade ni malheureux. Ainsi que l'a dit Emerson, le philosophe à la grande âme : « C'est le fini qui souffre. L'infini repose dans un calme souriant. »

Dans votre Bible, Job a dit que l'homme était esprit et que le souffle du Tout-Puissant lui avait donné la vie. En vérité, c'est l'esprit dans l'homme qui donne la vie. Et l'Esprit commande aux activités inférieures. Il ordonne avec autorité, et toutes les créatures se soumettent à sa loi de droiture.

L'ère nouvelle, enveloppée dans le vêtement du jour qui approche, fait sentir son aurore dans le cœur des hommes. L'Esprit vierge de Dieu issu du cœur se prépare à briller à nouveau. On verra bientôt se rouvrir la porte par laquelle tous les hommes de bonne volonté pourront entrer dans une vie plus large et plus pleine. Eternellement vibrante de jeunesse, d'espoir, et de vigueur, l'âme humaine se tient au seuil d'une époque nouvelle, plus glorieuse que toutes celles qui ont illuminé le ciel depuis l'aurore de la création. L'étoile de Bethléem a vu son état grandir à la naissance de Jésus. Mais sa lumière ressemblera bientôt à celle du soleil de midi, car elle annoncera le jour où le Christ sera né dans le cœur de tous les hommes.

7

Le lendemain matin, Chander Sen reprit l'entretien. Il dit : On m'a montré que l'intelligence humaine peut se transmuer en intelligence divine. Le doute ne m'est plus permis. Tandis que ces choses m'étaient expliquées, je découvrais que je pouvais entrer dans le royaume de Dieu, et que ce royaume était intérieur. Je sais maintenant que Dieu est l'unique puissance omniprésente et omnisciente. Péchés, discordes, maladies, vieillesse, mort appartiennent aux expériences du passé. Je perçois maintenant la réalité et je sais que j'étais perdu dans le brouillard de l'illusion. Le temps et l'espace ont complètement disparu. Je sais que je vis dans le monde subjectif, et que celui-ci appartient au monde objectif. Si j'avais pu m'accrocher aux suggestions et aux éclairs que j'ai perçus de temps à autre grâce à mes sens subtils, que d'heures d'anxiété et de fatigue ne me serais-je pas épargnées.

Pendant ma jeunesse, j'ai imité la majeure partie de l'humanité. Je n'ai cru qu'à une seule vie, celle de la jouissance personnelle dans tous les domaines. Je décidai donc d'en tirer le meilleur parti. Je fis de l'égoïsme le but principal de ma vie. Je déchaînai toutes les passions animales, dissipant ainsi tous les fluides vitaux jusqu'à faire de mon corps la coquille vide que vous avez d'abord connue. Permettez-moi de former une image illustrant ma pensée.

Chander Sen resta silencieux un moment. Bientôt apparut sur un des murs de la pièce une image semblable à celles déjà décrites. C'était son propre portrait à l'époque où nous fîmes sa connaissance, l'image d'un vieil homme trottinant, appuyé sur son bâton. Suivit une autre image à la ressemblance de l'homme de ce matin.

Chander Sen continua : La première image représente l'homme qui a dissipé les énergies et les fluides vitaux de son corps jusqu'à ne laisser subsister que la coquille vide. L'autre représente celui qui a conservé ses énergies et ses fluides vitaux à l'intérieur de son corps. Dans mon cas, vous estimez qu'il y a eu un rajeunissement complet et presque instantané, ce qui est vrai. Mais je vois la chose sous un autre angle. Combien de gens pourraient avoir la même chance que moi et recevoir l'aide, la sympathie, et l'assistance de ces chères grandes âmes ?

Pour plus de clarté, considérons la durée d'une vie humaine depuis la naissance jusqu'à la fin que tant de gens appellent la mort. L'enfant naît. Il n'a pas conscience des fluides qui apportent la vie et circulent à travers son corps. Les organes qui engendreront plus tard les fluides vitaux soumis au contrôle de la volonté ne sont pas encore développés. A ce stade, si l'enfant est normal, il est superbe et bouillonnant de vie. Les fluides vitaux se renforcent de plus en plus jusqu'au stade de développement où l'enfant en devient conscient et peut les dissiper. Si cette dissipation a lieu, l'enfant montre des signes de vieillissement. Au bout de quelques années, le cerveau de l'adulte perd le pouvoir de coordonner les mouvements, et le corps devient pareil à celui d'un vieillard décrépit. Seule subsiste la coquille vide de la personnalité primitive.

Comparez avec l'homme qui a conservé ses fluides vitaux en les faisant circuler normalement à travers son corps. Voyez comme il est fort et vigoureux. Peut-être n'entrevoit-il pas un idéal plus élevé que celui de naître, vivre un court espace de temps sur cette terre, et ensuite trépasser. Mais alors, et pourvu qu'il conserve ses fluides vitaux, sa vie sera trois ou quatre fois plus longue que celle du dissipateur. Mais peut-être aussi perçoit-il que le plan de Dieu le destine à une plus haute mission. Alors dès qu'il aura découvert que ses fluides vitaux sont un élément nécessaire de son développement parfait, il les conservera constamment dans son corps.

Il n'y a pas bien longtemps que nos savants connaissent le réseau délicat d'artères et de veines composant le système circulatoire. Il leur reste à démontrer qu'il existe un système circulatoire infiniment plus délicat et plus subtil apportant la force vitale à chaque atome du corps. A travers le système nerveux, la force vitale est dirigée sur un groupe de cellules cérébrales qui agissent à leur tour comme distributrices et la renvoient vers tous les atomes du corps pour lesquels elle a de l'affinité. Cette force vitale se transmet le long des nerfs et agit comme protectrice des nerfs. Si on la dissipe, les cellules se stabilisent et ne peuvent plus être remplacées par les nouvelles cellules de substitution qui se forment continuellement.

Les jeunes cellules sont refoulées cependant que les vieilles se décomposent progressivement et meurent.

Au contraire, quand toute la force vitale est conservée, les cellules se renouvellent aussi facilement à cinq cents ans qu'à dix. Alors le corps peut se charger de vie au point de pouvoir insuffler la parole de vie à toutes les formes. On peut peindre une image, modeler une statue, ou entreprendre un travail manuel quelconque exprimant un idéal, puis insuffler à l'objet le souffle de vie et le rendre vivant. L'objet vous parlera et parlera à tous ceux qui peuvent voir l'inspiration vitale que vous lui avez insufflée. Il sera actif parce que le Seigneur Dieu en vous a parlé, et qu'il est fait selon sa volonté.

Mais ces formes ne prendront pas l'aspect humain, à moins qu'on ne les élève jusqu'à la vie divine. Si on leur donne la vie, il faut les soutenir jusqu'au bout et les amener à la pure vie divine. Alors ce sont des formes parfaites comme vous-mêmes. Votre responsabilité tombe, et vous découvrez que ceci constitue le vrai génie.

Je voudrais cependant vous signaler une erreur fondamentale. Quand une personnalité de génie a commencé à se développer, elle possède consciemment ou non la faculté de conserver les courants vitaux à l'état de pureté et de les faire circuler par leurs chenaux naturels. Son corps et ses facultés créatrices sont animés en conséquence. L'homme de génie sait qu'il a pour mission d'exprimer quelque chose qui dépasse l'ordinaire. Tant qu'il conserve ses forces vitales en leur laissant la bride sur le cou, il vogue de réussite en réussite.

Mais s'il laisse des idées de luxure s'insinuer en lui, il perd rapidement son pouvoir créateur. Sous l'influence des forces vitales initiales, les cellules constitutives de son corps ont acquis une texture plus fine que les cellules ordinaires. A ce moment, l'homme de génie a atteint la renommée. N'ayant pas développé sa perception plus profonde du pouvoir de Dieu, il se laisse emporter par l'orgueil de sa gloire. Il abandonne sa lumière directrice faute d'avoir été entièrement éclairé. Son besoin d'une excitation plus grande l'incite à dissiper ses forces vitales, et il perd bientôt tout pouvoir. En effet, si l'homme a d'abord dominé ses passions animales au point de conférer à son corps une texture plus fine, son recul dans la chute est bien plus rapide que s'il n'avait pas été éveillé du tout.

Si au contraire on est éveillé au point de conserver toutes les forces vitales et de les distribuer normalement par les nerfs sans les déformer par des pensées de luxure ou de passion, l'illumination sera permanente. Les sensations qui en découlent surpassent de loin tous les plaisirs sexuels. Le serpent est élevé. Il n'a plus besoin de ramper sur le ventre à travers la fange de la concupiscence et de la passion.

Si les hommes pouvaient comprendre que ce fluide contient une énergie infiniment supérieure à celle du sang pur, ils le conserveraient au lieu de le dissiper. Mais ils ferment les yeux à ce fait. Ils continuent à vivre soit dans l'aveuglement, soit dans l'ignorance, jusqu'au moment où le Moissonneur arrive. Alors éclatent les lamentations, car le Moissonneur n'est pas satisfait de la récolte. Vous vénérez la vieillesse et vous considérez les cheveux blancs comme une couronne d'honneur, ce dont je ne voudrais pas vous dissuader. Mais veuillez bien approfondir. Je vous laisse le soin de décider lequel est plus digne d'honneur : l'homme aux boucles blanches comme neige qui a provoqué sa propre décrépitude par ignorance sinon par véritable perversité, ou celui dont la vitalité s'accuse avec la maturité, qui devient plus fort et mieux équipé pour faire face au grand âge, et fait croître en conséquence sa bonté et sa générosité. Je confesse qu'il faut avoir pitié de l'homme qui arrive à la mort par ignorance. Mais que dire de celui qui aboutit au même résultat en connaissant la vérité ?

8

A partir de ce moment, nous nous appliquâmes avec diligence à apprendre notre alphabet, sous les directives de Chander Sen. Les jours passaient avec une rapidité vertigineuse. Quand arriva la fin d'avril, et que la date de notre départ pour le désert de Gobi approcha, la majeure partie des archives restait encore à traduire. Nous nous en consolions à l'idée que nous pourrions revenir achever le travail. Nos amis avaient traduit pour nous une grande partie des documents, mais avaient insisté pour que nous étudiions les caractères scripturaux et devenions capables de traduire nous-mêmes.

Au cours du mois de septembre précédent, nous étions convenus d'une rencontre dans le désert de Gobi avec les autres membres de notre expédition. Ils devaient ensuite nous accompagner jusqu'à l'emplacement présumé de trois cités antiques dont le site exact était donné par certaines archives que nous n'avions pas encore vues, mais dont on nous avait parlé. Nous n'avions eu entre les mains que des copies qui avaient allumé notre curiosité. Les deux séries de documents font remonter la date d'épanouissement de ces cités à plus de deux cent mille ans. Leurs habitants auraient joui d'une civilisation très avancée, connu les arts et métiers, et travaillé le fer et l'or. Ce dernier métal était alors si commun qu'on l'employait pour fabriquer la vaisselle et ferrer les chevaux. Il est dit que ces gens avaient autorité complète sur les forces naturelles aussi bien que sur leur propre pouvoir émanant de Dieu. En fait, ces légendes (si légende il y a) ressemblent étrangement à celles de la mythologie grecque.

Si les cartes correspondantes sont exactes, le grand empire Uigour couvrait jadis la majeure partie de l'Asie et s'étendait en Europe jusqu'aux rives actuellement françaises de la Méditerranée. Sa plus grande altitude était de deux cents mètres au-dessus du niveau de la mer. C'était une immense plaine très fertile et peuplée, une colonie de la Terre Maternelle. La découverte des ruines de ses cités apporterait sans nul doute une très importante contribution à l'histoire. Les descriptions de ce pays sous la dynastie de ses sept rois dépassent de loin celles de la pompe et de la splendeur de l'Egypte ancienne.

Même avant l'époque des sept rois, les tablettes décrivent la contrée comme bien plus prospère que l'Egypte. Les gens s'y gouvernaient eux-mêmes. Il n'y avait donc ni guerres, ni vassaux, ni esclaves. Le chef suprême était appelé Principe Directeur. Cela est indubitable. Les tablettes précisent que son domicile était parmi le peuple, et que le peuple l'aimait et lui obéissait. Elles rapportent aussi que le premier roi de la première dynastie usurpa le gouvernement du Principe Directeur pour s'installer lui-même sur un trône et commander.

Le temps continuait de passer rapidement et nous étions fort occupés à préparer le départ de l'expédition. Nous devions nous trouver au mois de mai à un rendez-vous où nous comptions compléter nos vivres et notre équipement pour le trajet final.

Quand j'essaye de décrire mes pensées et mes sensations à l'approche du temps fixé pour notre départ, les mots me manquent absolument. Chacune des heures de notre séjour avait été un enchantement. Bien que nous fussions restés plus de cinq mois avec ces gens et eussions partagé leurs demeures pendant toute cette période, le temps avait passé avec une rapidité inouïe et les mois nous avaient semblé des jours. Un monde de possibilités s'était ouvert à nous.

C'était comme une porte grande ouverte sur des éventualités sans limites. Chacun de nous avait le sentiment de n'avoir qu'à franchir cette porte, et cependant nous hésitions, de même que nous hésitions à quitter ces magnifiques personnalités que nous considérions comme des frères.

Je crois qu'il est dans la vie de tout mortel un temps où il peut voir la porte grande ouverte tout comme nous vîmes en cette superbe matinée d'avril les possibilités infinies que l'on peut atteindre. Je demande au lecteur de faire abstraction pour l'instant de tous ses préjugés, et de regarder si possible par nos yeux. Je ne lui demande pas de croire. Je lui demande de comprendre la différence entre la description de la vie des Maîtres et le fait d'être assis à leurs pieds pour les écouter. Il semblait que si nous voulions aller audacieusement de l'avant et franchir la porte, nous deviendrions maîtres de toutes les réalisations. Et cependant nous hésitions. Pourquoi donc ? Parce que notre foi n'était pas totale. Nous permettions aux idées traditionnelles de nous tirer en arrière et de fermer la porte. Nous disions ensuite que la porte avait été fermée par le destin tout en sachant pertinemment que notre destin dépendait de nous.

Voici des gens bienveillants, simples, et cependant merveilleux, dont plusieurs ont franchi cette porte depuis maintes générations et peut-être depuis toujours. Ils pratiquent la vie spirituelle. Ils n'observent ni précédents ni traditions, mais simplement une vie pure et honnête, bien vécue, avec les deux pieds sur terre. Je laisse au lecteur le soin de comparer. Nous hésitions à quitter ces chères âmes auxquelles nous nous étions tant attachés pendant les derniers mois, et cependant nous regardions avidement vers l'avenir, sachant que d'autres expériences nous attendaient.

Nous prîmes donc congé de nos amis par cette splendide matinée d'avril. Ils nous serrèrent cordialement la main et nous invitèrent de tout cœur à revenir. Nous leur dîmes un dernier adieu et nous tournâmes vers le nord pour franchir le grand désert de Gobi. Des histoires d'aventures terribles survenues dans cette contrée hantaient nos imaginations comme des visions obscures. Mais nous n'avions pas peur, car Emile et Jast nous accompagnaient à nouveau, et Chander Sen avait pris la place de Neprow.

Pour nous autres grands voyageurs, la marche sur le dur sentier de la caravane faisait partie du labeur quotidien. Je suis sûr que tous les membres de notre petit groupe étaient heureux d'être là. Tous reconnaissaient qu'un monde nouveau avait commencé à s'ouvrir devant nous. Chacun se rendait compte de l'isolement du pays et connaissait les hasards des voyages ordinaires de cette nature. Cependant, une force irrésistible nous poussait en avant. Notre confiance absolue en nos grands amis nous permit de jeter aux vents toute pensée de crainte ou de difficulté pour nous-mêmes, et nous entrâmes dans l'aventure avec un enthousiasme d'écoliers.

Nous avions l'habitude des endroits les plus reculés de la terre, mais jamais nous n'avions eu l'expérience d'une contrée aussi lointaine et isolée. Cependant, nous pouvions y voyager avec une liberté et une facilité sans pareilles. Le lecteur ne s'étonnera pas de notre engouement pour le pays et nos bienfaiteurs. Nous avions le sentiment de pouvoir aller vers le nord jusqu'à dépasser les régions polaires et les conquérir. Nous n'avions pas fait beaucoup de chemin quand l'un de nous dit : Oh ! que ne pouvons-nous voyager comme nos amis. Combien le trajet serait facile ! Dire que nous les forçons à marcher pesamment avec nous faute de pouvoir les imiter.

Tout se passa bien jusqu'à la fin du septième jour. Cet après-midi-là, vers cinq heures, nous sortions juste d'un profond ravin que nous avions suivi pour accéder à une zone plus dégagée en aval. Un membre de l'expédition signala des cavaliers dans le lointain. Nous les examinâmes à la jumelle et comptâmes vingt-sept cavaliers paraissant armés jusqu'aux dents. Nous en rendîmes compte à Jast. Il répondit qu'il s'agissait probablement de ces bandes errantes qui infestaient le pays. Nous demandâmes si c'était un groupe de bandits. Il répondit que c'en était probablement un, car aucun troupeau ne les accompagnait.

Nous quittâmes la piste et nous avançâmes vers un massif d'arbres où nous établîmes notre camp pour la nuit. Pendant ce temps, deux d'entre nous traversèrent le torrent près du campement et montèrent sur une crête d'où ils pouvaient apercevoir le terrain sur lequel nous avions découvert le groupe de cavaliers. En arrivant au sommet, les deux firent halte et regardèrent à la jumelle, puis se hâtèrent de revenir au camp. Dès qu'ils furent à portée de voix, ils annoncèrent que le groupe de cavaliers n'était pas à plus de cinq kilomètres et se dirigeait vers nous.

Juste à ce moment quelqu'un remarqua qu'une tempête se préparait. Nous examinâmes le ciel, et y vîmes en effet de lourds bancs de nuages qui se rassemblaient au nord-ouest et du brouillard qui se rapprochait de tous côtés. Nous nous sentîmes très mal à l'aise, car nous pouvions maintenant voir la bande de cavaliers descendre droit sur notre camp. Bien que nous fussions trente-deux, nous ne possédions pas une seule arme à feu, et cela nous troublait fort.

Bientôt la tempête nous atteignit avec la violence d'un ouragan. Nos appréhensions ne firent que grandir, car nous avions déjà eu l'expérience de la fureur d'un ouragan dans ces solitudes montagneuses. Pendant un moment, un vent de cent vingt kilomètres à l'heure chargé de fines particules de glace nous fouetta et rugit autour de nous. Nous craignîmes d'être forcés de déplacer le camp pour éviter la chute des branches brisées. Puis l'atmosphère se calma à l'endroit où nous étions. Nous pensâmes un moment que la tempête se limiterait à un grain passager comme il en survient souvent dans ce pays.

Le clair-obscur laissant une certaine visibilité, nous

nous préoccupâmes de mettre de l'ordre dans les tentes, ce qui nous occupa pendant environ une demi-heure. Le souvenir de la tempête et des bandits, qui nous avait tant troublés, était complètement sorti de nos têtes. Nous interrompîmes un instant notre labeur, et notre chef se dirigea vers la sortie de la tente. Après avoir regardé au-dehors, il se retourna et dit : La tempête paraît faire rage à proximité. Mais là où nous sommes, il n'y a guère qu'une brise légère. Regardez : la tente et les arbres autour de nous remuent à peine. L'air est chaud et embaumé.

Plusieurs d'entre nous le suivirent au-dehors et restèrent un moment plongés dans l'étonnement. Pendant que nous avions arrangé l'intérieur de la tente, nous n'avions eu qu'à demi conscience de la tempête. Nous supposions qu'elle avait passé et remontait le ravin. En effet, certaines perturbations atmosphériques traversent ce pays comme un cyclone. Elles font rage pendant des kilomètres avant de s'apaiser et sont souvent suivies d'un calme plat. Ce n'était pas le cas en l'espèce. L'ouragan soufflait à trente mètres de nous, mais l'air était calme et chaud dans notre rayon immédiat. Or, nous avions pu constater, dans des tempêtes semblables, qu'un froid intense vous transperçait de part en part. On manquait d'être suffoqué par le vent, qui, dans sa fureur aveugle, vous soufflait au visage des particules de glace piquantes comme des aiguilles.

Soudain notre zone de calme s'éclaira comme par magie. Dans notre stupéfaction, nous crûmes entendre des cris humains dominant le fracas de l'ouragan. On annonça le dîner. Nous entrâmes sous la tente et nous assîmes. Pendant le repas, l'un de nous s'inquiéta de ce qui avait pu arriver aux cavaliers qui descendaient la pente tout à l'heure. Un autre dit : Nous avons cru entendre des cris quand nous étions dehors. Ne pourrions-nous porter secours aux cavaliers au cas où ils seraient perdus dans la tempête ?

Jast prit la parole et dit que ces hommes faisaient

partie d'une des bandes de brigands les plus notoires du pays environnant. Ces rôdeurs passaient tout leur temps à voler et à piller les villages, et à enlever les troupeaux de chèvres et de moutons.

Après le dîner, pendant une accalmie, nous entendîmes des cris et des bruits de chevaux hennissant et s'ébrouant comme si leurs cavaliers en avaient perdu le contrôle. Cela paraissait venir de tout près, mais nous ne pouvions rien voir tellement les tourbillons de neige étaient denses. Nous n'apercevions plus aucune lueur des feux de camp.

Peu après Emile se leva, disant qu'il allait inviter les bandits à notre camp, car, sauf extraordinaire, il allait devenir impossible à un homme ou à un animal de survivre jusqu'au matin dans la tourmente.

En effet, le froid devenait intense au-dehors. Deux d'entre nous demandèrent à accompagner Emile. Cela parut lui faire plaisir. Il accepta, et tous trois disparurent dans la tempête. Au bout d'une vingtaine de minutes, ils réapparurent suivis de vingt brigands conduisant leurs chevaux par la bride. Ceux-ci nous informèrent que sept d'entre eux avaient perdu contact avec leur groupe et s'étaient probablement égarés dans la tempête.

Les brigands formaient un mélange bigarré de créatures à moitié sauvages. En entrant dans le cercle de lumière, ils parurent soupçonner de notre part une embuscade pour les capturer. Leur alarme était visible, mais Emile leur assura qu'ils étaient libres de partir à tout moment. Il leur montra que, s'ils voulaient nous attaquer, nous n'avions aucun moyen de défense. Leur chef avoua que c'était bien là leur intention quand ils nous avaient vus émerger du ravin avant la tempête. Ensuite ils étaient devenus perplexes et s'étaient si bien égarés qu'ils avaient perdu la direction de leur camp. Quand Emile et nos deux compagnons les avaient trouvés, ils étaient plaqués contre une falaise à une centaine de mètres en aval de notre camp.

Leur chef dit que si nous les repoussions ils étaient voués à une mort certaine. Emile leur assura que cela n'arriverait pas. Ils attachèrent, pour la nuit, leurs chevaux aux arbres, puis se réunirent en aparté. Ils s'assirent et commencèrent à manger de la viande de chèvre séchée et du beurre de yak tiré des fontes de leurs selles. Tout en mangeant, ils gardaient leurs armes à portée de la main et s'arrêtaient pour écouter le moindre bruit. Ils parlaient et gesticulaient librement. Jast nous dit qu'ils s'étonnaient de notre équipement et de la lumière. Ils se demandaient pourquoi le vent ne soufflait pas, pourquoi il faisait chaud à l'intérieur du cercle, et pourquoi les chevaux étaient si heureux.

Celui d'entre eux qui parlait presque tout le temps avait déjà entendu parler de nos amis. Il disait à ses compagnons que ces gens étaient comme des dieux et pouvaient les détruire, eux, les brigands, à volonté et instantanément. Plusieurs bandits, croyant que nous complotions de les capturer, essayaient de circonvenir les autres pour nous dépouiller de tout et s'enfuir. Mais leur chef insista pour ne pas nous molester, disant que s'ils nous faisaient du mal ils seraient tous anéantis.

Après une interminable palabre, huit brigands se levèrent, s'approchèrent de nous, et dirent à Jast qu'ils ne voulaient plus rester. Ils avaient très peur et allaient essayer de rejoindre leur camp situé à quelques kilomètres en aval sur la rivière. Ils avaient fini par se repérer à l'aide du bouquet d'arbres où nous campions. Ils enfourchèrent leurs chevaux et commencèrent à descendre la vallée. Au bout d'une vingtaine de minutes ils étaient tous de retour, disant que la neige était si épaisse que leurs chevaux ne pouvaient plus avancer. Eux-mêmes ne pouvaient faire face à cette tempête, la plus violente depuis plusieurs années. Puis ils s'installèrent pour la nuit.

L'un de nous dit : Eh bien, malgré ma peur, je me

trouve plus confortable ici qu'au-dehors dans la tourmente.

Jast se tourna vers nous et dit : La maison du Père se trouve là où vous demeurez. Si vous êtes dans cette maison et si vous y habitez, vous vous trouvez dans la joie de l'esprit du Père. A quoi servent la chaleur et le confort qui y règnent si vous n'êtes pas dans cette maison, ou si vous n'en connaissez pas la chaleur et le confort ? Vous êtes libres d'inviter ceux du dehors. Cependant, ils n'entreront pas, car ils ignorent votre demeure. Tout en ressentant la chaleur, ces êtres chers ne veulent pas s'approcher parce qu'ils ont toujours vécu de pillage. Ils ne peuvent comprendre que les hommes mêmes qu'ils considéraient comme des proies légitimes puissent leur faire un accueil amical sans raison spéciale, et surtout sans appartenir à la même bande. Ils ne savent pas qu'au milieu de la neige, du froid, ou de la plus terrible tourmente, le Père demeure. Ni tempête, ni vents, ni marées ne peuvent nuire à ceux qui font leur foyer de Son foyer. On n'est submergé par vents et marées que si l'on a perdu contact avec Dieu. Dieu ne peut accomplir ce que vous voyez maintenant que si l'on garde constamment et inébranlablement les yeux fixés sur Lui, sans connaître ni voir rien d'autre.

Voici actuellement ma pensée : Je me tiens fermement avec les yeux fixés sur toi, ô mon Père, ne connaissant que toi, et je ne vois que Dieu en toutes choses. Je me tiens solidement sur la montagne sainte, ne connaissant que ton amour, ta vie, et ta sagesse. Ton esprit divin m'imprègne toujours. Il habite au-dedans et au-dehors de moi. Père, je sais que cet esprit n'est pas destiné à moi seul, mais à tous tes enfants. Je sais que je ne possède rien de plus qu'eux et que Dieu seul existe pour tous. O mon Père, je te remercie.

On peut trouver la paix véritable au cœur de la tempête, car le vrai calme réside au fond du cœur de l'homme qui a découvert son moi. Tout au contraire, un homme peut se trouver dans une solitude déserti-

212

que, seul en face du crépuscule et du vaste silence de la nature, et être cependant déchiré par l'ouragan des passions ou ébranlé par les tonnerres de la peur.

Pour un observateur superficiel, il semble que la nature ait incontestablement favorisé les êtres doués de force brutale, d'avidité, et du pouvoir de répandre le sang des faibles. Mais prenons en considération quelques faits simples qui passent généralement inaperçus.

Il y a plus d'agneaux que de lions dans le monde, et ce n'est pas dû au hasard. La nature n'erre pas aveuglément. La nature c'est Dieu au travail. Or, Dieu ne gaspille pas les matériaux et ne s'embrouille pas dans ses constructions. Ne vous semble-t-il pas étrange que, dans le creuset des forces primitives de la nature, le lion n'ait pas mangé l'agneau avant l'apparition de l'homme sur la scène ? Or, l'agneau a littéralement écrasé le lion dans la bataille pour la vie. L'appui donné par l'homme à l'agneau ne suffit pas pour expliquer ce résultat. Selon toute probabilité, l'homme a commencé sa carrière sanguinaire en massacrant l'animal le plus doux. Il tue certainement plus d'agneaux que de lions. Ce n'est pas l'homme mais bien la nature qui prononce la condamnation de l'espèce léonine.

Réfléchissez un moment, et vous verrez que la nature ne peut pas donner au même animal une force caractéristique pour deux fins opposées. Le lion est un grand combatif mais un pauvre reproducteur. Toute la force de son corps affiné est consacrée à des combats. La naissance de ses petits lui est préjudiciable et ne constitue qu'un incident de sa vie. Par contre l'agneau n'est pas batailleur. Il est donc physiquement en état d'infériorité. Ne dépensant pas d'énergie à combattre, il est meilleur reproducteur. La nature reconnaît qu'elle a fait une faute en créant le lion. Elle est en train de redresser cette faute. Le lion et tous les autres animaux carnassiers sont en voie de disparition.

Il n'est pas d'exception à cette sentence de mort

prononcée contre tous les êtres de proie par la loi immuable de la nature. La nature fonctionne selon une justice éternelle. En vertu de la loi suprême de l'univers, l'attaquant a perdu d'avance le combat. Il en a toujours été ainsi et il en sera toujours ainsi, aussi bien pour les animaux que pour les hommes, dans la forêt comme dans la ville, dans le passé comme dans l'avenir. Le lion a perdu. Il a perdu alors même qu'il gagnait. Il meurt quand il tue. La nature même des choses veut qu'il dévore sa propre espèce au moment où il déchire la chair tiède de l'agneau enlevé du troupeau. Quand le premier lion abattit ses griffes puissantes sur sa proie et grogna sa satisfaction à travers ses babines sanglantes, il ne chantait pas la mort de la créature impuissante qu'il dévorait, mais l'hymne funèbre de sa propre race. La sauvagerie n'est pas un signe de ralliement. Les lions ne vivent pas en bandes, les ours ne vont pas par troupeaux. Les sauvages parmi les hommes forment de petits groupes qui s'entre-tuent. Leur brutalité se retourne contre leur race et devient pour eux une source de faiblesse.

Par analogie, il faut donc que les bandes de sauvages disparaissent. Aucun grand guerrier n'a jamais vraiment conquis quoi que ce soit. Toute victoire est illusion. Les empires militaires tombent rapidement en pièces quand ils ne reposent sur rien de plus substantiel que l'épée. A la fin, il faut que les chefs répudient la force et recourent à la justice et à la raison, sous peine de voir s'écrouler leurs empires. La bête de proie humaine ou animale est solitaire, sans espoir et sans aide, irrévocablement condamnée, car la douceur est la seule vraie force. La douceur, c'est le lion avec tous ses attributs moins le goût du sang. Elle soumet lentement toute vie à sa loi triomphante.

L'homme se fait ou se défait lui-même. Dans l'arsenal des pensées, il forge les armes par lesquelles il se détruit. Il façonne aussi les outils avec lesquels il se bâtit des maisons célestes de joie, de force, et de paix. Par le bon choix et le juste exercice de ses pensées, il peut atteindre à la perfection divine. Par leur abus et leur mauvais usage, il descend plus bas que la brute. Entre ces deux extrêmes s'étend toute la gamme des nuances de caractère. L'homme est leur créateur et leur maître.

Les hommes que voici sont les vestiges d'un peuple qui fut grand et prospère. Leurs ancêtres habitaient ce pays au temps où celui-ci était un empire industriel florissant et magnifique. Ils pratiquaient les sciences et les arts. Ils connaissaient aussi leur propre origine et leur puissance et n'adoraient que cette origine et cette puissance. Vint un temps où ils commencèrent à prendre plaisir à leurs corps. Ceux-ci ne tardèrent pas à les décevoir. Alors un grand cataclysme ravagea le pays, n'épargnant que des montagnards isolés. Ce déchet se groupa en des communautés d'où sortirent les grandes races européennes.

La région où nous sommes et celle du désert de Gobi furent découpées et soulevées jusqu'à une altitude où plus rien ne poussait. Leurs habitants furent détruits presque complètement, au point qu'il ne subsista que de rares communautés isolées et parfois seulement une ou deux familles. Celles-ci se réunirent en bandes. Ce furent les ancêtres de ces gens qui ne peuvent pas prospérer, parce qu'ils sont continuellement en guerre les uns contre les autres. Leur histoire et leur origine sont oubliées, mais on peut remonter à la source unique de leur religion et de leurs légendes. Les fondements en sont semblables partout, bien que les formes soient très différentes.

Ici Jast dit qu'il craignait de nous avoir ennuyés, car la plupart de nos amis dormaient profondément. Nous regardâmes vers les brigands. Ils dormaient tous, ayant comme nous-mêmes oublié la tempête qui continuait pourtant à faire rage. Nous rentrâmes sous notre tente et nous reposâmes après avoir exprimé de nouveau notre gratitude à nos grands amis.

Le lendemain matin au réveil le soleil brillait et tout

le camp était en émoi. Nous nous habillâmes à la hâte et vîmes que toute la société, brigands compris, attendait le petit déjeuner. Tandis que nous le prenions, on nous communiqua le programme du jour qui consistait à accompagner les brigands jusqu'à leur camp. Il était en effet plus facile de tracer une piste tous ensemble que de partir séparément. Cette perspective plut aux brigands, mais guère à nous, car nous apprîmes qu'à leur camp ils étaient au nombre de cent cinquante.

A la fin de notre collation, tous les vestiges de la tempête avaient disparu. Nous levâmes donc le camp et partîmes avec les brigands et leurs chevaux pour tracer la piste, laissant aux autres le soin de nous suivre avec les objets de campement.

Le camp des brigands se trouvait à moins de vingt kilomètres en aval. Cependant, nous ne l'atteignîmes que l'après-midi, fort heureux de pouvoir y faire halte. Nous le trouvâmes très confortable, avec toute la place voulue pour abriter notre expédition. Après le déjeuner, nous constatâmes que nous gagnerions du temps en attendant sur place un jour ou deux afin de permettre à la neige de se tasser. Nous étions en effet obligés de franchir le lendemain un col de près de cinq mille mètres d'altitude. Le temps ne s'étant pas réchauffé autant que nous l'avions espéré, nous prolongeâmes notre séjour pendant quatre jours. Tout le village nous traita avec le plus grand respect et fit l'impossible pour nous être agréable.

A notre départ, deux hommes vinrent demander s'ils pouvaient se joindre à notre expédition. Nous acceptâmes avec plaisir, car il nous fallait de toute façon recruter un certain nombre d'auxiliaires au prochain grand village, à une centaine de kilomètres de là. Ces deux hommes nous accompagnèrent jusqu'à notre retour, à l'automne.

Quand nous quittâmes le village, près de la moitié de la population nous accompagna jusqu'au sommet du col pour nous aider à tracer la piste à travers la neige épaisse. Nous leur fûmes bien reconnaissants de leurs aimables efforts, car l'ascension fut très difficile. Au sommet, nous prîmes congé de nos amis les brigands et nous dirigeâmes vers le lieu de rendez-vous où nous arrivâmes le 28 mai, trois jours après les détachements d'amis qui devaient nous y retrouver comme convenu l'automne précédent.

9

Après une semaine de repos, nous rassemblâmes notre équipement, et l'expédition tout entière prit le chemin de l'ancienne capitale des Uigours, où nous arrivâmes le 30 juin. Nous commençâmes immédiatement le travail des fouilles. Notre premier puits n'avait pas atteint la profondeur de vingt mètres que nous rencontrâmes les murs d'un vieux bâtiment. Nous creusâmes jusqu'à une trentaine de mètres pour avoir accès à une grande salle où nous trouvâmes des momies en position assise, le visage couvert d'un masque d'or. Il y avait là de nombreuses statues d'or, d'argent, de bronze, et d'argile, toutes magnifiquement sculptées. Nous en prîmes des photographies. Quand le travail eut progressé au point de prouver indubitablement que c'étaient bien là les vestiges d'une très grande ville, nous nous rendîmes au deuxième emplacement que nous trouvâmes grâce aux descriptions données par les tablettes dont il a déjà été parlé. Là, nous creusâmes jusqu'à une douzaine de mètres avant de trouver des vestiges certains d'une civilisation ancienne. Nous effectuâmes un travail suffisant pour démontrer à nouveau avec certitude qu'il s'agissait des ruines d'une grande cité antique. Nous nous dirigeâmes ensuite vers le troisième emplacement où nous comptions découvrir les preuves de l'existence d'une ville encore plus ancienne et plus étendue.

Pour économiser le temps et les ressources, nous nous étions organisés en quatre détachements dont trois étaient composés d'un chef et de six assistants, soit sept hommes par détachement. Le travail d'excavation et d'entretien des puits fut assigné à ces trois détachements, chacun travaillant huit heures par jour. Le quatrième détachement comprenait le reste du personnel. Il avait mission de surveiller les abords du camp et d'assurer la subsistance de toute l'expédition. Je faisais partie du détachement commandé par notre chef Thomas. Nous travaillions de minuit à huit heures du matin.

Après avoir complété le premier puits, nous eûmes accès à quatre chambres souterraines que nous déblayâmes. Nous pûmes faire la démonstration probante qu'il s'agissait de la plus grande et de la plus ancienne des trois villes, et qu'elle était remplie de trésors.

Un beau matin, l'équipe qui relevait la nôtre signala que des cavaliers approchaient du camp par le nord. Nous remontâmes et vîmes qu'ils se dirigeaient vers nous. Ce devait être encore une bande de brigands, car ils suivaient manifestement la piste qui nous avait amenés ici. Tandis que nous regardions, Jast arriva et dit : C'est une bande de brigands décidés à piller le camp, mais je ne crois pas qu'il y ait lieu d'avoir peur.

Nous les laissâmes approcher. Ils s'arrêtèrent à cinq cents mètres de notre camp. Peu après, deux d'entre eux vinrent à nous et, après avoir échangé des salutations, demandèrent ce que nous faisions là. Nous leur dîmes que nous essayions de trouver les ruines d'une cité antique. Ils répliquèrent qu'ils n'en croyaient pas un mot et nous soupçonnaient d'être des chercheurs d'or. Ils se proposaient de piller notre équipement et nos vivres.

Nous leur demandâmes s'ils étaient des soldats du gouvernement. Ils répondirent qu'ils ne reconnaissaient aucun gouvernement, car dans ce pays la bande la plus forte faisait la loi. Ne voyant pas trace chez nous d'émoi ni d'armes à feu, ils conclurent vraisemblablement que nous étions bien plus nombreux qu'il n'apparaissait au premier abord. Ils retournèrent alors vers leur bande pour délibérer. Bientôt les deux négociateurs revinrent. Ils nous dirent que si nous nous soumettions pacifiquement, ils ne feraient de mal à personne. Dans le cas contraire, ils avanceraient et tueraient tous ceux qui résisteraient. Ils nous donnèrent dix minutes pour nous décider, après quoi ils chargeraient sans préavis. Jast répondit qu'il n'y aurait de notre part ni résistance ni reddition, ce qui parut les irriter. Ils firent faire volte-face à leurs chevaux et retournèrent vers leurs congénères en brandissant leurs armes. Sur quoi toute la bande nous chargea au triple galop.

Je confesse mon épouvante. Mais presque instantanément nous fûmes entourés par de nombreuses formes semblables à des ombres à cheval galopant autour de nous. Puis ces formes se précisèrent, devinrent plus vivantes, et se multiplièrent. Nos visiteurs les avaient évidemment aperçues. Les uns tirèrent rapidement sur les rênes de leurs montures. Les chevaux des autres s'arrêtèrent spontanément, se cabrèrent, se dérobèrent, et échappèrent au contrôle de leurs cavaliers. Un seul instant avait suffi pour amener une confusion terrible dans la bande qui comprenait environ soixante-quinze cavaliers. Les chevaux commencèrent à ruer et à se dérober à droite et à gauche. Cela se termina par une fuite éperdue, cependant que nos cavaliers fantômes talonnaient les brigands.

Quand l'agitation fut calmée, notre chef, un de mes compagnons, et moi-même, nous nous rendîmes au point où la bande s'était arrêtée. Nous ne pûmes trouver aucune trace hormis celles des brigands. Cela ressemblait à une mystification, car nos défenseurs nous avaient paru tout aussi réels que les bandits, et nous les avions vus arrivant de tous côtés. Nous étions donc certains de trouver sur le sable les traces de leurs chevaux mêlées à celles des cavaliers agresseurs.

A notre retour, Jast dit : Les cavaliers fantômes n'étaient que des images que nous avons rendues si réelles que vous avez pu les voir aussi bien que les bandits. Ce sont des images du passé que nous sommes capables de reproduire avec tant de vie qu'elles ne se distinguent plus de la réalité. Nous pouvons reproduire ces images pour notre protection et celle d'autrui, de sorte qu'il n'en résulte de mal pour personne. Quand un but défini est fixé, le résultat n'est plus nuisible. Un doute s'était élevé dans l'esprit des bandits. Pour eux, il n'était pas logique qu'une expédition telle que la nôtre s'aventurât aussi loin sans protection. Nous prîmes avantage de ce doute pour les épouvanter. Ils sont très superstitieux et soupçonnent toujours des traquenards. Ce type d'homme est le plus sensible à la peur. Les brigands virent précisément ce qu'ils s'attendaient à trouver. Si nous n'avions pas employé cette méthode, nous aurions vraisemblablement été forcés de détruire une grande partie de la bande avant que les survivants ne nous laissent en paix. Mais maintenant nous n'entendrons plus parler d'eux. Nous ne fûmes en effet jamais plus attaqués.

Quand nous fûmes convaincus par nos fouilles de l'existence des trois cités, nous eûmes l'idée de combler les puits pour les dissimuler aux bandes errantes qui auraient pu en découvrir la trace. En effet, leur découverte aurait provoqué un pillage général par le seul attrait des trésors, car des légendes circulent presque partout, relatant l'existence de ces grandes villes et des monceaux d'or qu'elles contiennent. Nous terminâmes donc notre travail en comblant tous les puits et en laissant le moins de traces possible, comptant sur la première tempête pour faire disparaître tout vestige de notre passage. Les sables de ce pays, continuellement mouvants, constituent un obstacle suffisant au repérage des ruines. Sans l'aide de nos amis, nous ne les aurions jamais trouvées.

Nous fûmes d'ailleurs informés que des ruines semblables s'étendaient jusqu'en Sibérie méridionale.

Il est absolument évident qu'une vaste population a jadis prospéré dans ce pays et atteint un degré avancé de civilisation. Il y a des preuves indéniables que ces gens pratiquaient l'agriculture ainsi que les industries minières, textiles, et annexes. Ils connaissaient la lecture, l'écriture, et toutes les sciences. Il est parfaitement clair que l'histoire de ces peuples se confond avec celle de la race aryenne.

La veille de notre départ nous étions à table quand l'un de nous demanda à Emile si l'histoire de cette grande race pouvait être retracée par écrit. Emile répondit que ceci était possible, car la cité enfouie sous notre camp contenait des documents écrits absolument probants. Il suffisait de les retrouver et de les traduire pour en tirer une confirmation directe de l'histoire de ce peuple.

La conversation fut interrompue par l'apparition d'un homme dans l'embrasure de la porte de notre tente. Il demanda la permission d'entrer. Emile, Jast, et Chander Sen se précipitèrent à sa rencontre. D'après la durée de leurs effusions, nous comprîmes qu'ils se connaissaient très bien. Thomas se leva et les rejoignit. Arrivé à la porte, il s'arrêta un moment, stupéfait, puis sortit de la tente les deux mains tendues en disant : Voilà au moins une vraie surprise !

Un concert d'exclamations s'éleva, cependant que des hommes et des femmes échangeaient des salutations avec lui et les trois Maîtres qui l'avaient suivi. Alors tous ceux qui étaient assis à table se levèrent, se hâtèrent de sortir, et virent un groupe de quatorze nouveaux arrivants. Ce groupe comprenait Marie, mère d'Emile, notre hôtesse du village de nos quartiers d'hiver, la dame magnifique qui avait présidé le banquet dans la maison d'Emile, le fils et la fille d'Emile. Tout le monde était joyeux, et nous nous remémorâmes les réunions des jours passés.

Notre surprise était complète et nous ne nous en cachions pas. Mais elle l'était encore bien plus chez nos camarades des autres détachements de l'expédition.

En les regardant, nous comprîmes qu'ils étaient intrigués au-delà de toute expression, car ils n'avaient pas été témoins comme nous de ces apparitions et disparitions. Le travail matériel de l'expédition nous avait tellement occupés que nous avions négligé de leur décrire nos expériences autrement que fragmentairement. Surgissant virtuellement d'un ciel pur, l'apparition de nos amis les avait laissés complètement sidérés, ce dont nous les taquinâmes gentiment.

Toutes présentations faites, notre cantinier prit à part Emile et Thomas et leur dit d'un air d'impuissance désespérée : Comment vais-je nourrir tout ce monde ? Nos vivres ne sont pas encore arrivés. Il nous reste à peine assez de provisions pour le dîner de ce soir et le petit déjeuner de demain matin. En outre, tout est prêt pour notre départ. Raymond, le commandant de notre expédition, avait prêté l'oreille à leur conversation. Il les rejoignit et je pus l'entendre demander : Au nom du ciel, d'où sont venus tous ces gens ?

Thomas le regarda en souriant et lui répondit : Raymond, vous avez mis dans le mille. Ils sont venus directement du ciel. Regardez, ils n'ont pas de moyens de transport. Raymond répondit : Ce qui m'étonne le plus c'est qu'ils n'ont pas l'air d'avoir des ailes. A leur atterrissage dans le sable, nous aurions dû entendre un bruit sourd, car ils sont nombreux. Mais nous n'avons même pas entendu cela. Je conclus donc pour l'instant que votre suggestion parfaitement logique est exacte.

Emile se tourna vers le rassemblement et dit que pour calmer les craintes du cantinier il allait être obligé de gronder les visiteurs pour n'avoir pas apporté leurs provisions, car les nôtres se révélaient insuffisantes. Le cantinier parut fort embarrassé et expliqua qu'il n'était pas dans ses intentions de dire les choses aussi crûment, mais que le fait n'en demeurait pas moins, il n'y avait pas à manger pour tout le monde. Les visiteurs se mirent tous à rire joyeusement, ce qui parut l'embarrasser encore davantage.

Marie assura qu'il n'y avait pas à craindre d'ennuis ou de désagréments. Notre hôtesse et la dame magnifique du banquet dirent qu'elles se feraient un plaisir de prendre la charge et la responsabilité du dîner, car les nouveaux arrivants nous avaient rendu visite avec l'intention bien arrêtée de partager ce repas avec nous. Le cantinier parut soulagé et accepta bien vite le service proposé.

Il était tard dans l'après-midi. C'était l'un de ces jours où la brise paraissait littéralement caresser le désert de Gobi, quitte à se transformer un instant plus tard en tempête infernale d'une fureur inexorable. Nous prîmes tout ce qui pouvait servir de nappe et l'étendîmes sur le sable, juste en dehors du cercle du camp. Pour un étranger, tout aurait présenté l'aspect d'un joyeux pique-nique.

Les camarades des détachements qui nous avaient rejoints en dernier lieu montraient encore des signes d'étonnement et de perplexité. Raymond regarda les bouilloires et dit : Si j'y vois clair, et s'il est possible de diluer la quantité de nourriture contenue dans les bouilloires au point de nourrir cette foule affamée, j'ouvre l'œil pour voir un miracle s'accomplir. L'un de nous dit : En effet, gardez vos yeux bien ouverts, car vous allez précisément en voir un. Thomas dit : Raymond, voilà la deuxième fois aujourd'hui que vous devinez juste.

Alors les dames commencèrent à puiser dans les bouilloires pour servir tout le monde. A mesure qu'une assiette était remplie, on se la passait et on la remplaçait par une assiette vide. On continua ainsi jusqu'à ce que tout le monde fût largement servi.

A mesure que les assiettes se remplissaient, nous pouvions voir grandir l'inquiétude chez Raymond. Quand on lui donna son assiette, il la passa au voisin en soulignant qu'il pouvait se contenter de beaucoup moins. Notre hôtesse dit qu'il n'y avait rien à craindre, car il y aurait bien assez pour tout le monde.

Après que chacun eut été servi généreusement, Raymond regarda de nouveau dans les bouilloires et constata que leur contenu n'avait pas diminué. Il se leva et dit : Au risque d'être traité d'impoli, de malappris et de butor, je demande à m'asseoir auprès de vous, madame. Je reconnais volontiers que la curiosité domine mes pensées au point que je suis incapable d'avaler une bouchée.

Les dames répondirent que s'il voulait s'asseoir auprès d'elles, elles considéreraient cela comme un acte de courtoisie. Alors il contourna le groupe et s'assit au bord de la nappe entre Marie et la dame magnifique.

Quand il fut assis, quelqu'un demanda du pain. Il n'en restait qu'un morceau dans le couvercle qui servait de corbeille. La dame magnifique étendit les mains, et une grande miche de pain y apparut presque instantanément. Elle la passa à notre hôtesse qui la coupa en morceaux avant de la servir. Raymond se leva et demanda la permission de voir la miche telle quelle. On la lui passa, il l'examina quelques instants d'un œil critique, puis la rendit. Son agitation était visible. Il s'éloigna de quelques pas, puis revint et s'adressa directement à la dame, disant : Je ne voudrais pas paraître impertinent, mais mes pensées sont tellement bouleversées que je ne puis m'empêcher de poser des questions. Elle s'inclina, et l'assura qu'il était libre de poser toutes les questions qu'il voudrait.

Il dit : Entendez-vous m'affirmer que vous pouvez faire abstraction de toutes les lois naturelles, du moins de celles que nous connaissons, et cela sans le moindre effort ? Que vous pouvez faire apparaître du pain en provenance d'une réserve invisible ? La dame répondit : Pour nous la réserve n'est pas invisible, elle est toujours visible.

A mesure que notre hôtesse coupait et distribuait le pain, nous constations que la miche ne diminuait pas. Raymond se calma, reprit sa place, et la dame magnifique continua : Si seulement vous pouviez comprendre que la tragédie de la vie de Jésus a pris fin avec la crucifixion, tandis que la joie de la vie en Christ a commencé avec sa résurrection ! Toute vie devrait avoir pour but la résurrection plutôt que la crucifixion. De cette manière, chacun pourrait suivre Jésus dans la vie surabondante de Christ en soi. Peut-on imaginer une vie plus joyeuse et plus riche que la communion avec le puissant pouvoir du Christ intérieur ? En elle, vous pouvez connaître que vous avez été créés pour dominer sur toute forme, toute pensée, toute parole, et toute circonstance.

En vivant cette vie qui satisfait tous les besoins, vous vous apercevrez qu'elle est précise et scientifique. Jésus multiplia les quelques miches et poissons du jeune garçon jusqu'à pouvoir nourrir abondamment la multitude. Remarquez qu'il pria la foule de s'asseoir en ordre, dans une attitude expectative, prête à recevoir la nourriture accrue par la loi d'accomplissement. Pour trouver joie et satisfaction dans la vie de Jésus, il faut accomplir la loi de sa vie en agissant en harmonie avec ses idéaux. Il ne faut pas se borner à rester là en se demandant comment on sera nourri. Si Jésus avait agi de la sorte, la multitude n'aurait jamais été rassasiée. Au lieu de cela, il donna une bénédiction tranquille, remercia pour ce qu'il possédait, et les rations furent multipliées en suffisance pour tous les besoins.

La vie n'est devenue un problème difficile qu'à partir du moment où l'homme a désobéi et refusé d'écouter sa voix intérieure. Quand il se repentira et apprendra de nouveau à l'écouter, il cessera de travailler pour gagner sa vie. Il ne travaillera plus que pour la joie de créer. Il entrera dans la joie créatrice, domaine régi par la loi du Seigneur ou Parole de Dieu. Par cette Parole, l'homme découvrira qu'il peut se mouvoir dans la substance de Dieu qui enveloppe tout dans l'amour. Il pourra concrétiser et rendre visible tout idéal de sa pensée. C'est ainsi que Jésus est monté pas à pas sur les hauteurs et a démontré la suprématie du Christ intérieur sur le concept limité de la pensée matérielle.

Cela fait, le travail devient une qualité joyeuse de l'être. Jésus a démontré que la véritable vie spirituelle est la seule vie de joie. Sa victoire l'a revêtu de dignité et de gloire tout en le laissant libre comme un petit enfant. Le monde n'est pas encore éveillé à cette vie. Cependant, il en désire la joie et les grandes bénédictions. Bien des gens recherchent leur satisfaction dans la poursuite de buts personnels. Ils oublient la loi selon laquelle tout cet effort fait dans un but personnel sera perdu. Mais les pertes successives finissent par leur faire comprendre que la chute des résultats personnels implique l'ascension des résultats spirituels. C'est quand l'homme est à toute extrémité que Dieu a sa chance. Les événements d'aujourd'hui ne sont que l'une des chances de Dieu, et c'est une grande joie pour nous d'y participer.

Vous avez droit à tous les biens et à tous les dons parfaits de Dieu. Soyez prêts à les recevoir grâce à la connaissance de votre nature divine qui est Dieu. Quand vous vous séparez de Dieu en pensée, vous vous séparez aussi de lui en manifestation. Pour entrer pleinement dans la joie de la vie, il faut désirer la vie et la joie pour la plénitude qu'elles apportent à l'humanité.

La dame se tourna alors vers Raymond et dit : Jésus a enseigné les lois destinées à établir le ciel ici-bas, sur terre. Vous les avez vu appliquer dans une modeste mesure. Elles sont précises et scientifiques. L'homme étant fils de Dieu et lui étant vraiment semblable, contient en lui-même le véritable esprit de Dieu son Père. Il peut discerner les lois de celui qui l'a engendré, s'en servir, et leur donner leur plein rendement dans le domaine de ses affaires. Il lui suffit de vouloir.

Elle dit ensuite qu'elle aurait plaisir à répondre à toutes les questions de Raymond. Il répondit qu'il était trop profondément bouleversé pour pouvoir en poser. Il souhaitait un répit afin de réfléchir. Il avait un certain nombre de choses à dire et espérait ne blesser personne, car il n'avait aucune intention critique. Il dit encore : Nous sommes venus dans ce pays croyant y trouver des résidus de peuplades depuis longtemps mortes et disparues. Au lieu de cela, nous trouvons des gens dont nous ne pouvons même pas comprendre la vie magnifiquement active. Si les choses que nous avons vues pouvaient être publiées dans nos pays, vous auriez le monde entier à vos pieds.

Les trois dames répondirent qu'elles ne désiraient nullement avoir le monde entier à leurs pieds. Elles expliquèrent que l'humanité avait déjà beaucoup trop d'idoles, mais manquait d'idéal.

A ce moment, tous les visiteurs, à l'exception de celui qui avait frappé le premier à la porte de la tente, se levèrent en disant qu'ils étaient obligés de partir. Ils nous serrèrent la main et nous invitèrent à leur rendre visite quand nous voudrions. Puis ils disparurent aussi subitement qu'ils étaient venus, laissant Raymond et son détachement les yeux écarquillés devant l'endroit où ils s'étaient tenus.

Au bout d'un instant, Raymond s'adressa à l'homme qui était resté et lui demanda son nom. Il répondit qu'il s'appelait Bagget Irand. Alors Raymond lui dit : Prétendez-vous être capable d'aller et de venir à volonté sans moyen de transport visible, comme nous venons de le voir, au mépris de toutes les lois connues de la physique et de la gravitation ?

Bagget Irand répondit : Nous ne méprisons aucune loi, nous ne violons aucune loi divine ni humaine. Nous coopérons. Nous travaillons selon les lois naturelles et divines. Les moyens de transport dont nous nous servons sont invisibles pour vous mais parfaitement visibles pour nous. La difficulté vient précisément de ce que, ne les voyant pas, vous n'y croyez pas. Nous les voyons, nous y croyons, nous les connaissons, et nous pouvons les utiliser. Imitez-nous, ouvrez votre intelligence. Vous ne tarderez pas à découvrir que ces lois et règles sont parfaitement précises et pourraient rendre infiniment plus de services à l'humanité que les lois limitées auxquelles vous avez recours. Vous n'avez fait qu'effleurer les possibilités humaines. Nous aurons toujours grand plaisir à vous assister par tous les moyens en notre pouvoir.

Chander Sen expliqua que Bagget Irand était venu pour nous inviter à passer par son village lors de notre retour à notre campement de départ. A cette époque de l'année, le trajet serait plus court d'une journée. L'invitation fut acceptée bien volontiers, et Bagget Irand annonça qu'il nous accompagnerait. Nous apprîmes plus tard qu'il était un descendant des peuplades prospères qui avaient jadis habité la région du désert de Gobi.

10

Notre travail d'ensemble étant achevé, nous nous trouvions prêts à retourner à notre base de départ où il était prévu que notre expédition se désagrégerait et que chacun retournerait chez soi à l'exception d'un détachement de onze personnes dont je faisais partie. Quatre de celles-ci, moi compris, avaient accepté l'invitation de nos amis à revenir chez eux dans le village de nos précédents quartiers d'hiver.

La veille de notre départ, tandis que nous contemplions le coucher du soleil, l'un de nous demanda : Depuis combien de temps la civilisation et la religion existent-elles ? Ont-elles été vraiment liées indissolublement au cours des millénaires ?

Jast répondit : Cela dépend de ce que vous appelez religion. Si vous parlez de croyances, de dogmes, de sectes, et peut-être de superstitions, ils sont tous récents et ne datent pas de plus de vingt mille ans. Mais si vous voulez parler de respect pour la vraie philosophie de la vie, pour la vie elle-même, et par conséquent pour la sublime pureté de Dieu, grande Cause créatrice, alors ce sentiment a précédé toute histoire, toute mythologie et toute allégorie. Il remonte à la venue première de l'homme sur terre, avant la prise du pouvoir par des rois et des empereurs, avant l'obéissance à des règles édictées par les hommes.

Dans le cœur du premier homme brûlait la plus grande vénération pour la source et la beauté de la vie. La beauté et l'adoration manifestées par cette âme pure ont brillé sans ternir pendant des millénaires, et continueront de briller pendant toute l'éternité. Au début, quand l'homme s'est saisi de la vie, il en connaissait parfaitement la source. Il avait pour elle la plus grande vénération, et c'est cette vénération que vous appelez maintenant le Christ.

Mais les obscurs couloirs du temps ont divisé les hommes en d'innombrables sectes, croyances, et dogmes, jusqu'à en former un labyrinthe inextricable d'incrédulité et de superstition. Qui de Dieu ou de l'homme a provoqué cette division ? Qui est responsable du grand tourbillon de péché et d'inharmonie qu'elle a engendré ?

Posez-vous cette question de responsabilité et réfléchissez seulement un instant. Dieu est-il assis quelque part dans le ciel, contemplant de haut ces vicissitudes ? Interfère-t-il d'un côté et aplanit-il d'un autre les conditions de la vie ? Est-ce qu'il loue l'un et condamne l'autre, tend la main à l'un et piétine l'autre ? Non. S'il y a un vrai donneur de vie, il faut qu'il soit omnipotent, omniprésent et omniscient, au-dessus, autour et à l'intérieur de tout. Il répand sa vie sur tous, à travers tous, et au-dessus de tous, sans quoi il ne serait pas la vraie source de toute vie. Sans doute y a-t-il d'innombrables variétés de formes différenciées. Mais en remontant à leur origine, on retrouve leur but. L'ensemble forme un cycle sans commencement ni fin. Autrement, il n'y aurait ni base de raisonnement, ni hypothèse, ni vérité.

Quelqu'un demanda : Essayez-vous de triompher de

la mort ? La réponse fut : Oh ! non, nous dépassons la mort en laissant la vie s'exprimer dans sa plénitude, si bien que nous ignorons la mort. Pour nous, il n'existe qu'une plus grande abondance de vie. La plupart des hommes commettent l'erreur fondamentale d'essayer de cacher leur religion derrière un voile ou un secret au lieu de l'étaler dans le large espace du pur soleil de Dieu.

L'un de nous demanda si Jésus habitait avec les Maîtres que nous connaissions. Jast répondit : Non, Jésus ne vit pas avec nous. Il est simplement attiré vers nous par nos pensées communes, de même qu'il est attiré vers tous ceux qui ont des pensées communes avec lui. Jésus, comme toutes les grandes âmes, ne demeure sur la terre que pour servir.

Jast continua : Ce fut pendant son séjour dans l'Arabie du Nord que Jésus eut accès à une bibliothèque dont les livres avaient été rapportés de l'Inde, de la Perse, et de la région Transhimalayenne. Ce fut son premier contact avec la doctrine secrète de la confraternité. Cet enseignement eut surtout pour résultat d'ancrer plus fortement en lui la conviction que le véritable mystère de la vie divine s'exprime par le Christ dans chaque individu. Il comprit que s'il voulait l'exprimer pleinement, il lui fallait renoncer à toutes les formes d'adoration pour n'adorer que Dieu seul, Dieu s'exprimant à travers l'homme. Pour compléter la démonstration, il lui fallait s'éloigner de ses maîtres, quitte à leur déplaire. Cela ne l'arrêta pas un instant, car il était indéfectiblement dévoué à sa cause et percevait les services incalculables qu'il pouvait rendre à l'humanité.

Il eut la vision d'un homme accédant au pouvoir sublime de cette immense présence intérieure, la vision d'un puissant fils de Dieu possédant la sagesse divine dans sa plénitude. Il vit un homme devenu riche pour avoir répandu la richesse de tous les trésors de Dieu, fait couler la fontaine des Eaux Vivantes, extériorisé le Seigneur dans sa foi de miséricorde et de sagesse. Si un tel homme devait s'incarner sur terre, il fallait qu'il se présentât en se prévalant de toutes ces possessions. Ensuite, il lui fallait vivre la vie sainte avec des mobiles purs, et la démonstration suivrait. C'est à la présence manifeste de cette vie que le nom de Christ a été donné.

Jésus affirma donc audacieusement en public que le Christ demeurait en lui et en chacun. La voix céleste qui le proclama fils bien-aimé proclamait également que tous les fils de Dieu sont héritiers conjoints et frères les uns des autres. Cette époque fut marquée par son baptême. L'Esprit descendit du ciel sur lui comme une colombe et demeura en lui. Jésus déclara également que nous étions tous des dieux incarnés. Il enseigna que l'ignorance était cause de tous les péchés. Il vit que pour pratiquer la science du pardon, il fallait être bien éclairé sur le fait que l'homme a le pouvoir de pardonner tous les péchés, discordes, et inharmonies. Ce n'est pas Dieu qui pardonne les péchés, car Dieu n'a rien à voir avec les péchés, les maladies, et les discordes humaines. C'est l'homme qui les a fait naître et qui est seul à pouvoir les faire disparaître ou à les pardonner.

L'ignorance consiste à méconnaître la pensée divine, à ne pas comprendre le principe créateur dans ses relations avec l'homme. On peut avoir toutes les connaissances intellectuelles et toute l'expérience possible des affaires du monde. Cependant, si l'on ne reconnaît pas que le Christ est la substance vivante de Dieu qui vitalise l'être intime, on se montre grossièrement ignorant du facteur le plus important qui gouverne la vie. Il y a de l'inconséquence à demander à un père parfaitement juste et humain de guérir une maladie ou un péché. La maladie est la conséquence du péché, et le pardon est un facteur important de guérison. La maladie n'est pas, comme on le croit généralement, une punition envoyée par Dieu. Elle résulte de ce que l'homme ne comprend pas son moi véritable. Jésus enseigna que la vérité rend libre, et sa doctrine survécut à celle de ses maîtres en raison de sa pureté.

Quand Pierre dit qu'il avait pardonné sept fois, Jésus répondit qu'il pardonnerait soixante-dix fois sept fois et continuerait jusqu'à ce que le pardon fût universel. Pour pardonner la haine, il centra son attention sur l'amour, non seulement quand la haine s'approchait de lui, mais quand il la voyait se manifester dans le monde environnant. La Vérité était pour lui une lumière individuelle susceptible de guider hors de l'obscurité quiconque l'applique intelligemment. Il savait que tout triomphateur fait alliance avec son Seigneur pour pardonner continuellement les péchés et faire face à toute erreur avec la vérité. C'est ainsi qu'il s'occupait des affaires de son Père. Il vit et comprit que c'était le seul moyen de transformer le monde et de faire prévaloir la paix et l'harmonie parmi les hommes. C'est pourquoi il dit : « Si vous pardonnez leurs offenses aux hommes, votre Père céleste vous pardonnera aussi. »

Pour apprécier cette affirmation à sa pleine valeur, vous demanderez peut-être : « Qui est le Père ? » Le Père est Vie, Amour, Puissance, et Domination, toutes choses qui appartiennent à l'enfant par héritage naturel. C'est ce que Paul voulait dire aussi en écrivant que nous étions héritiers conjoints avec Christ du royaume de Dieu. Cela ne signifie pas que l'un possède plus que l'autre, que l'aîné ait la meilleure part, et que le reste soit divisé entre les autres enfants. Héritier du royaume conjointement avec Christ signifie participer également à toutes les bénédictions du royaume de Dieu.

Certains nous accusent de vouloir nous égaler à Jésus. Ils ne comprennent pas la signification de la communauté d'héritage. Je suis sûr qu'aucun de nous ne se permettrait de dire qu'il a atteint, dans la blancheur de la pureté, le même plan d'illumination que le grand Maître. Héritier conjointement veut dire avoir même pouvoir, même force, même degré d'intelligence. Cependant, chacun de nous comprend pleinement la vérité de la promesse de Jésus à tout enfant de Dieu, à savoir que tout vrai disciple participe au même titre que lui des qualités de la divinité.

Nous comprenons admirablement Jésus quand il dit : « Soyez parfaits comme votre Père céleste est parfait. » Cette grande âme n'a jamais demandé à ses disciples un effort intellectuel ou moral impossible. En demandant la perfection, il savait n'exiger qu'une tâche réalisable. Bien des gens se sont confortablement installés dans la croyance que la perfection du Maître est inaccessible parce que le Maître est divin. Ils considèrent comme absolument inutile qu'un autre membre de l'humanité essaye d'imiter les œuvres merveilleuses de Jésus. D'après eux, il ne reste, pour sculpter la destinée d'une vie, rien de meilleur, de plus habile, ou de plus scientifique que la volonté humaine. La doctrine du grand Maître sur ce sujet est claire. Bien qu'il faille un peu de volonté humaine pour démarrer, celle-ci ne joue pas un grand rôle dans l'ensemble. C'est l'intelligence divine qui joue le rôle majeur. Que de fois n'a-t-on pas répété : « Vous connaîtrez la vérité, et la vérité vous affranchira. »

Transposez cela dans le simple monde physique qui nous entoure. Dès que les hommes connaissent à fond une loi physique, ils sont libérés de leur ignorance dans le domaine de cette loi. Dès que les hommes ont su que la terre était ronde et tournait autour du soleil, ils ont été libérés de l'idée vétuste d'une terre plate et d'un soleil qui se couche et se lève. Dès que les hommes seront libérés de la croyance qu'ils sont des corps soumis aux lois de la vie et de la mort, ils s'apercevront qu'ils ne sont nullement esclaves de toutes les limitations humaines et peuvent, s'ils le veulent, devenir des fils de Dieu. Dès l'instant qu'ils ont compris leur divinité, ils sont libres de toute limitation et mis en possession de la force divine.

L'homme sait que la divinité est à l'endroit où son être vient le plus directement en contact avec Dieu. Il commence à s'apercevoir que la divinité est la vraie vie de tous les hommes. Elle ne s'injecte pas de l'extérieur en chacun de nous. Les idéaux que nous apercevons dans la vie d'autrui prennent racine dans notre propre vie. Conformément à la loi divine, ils se multiplient selon leur espèce. Tant que nous croirons à la puissance du péché et à la réalité de ses effets, nos propres vies seront dominées par la punition du péché. A mesure que nous répondrons à toute pensée d'inharmonie par de véritables pensées de justice, nous préparerons la moisson d'un grand festin spirituel qui suivra avec certitude le temps des semailles. Le pardon a donc une double mission. Il libère à la fois l'offenseur et celui qui fait miséricorde, car à l'arrière-plan de la loi de pardon il existe un amour profond et rayonnant, fondé sur un principe. Cet amour désire donner pour le plaisir de donner, sans autre idée de récompense que l'approbation du Père selon ces paroles : « Celui-ci est mon fils bien-aimé en qui je prends mon plaisir. »

Elles s'appliquent à nous aussi bien qu'à Jésus. Vos péchés, maladies, et discordes ne font pas plus partie de Dieu ou de votre vraie personnalité que les champignons ne font partie des plantes auxquelles ils s'attachent. Ce sont de fausses excroissances rassemblées sur votre corps à la suite de pensées erronées. L'idée de maladie et la maladie ont un rapport de cause à effet. Supprimez, pardonnez la cause, et l'effet disparaîtra. Supprimez les idées fausses, et la maladie s'évanouira.

Telle est la seule méthode de guérison à laquelle Jésus avait recours. Il supprimait la fausse image de la conscience du patient. Pour cela il commençait par surélever les vibrations de son propre corps en reliant ses pensées à la Pensée divine. Il les maintenait fermement à l'unisson de l'idée parfaite conçue par le Saint-Esprit pour l'homme. Son corps vibrait à l'unisson de Dieu. Il devenait alors capable d'élever au même niveau les vibrations corporelles des malades qui s'adressaient à lui. C'est ainsi qu'il éleva la conscience de l'homme à la main desséchée au point où cet homme put supprimer de sa propre conscience l'image de sa main desséchée. Alors Jésus fut en mesure de lui dire : « Etends ta main. » L'homme l'étendit, et elle devint saine.

Ayant élevé les vibrations de son propre corps en voyant la perfection divine chez tous, il fut capable d'élever celles du malade jusqu'à enlever complètement de sa conscience l'image de l'imperfection. La guérison fut instantanée et le pardon total.

Vous découvrirez bientôt qu'en fixant avec persévérance vos pensées sur Dieu, vous pouvez élever les vibrations de votre corps au point où elles se fondent harmonieusement avec celles de la perfection divine. Alors vous ne faites plus qu'un avec elle et par conséquent avec Dieu. Vous pouvez influencer les vibrations corporelles des gens avec qui vous entrez en contact de manière à ce qu'ils voient la même perfection que vous. Vous avez alors rempli complètement votre part de mission divine.

Si au contraire vous voyez l'imperfection, vous abaisserez les vibrations jusqu'à provoquer l'imperfection. Vous recueillerez alors inévitablement la moisson de la graine que vous aurez semée.

Dieu travaille à travers tous les hommes pour exécuter son plan parfait. Les pensées d'amour et de guérison qui émanent continuellement des cœurs humains constituent le message propre de Dieu à ses enfants. Telles sont les pensées qui maintiennent les vibrations de nos corps en contact avec les vibrations divines et parfaites. Cette graine est la parole de Dieu qui trouve à se loger dans tout cœur réceptif, conscient ou non de sa nature divine. Quand nous centrons entièrement nos pensées sur la perfection divine conçue par Dieu pour chacun, nos corps vibrent harmonieusement à l'unisson avec la Pensée de Dieu. C'est alors que nous recevons notre divin héritage.

Pour faire pousser la récolte abondante de l'intelligence spirituelle, il faut qu'il en soit continuellement ainsi. Nos pensées doivent en quelque sorte saisir les pensées parfaitement harmonieuses de Dieu envers l'homme, son fils bien-aimé. Par notre attitude de pensée, nos actes, et nos paroles par les vibrations ainsi mises en mouvement, nous avons le pouvoir de nous rendre esclaves, ou au contraire de nous libérer, de pardonner les péchés de la famille humaine tout entière. Une fois que nous avons choisi de modeler nos pensées selon une ligne de conduite définie, nous ne tardons pas à nous apercevoir que nous sommes soutenus par l'omnipotence elle-même. Soumettons-nous à la discipline nécessaire pour nous assurer la maîtrise de nos pensées. Cela nous vaudra le glorieux privilège de disposer du pouvoir qui libère de l'esclavage par l'entremise de la pensée divine.

Toutes les guérisons de Jésus étaient basées sur la suppression des causes mentales. Nous autres, nous estimons nécessaire de ramener l'idéalisme de Jésus à la pratique. Ce faisant, nous découvrons ne faire que ce qu'il nous avait commandé. Beaucoup de péchés s'évanouissent dès que l'on a projeté les premiers rayons de lumière dans l'obscurité où ils se conçoivent. D'autres sont plus solidement enracinés dans la conscience, et il faut de la patience et de la persévérance pour en triompher. L'amour miséricordieux du Christ finit toujours par prévaloir si nous lui ouvrons largement la porte sans lui susciter d'obstacles. Le vrai pardon commence dans le cœur de l'individu. Il apporte pureté et bénédiction à tout le monde.

C'est tout d'abord une réforme des idées. Comprenez que Dieu est la Pensée Unique, pure et saine, et vous aurez fait un grand pas vers l'immersion dans les courants d'idées pures. Accrochez-vous fermement à cette vérité que la pensée de Christ trouve un chemin parfait à travers vous. Cela vous installera dans ces courants d'idées constructives et harmonieuses. Maintenez-vous toujours dans le flot continu des pensées d'amour que Dieu répand sur ses enfants. Vous ne tarderez pas à voir le monde sous le nouveau jour d'un organisme de penseurs. Vous saurez que la pensée est le plus puissant remède de l'univers, le médiateur entre l'esprit divin et les maladies corporelles ou inharmonies de toute l'humanité.

Quand une discorde s'élève, prenez l'habitude de vous tourner immédiatement vers la pensée de Dieu, le royaume intérieur. Vous aurez un contact instantané avec les idées divines et vous constaterez que l'amour de Dieu est toujours prêt à apporter son baume de guérison à ceux qui le recherchent.

Jésus a aujourd'hui pour but d'effacer de la conscience humaine le pouvoir du péché et la réalité de ses conséquences. Issu du cœur de l'amour, il vint sur terre avec l'intelligence des relations entre Dieu et l'homme. Il reconnut librement et courageusement que l'esprit est l'unique pouvoir. Il proclama la suprématie de la loi de Dieu. Il enseigna son application à tous les actes de la vie, sachant qu'elle transformerait les hommes défaillants en des êtres rayonnants. Il annonça ainsi le droit à la santé parfaite, royaume de Dieu sur la terre.

Puis Jast se tut.

11

Le soleil avait disparu derrière l'horizon et le ciel entier flamboyait dans un crépuscule magnifique, précurseur d'une nuit paisible. C'était la première soirée sans vent ni tempête depuis dix jours, et nous contemplâmes avec admiration le splendide déploiement des couleurs. Un coucher de soleil par temps calme dans le désert de Gobi peut vous transporter dans une rêverie où l'on oublie tout. Non seulement les couleurs irradiaient et brillaient, mais elles dardaient çà et là de grands rayons comme si des mains invisibles maniaient d'immenses projecteurs colorés. Par moments, il semblait que ces mains invisibles cherchaient à montrer toute l'étendue du spectre augmentée d'une gamme de nuances obtenues par combinaison.

Une large bande de lumière blanche apparut, suivie d'une large bande de violet se détachant en oblique. Partant de ce violet jaillit une bande d'indigo et à côté d'elle apparut une large bande de bleu. Cela continua jusqu'à ce que l'atmosphère entière parût surchargée de bandes colorées. Celles-ci se combinèrent et se fondirent dans la large bande de lumière blanche qui devint stationnaire. Puis de nouveaux rayons de couleur s'élancèrent en éventail dans toutes les directions. Ils se fondirent progressivement en une masse dorée qui fit apparaître les ondulations sablonneuses comme une mer agitée d'or en fusion.

Quand on a assisté à un coucher de soleil pareil, on ne s'étonne plus que le Gobi soit appelé « la terre de l'or fondu ». Le spectacle qui continua pendant une dizaine de minutes s'évanouit dans une brume marbrée de bleu, de jaune, de vert, et de gris qui parut tomber du ciel comme un vêtement de nuit. Enfin l'obscurité survint avec une telle rapidité que plusieurs d'entre nous tressaillirent de surprise et demandèrent s'il était possible qu'il fasse déjà nuit.

Raymond demanda à Bagget Irand s'il voulait nous exposer son point de vue sur les peuples qui avaient habité cette région et bâti des villes comme celle dont les ruines se trouvaient sous notre camp. Il répondit : Nous possédons sur ce sujet des écrits jalousement conservés de génération en génération depuis plus de soixante-dix mille ans. D'après ces documents, la cité au-dessus de laquelle nous campons a été fondée il y a plus de deux cent trente mille ans. Les premiers habitants vinrent de l'Ouest bien des années avant la fondation de la ville et colonisèrent le Sud et le Sud-Ouest. A mesure que les colonies se développaient une partie de leurs membres émigra vers le Nord et l'Ouest, et à la fin tout le pays fut habité. Après avoir planté des vergers fertiles et ensemencé des champs, les colons préparèrent la fondation des villes. Au début elles n'étaient pas grandes. Mais au cours des années les colons du pays trouvèrent commode de se réunir dans des centres pour s'associer plus étroitement en vue de pratiquer les arts et les sciences. Ils y bâtirent des temples mais ne les destinèrent pas à l'adoration, car ils adoraient continuellement par la vie qu'ils menaient. Leur existence était toujours dédiée à la grande cause de la vie, et, tant que dura cette coopération, la vie ne leur fit jamais défaut.

A cette époque, il était tout à fait habituel de trouver des hommes et des femmes âgés de plusieurs milliers d'années. En fait, ils ne connaissaient pas la mort. Ils passaient d'un accomplissement à l'autre, vers des stades plus élevés de vie et de réalité. Ils acceptaient la véritable source de la vie, et la vie leur prodiguait en échange ses trésors illimités sous forme d'un fleuve continu d'abondance.

Mais j'ai fait une digression. Revenons-en aux temples. C'étaient des endroits où l'on conservait les descriptions écrites de tous les aboutissements dans le domaine des arts, des sciences, et de l'histoire, afin de les tenir à la disposition des chercheurs. Les temples ne servaient pas de lieux d'adoration, mais de lieux de discussion sur les sujets scientifiques les plus profonds. Les actes et les pensées d'adoration de ces jours étaient effectués dans la vie courante des individus au lieu d'être mis à part pour des heures déterminées ou pour des gens sélectionnés.

Les habitants trouvèrent commode d'avoir des voies de communication larges et planes. Ils inventèrent donc le pavage. Ils trouvèrent également commode de se bâtir des maisons confortables. Ils inventèrent donc l'exploitation des carrières de pierre, la fabrication des briques, et celle du mortier nécessaire pour les maintenir en place, toutes choses que vous avez déjà découvertes. Ils bâtirent ainsi leurs demeures et leurs temples.

Ils estimèrent que l'or était un métal exceptionnellement utile à cause de son inaltérabilité. Ils trouvèrent d'abord moyen de le tirer des sables aurifères, puis des roches. En dernier lieu ils le manufacturèrent, et l'or devint un métal très commun. Ils produisirent aussi d'autres métaux au fur et à mesure de leurs besoins, et il y en eut en abondance. Ensuite les communautés ne vécurent plus entièrement de l'agriculture. Elles commencèrent à fournir aux travailleurs du sol des articles manufacturés leur permettant d'étendre leur champ d'opération. Les centres habités grandirent et se développèrent jusqu'à devenir des villes de cent à deux cent mille habitants.

Cependant, il n'y avait pas de chefs temporels, pas de gouverneurs. Le gouvernement était confié à des conseils choisis par les habitants eux-mêmes. Ces conseils échangeaient des délégations avec les autres communautés. On ne promulguait ni lois ni règles pour la conduite des individus. Chacun se rendait compte de sa propre identité et vivait selon la loi universelle qui gouverne cette identité. Les lois humaines étaient inutiles, on n'avait besoin que de sages conseils.

Ensuite, çà et là, des individus commencèrent à dévier. Au début, c'étaient les âmes dominatrices. Elles se poussèrent en avant, tandis que les hommes qui avaient le goût du travail tendaient à s'effacer. La faculté d'amour n'ayant pas été développée complètement par tous, il se produisit une séparation inconsciente qui ne cessa de s'accentuer, jusqu'au jour où un homme d'une personnalité extrêmement forte s'instaura roi et dictateur temporel. Comme il gouvernait sagement, les gens acceptèrent sa loi sans penser à l'avenir. Mais quelques-uns eurent la vision de ce qui allait advenir et se retirèrent dans des communautés fermées, vivant dès lors une vie plus ou moins recluse et cherchant toujours à montrer à leurs concitoyens la folie de la séparation.

Le roi fonda le premier ordre des gouverneurs temporels, tandis que les dissidents formaient le premier ordre monastique. Il faut de profondes études et des recherches très poussées pour s'y retrouver dans le labyrinthe des chemins suivis par les dissidents. Quelques-uns conservèrent la doctrine simple et vécurent selon elle. Mais en général, la vie devint très complexe, si complexe même que la majorité refusa de croire qu'il existât une forme de vie simple, bien équilibrée, et en coopération directe avec le créateur de toute vie. Les gens ne voient même plus que leur vie est un chemin complexe et rude, tandis que la vie simple conforme à la grande cause créatrice apporte l'abondance. Il faut qu'ils continuent dans cette voie jusqu'à ce qu'ils en découvrent une meilleure.

L'orateur s'interrompit et resta un moment silencieux. Une image apparut subitement à nos yeux, immobile d'abord comme celles déjà décrites, puis animées. Les formes commencèrent à se mouvoir et les scènes à changer, soit spontanément, soit à son commandement à mesure qu'il les expliquait. Bagget Irand semblait pouvoir maintenir ces scènes en place ou les reproduire à volonté selon le jeu des questions, des réponses, et des explications données.

Il s'agissait de scènes présumées avoir eu lieu dans la cité en ruine au-dessus de laquelle nous campions. Elles n'étaient pas très différentes de celles qu'on observerait aujourd'hui dans une cité populeuse de l'Orient, sauf que les rues étaient larges et bien entretenues. Les gens étaient bien habillés avec des vêtements de bonne qualité. Ils avaient le visage lumineux et gai. On ne voyait nulle part de soldats, de pauvres, ni de mendiants.

L'architecte attira notre attention, car les bâtiments étaient solides, bien construits, et d'apparence très agréable. Bien qu'il n'y eût aucune tendance au faste, l'un des temples émergeait dans sa magnificence. On nous informa qu'il avait été construit entièrement par des volontaires et que c'était l'un des plus anciens et des plus beaux temples du pays.

Si ces images étaient vraiment représentatives, les

gens en général étaient certainement satisfaits et heureux. Il nous fut dit que les soldats et la pauvreté n'apparurent pas avant que le deuxième roi de la première dynastie eût régné plus de deux cents ans. En vue de maintenir le luxe de sa cour, ce roi commença à établir des impôts et à recruter des soldats pour les collecter. Au bout d'une cinquantaine d'années, la pauvreté apparut en des points isolés. C'est vers ce moment qu'une partie de la population se retira, mécontente du royaume et des hommes au pouvoir. Bagget Irand et sa famille prétendaient descendre en ligne droite de cette race.

Il était une heure avancée de la nuit et Bagget Irand proposa d'aller se coucher, car il serait plus agréable de partir le matin de très bonne heure. En effet, la chaleur rendait encore le voyage insupportable pendant les trois heures du milieu du jour, et l'époque des tempêtes approchait rapidement.

Nous suggérâmes une coopération plus étroite pour préparer soigneusement les fouilles que nous avions l'intention d'entreprendre plus tard, et nous décidâmes de les exécuter aussi rapidement que possible. Nous convînmes que cette partie du travail serait confiée à Raymond, tandis que les traductions d'archives seraient poursuivies par Thomas et trois assistants dont moi-même. Malheureusement, les fouilles ne furent jamais achevées par suite du décès de Raymond l'année d'après.

12

Nous nous levâmes de très bonne heure le lendemain matin, et nous nous mîmes en route avant le lever du soleil pour le village natal de Bagget Irand où nous arrivâmes douze jours plus tard. Nous y fûmes reçus par les amis qui nous avaient rendu visite pendant notre dernier après-midi dans le désert, et nous acceptâmes avec bonheur leur invitation à nous reposer chez eux pendant quelques jours.

On nous conduisit à des chambres fort luxueuses en comparaison de nos logements du désert. Le souper devait être prêt une demi-heure plus tard. Nous nous rendîmes présentables et entrâmes dans la pièce voisine où nous rencontrâmes plusieurs amis dont nous avions déjà fait connaissance en voyageant plus au sud. Ils nous souhaitèrent la bienvenue de tout cœur et nous informèrent que tout le village était notre domaine, chaque porte étant prête à s'ouvrir toute grande pour nous recevoir.

Le gouverneur du village nous fit un charmant discours de bienvenue au moyen d'un interprète. Il nous informa que le souper aurait lieu chez lui et que nous allions nous y rendre immédiatement. Nous quittâmes la chambre, gouverneur en tête, avec sa garde de deux soldats, un à droite, un à gauche, comme il est de règle dans le pays. Venaient ensuite Raymond avec notre hôtesse, puis Thomas avec la dame magnifique, et enfin Emile, sa mère Marie, et moi, tandis que le reste de l'expédition suivait.

Nous n'avions parcouru qu'une petite distance quand une fillette pauvrement vêtue se détacha de la foule qui nous observait, et demanda dans la langue du pays si elle pouvait parler à Marie. Le gouverneur la repoussa brutalement, disant qu'il n'avait pas le temps de s'occuper de gens de sa sorte. Marie prit mon bras et celui d'Emile et nous sortîmes des rangs pour écouter ce que la fillette avait à dire. Voyant cela, notre hôtesse hésita un instant, puis dit qu'elle désirait s'arrêter. Tandis qu'elle sortait des rangs, toute la compagnie s'arrêta. Marie expliqua au gouverneur qu'elle désirait voir tout le monde continuer son chemin et prendre place à table. Quand ce serait fait, elle nous aurait sûrement rejoints.

Pendant tout ce temps, elle avait tenu les mains de la fillette dans les siennes. Après le départ du gouverneur et de sa suite, elle s'agenouilla pour rapprocher son visage de celui de la fillette, lui entoura le cou de ses bras et dit : Chérie, que puis-je faire pour toi ?

Marie découvrit bientôt que le frère de la fillette avait fait une chute dans l'après-midi et s'était probablement brisé la colonne vertébrale. La fillette supplia Marie de l'accompagner pour voir si elle pourrait améliorer l'état du garçonnet, qui souffrait beaucoup.

Marie se leva, nous expliqua la situation, et nous pria de rejoindre le gouverneur tandis qu'elle accompagnerait l'enfant et nous retrouverait plus tard. Raymond demanda la permission de l'accompagner. Elle dit que nous pouvions tous venir si nous le désirions. Nous suivîmes donc Marie. Elle tenait par la main la fillette qui sautait de joie. Notre hôtesse nous traduisit ses paroles. La fillette disait qu'elle savait que son frère serait guéri par la grande dame.

A l'approche de la maison, la fillette bondit en avant pour annoncer notre arrivée. Nous vîmes qu'elle habitait une cabane de boue particulièrement misérable. Marie avait dû lire nos pensées car elle dit : Bien que ce soit un taudis, il y bat des cœurs chauds.

A cet instant, la porte s'ouvrit brusquement. Nous entendîmes une voix masculine bourrue et nous entrâmes. Si la cabane apparaissait misérable vue de l'extérieur, elle l'était encore bien plus à l'intérieur. Elle était à peine assez large pour nous contenir, et le plafond était tellement bas que nous ne pouvions pas nous tenir debout. Un pâle lumignon jetait une étrange lumière sur les visages du père et de la mère assis dans leur saleté. Dans le coin le plus éloigné, sur un amas de paille moisie et de chiffons malodorants, gisait un garçonnet de cinq ans au plus, au visage contracté et d'une pâleur de cire.

La fillette s'agenouilla auprès de lui et lui prit le visage dans les mains, une main appuyée contre chaque joue. Elle lui dit qu'il allait être complètement guéri car la dame magnifique était déjà là. Elle enleva ses mains et s'écarta pour lui permettre de voir la dame. C'est alors qu'elle aperçut pour la première fois les autres visiteurs. Son expression changea instantanément. Toute son attitude donna l'impression qu'elle ressentait une grande frayeur. Elle se cacha le visage dans ses bras, et son corps fut secoué de sanglots convulsifs tandis qu'elle s'écriait : Oh ! je croyais que vous veniez seule.

Marie s'agenouilla près d'elle, l'entoura de son bras, et la serra un moment. Elle se calma, et Marie lui dit qu'elle nous renverrait si la petite le désirait. Elle répondit qu'elle avait été simplement surprise et effrayée, car elle ne pensait qu'à son frère. Marie dit : Tu aimes beaucoup ton frère, n'est-ce pas ? La fillette qui n'avait certainement pas plus de neuf ans répondit : Oui, mais j'aime tout le monde.

Emile nous servait d'interprète, car nous ne comprenions pas un mot. Marie dit : Si tu aimes ton frère tant que cela, tu peux contribuer à le guérir. Elle lui fit reprendre sa position primitive, une main sur chacune des joues de son frère, puis se déplaça pour pouvoir mettre sa propre main sur le front du garçonnet. Presque aussitôt les gémissements cessèrent, le visage du garçonnet s'éclaira, son petit corps se détendit, un calme complet s'installa sur toute la scène, et l'enfant s'endormit tranquillement d'un sommeil naturel.

Marie et la fillette restèrent assises dans la même position pendant quelques instants, puis Marie écarta doucement avec sa main gauche les mains de la fillette du visage du garçonnet, disant : Comme il est beau, bien portant et vigoureux ! Puis Marie retira sa main droite avec une douceur extrême.

Il se trouva que j'étais près d'elle tandis qu'elle étendait le bras gauche. Je tendis la main pour l'aider à se relever. Au moment où sa main toucha la mienne je ressentis une telle secousse que j'en fus paralysé. Elle se releva avec légèreté et dit : Je me suis oubliée un instant. Je n'aurais pas dû saisir votre main comme je l'ai fait, car je me sentais momentanément accablée par l'immensité de l'énergie qui s'écoulait à travers moi.

A peine eut-elle dit ces paroles que je recouvrai mes moyens. Je crois que les autres ne s'aperçurent même pas de l'incident tant ils étaient absorbés par ce qui se passait autour d'eux.

La fillette s'était subitement jetée aux pieds de Marie, en avait saisi un dans chaque main, et baisait frénétiquement ses vêtements. Marie se baissa, releva d'une main le petit visage fervent et couvert de larmes, puis s'agenouilla, serra l'enfant dans ses bras, et lui baisa les yeux et la bouche. L'enfant mit ses bras autour du cou de Marie, et toutes deux restèrent immobiles pendant un temps.

Puis l'étrange lumière dont nous avons déjà parlé commença d'inonder la pièce. Elle devint de plus en plus brillante, et finalement tous les objets parurent lumineux. Rien ne portait plus d'ombre. Il sembla que la chambre s'agrandissait.

Jusque-là le père et la mère des deux enfants étaient restés assis sur le plancher de terre battue dans un silence pétrifié. A ce moment, l'expression de leur visage changea. Ils devinrent blancs de frayeur, puis l'homme fut saisi d'une telle épouvante qu'il fonça vers la porte, bousculant Raymond dans sa hâte de s'enfuir. La mère tomba au côté de Marie, prostrée et toute secouée de sanglots. Marie lui mit une main sur le front et lui parla à voix basse. Les sanglots cessèrent, la femme se redressa à moitié et vit la transformation qui s'était opérée dans la chambre. Son visage reprit une expression de terreur, et elle se leva précipitamment, cherchant à s'enfuir. Emile lui saisit une main tandis que la dame magnifique saisissait l'autre. Ils la tinrent ainsi un moment, et voici qu'au lieu du taudis où nous étions entrés, nous nous trouvâmes dans une chambre assez confortable meublée avec des sièges, une table, et un lit propre.

Emile traversa la pièce, enleva le garçonnet endormi du tas de paille moisie, et le reposa doucement sur le lit dont il tira les couvertures. Ce faisant, il se baissa et embrassa l'enfant sur le front aussi tendrement que la plus tendre des femmes. Marie et la fillette se levèrent et marchèrent vers la maman. Nous nous rassemblâmes autour de celle-ci. Elle tomba à genoux, saisit les pieds de Marie, et commença à les embrasser en la suppliant de ne pas la quitter.

Emile avança, se baissa, prit les mains de la femme et la releva, lui parlant tout le temps d'une voix calme dans sa propre langue. Quand elle fut debout, les vieux vêtements souillés qu'elle portait s'étaient changés en vêtements neufs. Elle resta un instant silencieuse et comme pétrifiée, puis se jeta dans les bras tendus de Marie. Elles restèrent ainsi quelque temps, puis Emile les sépara.

Alors la fillette se précipita en avant les mains tendues, disant : Regardez mes vêtements neufs. Elle se tourna vers Marie qui se baissa et la souleva dans ses bras, tandis que la fillette lui entourait le cou de ses bras et appuyait son visage sur l'épaule de Marie. Raymond se tenait juste derrière elles. La fillette étendit les bras vers lui par-dessus l'épaule de Marie, leva la tête, et lui fit un joyeux sourire. Raymond avança d'un pas et tendit ses mains que la fillette saisit en disant qu'elle nous aimait tous, mais pas autant que cette dame chérie, et elle désignait Marie.

Emile dit qu'il allait voir s'il pouvait retrouver le père. Il le ramena au bout de quelques instants, effrayé et quelque peu renfrogné. Marie traversa la pièce et déposa la fillette près de lui. Sous la maussaderie de l'homme, nous pouvions cependant deviner une profonde gratitude. Nous quittâmes alors les lieux. Avant notre départ, la maman nous demanda de revenir. Nous répondîmes que nous reviendrions le lendemain.

Nous nous hâtâmes vers la maison du gouverneur craignant d'avoir fait attendre toute la compagnie. Nous avions l'impression d'avoir passé plusieurs heures dans la cabane, mais il ne s'était pas écoulé plus d'une demi-heure entre le moment où nous nous séparâmes du groupe et celui où nous le rejoignîmes. Tout s'était passé en moins de temps qu'il n'en faut pour l'écrire. Nous arrivâmes chez le gouverneur juste au moment où tout le monde s'asseyait à table. Raymond demanda la permission de s'asseoir à côté de Thomas. Il était aisé de voir qu'il était extrêmement agité. Thomas nous dit plus tard que Raymond était tellement ému de ce qu'il avait vu qu'il n'arrivait pas à rester calme.

L'ordonnance de la table était la suivante : à un bout le gouverneur, à sa droite Marie, puis Emile, la dame magnifique, Thomas et Raymond. A gauche du gouverneur notre hôtesse, puis le fils et la fille d'Emile. Je signale cette disposition en raison de ce qui advint un moment plus tard. Après que nous fûmes tous assis, les serviteurs commencèrent à apporter les plats, et la première moitié du repas se passa très agréablement. Le gouverneur demanda à Bagget Irand s'il ne voulait pas continuer l'exposé commencé, lequel avait été interrompu par l'arrivée du gouverneur d'un autre grand village.

Bagget Irand se leva et dit qu'il avait parlé de la similitude des vies de Bouddha et de Jésus. Il nous demanda la permission de continuer, mais dans un langage compris de notre hôte. Il n'était pas dans les habitudes de se servir d'un interprète avec le gouverneur quand on connaissait une langue qu'il parlait. Jast s'offrit à nous comme interprète, mais le gouverneur insista pour que Bagget Irand continuât en anglais et que Jast lui servît d'interprète, car la majorité des hôtes parlaient et comprenaient l'anglais.

Bagget Irand continua donc : Songez à ce que serait le pouvoir de l'homme si tous ses actes et toutes ses pensées étaient dominés par les attributs du Saint-Esprit. Jésus disait : « Quand l'Esprit Saint sera venu sur vous... » Il se référait à l'époque où le pouvoir de Dieu régirait la vie de tous ses enfants, c'est-à-dire au moment où Dieu se manifesterait dans la chair.

En vérité, ce développement spirituel a débuté, car

beaucoup de gens commencent à connaître la vie et l'enseignement des voyants et des prophètes. Ils les connaissent plus ou moins bien, selon que leur développement spirituel se rapproche plus ou moins du stade parfait où Dieu se manifeste à travers tous ses enfants. Il est des hommes qui suivent avec persévérance le véritable idéal de vie qu'ils ont perçu comme venant directement de Dieu et reliant Dieu à l'homme. Ceux-là ont fait de grands progrès vers la noblesse de caractère, la pureté d'âme et la grandeur morale. Leurs disciplines cherchent à incorporer ces idéaux dans leur individualité afin d'accomplir les mêmes œuvres que les Maîtres. Quand ils y seront parvenus, le monde sera bien obligé d'accepter les leçons des Maîtres dont la vie laisse présager les possibilités latentes de tous les enfants de Dieu.

Cependant aucun des Maîtres n'a prétendu avoir atteint la perfection ultime que Dieu a choisie pour ses enfants, car Jésus a dit : « Quiconque croit en moi fera les mêmes œuvres que moi, et même de plus grandes, car je vais au Père. » Jésus et Bouddha ont dit tous deux : « Soyez parfaits comme votre Père céleste est parfait. »

Ces fils de Dieu ne sont pas des personnages imaginaires. Depuis qu'ils sont apparus dans l'histoire, leur vie et leurs travaux se sont fortement imprimés dans l'esprit et le cœur de bien des hommes. On a inventé des mythes et des traditions à leur propos. Mais pour celui que la question intéresse, le vrai critérium consiste à accepter et appliquer leur enseignement dans la vie quotidienne. Les idéaux qu'ils ont exprimés sont les mêmes qui gouvernent la vie de tous les hommes éminents. C'est là une preuve additionnelle de leur vérité. Quiconque essaye de réfuter la vie de ces grands hommes peut aussi bien se demander pourquoi les religions existent. Ils sont le fondement des religions et portent la marque d'un besoin instinctif laissant irrésistiblement entrevoir la grande profondeur et la vraie base d'une humanité meilleure.

Les vies de Jésus et de Bouddha dépassent de beaucoup en éclat toutes les autres tentatives faites pour délivrer la famille humaine de ses limitations et de ses servitudes. Nous en avons conservé les annales. Il est légitime d'y puiser, pourvu que nous gardions le cœur ouvert et que nous effectuions les recherches avec l'esprit libre, en vue d'assimiler leur doctrine et leurs idéaux. A défaut, nous ne pourrions pénétrer leur caractère ni communier avec leur vie. Tel est le message inspiré de tous les vrais prophètes depuis le commencement de l'histoire du monde.

Deux au moins de ces hommes spirituellement illuminés, Jésus et Bouddha, ont amené à maturité les grandes possibilités de leur doctrine. Ils ont employé presque les mêmes mots pour dire : « Je suis le chemin, la vérité, et la lumière de la vie, pour tous les hommes. » Ils ont pris une position sincère dans laquelle ils pouvaient dire en vérité : « Je suis la lumière du monde. Quiconque me suit et vit comme moi ne marchera pas dans l'obscurité, mais aura la vie éternelle et sera abondamment libéré de toute limitation. »

Tous deux ont encore dit à peu près dans les mêmes termes : « Je suis né dans ce monde dans le but unique d'apporter mon témoignage à la vérité. Quiconque aime cette vérité répond à mon appel. » Ces paroles ont eu une influence directe sur le développement sincère de la vie du Christ chez les enfants de Dieu.

Toutes les religions du monde révèlent l'existence d'un pouvoir supérieur chez l'homme. Or celui-ci se sert de son intelligence mineure pour lutter contre les limitations sensuelles et s'en libérer. Les Ecritures Saintes des diverses races expriment extérieurement cette lutte. Le Livre de Job, dans votre Bible, est antérieur à toute votre histoire. Il a été écrit dans ce pays, et son sens mystique a été préservé à travers tous les changements politiques. Cependant, il a été entièrement adultéré par des additions de légendes. Malgré la destruction presque totale des habitants de ce pays, la parole mystique de Job ne sera jamais détruite, car quiconque demeure à l'endroit secret du Très-Haut demeure aussi à l'ombre du Tout-Puissant et possède l'intelligence de Dieu.

Il faut encore reconnaître autre chose, à savoir que toutes les Ecritures Saintes proviennent d'une religion, tandis qu'aucune religion ne procède d'une Ecriture. Les Ecritures Saintes sont un produit des religions et non leur cause. L'histoire des religions résulte des faits religieux. La dévotion provient de certaines expériences, alors que les Evangiles proviennent de toutes les religions.

On ne tardera pas à découvrir que l'unité des mobiles et des efforts constitue le plus puissant moyen d'atteindre un but désiré. Alors les innombrables individus, qui dispersent leurs pensées dans toutes les directions et tirent à hue et à dia, ne penseront plus que comme un seul et les hommes connaîtront la signification d'un effort vigoureux, continu, et commun. Quand ils seront mus par une volonté unique, toutes choses leur seront possibles. Quand ils rejetteront de leur conscience les pensées sataniques d'égoïsme, la bataille de Gog et de Magog cessera. Mais il ne faut pas compter sur une divinité extérieure pour y parvenir.

Quand Jésus a dit : « Mes paroles sont esprit et vie », il avait pris contact avec la parole intérieure créatrice de toutes choses. Il savait que son verbe était plein d'une quintessence de vie et possédait l'impulsion susceptible de réaliser l'objet de ses désirs. Si ces paroles résonnaient à travers toutes les âmes et toutes les nations, les hommes sauraient qu'ils ont accès à la fontaine de vie éternelle émanant de Dieu.

Un mode d'expression divin consiste à percevoir le Christ, sur un trône juste en arrière du cœur, siège de l'amour. Ayez la vision du Christ dirigeant à partir de ce trône toutes les activités de votre corps, en accord parfait avec la loi immuable de Dieu, et sachez que vous coopérez avec lui en vue de manifester les idéaux reçus directement de la pensée divine. Imaginez alors le Christ siégeant sur son trône grandissant et incluant tous les atomes, cellules, fibres, muscles, et organes de votre corps. En fait, il a grandi au point que votre corps entier est le Christ pur, le Fils unique de Dieu, le temple pur où Dieu est chez lui et aime à demeurer.

A partir de ce trône, on peut faire appel à tous les centres du corps et leur dire qu'ils sont positifs, aimants, puissants, sages, intrépides, libres en esprit. On devient pur de la pureté de l'esprit. Aucune pensée mortelle, aucun désir d'impureté ne peut approcher. On est immergé dans la pureté de Christ. L'esprit de vie en Christ fait de vous le temple pur de Dieu, où vous pouvez vous reposer et dire : « Père, ici comme en toutes choses, révèle-moi le Christ, ton fils parfait. » Puis bénissez le Christ. Après avoir assimilé le Christ, on peut tendre la main. Si l'on a besoin d'or, elle contiendra de l'or.

Bagget Irand étendit alors les deux mains, et dans chacune apparut un disque d'or un peu plus grand qu'un louis. Il les fit passer aux invités assis à sa droite et à sa gauche et ceux-ci les passèrent à leurs voisins jusqu'à ce que les disques eussent fait le tour de la table. Nous les conservâmes et les fîmes examiner ultérieurement par des spécialistes qui les déclarèrent d'or pur.

Puis Bagget Irand continua : Si vous voulez aider les autres, percevez le Christ qui trône chez eux comme chez vous. Parlez à leur Christ comme si vous vous adressiez directement à eux. Pour clarifier un sujet ou une situation, laissez votre Christ parler mentalement à l'âme abstraite du sujet en question, puis demandez à l'intelligence propre de la chose de vous parler d'elle-même.

Pour faire aboutir ses plans parfaits, Dieu a besoin de ses enfants au même titre que toute plante, fleur, ou arbre quelconque. Il est nécessaire que les enfants collaborent avec le Père dans le chemin parfait qu'il a conçu pour eux. Quand l'homme s'est dérobé à ce plan de coopération parfaite, il a déséquilibré le monde et provoqué la destruction de la majeure partie des enfants de Dieu par des raz de marée. Au contraire, la pensée parfaite d'amour, coopérant dans le cœur des enfants de Dieu avec l'équilibre et le pouvoir, maintient la stabilité de la terre. Quand les hommes dispersèrent cette force en pensées de péché et de luxure, le monde fut tellement désorienté que des raz de marée submergèrent l'humanité et détruisirent presque tout le fruit de ses travaux.

A cette époque, les hommes étaient bien plus avancés qu'aujourd'hui. Mais Dieu ne peut commander ni les pensées humaines d'amour et d'équilibre ni celles de haine et de déséquilibre. Il appartient aux hommes de le faire. Quand la force de pensée qui avait déséquilibré la terre fut dissipée par le grand cataclysme qu'elle avait provoqué, Dieu usa de son puissant pouvoir et stabilisa convenablement le monde. Mais tant que les pensées humaines dominent, Dieu est impuissant à agir.

Ayant ainsi parlé, Bagget Irand se rassit. Nous avions remarqué que le gouverneur manifestait des symptômes de gêne et d'agitation. Quand Bagget Irand eut fini de parler, sa nervosité éclata dans une exclamation qui signifiait : « Chien, chien de chrétien, tu as diffamé le nom de notre grand Bouddha et tu vas le payer. » Il étendit la main et tira un cordon qui pendait du plafond. Trois portes s'ouvrirent immédiatement dans la salle, du côté opposé au gouverneur, et trente soldats, sabre au clair, se ruèrent dans la pièce.

Le gouverneur s'était levé. Les deux gardes qui l'avaient accompagné et s'étaient tenus derrière sa chaise pendant le repas s'alignèrent à sa hauteur. Il leva la main et donna un ordre. Dix soldats s'avancèrent et se rangèrent le long du mur derrière Bagget Irand. Deux d'entre eux se portèrent à sa droite et à sa gauche, juste un peu en arrière de sa chaise. Le capitaine des gardes s'avança aux ordres près du gouverneur. Aucune personne de la société n'avait dit un mot ni fait un geste. Nous étions complètement atterrés par la soudaineté du changement.

Mais un profond silence tomba sur la scène. Une vive lueur apparut à l'extrémité de la table devant le gouverneur et illumina la salle. Tous les yeux étaient braqués sur lui, tandis qu'il gardait la main levée comme pour donner un second ordre. Son visage était devenu d'une pâleur de cendre et manifestait une expression d'horreur. Il semblait qu'une forme indécise fût debout sur la table devant lui. Nous entendîmes le mot « Stop » prononcé clairement et très énergiquement. Le mot lui-même apparut en lettres de feu entre la forme indécise et le gouverneur. Ce dernier parut comprendre car il se tint pétrifié, rigide comme une statue.

Entre-temps la silhouette indécise s'était précisée et nous reconnûmes Jésus, tel que nous l'avions vu précédemment. Mais la chose étonnante pour nous était qu'une deuxième silhouette vague se tenant près de Jésus retenait seule l'attention du gouverneur et de tous les soldats. Ils paraissaient la reconnaître et la craindre bien plus que la première.

Nous jetâmes un coup d'œil circulaire et vîmes tous les soldats debout et complètement raidis. La seconde silhouette se précisa et leva la main comme Jésus, sur quoi tous les soldats lâchèrent leurs sabres qui tombèrent bruyamment sur le sol. Le silence était si profond que nous entendîmes l'écho du bruit dans la pièce. La lumière brilla encore plus intensément. A la vérité, elle était si vive que nous étions à peu près aveuglés.

Le capitaine se ressaisit le premier, étendit les mains, et s'écria : « Bouddha, notre Bouddha, le Sublime. » Puis le gouverneur s'écria aussi : « En vérité, c'est le Sublime. » Et il se prosterna sur le sol. Les deux gardes s'avancèrent pour le relever, puis se tinrent silencieux et immobiles comme des statues. Les soldats, qui s'étaient rangés à l'extrémité la plus éloignée de la pièce, poussèrent une clameur et se ruèrent pêle-mêle vers le gouverneur en criant : « Le Sublime est venu pour détruire les chiens de chrétiens et leur chef. »

Sur quoi Bouddha recula sur la table jusqu'à ce qu'il pût les regarder tous en face et dit : Ce n'est pas une fois, ni deux fois, mais trois fois que je dis « Stop ». Chaque fois qu'il le prononça, le mot stop apparut en lettres de feu comme pour Jésus, mais les lettres ne s'effacèrent pas, elles restèrent en place dans l'air.

Les soldats parurent de nouveau pétrifiés. Ils regardaient la scène les yeux écarquillés, les uns avec une main en l'air, les autres avec un pied soulevé de terre, figés dans l'attitude où ils se trouvaient lorsque Bouddha avait levé la main. Celui-ci s'approcha de Jésus et, plaçant sa main gauche sous le bras de Jésus, il dit : « En ceci comme en toutes choses, je soutiens le bras levé de mon frère bien-aimé que voici. »

Il mit ensuite sa main droite sur l'épaule de Jésus et les deux Maîtres restèrent ainsi pendant un instant, puis descendirent de la table avec légèreté tandis que gouverneur, capitaine, gardes, et soldats les regardaient avec des visages pâles de frayeur et tombaient à la renverse. Le gouverneur s'effondra dans sa chaise qui avait été reculée jusqu'à toucher le mur de la pièce. Chacun de nous exhala un soupir de soulagement. Je crois que personne d'entre nous n'avait respiré pendant les quelques minutes qu'avait duré cette scène.

Puis Bouddha prit le bras de Jésus et tous deux se placèrent face au gouverneur. Bouddha lui parla avec une telle force que les mots paraissaient rebondir contre les murs de la salle. Il dit : Comment oses-tu qualifier de chiens de chrétiens nos frères bien-aimés que voici, toi qui viens de repousser brutalement une enfant suppliante à la recherche d'un cœur compatissant ? La grande âme que voici s'est détournée de sa route pour répondre à l'appel.

Bouddha lâcha le bras de Jésus, se retourna, et s'avança la main tendue vers Marie. Ce faisant, il jeta un coup d'œil circulaire depuis le gouverneur jusqu'à Marie. Il était facile de voir qu'il était profondément ému. Regardant le gouverneur, il s'exprima de nouveau en paroles qui paraissaient se projeter physiquement hors de lui : C'est toi qui aurais dû être le premier à répondre à l'appel de cette chère petite. Tu as manqué à ton devoir, et maintenant tu viens de traiter de chiens de chrétiens ceux qui ont répondu à cet appel. Va donc voir la guérison du garçonnet dont le corps était tordu de douleur et déchiré d'angoisse un instant auparavant. Va voir la maison confortable qui s'est élevée à la place du taudis. Rappelle-toi que tes actes te rendent partiellement responsable d'avoir confiné ces braves gens dans la misère. Va voir l'affreux tas d'ordures et de chiffons d'où cette chère âme (il se tourna vers Emile) a enlevé le corps du garçonnet pour le placer si tendrement sur un lit propre et net. Regarde comme les ordures et les chiffons ont disparu après le transport du petit corps. Et pendant ce temps, toi, espèce de bigot licencieux, tu étais confortablement assis dans la pourpre réservée aux purs. Tu oses appeler chiens de chrétiens ceux qui ne t'ont fait aucun mal et n'ont nui à personne, tandis que tu te qualifies toi-même de disciple de Bouddha et de grand prêtre de temple. Honte ! Honte ! Honte !

Chaque mot paraissait frapper le gouverneur, la chaise, et les draperies qui l'entouraient, puis rebondir. En tout cas leur violence était telle que le gouverneur tremblait et que les draperies flottaient comme soufflées par un grand vent. Il n'était pas question d'interprète, le gouverneur n'en avait plus besoin. Bien que les mots fussent dits dans l'anglais le plus pur, il les comprenait parfaitement.

Bouddha revint vers les deux hommes qui avaient reçu les pièces d'or et leur demanda de les lui remettre, ce qu'ils firent. Tenant les disques à plat dans une main, il revint vers le gouverneur et s'adressa directement à lui, disant : « Avance les mains. » Le gouverneur obtempéra avec peine tellement il tremblait. Bouddha posa un disque dans chacune de ses mains. Les disques disparurent immédiatement, et Bouddha dit :

« Regarde, même l'or pur s'évadera de tes mains. » Les deux disques retombèrent alors simultanément sur la table devant les deux hommes qui les avaient donnés.

Ensuite Bouddhâ allongea ses deux mains, les plaça sur les mains tendues du gouverneur, et dit d'une voix douce et calme : « Frère, n'aie pas peur. Je ne te juge pas, tu te juges toi-même. » Il resta ainsi jusqu'à ce que le gouverneur fût calmé, puis retira ses mains et dit : « Tu es bien pressé d'accourir avec des sabres pour redresser ce que tu crois être un tort. Mais rappelle-toi que quand tu juges et condamnes des hommes, tu te juges et te condamnes toi-même. »

Il revint vers Jésus et dit : « Nous deux qui avons la connaissance, nous sommes unis pour le bien commun et l'amour fraternel de toute l'humanité. » Il reprit le bras de Jésus et dit encore : « Eh bien, frère, j'ai entièrement retiré cette affaire de tes mains, mais je te la remets maintenant. » Jésus dit : « Tu as agi noblement, et je ne saurais trop te remercier. » Ils s'inclinèrent tous deux puis, se prenant par le bras, ils se retirèrent à travers la porte fermée et disparurent.

Aussitôt la salle retentit d'un tumulte de voix. Gouverneur, capitaine, soldats, et gardes se groupèrent autour de nous pour nous serrer la main. Tout le monde essayait de se faire comprendre en même temps. Le gouverneur adressa la parole à Emile qui leva la main pour réclamer le silence. Dès qu'il put se faire entendre, il annonça que le gouverneur désirait nous voir à nouveau tous assis à sa table. Nous reprîmes donc nos places.

Une fois le calme revenu, nous vîmes que le capitaine avait groupé ses soldats à droite et à gauche de la table et derrière la chaise du gouverneur qui avait de nouveau été rapprochée. Le gouverneur se leva et, se servant d'Emile comme interprète, il dit : « Je me suis laissé déborder par mon zèle. J'en suis profondément confus et doublement désolé. Il est peut-être superflu de le dire après ce qui est arrivé, car je crois que vous pouvez voir à mon attitude que j'ai changé. Je demande à mon frère Bagget Irand de se lever et de bien vouloir accepter mes plus humbles excuses. Maintenant je prie toute la société de se lever.

Quand ce fut fait, il dit : Je vous prie également tous d'accepter mes humbles excuses. Je vous souhaite à tous la bienvenue du fond du cœur. J'espère que vous resterez toujours auprès de nous si cela est conforme à votre désir. Dans le cas improbable où vous souhaiteriez une escorte militaire à un moment quelconque, je considérerais comme un grand honneur de pouvoir vous la fournir et je sais que le capitaine partage mes sentiments. Je ne puis rien ajouter que vous souhaiter bonne nuit. Toutefois, je voudrais vous dire avant votre départ que tout ce que je possède est à votre disposition. Je vous salue, les soldats vous saluent également et vous accompagneront à votre domicile. Encore une fois, je vous souhaite bonne nuit et salam au nom du grand Bouddha, l'Etre Céleste.

Le capitaine nous fit force excuses, disant avoir la certitude que nous étions ligués avec l'Etre Suprême. Il nous escorta avec cinq soldats jusqu'à notre résidence. En nous quittant, ceux-ci exécutèrent un salut en demi-cercle autour du capitaine, en présentant les pointes de leurs sabres de manière à ce qu'elles touchent la pointe du sien. Puis se retournant vivement ils retirèrent leur coiffure et, s'inclinant très bas pour un salam, mirent un genou en terre. Ce genre de salut n'est exécuté qu'à l'occasion de grandes affaires d'Etat. Nous y répondîmes de notre mieux, et ils s'en allèrent.

Nous entrâmes dans la maison, prîmes aussitôt congé de notre hôte et de nos amis, et nous préparâmes à rejoindre notre tente. Nous étions si nombreux qu'il n'y avait pas place pour tout le monde à l'auberge. Nous avions donc dressé le camp dans l'enclos situé derrière elle et nous étions très confortablement installés.

En arrivant à nos tentes, Raymond s'assit sur un lit de camp et dit : Bien que je sois absolument mort de fatigue, il est complètement inutile que j'aille me coucher avant d'avoir un peu éclairci cette affaire. Je vous préviens que j'ai l'intention de rester assis comme cela toute la nuit, à moins de recevoir quelque illumination, car je n'ai pas besoin de vous dire que cette affaire m'a touché plus profondément qu'à fleur de peau. Quant à vous autres qui êtes assis là en rond sans mot dire, vous avez l'air aussi intelligents que des chouettes.

Nous répondîmes qu'il en savait aussi long que nous, car nous n'avions jamais rien vu d'approchant. Quelqu'un suggéra qu'il s'agissait d'une mise en scène spécialement préparée pour nous. Raymond faillit lui sauter à la figure : Mise en scène ! Eh bien, la troupe capable d'une mise en scène pareille se ferait payer n'importe où un million par semaine. Quant au gouverneur, je veux être pendu s'il jouait la comédie. Le vieux bonze était terrifié jusqu'aux moelles. J'avoue d'ailleurs avoir eu aussi peur que lui pendant quelques instants.

Mais j'ai comme une vague arrière-pensée qu'il avait mis en scène pour nous une tout autre réception couleur rouge sang. Son accès de rage ne visait pas Bagget Irand seul. Quand les soldats se sont rués dans la salle, leurs clameurs ressemblaient trop à des cris de triomphe. Sauf erreur de ma part, le vieux jouait un scénario bien plus profond que nous ne le supposions. J'ai idée qu'il a cru un moment que Bouddha était venu pour l'aider. En effet, quand ils ont vu toute l'affaire tourner contre eux, ils se sont complètement effondrés. En y pensant, je me rappelle même qu'ils ont lâché leurs sabres.

Et puis, que dites-vous de la force de Bouddha ? Voyez comme il a jeté ses paroles à la face du vieux gouverneur. Il paraissait plus puissant que Jésus, mais à la fin, c'est son côté qui eut besoin de soutien, car en l'espèce le parti chrétien dominait la situation. Ne trouvez-vous pas que le gouverneur a reçu un bon coup d'éperon ? Je parierais qu'il doit avoir en ce moment l'impression d'être soulevé par-dessus une barricade par ses lacets de soulier.

Quand Bouddha lui a pris les mains, j'ai eu l'impression que le corps astral du vieux abandonnait son corps physique. Si je ne me trompe, nous entendrons pas mal parler de lui avant demain, et je vais jusqu'à prétendre que ce sera en bien, car il est une puissance dans le pays. Si les événements d'hier lui ont apporté la même illumination merveilleuse qu'à moi, je ne détesterais pas de chausser ses bottes.

Nous continuâmes de commenter les événements de la soirée, et le temps passa si vite que nous fûmes tout à coup surpris par l'aurore. Raymond se leva, s'étira, et dit : Qui a sommeil ? En tout cas pas moi, après tout ce que nous venons de dire.

Nous nous étendîmes donc tout habillés pour nous reposer une heure avant le repas du matin.

13

Le lendemain au réveil, Raymond fut le premier debout. Il se dépêcha de faire sa toilette, tel un écolier impatient. Quand il eut terminé, il resta debout à presser tout le monde. Finalement nous entrâmes tous dans la salle à manger où nous trouvâmes Emile et Jast. Raymond s'assit entre eux deux et posa des questions pendant tout le repas. A peine eûmes-nous fini de manger qu'il se leva. Il voulait se précipiter pour revoir la maison « qui avait poussé en un quart d'heure ». Posant ses mains sur les épaules de Jast, il dit que s'il pouvait avoir deux aides comme Emile et Marie, il s'amuserait à se promener partout en faisant pousser des maisons pour les pauvres gens. Puis il ajouta : Mais je crois que les grands propriétaires fonciers de New York en tomberaient malades, car ils vivent de leurs loyers.

Emile objecta : Et s'ils voulaient vous en empêcher ? Eh bien ! dit Raymond, je le ferais quand même. Une fois les maisons poussées, si les propriétaires ne voulaient pas s'en servir, je les attraperais de force, les mettrais dedans, et les enchaînerais.

Tout cela nous fit rire de bon cœur, car nous avions toujours considéré Raymond comme un homme tranquille et réservé. Il nous dit plus tard avoir été tellement bouleversé qu'il ne pouvait plus se retenir de poser des questions. Il assura que cette expédition était de loin la plus passionnante de toute sa vie, bien qu'il fût un habitué des voyages en pays lointain. Il résolut alors de nous aider à organiser une deuxième expédition pour continuer les fouilles d'après les directives de nos amis. Ce projet n'eut malheureusement pas de suite, car Raymond décéda subitement l'année suivante.

Nous eûmes toutes les peines du monde à l'empêcher de se rendre immédiatement à la petite maison. Cela finit par un compromis selon lequel Jast et l'un des autres l'accompagneraient jusqu'à un endroit où ils auraient vue sur elle. Ils revinrent de leur promenade au bout d'une demi-heure. Raymond jubilait. Il avait aperçu la petite maison, et elle était réelle. Elle lui avait remémoré une de ses visions d'enfance dans laquelle il s'était vu en promenade avec des fées, construisant des maisons pour les pauvres gens et les rendant heureux.

Emile nous informa qu'il y aurait le soir une réunion similaire à celle à laquelle nous avions assisté l'année précédente à son village natal. Il nous invita tous à y venir, ce que nous acceptâmes avec un vif plaisir.

Nous étions si nombreux qu'il parut préférable de ne pas aller tous ensemble examiner la petite maison. Nous prîmes donc des dispositions pour y aller par groupes de cinq ou six. Le premier groupe comprenait Emile, Raymond, une ou deux dames, et moi-même. Nous passâmes devant la maison où demeurait Marie qui se joignit à nous ainsi que notre hôtesse. Quand nous arrivâmes en vue de la maison, la fillette courut à notre rencontre et se jeta dans les bras de Marie, disant que son frère était bien portant et vigoureux.

Aux approches de la maison, la maman sortit, tomba à genoux devant Marie, et commença par lui dire combien elle l'adorait. Marie étendit la main pour la relever et lui dit : Il ne faut pas t'agenouiller devant moi. J'aurais fait pour quiconque ce que j'ai fait pour toi. Ce n'est pas moi qui mérite louange pour la bénédiction que tu as reçue. C'est le Grand Etre.

Le garçonnet ouvrit la porte, et sa maman nous invita à entrer. Nous suivîmes les dames, avec notre hôtesse pour interprète. Il n'y avait pas de question, la maison était là, avec ses quatre chambres très confortables. Elle était entourée de trois côtés par des cabanes absolument misérables. Nous fûmes informés que les occupants de ces cabanes se préparaient à émigrer, convaincus que le diable avait bâti cette maison et les tuerait s'ils continuaient à vivre dans le voisinage.

Nous eûmes bientôt des nouvelles du gouverneur. Vers onze heures du matin il envoya le capitaine et un groupe de soldats pour nous inviter tous à déjeuner avec lui à deux heures le même jour. Nous acceptâmes. Un garde nous attendait à l'heure convenue pour nous escorter jusqu'à la maison du gouverneur. Le lecteur comprendra que les beaux équipages n'existaient pas dans ce pays. Nous utilisâmes donc le seul mode de locomotion en usage, la marche à pied.

En arrivant à la maison du gouverneur, nous vîmes qu'un grand nombre de lamas du monastère voisin nous avaient précédés avec leur grand prêtre. Nous apprîmes que ce monastère abritait quinze cents à dix-huit cents lamas et qu'il était fort important. Le gouverneur faisait partie du grand conseil des prêtres de cette communauté. Nous nous attendions à des commentaires animés, mais ne tardâmes pas à découvrir que le déjeuner avait pour but d'établir un contact entre les lamas et les membres de notre expédition. Nos amis les Maîtres connaissaient le grand prêtre depuis longtemps pour l'avoir souvent rencontré et avoir travaillé avec lui. Jusqu'au matin même, le gouverneur paraissait avoir ignoré ces relations. En effet, le grand prêtre avait été absent du monastère pendant trois ans et n'était de retour que depuis la veille de notre arrivée.

Pendant le repas, nous pûmes nous rendre compte que les lamas étaient bien élevés, avaient de larges vues sur la vie, avaient beaucoup voyagé, et que deux d'entre eux avaient même passé un an en Angleterre et aux Etats-Unis. Le gouverneur leur avait relaté les événements de la veille. Bien avant la fin du repas, l'atmosphère était devenue très cordiale. Nous trouvâmes le gouverneur fort sympathique. Il ne fit allusion à la soirée de la veille que pour dire qu'il en était sorti grandement illuminé. Il avoua franchement avoir été extrêmement xénophobe jusque-là. Nous fûmes obligés d'avoir recours à des interprètes, ce qui n'est guère satisfaisant quand on désire aller au fond de la pensée d'un interlocuteur.

Avant le départ nous fûmes cordialement invités pour le lendemain à visiter le monastère et à y être les hôtes des lamas. Emile nous conseilla d'accepter, et nous passâmes avec eux une journée très agréable et instructive. Le grand lama était un homme remarquable. Il se lia ce jour-là avec Thomas d'une amitié qui mûrit ensuite jusqu'à devenir une compréhension étroite et fraternelle qui dura toute leur vie. Le grand lama nous apporta une aide inappréciable au cours de nos voyages subséquents dans la région.

14

Nous apprîmes bientôt le motif de la visite des Maîtres au désert. Ils voulaient nous faire assister à une grande réunion d'indigènes qu'ils avaient organisée à la demande expresse du grand lama.

Juste avant l'heure de la réunion, Emile, Marie et moi allâmes à la maison où le garçonnet avait été guéri. Nous voulions voir sa maman et sa sœur, car elles avaient demandé à nous accompagner. Entre leur nouvelle maison et le lieu de réunion, nous passâmes devant un grand nombre de huttes de boue délabrées. La fillette s'arrêta devant l'une d'elles, disant qu'une femme aveugle y habitait. Elle demanda à Emile la permission d'y entrer et d'emmener l'aveugle à la réunion si elle le désirait. Emile ayant acquiescé, la fillette ouvrit la porte et entra dans la hutte tandis que nous attendions à l'extérieur. Quelques instants plus tard, elle réapparut en disant que la femme avait peur et demandait à Emile de venir jusqu'à elle. Celui-ci s'approcha de la porte et au bout d'un instant de conversation entra dans la hutte avec la fillette.

Marie dit : Cette fillette sera une grande bienfaitrice parmi ces gens, car elle possède le pouvoir et la détermination d'exécuter ce qu'elle entreprend. Nous avons décidé de la laisser mener cette affaire à sa guise. Cependant nous la conseillerons et l'aiderons en nous inspirant des idées qui auront le plus de chances d'augmenter sa confiance en elle-même. Nous allons voir la méthode qu'elle emploiera pour inciter cette femme à venir à la réunion. La crainte que ces braves gens éprouvent à notre égard est inimaginable. Beaucoup d'entre eux s'éloignent de la maison de la fillette au lieu de nous assaillir en vue d'obtenir des maisons semblables. Telle est la raison qui nous oblige à tant de doigté pour ne pas heurter leurs sentiments. Tandis que nous souhaitons les élever au-dessus de leur entourage comme nous l'avons fait pour cette brave fillette, ils s'enfuient loin de nous dès que nous faisons mine d'approcher.

Je demandai à Marie comment elle avait pu aider de la sorte la fillette et ses parents. Elle répondit : Eh bien, ce fut grâce à l'attitude de la fillette. C'est à travers elle que nous avons pu aider toute sa famille. Elle est l'organe d'équilibre de son groupe. C'est par elle que nous allons atteindre cette chère âme et beaucoup d'autres gens ici.

Puis Marie montra du geste les huttes environnantes et dit : Voilà les gens que nous aimons à rapprocher de nos cœurs. La nouvelle maisonnette n'a pas été créée en vain.

Emile et la fillette réapparurent, disant que l'aveugle demandait à la fillette de l'attendre et que toutes deux allaient nous rejoindre de suite. Nous continuâmes donc notre chemin en laissant la fillette avec l'aveugle.

Quand nous arrivâmes au lieu de réunion, le public était presque au complet. Nous apprîmes que le grand prêtre du monastère allait être le principal orateur de la soirée. Emile avait rencontré ce lama dix-huit mois plus tôt et s'était tout de suite lié avec lui d'une chaude amitié. Le gouverneur était la plus haute autorité après le lama. Emile dit que ces deux hommes allaient devenir amis intimes des Maîtres à dater de ce jour. Il était rare que les Maîtres eussent l'occasion d'entrer en contact spirituel avec d'aussi hautes autorités. Ils se contentaient en général de laisser les événements progresser à leur allure naturelle.

Nos amis nous dirent que le soir précédent avait marqué la troisième occasion où Jésus et Bouddha étaient apparus pour les aider visiblement. Ils étaient heureux que nous ayons pu en être témoins. Ils ne considéraient pas cette affaire comme un triomphe additionnel, mais comme une occasion leur permettant de coopérer avec les gens de la région.

Sur ces entrefaites, la fillette entra dans la salle de réunion, conduisant la femme aveugle. Elle l'installa sur un siège un peu en arrière et de côté. Une fois la femme assise, la fillette se mit debout en face d'elle, lui prit les deux mains, et peu après se pencha comme pour lui parler à voix basse. Puis elle se redressa et posa ses menottes sur les yeux de l'aveugle où elle les laissa quelques instants. Ce mouvement parut attirer l'attention de toute l'assemblée, à commencer par le grand prêtre. Tout le monde se leva pour regarder l'enfant et l'aveugle. Le grand prêtre s'avança rapidement et posa ses mains sur la tête de la fillette qui reçut visiblement un choc mais ne changea pas d'attitude.

Les trois personnages se maintinrent ainsi pendant quelques instants, puis la fillette enleva ses menottes et s'écria : « Eh bien, tu n'es pas aveugle du tout, tu peux voir. » Elle embrassa le front de la femme puis se retourna et marcha vers Thomas. Elle parut perplexe et dit : « J'ai parlé dans votre langue, comment cela se fait-il ? » Puis elle ajouta : « Pourquoi la femme ne voit-elle pas qu'elle a cessé d'être aveugle ? Elle peut voir. »

Nous regardâmes à nouveau la femme. Elle s'était levée. Saisissant à deux mains la robe du grand prêtre, elle dit en langue indigène : « Je peux vous voir. » Puis elle regarda autour d'elle dans toute la salle d'un air égaré et dit : « Je peux vous voir tous. » Elle lâcha la robe du grand prêtre, enfouit son visage dans ses mains, retomba sur le siège qu'elle occupait, et sanglota : « Je vois, je vois, mais vous êtes tous si propres et je suis si sale. Laissez-moi partir. »

Marie alla se placer directement derrière la femme et lui posa ses deux mains sur les épaules. Le grand prêtre leva les mains. Aucun mot ne fut prononcé. Presque instantanément, les vêtements de la femme furent changés en vêtements neufs et propres. Marie retira ses mains. La femme se leva, et regarda autour d'elle d'un air ahuri et perplexe. Le prêtre lui demanda ce qu'elle cherchait. Elle répondit que c'étaient ses vieux vêtements. Le prêtre dit : « Ne cherche pas tes vieux vêtements, regarde, tu es habillée de neuf. » Elle resta encore un instant comme enveloppée dans sa perplexité, puis son visage s'illumina d'un sourire. Elle s'inclina très bas et reprit son siège.

Nous étions tellement surexcités que nous nous

pressions tous autour de la femme. Entre-temps Raymond s'était frayé un passage jusqu'à la fillette et causait avec elle à voix basse. Il nous informa plus tard qu'elle parlait très bien l'anglais. Quand la conversation avait lieu en langue indigène, notre hôtesse servait d'interprète. Nous apprîmes que la femme était aveugle depuis plus de vingt-quatre ans et que sa cécité provenait de ce qu'elle avait reçu dans les yeux du petit plomb d'un coup de fusil tiré par un brigand faisant partie d'une bande.

Quelqu'un suggéra qu'il serait bon de s'asseoir à la table. Tandis que nous prenions place, la femme se leva et demanda à Marie qui était restée tranquillement à ses côtés la permission de partir. La fillette s'avança, disant qu'elle l'accompagnerait pour s'assurer de son arrivée à bon port. Le grand prêtre demanda à la femme où elle habitait. Elle le renseigna. Il lui conseilla de ne plus retourner à cet endroit malpropre. La fillette prit la parole pour dire qu'elle comptait bien héberger la femme chez elle, et elles quittèrent toutes deux la salle en se donnant le bras.

Quand nous fûmes tous assis, des assiettes apparurent sur la table comme posées par des mains invisibles. Le grand prêtre regarda autour de lui d'un air stupéfait. Quand la nourriture et les plats commencèrent à arriver de la même manière, il se tourna vers Marie qui était assise à sa droite et lui demanda si elle avait l'habitude de se nourrir de cette manière dont il n'avait jamais eu le privilège d'être témoin jusqu'ici.

Il se tourna ensuite vers Emile, qui nous servait d'interprète, comme pour demander des explications. Emile exposa que le pouvoir qui avait servi à guérir l'aveugle pouvait être utilisé pour se procurer tout ce dont on avait besoin. Il était facile de voir que le grand prêtre restait perplexe, mais il ne dit mot jusque vers le milieu du repas.

Alors il reprit la parole, et Jast interpréta. Le grand prêtre dit : Mon regard a sondé des profondeurs où je ne croyais pas que des êtres humains eussent le privilège de plonger. Toute ma vie s'est écoulée dans l'ordre de la prêtrise, et je croyais servir mes semblables. Je constate maintenant que je me servais moi-même beaucoup plus que mes frères. Mais la fraternité a été prodigieusement étendue ce soir, et ma vision a suivi. Maintenant seulement il m'est permis d'apercevoir l'étroitesse de notre vie passée et le mépris que nous professions pour tout ce qui n'était pas nous-mêmes. Cette vision sublime me montre que vous émanez comme nous du domaine divin, et me permet de contempler une joie céleste.

Il s'interrompit les mains à moitié levées cependant qu'un air d'agréable surprise l'envahissait. Il resta dans cette position un instant puis dit : C'est insensé, je puis parler votre langue et je vais le faire. Pourquoi ne le pourrais-je pas ? Je comprends maintenant votre pensée quand vous disiez que la faculté de s'exprimer est illimitée pour l'homme. Je découvre en effet que je peux vous parler directement et que vous me comprenez.

Il s'interrompit encore comme pour ressaisir le fil de ses pensées, puis se mit à parler sans interprète. On nous informa plus tard que c'était la première fois qu'il parlait anglais.

Il continua : Comme c'est magnifique de pouvoir vous parler directement dans votre langue ! Cela me donne une vision plus large des choses, et je ne peux plus comprendre comment des hommes peuvent en regarder d'autres comme des ennemis. Il est évident pour moi que nous appartenons tous à la même famille, provenons de la même source, et servons la même cause. Cela prouve qu'il y a place pour tout le monde. Si un frère a une pensée différente de la nôtre, pourquoi voudrions-nous le faire périr ? Je comprends que nous n'avons pas le droit d'interférer, car toute interférence ne fait que retarder notre propre développement et nous isoler du monde en faisant s'écrouler notre maison sur notre propre tête.

Au lieu d'une race limitée, je perçois maintenant un

tout universel, éternel et sans bornes, émanant de l'Unité et retournant à elle. Je vois que votre Jésus et notre Bouddha ont vaincu par la même lumière. Il faut que leurs vies se fondent dans l'unité en même temps que celles des participants à cette lumière. Je commence à voir le point de convergence. Cette lumière claire comme le cristal déverse son rayonnement sur moi. Quand des hommes se sont élevés à une position royale, ils n'arrivent plus à considérer leurs frères comme des égaux. Ils veulent être seuls rois et maintenir les autres dans la servitude.

Pourquoi cette fillette a-t-elle placé ses mains sur les yeux fermés de la brave femme ? Parce qu'elle voyait plus profondément que moi, alors que j'aurais dû être mieux au courant qu'elle. Elle a manifesté ce que vous appelez un puissant amour, le même qui a incité Jésus et Bouddha à se réunir, ce qui m'a d'abord étonné mais ne m'étonne plus. En vous incluant tous dans notre pensée, il ne peut arriver de mal, car cette inclusion nous apporte le bien que vous possédez, et nous ne pouvons qu'en profiter. Le pouvoir qui vous protégera toujours me protégera aussi. L'armure qui me défend vous défendra de même. Si elle est une protection pour vous et moi, elle l'est pour tous. Les lignes de démarcation ont disparu. Quelle vérité céleste !

Je vois votre pensée quand vous dites que le monde est le monde de Dieu et que les endroits lointains et proches lui appartiennent. Si nous voyons simultanément les lieux proches et lointains, ils sont pareils pour nous. Nous vivions dans notre petit monde sans voir que le vaste univers nous entourait, prêt à venir à notre secours si nous le laissions faire. Songez que Dieu nous entoure et entoure tout.

Je comprends la pensée du saint frère disant que les portes s'ouvriront toutes grandes pour quiconque est prêt à recevoir Dieu. Il est dit que l'homme ne doit pas se borner à prêter l'oreille. Il doit devenir ce qu'il proclame être. En s'engloutissant lui-même, il sera immergé dans la fraternité humaine. Ce sont les actes qui comptent et non les belles paroles. Le chemin du progrès n'est pas seulement barré par les croyances d'autrui, mais par les nôtres. Chacun réclame directement les grâces du Très-Haut, chacun essaie de bâtir sa demeure en démantelant celle d'autrui. Au lieu d'employer son énergie à détruire, il faudrait s'en servir pour consolider l'ensemble.

Le Très-Haut a créé toutes les nations de la terre d'un même sang, et non pas chaque nation d'un sang différent. On est maintenant arrivé au point où il faut choisir entre la superstition et la fraternité humaine. La superstition est l'envoûtement de l'homme. La foi qui déplace les montagnes sommeille encore à l'état de germe dans le plan divin. L'homme n'a pas encore atteint la hauteur et la majesté de cette loi. La loi d'illumination qui a précédé celle des miracles est la loi supérieure de l'amour, et l'amour est la fraternité universelle.

L'homme n'a besoin que de remonter à la source de sa propre religion, d'en écarter toutes les fausses interprétations, et de rejeter tout égoïsme. Derrière les apparences superficielles, on trouvera l'or pur de l'alchimiste, la sagesse du Très-Haut, votre Dieu et mon Dieu. Il n'y a qu'un seul Dieu, et non des divinités nombreuses pour des peuples divers.

C'est le même Dieu qui s'adressa du buisson ardent à Moïse. C'est le même encore auquel Jésus faisait allusion en disant que par la prière il pouvait appeler des légions à son secours dans sa bataille à mort pour achever le travail que le Père lui avait confié. C'est encore le même Dieu à qui Pierre adressa ses prières en sortant de prison. Je perçois maintenant le grand pouvoir auquel on peut faire appel pour aider ceux qui veulent consacrer leur vie à la fraternité humaine.

A ce moment, le grand prêtre leva son verre, le tint un moment serré dans la main, et s'immobilisa complètement. Le verre se brisa en poussière et le grand prêtre continua : Les armées d'Israël connaissaient ce pouvoir quand elles sonnèrent de la trompette devant

Jéricho et que les murs s'écroulèrent. Paul et Silas ne l'ignoraient pas non plus quand ils s'évadèrent de prison.

A nouveau le grand prêtre observa un moment de silence complet, et le bâtiment se mit à vibrer et à vaciller sur ses bases. De grandes langues de feu brillèrent comme des éclairs. Deux énormes masses rocheuses se détachèrent de la paroi de la montagne à deux kilomètres de là et tombèrent en avalanche dans la vallée. Les villageois sortirent terrifiés de leurs maisons, et nous eûmes bien envie d'en faire autant, tellement notre bâtiment était secoué.

Puis le grand prêtre leva la main, et le calme revint. Il dit encore : A quoi peuvent servir les armées et les marines quand on sait que Dieu possède ce pouvoir et que ses véritables fils peuvent s'en servir ? On peut balayer une armée comme un enfant renverserait des soldats de plomb, et l'on peut réduire en poussière, tel ce verre, les grands navires de guerre.

Ce disant il montrait l'assiette dans laquelle il avait déposé la poussière représentant tout ce qui restait du verre. Il la prit et souffla légèrement dessus. Elle éclata en flammes et disparut totalement.

Il reprit encore : Ces légions ne viennent pas pour faire votre travail ou le mien ni pour se servir de l'homme comme d'un instrument. C'est l'homme qui peut faire appel à elles pour être encouragé, soutenu, et réconforté dans le travail qu'il accomplit comme maître de toutes les conditions de vie.

A l'aide de ce pouvoir, l'homme peut calmer les vagues, commander aux vents, éteindre le feu, ou diriger les foules. Mais il ne peut se servir des légions que s'il les a dominées. Il peut les employer pour le bien de la race humaine pour enfoncer dans la cervelle des hommes le sens de la coopération avec Dieu. Quiconque est devenu capable de faire appel à ces légions sait parfaitement qu'il ne peut les utiliser que pour le service véritable de l'humanité. Elles peuvent en effet consumer l'homme aussi bien que le défendre.

L'orateur s'interrompit un moment, étendit les mains, et reprit d'une voix mesurée et respectueuse : Père, c'est un grand plaisir pour nous de recevoir ces chers amis ce soir, et nous disons d'un cœur humble et sincère : « Que ta volonté soit faite. » Nous les bénissons, et en les bénissant nous bénissons le monde entier.

Puis il s'assit comme si rien d'extraordinaire ne s'était passé. Tous les Maîtres étaient calmes. Seuls les membres de notre expédition étaient surexcités. Le chœur invisible éclata en chantant : « Chacun connaît le pouvoir qui réside dans un nom. L'homme peut se proclamer roi lui-même. Avec un cœur contrit, il peut accéder au pouvoir suprême. »

Pendant cette remarquable démonstration de puissance nous étions restés inconscients de l'état de tension de nos nerfs. Quand le chœur s'arrêta, nous en devînmes conscients, comme si la fin de la musique avait été nécessaire pour nous détendre. Quand les derniers échos en furent éteints, nous nous levâmes de table et nous réunîmes autour de nos amis et du grand prêtre. Ce fut l'occasion pour Raymond et Thomas de poser des questions. Voyant combien ils étaient intéressés, le grand prêtre les invita à passer la nuit au monastère avec lui. Ils nous souhaitèrent le bonsoir et partirent tous trois.

Le programme prévoyait que nous partirions le lendemain à midi. Nous convînmes que Jast et Chander Sen nous accompagneraient seuls à l'endroit où nous devions compléter nos approvisionnements, et qu'Emile nous y rejoindrait. Quant aux trois Maîtres, ils reviendraient avec nous au village de nos quartiers d'hiver. Après avoir pris ces dispositions, nous retournâmes au camp, mais n'allâmes pas nous coucher avant l'aurore, tant nous étions désireux d'échanger nos impressions sur les événements dont nous avions été témoins.

15

Le lendemain à midi tout était prêt. L'expédition quitta le village au milieu des cris d'adieu et des souhaits de bon voyage, car la plupart des habitants étaient sortis pour nous saluer au départ. Nous fîmes halte le même soir vers six heures à un endroit où il nous fallait traverser un large fleuve. Nous jugeâmes bon de camper là, les préparatifs de la traversée devant nous prendre la majeure partie du lendemain.

Comme il n'y avait ni pont ni bateau, les hommes traversèrent en glissant le long d'un gros câble tressé en lanières de cuir et tendu par-dessus la rivière. Il n'y eut pas de difficulté pour eux, mais ce fut bien autre chose pour les chevaux et les mules. Avec des courroies de cuir nous leur fabriquâmes un solide support muni d'une forte boucle pouvant glisser le long du câble. On attachait l'animal, puis on le poussait par-dessus la berge. Il restait suspendu au-dessus du torrent mugissant, tandis qu'on le tirait à l'aide de cordes partant de l'autre rive. L'une des cordes servait à tirer l'animal et l'autre à ramener son support.

Finalement la traversée se termina sans incident et ensuite nous ne rencontrâmes plus d'obstacles. A part cette traversée difficile, nous trouvâmes la piste du retour bien meilleure que celle de l'aller. Une fois arrivée à notre base, l'expédition se débanda, et les dispositions furent prises pour permettre à ceux qui rentraient chez eux de rejoindre leur port de départ par la route régulière des caravanes. Le lendemain matin, Emile nous rejoignit. Nous prîmes congé de nos camarades et nous partîmes avec lui en direction du village de nos anciens quartiers d'hiver.

Nous nous reposâmes deux jours au camp des bandits. Les deux auxiliaires qui en provenaient nous quittèrent là, et notre détachement fut réduit à sept hommes. Les deux anciens bandits racontèrent à leurs compagnons le voyage remarquable qu'ils avaient fait et les miracles qu'ils avaient vus.

Nous fûmes extrêmement bien traités. Nos trois grands amis receivaient des honneurs particuliers. Le chef de bande leur assura qu'en souvenir de la considération que les Maîtres leur avaient montrée, les bandits tiendraient pour absolument sacré l'emplacement des cités enfouies. D'ailleurs, il y avait peu de danger que cette bande tentât de s'éloigner pareillement de sa base.

En effet les bandits du désert n'envahissent jamais les montagnes, ni ceux des montagnes le désert, car ils sont continuellement en guerre les uns contre les autres. Pour autant que nous sachions, ils ont fidèlement tenu leur promesse jusqu'ici.

Le matin de notre départ, le chef de bande vint donner à Thomas une petite médaille d'argent de la taille et du poids d'un shilling anglais, sur laquelle était gravée une curieuse inscription. Il informa Thomas que si nous étions jamais attaqués dans la région par une bande de brigands, il nous suffisait de montrer cette médaille pour être immédiatement relâchés. Sa famille la détenait depuis de nombreuses générations et y attachait un prix extrême, mais il désirait la voir aux mains de Thomas en gage de son estime pour lui.

Après avoir soigneusement examiné la médaille, Emile nous dit qu'il s'agissait d'une très fidèle reproduction d'une pièce de monnaie qui avait eu cours dans le nord du territoire de Gobi plusieurs milliers d'années auparavant. Le millésime montrait que cette médaille datait de plus de sept cents ans. Des pièces de monnaie de ce genre sont souvent utilisées comme talismans par les indigènes de la région, et ceux-ci leur attribuent d'autant plus d'efficacité que les pièces sont plus anciennes. Le chef des brigands et toute sa bande attachaient indubitablement un très grand prix à leur cadeau.

Nous continuâmes notre voyage sans autre incident et arrivâmes à nos quartiers d'hiver à l'époque prévue.

Nous y reçûmes une chaude bienvenue de la part du groupe de Maîtres qui nous avait rendu visite dans le désert et nous avait quitté au village où nous avions rencontré le grand prêtre. Nous fûmes une seconde fois invités à habiter la maison de notre hôtesse de l'année précédente, ce que nous acceptâmes avec joie.

Cette fois-ci nous n'étions plus que quatre, car sept de nos camarades étaient retournés aux Indes et en Mongolie pour effectuer d'autres recherches. Cette combinaison devait nous laisser plus de temps pour les traductions de documents. Tout était tranquille dans le petit village. Cela nous permit de consacrer la totalité de notre temps à étudier l'alphabet des documents, ainsi que la forme des symboles et des caractères. Nous plaçâmes ceux-ci dans l'ordre qui permettait de s'en servir et nous en retirâmes des données intérieures sur la signification des mots. Chander Sen nous apporta son concours. Bien qu'il ne fût pas présent tout le temps, notre hôtesse ou lui se trouvaient toujours là pour nous aider aux passages difficiles.

Ce travail continua jusqu'aux derniers jours de décembre. Nous remarquâmes alors qu'un assez grand nombre de gens se réunissaient à nouveau pour l'assemblée annuelle. C'étaient pour la plupart les mêmes que l'année précédente, mais le lieu de réunion était différent. Cette fois-ci la fête devait avoir lieu au temple de la Croix en « T », dans la salle centrale de la série des cinq salles disposées horizontalement au-dessus du rebord déjà décrit.

Le soir du nouvel an, nous montâmes à cette salle de bonne heure pour causer avec ceux qui s'y étaient réunis. Ils venaient d'endroits très divers et nous donnèrent des nouvelles du monde extérieur avec lequel nous avions vraiment le sentiment d'avoir perdu contact. Cependant notre travail nous avait rendus heureux et le temps avait passé très vite.

Tandis que nous causions, l'un des hôtes entra et dit que la lune était superbe. Plusieurs assistants, y compris tout notre groupe, sortirent sur le balcon naturel. En vérité la vue était magnifique. La lune venait de se lever et paraissait flotter à travers un amas de couleurs délicates qui se reflétaient sur la vaste étendue de neige couvrant montagnes et vallées. Les couleurs changeaient continuellement.

Quelqu'un dit : « Oh ! le carillon va sonner cette nuit ! » En effet, celui-ci ne tarda pas à commencer. Au début, ce fut comme si une cloche très éloignée avait sonné trois coups. Puis il sembla que des cloches se rapprochaient en devenant de plus en plus petites, jusqu'à ce que ce fussent de minuscules clochettes tintant à nos pieds. L'impression était si réelle que nous regardâmes à terre, nous attendant à les voir. La mélodie continua et s'amplifia comme si des milliers de cloches étaient accordées en parfaite harmonie. La zone colorée s'éleva jusqu'au niveau du rebord où nous nous tenions. Il sembla que nous pouvions nous avancer et marcher dessus tellement la terre sous-jacente était hermétiquement cachée.

Tandis que la brume colorée s'élevait en ondulant, le son des cloches augmenta d'intensité, et la mélodie finit par emplir toutes les anfractuosités. Il semblait que nous nous tenions sur l'estrade d'un grand amphithéâtre, face à des milliers de silhouettes pâles et de visages attentifs au carillon. Puis une voix de ténor forte et pleine entonna le chant « Amérique ». Immédiatement des milliers de voix reprirent les refrains tandis que les cloches formaient l'accompagnement. Le chant continua ainsi d'une manière éclatante jusqu'à la fin. Alors des voix derrière nous dirent : « Amérique, nous te saluons. » Puis d'autres dirent : « Nous saluons le monde entier. »

Nous nous retournâmes et vîmes derrière nous Jésus, le grand prêtre, et Emile. Le phénomène du carillon nous avait tellement fascinés que nous avions complètement oublié toute présence humaine. Chacun s'effaça pour les laisser entrer. Tandis que Jésus se préparait à franchir la porte, nous aperçûmes cette lumière extraordinaire qui brillait toujours en sa présence. Quand il eut franchi la porte, la salle entière s'illumina d'une lumière blanche. Tout le monde entra et prit place à table.

Cette fois-ci, il n'y avait que deux longues tables qui prenaient toute la largeur de la pièce. Jésus était assis à la première table, et le grand prêtre à la seconde qui était la nôtre, avec Emile à sa droite et Thomas à sa gauche. Il n'y avait pas de linge, mais à peine fûmes-nous assis que les tables se recouvrirent de nappes de lin blanc. Des assiettes apparurent aussitôt après. La nourriture vint ensuite avec les plats, à l'exception du pain. Une miche apparut sur la table devant Jésus. Il la prit et commença à la rompre, mettant les morceaux sur un plat. Quand le plat fut rempli, une pâle silhouette enfantine le souleva et se tint silencieuse jusqu'à ce que sept plats remplis de la même manière fussent tenus par sept silhouettes semblables. Pendant que Jésus rompait le pain et remplissait les plats, la miche ne diminuait pas. Quand le dernier plat fut rempli, Jésus se leva, étendit les mains, et dit : Le pain que je vous offre représente la pure vie de Dieu. Partagez cette vie pure qui est toujours divine.

Puis, tandis que l'on passait le pain à la ronde, il continua : Quand j'ai dit que j'étais élevé et que par mon ascension j'attirerais tous les hommes à moi, je savais que cette expérience serait pour le monde une lumière grâce à laquelle chacun verrait de ses propres yeux et saurait qu'il peut être élevé comme moi. J'ai vu le ciel ici-bas, sur terre, en plein milieu des hommes. Telle est la vérité que j'ai perçue, et la Vérité vous affranchira. Tous vous la reconnaîtrez. Il n'est qu'un seul troupeau et un seul berger. Si une brebis s'égare, il est bon d'abandonner les quatre-vingt-dix-neuf et de rechercher la centième pour la ramener au bercail.

Dieu devrait être tout pour ses enfants. Tous sont à lui, car ils sont plus rapprochés de lui et plus chers à son cœur que les moineaux ou les lis des champs. S'il se réjouit de l'épanouissement des lis et note le chant des moineaux, combien plus couve-t-il du regard la croissance de ses chers enfants. Il ne les juge pas plus qu'il ne juge les lis et les moineaux, mais les associe avec bonté à sa grande cause. Nul ne sera laissé de côté quand il aura instauré sa perfection.

J'ai eu la vision que si cet idéal pouvait être gravé en lettres d'or pur sur les murs des temples de la Grande Pensée du monde, il élèverait la pensée des hommes au-dessus de la boue et de la fange. Il placera leurs pieds sur le roc d'une fondation sûre d'où ils pourront sans crainte écouter mugir vents et marées. Tant qu'ils s'y tiendront fermement et sincèrement ils y seront en sécurité. A cause de cette sécurité, de cette paix, de ce calme, ils aspireront aux hauteurs d'où l'homme perçoit sa véritable royauté.

Ils peuvent aussi s'élever au-dessus de leurs semblables, mais n'y trouveront pas le ciel, car celui-ci n'est pas parmi les hommes. On ne découvre pas la perle de grand prix en marchant lourdement dans le chemin des peines, des tristesses, et des tribulations. On l'atteint bien plus facilement en rejetant tout esprit matériel et en renonçant aux lois qui enchaînent l'homme à sa roue éternelle. Avancez-vous, ramassez le joyau, incorporez-le, laissez briller sa lumière. Un seul pas direct vous permet, pourvu que vous en ayez la volonté, de gagner le royaume qu'autrement vous risqueriez de laisser échapper durant toute l'éternité.

Considérez une âme qui insiste pour recevoir immédiatement et complètement l'illumination spirituelle et l'émancipation, ici, maintenant, et qui connaît la relation de père à fils entre Dieu et l'homme. Non seulement elle ne tarde pas à voir que les possibilités divines se clarifient, mais elle s'aperçoit qu'elle peut les utiliser, et que celles-ci travailleront pour elle selon sa volonté. Pour une telle âme, l'histoire du Nouveau Testament n'est ni une fiction ni un vague rêve réalisable seulement après la mort, mais un idéal élevé devant le monde en vue de la réalisation d'une vie d'amour et de service. Cet idéal est l'accomplissement divin pour tous, ici et maintenant.

Les hommes partageront alors la vision qui fut la mienne quand j'ai dit : « Beaucoup chercheront à entrer mais ne le pourront pas, car étroite est la porte et resserré le chemin qui conduit à la vie éternelle. » Quiconque n'apprécie pas à sa vraie valeur l'idéal du Christ ainsi que le plan divin et parfait de coopération entre l'homme et Dieu ne saurait les réaliser. Pour celui-là, l'idéal devient un rêve, un mythe, un néant.

La porte d'accès à cette omnipotente alchimie transformatrice de l'Esprit dans l'homme est ouverte à tous en permanence. Sa clef réside dans la communauté de pensée. Car les divergences dans les idéaux, les méthodes de salut, ou les grâces de l'amour de Dieu ont été provoquées par la pensée humaine et non par la pensée de Dieu. Quiconque ferme la porte aux bénédictions que Dieu destine immédiatement à tous ses enfants s'isole lui-même de celles que Dieu prodigue à l'Enfant Christ. Il perd le bénéfice de l'illumination spirituelle due à l'alchimie transcendante de l'Esprit Saint. Il cesse de profiter du pouvoir qui lui appartient et qu'il avait le droit d'utiliser au même titre que le Christ.

Quiconque reconnaît ce pouvoir voit le lépreux se purifier instantanément, le bras desséché redevenir sain, et toutes les maladies corporelles ou psychiques s'évanouir à son contact. Par l'effet concentré de la Parole prononcée, les hommes unis à Dieu multiplieront les pains et les poissons. Quand ils distribueront le pain ou verseront l'huile à la foule, les provisions ne s'épuiseront jamais, et il en restera toujours en abondance. Les mers déchaînées se calmeront, les tempêtes s'apaiseront, et la gravitation fera place à la lévitation, car les commandements de ces hommes seront ceux de Dieu.

Ils comprendront alors le message initial que j'ai adressé au monde, quand j'ai dit en sortant du temple : « Les temps sont révolus, le royaume de Dieu est à

portée de la main. » Et aussi ma pensée quand j'ai dit :
« Ayez foi en Dieu, et rien ne vous sera impossible. »
Quiconque croit pouvoir faire les mêmes œuvres que
moi, et veut s'avancer pour les faire, peut même en
accomplir de plus grandes. La vie sainte, la foi, et la
connaissance comportent une technique. Pour quiconque la possède, rien n'est impossible.

Les hommes sauront que l'Esprit Saint, ou totalité
de l'Esprit Divin en eux, leur parle aujourd'hui comme
dans les temps anciens. S'ils écoutent sa voix et
n'endurcissent pas leur cœur, ils découvriront qu'ils
sont la lumière du monde, et que quiconque suit cette
lumière ne marche pas dans les ténèbres. Ils sont la
porte par laquelle tous entreront dans la lumière de la
vie. Ils entreront et sortiront à leur gré par cette porte.
Ils trouveront la paix éternelle et la grande joie. Ils
découvriront que le temps propice pour agir est
aujourd'hui.

Le Christ ne fait qu'ouvrir la porte à leurs grandes
âmes. C'est leur esprit intérieur qui est la toute-puissante alchimie illimitée comme l'univers de Dieu.
L'alchimie dissout et transforme toutes les maladies.
Elle purifie la vie mortelle des effets du péché et la lave
de toute culpabilité. Elle illumine l'âme grâce à la
parfaite lumière de la Sagesse. Elle dissout les éléments ténébreux de la vie humaine, les émancipe, les
transforme en lumière de vie.

Les hommes verront ainsi qu'ils ne sont pas seulement enfants de la nature, mais enfants de Dieu. Ils
s'épanouiront dans leur perfection individuelle et
perfectionneront ainsi la race. Ils manifesteront l'idéal,
la prophétie divinement inspirée concernant le destin
final de l'homme ici-bas, l'identité du Père et du Fils
qui est la seconde naissance, la maîtrise parfaite de
l'homme sur toutes les conditions d'existence et tous
les événements.

Ici Jésus s'interrompit, et les lumières devinrent de
plus en plus brillantes. Des images commencèrent à
apparaître, représentant des scènes d'une éclatante

splendeur. Une main transformatrice s'avançait pour toucher les images, qui se fondaient alors dans un grand ensemble et devenaient plus magnifiques encore.

Puis vint une grande scène de guerre. Nous vîmes des hommes luttant les uns contre les autres. Les canons crachaient des lueurs et de la fumée. Les obus éclataient au-dessus de la foule et au milieu d'elle. Les hommes tombaient de tous côtés. Nous pouvions entendre le grondement et le fracas de la bataille. En vérité, elle était si réelle que nous étions certains d'assister à un vrai combat. Mais la main transformatrice s'allongea et la couvrit. Aussitôt le calme revint, et les hommes qui se battaient avec rage un instant auparavant regardèrent le ciel. La main traça des lettres de feu qui parurent couvrir toute la scène. Elle écrivit : « Paix, paix. La Paix bénie de Dieu vous entoure. Vous pouvez blesser et détruire l'enveloppe mortelle. Mais vous ne pouvez pas détruire ce qui appartient à Dieu, et vous êtes ses enfants. Vous ne sauriez vous blesser ni vous détruire l'un l'autre. »

Il sembla un instant que les hommes fussent décidés à continuer la bataille. Cette résolution se voyait sur beaucoup de visages et plus spécialement sur ceux des chefs. Mais plus ils étaient décidés à aller de l'avant, moins ils trouvaient de motifs pour employer la force. Plus ils essayaient de faire fonctionner les armes destructives, moins celles-ci avaient d'efficacité. Ils avaient beau s'y prendre de toutes les manières, aucune arme ne fonctionnait plus.

Puis la main écrivit en lettres de feu : « Si les hommes voulaient seulement regarder ce qui transparaît derrière tout nuage d'orage ou de guerre, ils trouveraient Dieu. »

Ce n'est pas Dieu, mais bien l'homme qui a créé la nuée orageuse ou guerrière. Par-derrière, on verra toujours la main de Dieu levée en signe de paix. Quand les hommes se font la guerre, ils désertent le royaume de Dieu. Ils s'immergent totalement dans un royaume fait de main d'homme, où Dieu ne saurait intervenir en aucun cas, et ils sont forcés de persister dans cette voie jusqu'à ce qu'ils comprennent que toutes les batailles sont fallacieuses. Si un homme est assez intelligent pour comprendre le pouvoir qu'il détient de Dieu, assez fort pour coopérer avec lui, et assez résolu pour vouloir le faire, il peut mettre instantanément le point final à une guerre, exactement comme vous l'avez vu faire sur cette image.

Après un instant de silence, Jésus reprit : J'ai choisi le chemin de la croix. Ce n'est pas mon Père qui l'avait choisi pour moi. Je l'ai choisi de mon propre gré pour montrer au monde que chacun peut perfectionner sa vie et son corps au point que leur destruction n'empêche pas leur résurrection triomphale.

A ce moment, les lumières devinrent encore plus brillantes. Tous les vestiges de limitation disparurent. Il n'y eut plus de murs autour de nous, plus de toit au-dessus de nos têtes, plus de sol sous nos pieds. Nous nous tenions tous ensemble dans l'espace illimité. Les douze disciples vinrent se ranger aux côtés du Maître, mais sans l'entourer. La présence de Jésus attirait tous les regards. Il dominait l'assemblée de l'éclat inoubliable de sa pureté. Le chœur invisible éclata en chantant : « Son royaume est ici, et parmi les hommes. Dès maintenant, à l'avenir, et pour l'éternité, il n'y a plus qu'un seul homme, un seul Dieu. »

La main transformatrice apparut à nouveau et traça les mots suivants : « Son royaume est ici et maintenant, parmi les hommes. A l'avenir et pour l'éternité, il n'y a qu'un seul homme, un seul Dieu. » Puis les mots suivants furent tracés juste au-dessus de la tête de Jésus : « Tous pour un, un pour tous. »

Alors apparut Bouddha, debout à la droite de Jésus. Le grand prêtre et Emile se dirigèrent vers eux et s'agenouillèrent devant eux, Emile à droite de Bouddha et le grand prêtre à gauche de Jésus. Jésus saisit la main gauche à demi levée de Bouddha, puis chacun d'eux étendit sa main libre au-dessus de l'homme agenouillé devant lui en disant : « Paix, Paix, Paix. Une paix glorieuse repose sur tous. Chers frères, nous vous recevrons dans le Grand Conseil de l'Amour bienfaisant de Dieu. Le monde entier est inclus dans cet amour et cette fraternité. »

Puis tous les membres de l'assemblée inclinèrent la tête et ouvrirent un passage par lequel les quatre Maîtres, immobiles dans leurs positions respectives, effectuèrent une translation à travers l'assemblée. Les disciples et un grand nombre d'assistants les suivirent et continuèrent leur chemin jusqu'à ce qu'ils eussent disparu de notre champ visuel.

Au commencement du mouvement, le chœur invisible avait chanté : « Nous laissons place à ces puissants frères de l'Amour, car cet Amour, le grand Amour de Dieu, rachète toute l'humanité et l'intègre dans le Grand Conseil de l'Amour de Dieu, dans la fraternité de l'Homme et de Dieu. »

Tandis que les Maîtres disparaissaient de notre vue, la grande cloche sonna douze coups. Puis les autres cloches firent retentir un joyeux refrain, et des milliers de voix les accompagnèrent en chantant : « Nous apportons l'heureuse année nouvelle et une journée plus lumineuse pour le monde entier. »

Notre seconde année avec ces grandes âmes venait de se terminer.

TROISIÈME PARTIE

1

Après le départ des assistants, mes camarades et moi restâmes sur place, répugnant à quitter l'endroit où nous avions été témoins d'une pareille transformation. Les mots sont inaptes à décrire nos sentiments et notre immense élévation spirituelle durant ces dernières heures.

Les paroles « Tous pour un, un pour tous » flamboyaient toujours comme au moment de leur apparition. Nous étions dans l'incapacité d'articuler un son. Nous restâmes ainsi jusqu'au jour, sans avoir le sentiment d'être enfermés dans une salle. Nos corps émettaient une brillante lumière. Bien que nous trouvant dans une salle creusée en plein roc, nous pouvions nous déplacer sans être arrêtés par les murs. Le sol ne semblait pas exister sous nos pieds, et cependant nous allions librement dans toutes les directions. Les mots sont absolument inaptes à exprimer nos pensées et nos sensations.

Nous marchâmes au-delà des confins de la salle et même de la falaise sans que rien nous fît obstacle. Nos vêtements et tous les objets environnants irradiaient une pure lumière blanche. Même après le lever du soleil, cette lumière surpassait en éclat celle du jour. Nous étions comme dans une grande sphère lumineuse, et nous pouvions regarder à travers son cristal. Le soleil nous apparaissait lointain et comme enveloppé de brume, froid, et peu agréable en comparaison de l'ambiance où nous nous tenions. Bien que le thermomètre marquât dix degrés au-dessous de zéro et que la contrée fût couverte d'une neige étincelante, l'endroit où nous étions rayonnait d'une chaleur, d'une paix, et d'une beauté inexprimables. C'était une de ces circonstances où les pensées ne peuvent pas être traduites en paroles.

Nous restâmes là encore trois jours et trois nuits sans penser à nous détendre. Nous n'éprouvions pas trace de fatigue ni de lassitude, et rétrospectivement il nous sembla que ce temps n'avait duré que quelques secondes. Cependant nous étions conscients de nos présences réciproques et de la fuite des heures.

Il n'y eut ni lever ni coucher de soleil, mais seulement un jour splendide et continu. Ce n'était pas un rêve vague, mais une réalité effective de chaque instant. Une vue prodigieuse sur l'avenir s'ouvrit devant nous. L'horizon parut reculer jusque dans l'éternité, ou plutôt, selon l'expression de Thomas, s'agrandir en un océan illimité et éternel de vie palpitante et vibrante. La magnificence en tenait à ce qu'elle ne nous était pas réservée, mais qu'il était donné à chacun de la contempler.

Le quatrième jour, Thomas proposa de descendre à la salle des archives pour reprendre notre traduction. A peine eûmes-nous esquissé le geste de nous y rendre que nous nous trouvâmes tous réunis dans la pièce en question. Je laisse au lecteur le soin d'imaginer notre étonnement et notre joie. Sans le moindre effort physique de notre part et sans même en avoir la moindre conscience, nous étions descendus de deux étages en volant par-dessus les escaliers. Et voici que nous étions dans la salle parmi les documents sur lesquels nous avions travaillé. La pièce était illuminée, chaude et sympathique, et nous pouvions nous y déplacer à volonté sans le moindre effort.

Nous prîmes une des tablettes et la mîmes en place pour l'étudier. Le texte et le sens nous furent aussitôt parfaitement traduits. Tandis que nous mettions par écrit la traduction, il arriva que des pages entières se trouvèrent soudain remplies d'un texte écrit de notre propre écriture. Nous n'avions plus besoin que de rassembler les feuillets et de les relier en un manuscrit. Continuant de la sorte, nous achevâmes manuscrit après manuscrit. A deux heures de l'après-midi nous en avions achevé et mis en ordre douze, de plus de quatre cents pages chacun, et cela sans éprouver la moindre fatigue de cette agréable occupation.

Nous étions tellement absorbés par notre travail que nous n'avions pas conscience de la présence d'autres personnes dans la pièce. Tout à coup, Thomas se leva et s'avança en saluant. Nous regardâmes les arrivants. C'étaient Jésus, Marie, notre hôtesse, et Chander Sen. Ce dernier était l'homme des documents, que nous avions d'abord appelé le vieil homme des documents, mais que nous appelions maintenant le « jeune homme ». Il y avait aussi Bagget Irand et un étranger qui nous fut présenté sous le nom de Ram Chan Rah, mais que chacun appelait familièrement Bud Rah.

Une table fut débarrassée et préparée pour un repas. Nous nous assîmes et après un moment de silence, Jésus prit la parole et dit : « Père tout-puissant, Principe qui pénètre partout, tu irradies du plus profond de nous-mêmes sur le monde entier, tu es la lumière, l'amour et la beauté dont nous éprouvons aujourd'hui les bienfaits. Nous pouvons bénéficier éternellement de ces bienfaits si seulement nous le voulons. Nous nous inclinons devant l'autel où brille la flamme perpétuelle de l'amour parfait, de l'harmonie, de la vraie sagesse, de la dévotion sans fin, et de la pure humilité. Cette flamme sacrée brille sans jamais s'assombrir. Elle émane du fond des âmes de ceux qui sont réunis en ce moment au nom de la vraie paternité, de la filiation respectueuse, et de la fraternité dévouée. Partant de ceux qui nous sont proches et chers, elle s'égrène dans l'espace, illuminant les régions les plus éloignées de la terre afin que chacun puisse apercevoir son éclat et recevoir les bienfaits de son amour immaculé et intarissable.

Les rayons pénétrants de cette lumière, de cette beauté, et de cette pureté traversent les âmes et les cœurs réceptifs de ceux qui sont réunis autour de Ton autel. Nous avons maintenant conscience de ces rayons d'amour dont le feu se répand dans tout l'univers. Nous les envoyons pour transmuer le monde, refondre et harmoniser toute l'humanité. Nous saluons le pur et véritable Christ de Dieu vivant en chacun de nous. Nous sommes debout face à face avec Dieu, égaux à lui, unis à lui. A nouveau nous saluons Dieu notre Père vivant au plus profond de nous-mêmes.

Quand Jésus eut fini de parler, quelqu'un proposa de retourner dans la salle où nous avions assisté à la résurrection de Chander Sen.

A peine eûmes-nous ébauché un geste vers la porte que nous nous aperçûmes que nous étions déjà arrivés. Cette fois-ci nous avions été conscients du déplacement, mais inconscients du désir. Bien que les ombres du soir fussent déjà tombées, notre chemin était parfaitement éclairé. Nous trouvâmes la salle éclairée avec autant de splendeur et de prodigalité qu'au moment où nous l'avions quittée.

Cette pièce était pour nous une chapelle, et nous paraissait illuminée de toutes les possibilités. C'était un endroit sanctifié où il nous avait été donné d'accomplir vers la spiritualité une étape auparavant inconcevable pour nous en tant que mortels. A partir de ce jour et jusqu'au 15 avril, date de notre départ, il ne se passa ni une nuit ni un jour sans que nous nous y réunissions avec tous les Maîtres pendant au moins une heure. Pendant ces réunions, la salle ne présenta jamais plus l'aspect du plein roc. Il semblait toujours que nous pouvions regarder à travers les murs jusque dans l'espace infini. C'est dans cette salle que les barrières limitant notre conscience furent supprimées. C'est là que s'ouvrit pour nous une large vue sur l'avenir.

Nous nous assîmes tous à table, et Jésus reprit l'entretien. Il dit : Pour créer et pour accomplir, il faut être mû par des mobiles sincères et centrer sa pensée sur un point d'absorption, c'est-à-dire sur un idéal. Vous pouvez devenir ce centre. Rien ne prend forme sans que les hommes aient d'abord exprimé un idéal.

Il fut un temps où l'homme était pleinement conscient d'être ce mobile central. Il vivait dans la pleine conscience de son héritage et de son domaine, dans un état d'âme que vous appelez ciel. Mais tous les hommes, sauf de rares exceptions, ont renoncé à ce don divin. Aujourd'hui, la grande majorité d'entre eux est absolument inconsciente de cette qualité divine qui est le véritable héritage de l'humanité.

Ce qu'un homme a fait une fois, il peut l'accomplir de nouveau. Tel est le principe qui commande à la suite indéfinie des vies et manifestations que vous apercevez autour de vous. Il régit également votre vie et celle de toute créature existante, car toute création possède la vie. Avant longtemps, la science vous fournira d'amples motifs pour affirmer que la matière n'existe pas. Toute matière peut se réduire à un élément primitif unique qui contient d'innombrables particules universellement distribuées, toutes en parfait état d'équilibre, et répond à des influences vibratoires.

Sur le seul terrain mathématique, il s'ensuit qu'il a fallu une impulsion définie, une action initiale, un pouvoir créateur pour rassembler une infinité de particules de cette substance neutre, universelle et ultra-pénétrante, et leur donner la forme d'objets sélectionnés. Ce pouvoir ne prend pas naissance uniquement dans la particule. Il est plus vaste, et cependant uni à la particule.

Par la pensée et par une action définie, on coopère avec le système vibratoire et l'on sélectionne les particules. Par la logique de ses déductions, la science physique sera obligée de se rallier à cette manière de voir. Les savants reconnaîtront alors la présence d'un pouvoir encore incompris parce que inactif, mais inactif seulement parce que incompris.

Quand l'homme l'aura compris, aura communiqué avec lui, et en aura matérialisé l'application, il verra que ce pouvoir ou principe est parfaitement susceptible de délimiter des zones spécifiques pour la mise en œuvre spécifique de l'énergie cosmique universelle. Cette mise en œuvre conduit par une évolution logique à la construction de ce que vous considérez comme un univers matériel avec toutes ses manifestations.

Du moment que tout se fait logiquement, chaque stade doit préparer à la perfection les fondements du stade suivant. Quand on progresse dans un ordre parfait, dans une harmonie complète de pensée et d'action, on est en accord effectif avec le pouvoir. Celui-ci vous procure alors sur une échelle illimitée la faculté de sélectionner les moyens en vue d'un but. On distribue la vie et l'énergie selon une progression cosmique dont l'ordre est reconnu.

L'univers ainsi construit n'est pas matériel comme vous l'avez pensé. Votre définition matérielle n'est pas bonne. L'univers est spirituel, car il provient de l'Esprit. Cette affirmation est logique, certaine, fondamentale. Du moment qu'elle est logique, elle est scientifique. Si elle est scientifique, elle est intelligente. C'est la vie unie à la vie intelligente. Or, la vie couplée avec l'intelligence et guidée par elle devient volonté, et par là même vocation.

L'esprit est le pouvoir vibrant, primaire, originel. On peut prendre contact avec lui et se servir de sa puissance. Il suffit de l'accepter, de savoir qu'il existe, puis de le laisser s'extérioriser. Il est alors entièrement à vos ordres et devient une source intarissable de vie éternellement neuve, jaillissant du fond de vous-mêmes. Nul besoin de longues années d'étude, d'entraînement, de souffrances, ou de privations. Connaissez l'existence de cette vibration, acceptez-la, puis laissez-la s'écouler à travers vous.

Vous ne faites qu'un avec la grande substance de la pensée créatrice et ceci vous permet de savoir que toutes choses existent. Il n'y a rien en dehors du grand et bon principe de Dieu qui remplit tout l'espace. Dès que vous savez cela, vous êtes ce principe.

Vous amplifiez son activité par vos pensées, vos paroles, et vos actes quand vous l'exprimez en vous prévalant de votre pouvoir de Christ. Plus vous exprimerez ce pouvoir, plus il affluera vers vous. Plus vous donnez, plus vous serez comblés de choses à donner, et ce sans jamais pouvoir épuiser toutes les réserves.

Cela ne signifie pas que vous deviez vous rendre en un lieu secret pour vous isoler. Il s'agit de rester à votre place, dans le calme, même dans ce que vous appelez le tourbillon des affaires ou au milieu des épreuves les plus dures. Alors la vie cesse d'être un tourbillon. Elle devient obligatoirement paisible et contemplative. L'activité extérieure n'est rien en comparaison de la grande activité de pensée que vous comprenez maintenant et à laquelle vous vous unissez. Celle-ci consiste à devenir calme là où vous êtes. Percevez Dieu en vous, plus voisin que votre souffle, plus proche que vos mains ou vos pieds, et concentrez sur lui toute votre activité de pensée.

Qui est Dieu ? Où est le Dieu sur qui vous vous centrez ainsi ? Dieu n'est pas un grand être extérieur qu'il vous faut introduire en vous pour le présenter ensuite au monde. Dieu est le pouvoir engendré et amplifié par votre propre activité de pensée. Il est vrai que ce pouvoir existe à l'intérieur et tout autour de vous, mais il reste inopérant jusqu'au moment où l'on pense à lui en réalisant son existence. Alors il émane de vous en quantité illimitée. Vous le présentez au monde, et cette présentation apporte un bienfait au monde. Il faut que vous l'effectuiez vous-même, en prenant pour mobile de chacune de vos pensées l'impulsion vers tout ce qui est bon, l'action de Dieu le Père qui est le pouvoir d'accomplir. Alors vous êtes Dieu accomplissant la perfection, Dieu le Père, le laboureur, l'amplificateur et le projecteur, l'artisan réel et précis. C'est alors que les légions accourent à votre appel. Tel est Dieu, l'unique et véritable Dieu émanant de vous.

Dites de tout cœur, avec respect et profondeur de pensée, que Dieu demeure dans son Saint Temple. Ce temple est votre corps pur, tel que vous le présentez, tel qu'il apparaît aujourd'hui dans sa sincérité. Vous êtes le vrai Christ qui vit uni à Dieu à l'intérieur du temple. Votre corps exalté est une demeure sainte qui inclut le monde. Vous êtes un centre d'énergie, vous recevez le Principe divin et véritable pour lui permettre de se manifester. Sachez tout cela, et vous exprimerez de plus en plus amplement le Dieu que vous êtes et que vous aimez. Vous adorerez, vous donnerez louange, et vous répandrez sur l'humanité votre amour toujours grandissant pour lui permettre de contempler le Christ, l'Homme-Dieu debout et triomphant.

Alors vous direz avec la joie la plus pure : « Si quelqu'un a soif, qu'il entre et boive à grandes gorgées les eaux de la vie pure. Ceux qui en boivent n'auront jamais plus soif. » Le pouvoir que vous utilisez de la sorte c'est Dieu. Or, le Fils accomplit promptement tout ce que fait le Père. Cela implique l'humilité. Il faut s'incliner devant ce grand pouvoir. La vraie humilité s'avance d'un air modeste, unie à la puissance qui la fait agir.

Contemplez, louez, bénissez, et remerciez ce pouvoir, vous en accroîtrez l'afflux et l'efficacité, et il vous sera plus aisé d'être en contact avec lui. C'est pourquoi je vous dis de prier sans cesse. Votre vie courante doit être une prière constante.

On devient pleinement conscient de ce pouvoir d'abord en sachant qu'il existe, puis en l'utilisant en toute confiance. Il est universel. Laissez-le se manifester, et il affluera vers vous en toutes circonstances. Il afflue dans la mesure où vous le répandez. Présentez-vous donc comme Dieu, et distribuez-le. Il est « Dieu votre Père en vous », et vous ne faites qu'un avec le Père. Vous n'êtes pas des serviteurs mais des fils, des enfants de la Cause première. Tout ce que je possède « JE SUIS » vous appartient, car vous êtes « JE SUIS ».

Ce n'est pas moi qui fais le travail, c'est « JE SUIS » dans le Père. Et le Père en moi produit le grand accomplissement. Quand vous travaillez en communion consciente avec le Père, il n'y a plus de limitations ni de frontières. Vous connaissez votre droit divin d'accomplir toutes choses. Suivez-moi dans la mesure où je suis le Christ, le vrai fils, le Fils unique engendré par le Père. En présentant Dieu, je le fais vivre du dedans pour que l'on puisse dire un jour : « Tous sont Dieu. »

Le plus grand sermon de tous les temps, c'est : « Regardez Dieu. » Cela veut dire voyez Dieu dans toute sa splendeur à l'intérieur de vous-mêmes, émanant de vous et de chacun. Quand vous regardez Dieu et ne voyez rien d'autre, vous aimez Dieu et vous l'adorez seul. Alors vous voyez vraiment Dieu. Vous êtes le Seigneur, le Législateur, le Dispensateur de la Loi.

Quand vous priez, retirez-vous dans la chambre secrète de votre âme, et là, priez le Père qui est au-dedans. Il vous entend et vous donnera publiquement votre récompense. Priez, et remerciez d'être capables de répandre davantage Dieu sur le monde. Cela ne vous donne-t-il pas une vue plus élevée, une perspective plus vaste, un idéal plus noble ?

L'entretien prit fin ici, et nous nous levâmes tous de table. Nos amis nous souhaitèrent bonne nuit et s'en allèrent. Nous restâmes encore quelque temps à parler de toutes ces expériences et décidâmes de retourner à nos logements du village. En nous levant, nous nous posâmes immédiatement la question suivante : Comment trouverons-nous notre chemin sans lumière ?

Chacun de nous sauf Thomas formula la même pensée. Mais Thomas dit : Voyez comme nous sommes engoncés dans nos vieilles habitudes et comme nous nous attachons désespérément à nos anciennes idées. Nous sommes ici complètement immergés dans une lumière qui n'a nullement diminué après le départ des amis qui nous sont devenus si chers. N'est-ce pas l'occasion de nous avancer et de montrer que nous comptons sur nous-mêmes, sur notre pouvoir intérieur d'accomplir les mêmes œuvres qu'eux ? Essayons du moins d'y tendre et ayons le courage de faire un pas vers l'accomplissement. Nous nous appuyons si pesamment sur nos merveilleux amis que nous ressentons une sorte de blessure dès que nous les quittons un instant. Si nous ne devenons pas indépendants dans l'accomplissement des petites choses, nous n'aboutirons jamais dans les grandes. Je suis certain qu'ils nous ont quittés pour nous offrir l'occasion de prouver nos capacités. Elevons-nous au-dessus des difficultés et triomphons-en.

Avant de partir, l'un de nous suggéra qu'il serait bon de méditer d'abord sur la manière d'opérer. Mais Thomas répliqua d'une voix ferme : Non. Si nous partons, nous partirons de suite. Après les signes que nous avons vus et les événements auxquels nous avons participé, il faut que nous agissions résolument, ou alors nous ne méritons plus aucune considération.

Sur quoi, nous descendîmes les escaliers, passâmes par les diverses salles, franchîmes le tunnel, descendîmes l'échelle, et nous rendîmes au village. Tandis que nous marchions, notre chemin était complètement éclairé. Nos corps ne pesaient plus rien. Ils se déplaçaient avec une facilité extrême et nous arrivâmes à nos logements, fous de joie de cette réussite. A partir de ce moment-là et jusqu'à notre départ du village, nous pûmes aller de nuit où nous voulions sans lumière artificielle. Nos chambres à coucher s'éclairaient dès que nous y entrions et rayonnaient d'une chaleur et d'une beauté indescriptibles.

Nous nous endormîmes presque aussitôt et ne nous réveillâmes que fort tard dans la matinée.

2

Le lendemain matin, nous prîmes notre petit déjeuner à l'auberge, puis nous montâmes directement à la salle supérieure du temple. Nous n'y aperçûmes aucun signe extérieur permettant de concevoir que nous étions renfermés dans une salle, ni aucun indice de limitation. Nous nous déplaçâmes donc librement sans le moindre effort. Quand nous fûmes prêts à descendre dans la salle des documents, nous nous y trouvâmes immédiatement. Comme nous avions accompli ce déplacement instantanément et hors de la présence de nos amis, nous comprîmes la leçon de leur départ et fûmes très fiers de notre réussite.

Le premier avril approchait rapidement. Nous avions fini la traduction des documents et entrepris de dessiner à la cote les nombreux caractères et sculptures creusés à l'extérieur dans les rochers. Ce travail fut exécuté dans les meilleures conditions à cause de l'intérêt passionné que nous y prenions.

Un après-midi, un messager arriva au village. A la manière dont les villageois se réunirent autour de lui, nous comprîmes qu'il s'agissait d'un événement extraordinaire. Nous quittâmes notre travail et descendîmes au village. Nous y rencontrâmes notre hôtesse qui nous informa qu'un important groupe de brigands se trouvait à quelque distance en aval dans la vallée. Cela causait un grand malaise parmi les habitants, car depuis de nombreuses années les tentatives de raids des brigands avaient toujours convergé vers ce village. Le bruit s'était répandu au loin que le Temple de la Croix en « T » cachait un fabuleux trésor. Les nombreuses tentatives de pillage du village avaient jusqu'ici échoué, et les bandes de brigands attribuaient en grande partie ces échecs à la résistance des paysans qui vivaient en aval.

Aujourd'hui, plusieurs de ces bandes s'étaient groupées pour réunir leurs forces. Une véritable petite armée de quatre mille hommes bien montés et fortement armés était en train de piller et de dévaster la vallée pour briser la résistance des habitants les plus proches du village de la Croix en « T ». Les bandits espéraient que par cette méthode leur raid aurait plus de succès que les précédents.

Le messager appelait également au secours de la part du reste des habitants, car un grand nombre d'entre eux avaient déjà été massacrés, et les autres étaient à bout de résistance. Notre hôtesse lui répondit que personne dans le village n'était disponible pour descendre dans la vallée. Elle l'assura qu'il pouvait retourner chez lui et que nul mal n'arriverait aux gens de son entourage. Nous reprîmes notre travail tout en ayant conscience du malaise des villageois, malaise que nous partagions dans une certaine mesure.

Le lendemain matin, nous retournâmes encore à notre travail, désireux que nous étions d'achever nos dessins cotés pour compléter notre propre documentation. Nous étions certains d'y trouver la relation complète et exacte de certains événements historiques, ainsi que des références à d'autres sources de documentation. L'ensemble devait nous permettre de retracer l'histoire de cette civilisation ancienne et extrêmement avancée ainsi que celle du peuple qui avait occupé cette vaste partie du monde maintenant si désertique. L'éventualité de perdre le fruit de notre travail dans une bataille avec les bandits nous troublait énormément. Nous rassemblâmes tous nos papiers dans la salle des documents du temple, qui avait résisté à une série de raids similaires.

Dans la soirée, nous envisageâmes avec notre hôtesse de tirer des plans pour venir en aide aux villageois. Nous exprimâmes notre surprise de ne pas voir nos amis. Elle nous dit qu'après l'appel au secours du messager, les bandits seraient obligés d'interrompre leur raid sous peine de se détruire eux-mêmes. Ce soir-là nous allâmes nous coucher avec le sentiment bien net que nos craintes pour notre propre sécurité étaient fortement exagérées.

Le lendemain, nous nous levâmes de bonne heure et nous nous disposions à reprendre notre travail, quand le même messager réapparut. Il apportait la nouvelle que les raids contre les habitants avaient cessé et que les brigands avaient concentré la totalité de leurs forces à environ trente-cinq kilomètres en aval, probablement en vue d'une ultime action contre notre village.

Tandis que notre hôtèsse s'entretenait avec le messager, déjà entouré d'un certain nombre de villageois, un cavalier entra dans le village et se dirigea vers nous. Sur son chemin, il passa près de petits groupes d'habitants qui parurent le reconnaître et se dispersèrent immédiatement comme saisis de terreur. Tandis que le cavalier approchait de nous, le messager prononça son nom, puis s'enfuit aussitôt avec les autres villageois, craignant évidemment que les bandits ne suivissent de près le cavalier.

Nous restâmes donc seuls avec notre hôtèsse à attendre son arrivée. Il tira sur les rênes de son cheval et s'adressa à Thomas avec beaucoup de brio, l'informant que les bandits savaient parfaitement que nous étions des étrangers et connaissaient l'objet de notre mission. Il avait parlé dans une langue totalement incompréhensible pour nous. Voyant notre perplexité, il demanda s'il n'y avait pas d'interprète. Notre hôtèsse se tourna de manière à faire face au cavalier encore à cheval et lui demanda si elle pouvait rendre ce service. A peine l'eut-il regardée qu'il parut recevoir une violente commotion électrique. Cependant il se ressaisit suffisamment pour sauter à terre avec élégance et, se précipitant les mains tendues vers elle, il s'écria : « Vous ici ? » dans le langage que nous comprenions.

Puis il porta les deux mains à son front et s'agenouilla devant elle en demandant pardon.

Notre hôtesse lui donna l'ordre de se lever et de délivrer son message. Nous la vîmes se raidir, et pendant un instant son visage s'empourpra de colère. Elle fit montre d'une émotion si violente que le cavalier en fut épouvanté. Il en fut de même pour nous au point que nous perdîmes tous contenance. Les mots « lâche, assassin, avance et donne ton message » jaillirent des lèvres de notre hôtesse avec une telle violence que l'homme tomba à genoux. A nouveau elle le flagella de ces paroles : « Lève-toi, es-tu trop vil pour te tenir debout ? »

Nous ne fûmes pas surpris de la terreur abjecte du cavalier, car nous étions comme lui absolument cloués au sol. Je suis certain que si cela lui avait été humainement possible, il se serait enfui à toutes jambes. Pour l'instant, il était comme nous-mêmes incapable de faire un geste ou de prononcer une parole. Il tomba à terre telle une loque, les yeux exorbités et la bouche grande ouverte.

Dans nos relations avec les Maîtres doués de pouvoirs supérieurs, ce fut l'unique fois où nous eûmes l'occasion de voir l'un d'eux extérioriser une violente émotion. Nous étions aussi terrifiés que le bandit. Les vibrations de la voix de notre hôtesse nous frappèrent physiquement comme le heurt d'une explosion formidable accompagné d'un choc électrique paralysant non seulement notre voix mais tous nos muscles. Je ne trouve pas d'autres mots pour décrire nos sensations.

Le lecteur s'étonnera peut-être que les vibrations émanant du corps mince, léger et frêle de notre hôtesse fussent capables de nous réduire à l'impuissance, mais le fait était là. Bien que cette situation n'eût duré qu'un instant, il nous parut que des heures s'étaient écoulées avant la détente. Nous étions figés comme des statues et cependant inondés d'une grande pitié pour le bandit. Nous ressentions le vif désir de lui porter aide et assistance. Ce fut notre réaction à tous, mais en fait nous restâmes debout à regarder notre hôtesse avec des yeux fixes.

Soudain tout changea. Son visage manifesta d'abord un peu d'effroi, puis son expression se transforma et reprit sa grâce coutumière. Nous fûmes submergés par une vague de compassion si puissante que nous nous précipitâmes vers le corps gisant à terre. Notre hôtesse se pencha aussi sur le brigand et lui tendit la main. Nous fûmes à nouveau stupéfaits et ne pûmes que dire : « Les miracles ne cesseront-ils donc jamais ? »

L'homme reprit bientôt conscience. Nous l'aidâmes à se lever et nous l'installâmes aussi confortablement que possible sur un banc du voisinage. Il refusa absolument d'entrer dans une maison quelconque. Notre hôtesse, remarquant alors l'effet qu'elle avait produit sur nous, s'excusa de sa véhémence. Nous étions encore tremblants et il nous fallut quelque temps pour reprendre contenance.

Elle expliqua que cet homme était le chef de la bande de brigands la plus notoire qui infestait cette portion du territoire de Gobi. Les rares personnes qui osaient prononcer son nom ne le faisaient qu'avec effroi en raison de son caractère bien connu de brutalité impitoyable. Son surnom familier traduit littéralement signifiait : « Parfait démon noir relâché de l'enfer. » En maints endroits on avait fait de lui des masques dont on se servait dans les rites d'exorcisme pour chasser le mauvais esprit des villages et de leurs habitants.

Notre hôtesse avait déjà été en contact avec cet homme à l'occasion de deux raids manqués. Il avait chaque fois manifesté une haine profonde à son égard et vis-à-vis de nos amis en général. Il s'écartait de son chemin pour les harceler et leur envoyer de temps à autre des messages de violence dont les Maîtres ne faisaient d'ailleurs aucun cas. Son apparition subite avait remémoré à notre hôtesse les actes indignes de son passé avec une telle netteté qu'elle avait pendant un instant perdu son sang-froid. Mais elle n'avait pas tardé à le recouvrer et s'avança vers l'homme.

A son approche, il fit une vaine tentative pour se lever mais ne put faire mieux que de se ramasser un peu et de s'asseoir un peu plus droit, offrant l'image d'une abjecte terreur. La haine ressortait de tous les mouvements de son corps, qui tremblait, comme frappé de paralysie. Notre hôtesse présentait avec lui un contraste extraordinaire, car elle avait retrouvé son calme et ne présentait plus trace de crainte ni d'émotion. Les traits de son visage étaient aussi fins que le camée le plus délicat, et son corps était merveilleusement taillé.

Il nous vint à l'idée d'emmener l'homme. Avant que nous ayons pu parler, notre hôtesse avait lu dans nos pensées et levait la main pour demander le silence. Thomas comprit qu'elle prenait la responsabilité de la situation et que tout ce que nous ferions n'aboutirait qu'à la placer dans une position équivoque. Nous nous retirâmes donc à quelque distance. Elle parla à l'homme d'une voix basse et tranquille pendant assez longtemps avant d'obtenir une réponse.

Quand il commença à répondre, notre hôtesse nous fit signe d'approcher. Nous nous assîmes à terre devant eux, heureux de pouvoir faire un geste susceptible d'amener une détente. Le bandit expliqua qu'il avait obtenu de ses chefs l'autorisation de venir comme émissaire pacifique pour négocier la reddition du trésor présumé caché dans le Temple de la Croix en « T ». Si les habitants voulaient donner le trésor, les bandits promettaient de ne plus les molester et de relâcher tous les prisonniers dont le nombre d'après lui dépassait trois mille. Ils promettaient également de quitter le pays et de ne plus jamais faire de mal aux habitants de la vallée.

Notre hôtesse lui expliqua qu'il n'existait dans le temple aucun trésor offrant un intérêt quelconque pour les bandits. Elle lui donna des explications détaillées et lui offrit de le mener à travers toutes les salles du temple ou à tout autre endroit qu'il désirait. Il refusa sèchement, craignant d'être retenu comme otage. Aucune assurance de notre part ne réussit à le rassurer. Notre hôtesse lui réaffirma notre sincérité, et il fut soudain convaincu de notre honnêteté.

Mais il se trouva alors dans une situation difficile et alarmante pour lui. Il était l'instigateur du complot. C'était lui qui avait enflammé l'imagination des autres bandits d'une grande ardeur pour s'emparer du trésor. Il leur avait fait une peinture alléchante des richesses fabuleuses qui leur reviendraient en cas de succès. En fait, c'était la promesse du trésor qui avait permis à son père et à lui-même de maintenir la cohésion de leur bande. Il était le chef d'une des cinq bandes groupées pour l'exécution du raid.

La situation en arrivait à un point crucial. S'il retournait vers sa bande avec la nouvelle qu'il n'y avait pas de trésor, on le flétrirait immédiatement comme traître et on le traiterait en conséquence. Il ne pouvait donc empêcher la bande de passer à l'attaque, car après tous les efforts qu'il avait faits pour pousser les préparatifs jusqu'au stade actuel, on n'aurait plus confiance en lui. Sa position était vraiment embarrassante.

A notre grande surprise, notre hôtesse s'offrit à l'accompagner à son camp. Elle fit bon marché de nos protestations et se prépara à partir immédiatement. Elle nous assura qu'elle ne courait aucun danger si elle allait seule, mais que si nous l'accompagnions notre présence inspirerait de la suspicion aux bandits et nous mettrait tous en péril. Nous nous inclinâmes humblement. Il n'y avait rien d'autre à faire.

L'homme enfourcha son cheval, et nous aidâmes notre hôtesse à monter en croupe sur une deuxième selle toute préparée. Le couple sortant du village offrit à nos yeux un spectacle inoubliable qui vivra dans nos mémoires jusqu'à la fin des siècles : le bandit dont tous les traits exprimaient le doute, et notre hôtesse se retournant pour nous sourire en nous donnant tranquillement l'assurance qu'elle serait rentrée au début de la nuit.

Pendant le reste de la journée nous n'eûmes plus de goût au travail, et jusqu'au coucher du soleil nous errâmes sans but autour du village. Nous retournâmes ensuite à l'auberge pour attendre le retour de la voyageuse. En entrant, nous trouvâmes la table chargée de mets succulents. Le lecteur imaginera notre étonnement quand nous vîmes, assise à une extrémité de la table, notre hôtesse qui nous dévisageait avec le sourire radieux qui lui était propre. Nous en restâmes cois. Elle prit un air de dignité moqueuse et dit avec un semblant de sérieux : « Messieurs, on souhaite généralement le bonjour en entrant. » Sur quoi nous nous inclinâmes et retrouvâmes l'usage de la parole pour la saluer.

Alors elle continua : J'ai complètement échoué dans mon essai de conversion des bandits, mais ils ont été d'accord pour me promettre une réponse sous trois jours. Je sais maintenant que leur réponse consistera en une tentative d'attaque, mais j'ai sauvé la vie de cette pauvre créature, du moins pour l'instant. Nous allons être obligés de nous préparer à résister au siège. Rien ne les empêchera de le tenter.

J'imagine que chacun de nous entrevit la réalisation de ses rêves les plus chers concernant la justice immanente, avec de faibles clartés sur la manière dont celle-ci allait être rendue. Lisant dans nos pensées les plus intimes notre hôtesse récita ce poème :

Quand on arrive dans la vie au bord de la mer
[Rouge,
Quand malgré tous les efforts
On ne peut ni reculer ni contourner l'obstacle,
Il ne reste plus qu'à le franchir.
Il faut alors connaître Dieu d'une âme sereine
Pour faire disparaître les ténèbres de la tempête.
Dieu calme les vents.

302

Dieu apaise les vagues.
Va de l'avant, va de l'avant, va de l'avant.

3

A la fin du repas, nous nous levâmes de table, et notre hôtesse nous conduisit au jardin. A notre grande surprise nous y trouvâmes assis Jésus, Emile, Jast, et Bud Rah. Nous nous assîmes auprès d'eux et nous éprouvâmes immédiatement un sentiment de soulagement indicible qui nous fit comprendre à quel point nous nous reposions désormais sur nos amis. Nous étions liés à eux comme par des chaînes d'acier. Je perçus que ce n'était pas une bonne chose. Il était nécessaire que chacun de nous jouât son rôle bien défini sur le grand théâtre de la vie, afin que personne ne devînt un simple polichinelle. Je compris que si nous n'arrivions ni à nous tenir debout sans aide ni à compter sur nous-mêmes, ils seraient obligés de couper les ponts. Thomas aborda d'ailleurs ce sujet en toute franchise un peu plus tard.

Le soleil venait seulement de se coucher, et le doux reflet des lumières qui s'évanouissaient colorait tout le paysage avec une luxuriance et une beauté difficiles à décrire. Il n'y avait pas un souffle d'air. Aucun bruit ne troublait la tranquillité dans laquelle nous nous immergions. La crainte des brigands, qui avait si lourdement pesé sur nous jusque-là, avait totalement disparu. Tout était calme et paisible, et nous éprouvions ce merveilleux sentiment de détente complète qu'il faut avoir ressenti pour le comprendre. Nous nous laissions pour ainsi dire porter au fil du courant d'un grand fleuve.

Tout à coup nous avisâmes que nous entendions la voix de Jésus, mais non pas en paroles. Une sorte d'influence vibratoire rythmique et fluide nous arrivait à la place des mots. Je ne trouve pas d'autre expression. L'effet en était beaucoup plus prononcé que celui de la parole. Le rythme et la cadence en étaient indescriptibles. C'était pour nous une expérience entièrement nouvelle. Les idées paraissaient nous inonder et se loger en nous. A mesure qu'elles nous parvinrent, nous les transcrivîmes en sténographie. Nous les transposâmes ensuite en paroles et en phrases. Enfin, nous soumîmes plus tard le tout à l'approbation de nos amis.

Voici les pensées en question : Quand je dis : « Voici, un Christ de Dieu est là », je vois l'Homme-Dieu qui se présente. Je vois mon corps comme le vrai temple de Dieu, l'instrument, le chenal parfait à travers lequel se manifeste librement le grand Principe Créateur. Alors les créations correspondantes sont pures en image, en forme, et en ressemblance. JE SUIS DIEU, et dans cette attitude, je me présente en maître de toute situation et je manifeste ce que j'adore. En aucun cas je ne puis manifester Dieu si « JE SUIS » ne présente pas Dieu à toute l'humanité. Dans cette attitude positive, l'homme domine toutes les situations. Le Christ est vainqueur et triomphant. Dieu et l'homme marchent la main dans la main et ne font qu'un. Il n'y a plus qu'un Principe, qu'un Homme.

L'un de nous réfléchit un instant puis demanda : Comment pouvons-nous manifester cette lumière et nous en servir pratiquement ?

La réponse vint : Laissez votre corps devenir un moteur à travers lequel s'écoule ce grand Principe rayonnant et créateur, qui est l'émanation de tout pouvoir. Alors votre corps réagira comme une génératrice électrique. Il collectera et amplifiera cette énergie, et vous l'extérioriserez sous forme de rayons de la pure lumière blanche à laquelle rien ne peut résister. Dans ces conditions, aucune tentative dirigée contre vous ne peut vous faire de mal. Vous pouvez également envoyer le long de ces rayons lumineux des impulsions d'énergie électrique tellement intenses qu'elles détruiront le corps de quiconque essaiera de vous nuire. Celui qui résiste à cette énergie ne fait que l'intensifier et en augmenter les effets. Quiconque y oppose sa volonté égoïste se nuit donc à lui-même. Si nul ne s'y oppose, elle répand son baume bienfaisant à travers celui qui l'émet et à travers celui qui la reçoit.

C'est le pur rayon de Dieu, le pouvoir qui se fond avec celui d'autrui chaque fois que personne ne met d'obstacle à son exercice. Sa vibration s'effectuant au rythme le plus élevé, tous ceux qui l'acceptent vibrent en un harmonieux et parfait accord. Aucun mal ne peut leur advenir, car ils vibrent à l'unisson de Dieu. Rien ne peut nuire à qui ne résiste pas à la vibration de Dieu. Vibrer c'est vivre. Voyez-vous maintenant comment vous vivez constamment avec Dieu ? Dans cette attitude, il n'y a aucune possibilité de séparation. La seule séparation est la résistance, cause de l'inharmonie.

Rien de mauvais ne peut vous approcher quand vous vous tenez sur la Montagne Sainte, unis à Dieu. Il ne s'agit plus d'un privilège spécial à quelques-uns, mais d'une possibilité pour tous. JE SUIS est la grande cause absolue, la source dans laquelle tous les enfants sont unis à Dieu. Ils vivent alors sous LA LOI, sous le régime de la pensée active vibrant au rythme le plus élevé. Aucune vibration inharmonieuse ne peut atteindre ce rythme ni pénétrer dans cette sphère où les hommes sont chez eux et à laquelle tous appartiennent. Elle constitue leur Royaume Divin.

On peut aussi se servir de ce pouvoir pour renvoyer les pensées fausses et les désirs nuisibles dirigés contre soi. Si vous le voulez, vous pouvez aussi intensifier ce rayon blanc de lumière divine, le douer du pouvoir de Dieu, amplifier et transformer l'énergie de la chose ou de la pensée dirigée vers vous, puis la placer dans votre réflecteur et la retourner à l'envoyeur avec la vitesse de la lumière. Ce qui a été dirigé contre vous avec un rythme de vibration abaissé est renvoyé sous forme d'un rayon de pure lumière blanche. Le dynamisme de ce rayon est si puissant qu'il peut, quand il atteint l'envoyeur, détruire le corps de l'initiateur de la vibration abaissée. Peu importe que vous connaissiez ou non la personne ou le lieu d'où émane la vibration, celle-ci retournera infailliblement à sa source. Le jugement ou jour de rétribution est arrivé. Selon ce que vous aurez donné, vous recevrez bonne mesure (mesure de Dieu), bien tassée et débordante.

On peut transformer le pouvoir de Dieu et l'envoyer au-dehors avec une puissance irrésistible. Tels sont les rayons de lumière que vous voyez émaner de mon corps. Le vôtre en irradie également, mais pas d'aussi puissants. A mesure que vous continuerez à user de ce pouvoir et à l'associer à la Loi ou Principe, vous augmenterez la puissance de votre lumière et vous pourrez la diriger consciemment vers l'accomplissement de tout bon désir.

Quand les artistes me représentent à Gethsémani, ils font descendre du ciel sur moi les rayons lumineux qui émanaient en réalité de mon corps. Cette lumière est le pouvoir de Dieu engendré intérieurement en moi, puis projeté au-dehors par mon réflecteur. Or, des rayons semblables émanent de tous les corps quand l'intéressé se présente comme Dieu dans son héritage divin : le Christ de Dieu ne faisant qu'un avec tous. Telle est d'ailleurs la devise de l'humanité, et il est possible de la mettre en application. Des frères peuvent-ils encore se disputer, quand ils se fondent dans cette Unité qui absorbe tout ?

Maintenant, intensifiez ce rayon blanc, le rayon de Dieu, sur lequel vous envoyez la puissance de Dieu. Chargez-le de puissance transformée, dix mille ou dix millions de fois plus intense que l'énergie envoyée vers vous, selon ce que vous aurez décrété. Laissez ensuite le rayon revenir par son chemin d'aller. Quand l'homme qui aurait voulu nuire reçoit le rayon en retour et l'accepte comme venant de Dieu, tout le mal intenté est effacé, pardonné, oublié. Rien ne peut nuire ni à vous ni à l'émetteur de la mauvaise pensée initiale.

Vous regardez tous deux Dieu dans les yeux. Vous ne faites plus qu'un, et une harmonie parfaite a fait place à l'inharmonie.

Si au contraire l'émetteur de la mauvaise pensée n'accepte pas le rayon blanc que vous avez émis à pleine puissance, son corps sera détruit. Si l'on permet au pur rayon blanc de parfaire son travail, il supprimera toute vibration discordante. Si on lui résiste, l'opposant ancré dans sa résistance est inéluctablement voué à la destruction. Il attire sur lui l'opposition de la totalité du principe créateur, proportionnellement au carré de sa résistance.

Sous cet aspect, vous représentez le Seigneur répandant la puissance de Dieu, la Loi rendant le bien pour le mal. Mais même dans cette attitude, soyez sincèrement humbles et NE JUGEZ PAS. Placez votre amour jusqu'à la dernière miette sur ce pur rayon blanc et veillez bien à ce que ce soit l'amour de Dieu. Tandis que vous ferez cela, les légions seront à vos ordres. Vous restez doux et humbles, désireux de vous conformer à la pure lumière de Dieu qui est vie, amour, pureté, et beauté, éternels et profonds.

Le corps contient sept centres utilisables comme réflecteurs. On peut les faire flamboyer d'une lumière bien plus intense que n'importe quel rayonnement artificiel. Quand on veut émettre cette lumière, celle-ci brille d'un éclat plus puissant et possède une portée plus grande que n'importe quelle émission électrique. Si l'on fait flamboyer les sept centres en même temps, on est complètement entouré d'une armure impénétrable. Le corps brille d'un éclat bien supérieur à celui du soleil de midi. On se tient devant le Seigneur de la Création, l'Eternel des Armées. On est sincère et triomphant, et pourtant pacifique et aimant. Dieu trône dans votre corps qui est alors magnifique, spirituel et divin.

Tandis que ces pensées nous parvenaient en vibrations, la lumière émanant de Jésus et de son groupe devenait aveuglante. Elle ressemblait à de l'or en fusion, et sa brillance vibrante traversait tout. Pour nos yeux elle semblait s'étendre à l'infini, mais par tous nos autres sens, nous restions en terrain solide.

Les vibrations-pensées reprirent : On peut rendre son corps complètement invisible aux mortels. Pour cela, il faut centrer la totalité de sa pensée, avec plénitude et précision, sur le pur rayon blanc de Dieu, et le laisser émaner des sept centres agissant à l'unisson comme réflecteurs. On peut ensuite s'extérioriser sur un rayon quelconque et présenter l'image que l'on veut à ceux qui vous souhaitent du mal. On peut suivre ce rayon à la vitesse de la lumière et se transporter instantanément à l'endroit que l'on désire. Le corps est alors invisible à ceux qui ne voient pas au-delà de la matière. Ils ont conscience de l'existence d'une chose qu'ils ne comprennent pas, et cela les rend sensibles à toute image que vous leur présentez. Ce qui leur est incompréhensible leur paraît mystérieux ou surnaturel, et il est facile de faire dévier les facultés qui se développent par suspicion ou superstition.

On envoie ainsi de l'amour à ceux qui voudraient faire du mal, et l'énergie qu'ils déploient se répercute sur eux-mêmes. Les pensées malfaisantes qu'ils ont envoyées dépeignent la nature inférieure de chaque homme combattant avec ce qu'il croit bien être son ennemi. En réalité, ils se battent contre l'image de leur propre moi inférieur. De telles images transforment en ennemis les meilleurs amis et soulèvent le frère contre le frère.

Si cette bande de brigands persiste dans son intention d'attaquer le village, ils aboutiront à se détruire l'un l'autre. L'occasion leur a été offerte de quitter le district sans faire de mal aux habitants. S'ils ne la saisissent pas, ils se retourneront les uns contre les autres. L'homme ne peut pas tenter de détruire son frère sans attirer le même sort sur lui. Nous n'envoyons à ces gens que le pur rayonnement blanc de l'amour de Dieu. S'ils répondent à l'amour par la haine, la traîtrise, ou l'esprit de revanche, ils transformeront de leur propre chef ce rayonnement en une flamme qui les consumera. Vous n'avez rien à craindre. Nous n'offrons que l'amour, mais nous ne pouvons les forcer à l'accepter. Si les brigands arrivent avec amour, il n'y aura pas de conflit. Quoi qu'il en soit, notre cause est déjà gagnée.

Sur ces entrefaites, nous fûmes informés qu'un messager approchait du village. Nous allâmes à sa rencontre. Il nous informa que les brigands avaient cessé leur pillage et campaient paisiblement à trente-cinq kilomètres de la Croix en « T ». Depuis l'appel au secours des habitants, ils avaient cessé d'attenter à leurs vies et à leurs biens, mais, dans l'éventualité d'une résistance par la force, ils conservaient les prisonniers comme otages. D'après le messager, le bruit courait que la bande attaquerait notre village le lendemain ou le surlendemain si le trésor ne lui était pas remis. Il apportait aussi des salutations de la part des prisonniers. Tous les habitants avaient offert leur vie pour la protection du village, mais on informa le messager que ce sacrifice ne serait pas nécessaire. Il fut invité à retourner chez lui avec les remerciements et la profonde reconnaissance des villageois pour ses efforts en vue de la sauvegarde commune.

4

Le lendemain matin nous avions repris goût au travail, toute crainte ayant été bannie de nos pensées. Le surlendemain nous étions en train d'étudier certaines images sculptées dans les rochers du ravin quand notre attention fut attirée sur la sentinelle du village. Celle-ci se tenait de l'autre côté du ravin à une altitude un peu supérieure à la nôtre, ce qui lui donnait une vue beaucoup plus étendue sur le pays. Nos jumelles nous permirent de voir que l'homme faisait des signaux au village. Nous aperçûmes bientôt les villageois courant en tous sens et cherchant évidemment un abri dans les gorges profondes des solitudes montagneuses. Ils faisaient tous montre d'une agitation extrême.

En prêtant l'oreille, nous pûmes entendre le tonnerre lointain de la horde des bandits qui s'avançait. L'un de nous grimpa un peu plus haut pour avoir un meilleur aperçu de la situation. Il nous appela en disant qu'il pouvait voir le nuage de poussière soulevé par les cavaliers dans leur avance vers l'entrée du ravin.

Nous cachâmes nos affaires dans une crevasse du voisinage, rejoignîmes notre camarade, et trouvâmes un abri dans les escarpements rocheux d'où nous pouvions observer les mouvements de la horde. Elle s'arrêta à l'entrée du ravin. Cinquante cavaliers partirent en avant-garde, puis toute la bande remonta le ravin dans un galop éperdu, cravachant et éperonnant les chevaux. Le fracas des sabots heurtant le sol rocheux joint aux clameurs de défi formait un tintamarre indescriptible. Même si les circonstances n'avaient pas été aussi tragiques, le spectacle de cette grande masse de cavaliers se ruant en avant aurait suffi pour inspirer la terreur.

Nous occupions une position très avantageuse, car les parois du ravin étaient presque à pic. Nous pouvions regarder vers le bas et observer la horde de brigands dans leur poussée semblable à la force irrésistible d'un raz de marée. L'avant-garde avait dépassé nos positions, et les cavaliers de tête de la masse principale avançaient rapidement. Nous tournâmes nos jumelles vers le village et remarquâmes que la panique s'emparait des habitants.

Nous vîmes également un de nos camarades sur le balcon du temple. Il cessa de travailler pour observer la bande qui avançait. Puis il se retourna et regarda vers la porte qui conduisait à la salle centrale du Temple. Jésus sortit par cette porte et vint sur le balcon. Il avança directement jusqu'au bord et se tint immobile un instant, campé dans une pose sculpturale d'un équilibre admirable.

Toutes nos jumelles étaient naturellement centrées sur lui. Le balcon se trouvait à cinq kilomètres de notre cachette et à environ trois cents mètres plus haut. Nous comprîmes instantanément qu'il était en train de parler, et ses paroles nous parvinrent clairement et distinctement au bout de quelques secondes. Notre camarade qui était sur le balcon s'assit pour prendre des notes sténographiques. J'en fis autant. Un rapprochement ultérieur nous permit de constater que les paroles de Jésus avaient nettement dominé le tumulte de la horde en mouvement. Cependant, nous apprîmes qu'il n'avait pas élevé la voix au-dessus de son timbre normal, ni modifié sa bonne articulation habituelle.

Dès que Jésus se mit à parler, tous les habitants du village recouvrèrent un calme parfait. Voici, revues par lui-même, les paroles qu'il prononça. Mon souhait le plus cher est de ne pas les oublier, dussé-je vivre dix mille ans.

LA LUMIÈRE

Tandis que je me tiens seul dans ton grand silence, Dieu mon Père, une lumière pure flamboie dans mon sein et emplit de son grand rayonnement chaque atome de mon corps. La Vie, l'Amour, la Force, la Pureté, la Beauté et la Perfection dominent en moi de toute leur puissance. Tandis que je regarde au cœur même de cette lumière, j'en vois une autre — liquide, douce, d'un blanc doré, et radieusement claire — qui absorbe, nourrit, et irradie le feu caressant de la plus grande lumière.

Je sais maintenant que je suis Dieu, ne faisant qu'un avec tout l'univers de Dieu. Je murmure à Dieu mon Père, et rien ne me trouble.

Cependant, dans ce silence complet règne la plus grande activité de Dieu. A nouveau rien ne me trouble, et le silence complet m'entoure de tous côtés. Le rayonnement de la lumière s'étend maintenant au vaste univers de Dieu, et je sais que la vie consciente est partout. Je répète sans crainte que je suis Dieu. Je suis silencieux et n'ai pas peur.

J'élève le Christ bien haut en moi-même et je chante les louanges de Dieu. L'inspiration fredonne dans la tonalité de ma musique. La Grande Mère chante une vie nouvelle, de plus en plus haut en moi-même. Plus fort et plus clairement chaque jour, l'inspiration élève ma pensée consciente jusqu'à la mettre à l'unisson du rythme de Dieu. A nouveau j'élève bien haut le Christ, et je prête une oreille attentive à la joyeuse musique. L'harmonie est ma clef, et Dieu est le thème de mon chant. Il scelle mon cantique du sceau de la vérité.

VOICI, JE SUIS NÉ DE NOUVEAU, UN CHRIST EST LÀ

Dieu mon Père, je suis libre avec la grande lumière de ton Esprit. Ton sceau est placé sur mon front. J'accepte. Je tiens ta lumière haute, Dieu mon Père. A nouveau, j'accepte.

Quand Jésus cessa de parler, un rayon éblouissant de pure lumière blanche jaillit de son plexus solaire vers le ravin et toucha le sol à un endroit où la gorge faisait un tournant brusque vers la gauche, juste en avant du premier groupe des cavaliers de tête. Un grand barrage semblable à une muraille de pierre s'éleva instantanément au point de contact. Il en sortit de longs dards semblables à des flèches de feu. Les montures de tête s'arrêtèrent si brutalement dans leur folle course en avant qu'elles désarçonnèrent un grand nombre de cavaliers. Beaucoup de chevaux restèrent quelque temps cabrés sur leurs pieds de derrière, puis firent volte-face et foncèrent le mors aux dents vers l'aval du ravin, en sens inverse du gros de la bande. Quand ils en approchèrent, les cavaliers qui n'avaient pas été désarçonnés s'efforcèrent, mais en vain, de reprendre en main leurs chevaux emballés. Ils se heurtèrent en même temps que les chevaux sans cavaliers à la masse principale des brigands, ce qui brisa l'élan des premiers rangs. Les rangs suivants, ne réalisant pas le danger, arrivèrent au galop dans cette confusion, et le ravin offrit l'aspect d'une masse grouillante et désordonnée d'hommes et de chevaux.

Pendant un instant, il y eut un calme de mort troublé seulement par les hurlements sauvages des hommes épouvantés et les hennissements des chevaux emballés. Puis une scène terrible se produisit à l'endroit où la ruée forcenée de l'avant-garde revenant sur ses pas s'était heurtée aux rangs avancés de la bande. Les chevaux sans cavaliers, entièrement libres de leurs mouvements, avaient foncé dans la masse et désarçonné par leurs bonds effrénés un grand nombre d'autres cavaliers dont les montures, emballées à leur tour, ajoutèrent à la confusion. Celles-ci commencèrent à ruer, à plonger, et à hurler comme seuls peuvent le faire des animaux muets dans un moment de folle épouvante. Puis la mêlée s'étendit à toute la horde massée dans le ravin en dessous de nous.

Tout à coup nous vîmes des hommes dégainer leurs courts sabres de bataille et frapper sauvagement dans tous les sens. D'autres saisirent leurs armes à feu et commencèrent à tirer sur les hommes et les chevaux pour se frayer un chemin et s'enfuir. L'ensemble se transforma bientôt en une bataille pour la survie des plus forts. Elle se termina par une folle ruée vers les espaces libres de ceux qui eurent la chance d'échapper à la boucherie. Ils laissèrent le ravin rempli d'un monceau d'hommes et de chevaux morts ou blessés.

Nous nous hâtâmes de descendre pour apporter toute l'aide possible aux blessés. Tous les habitants et nos amis se joignirent à nous. Des messagers furent envoyés au loin dans toutes les directions pour demander assistance. Nous travaillâmes fébrilement toute la nuit et jusqu'après le lever du soleil le lendemain matin. Jésus et nos amis prenaient les blessés en main à mesure que nous pouvions les retirer de cette masse affreuse et inextricable. Quand nous eûmes pris soin du dernier homme vivant, nous retournâmes à l'auberge pour le petit déjeuner. En entrant, nous trouvâmes à notre grande surprise le Bandit Noir en conversation avec Emile. Jusque-là, nous n'avions pas été conscients de la présence d'Emile. Il surprit notre regard d'étonnement et dit : Nous en reparlerons plus tard.

Après le repas, nous sortîmes avec Thomas qui nous dit qu'Emile et lui avaient trouvé le Bandit Noir sérieusement blessé et incapable de bouger, car il était pris sous son cheval. Ils l'avaient dégagé et emporté vers un abri provisoire où ils l'avaient installé aussi confortablement que possible. Puis ils avaient appelé notre hôtesse et avaient confié le bandit à ses bons soins. Quand ses plaies furent pansées, il la pria de demander à son Dieu s'il voulait bien lui montrer ce qu'il fallait faire pour lui ressembler. Il demanda également à notre hôtesse de lui apprendre à prier.

Elle lui demanda s'il désirait recouvrer la santé. Il répondit : « Oui, je veux vous ressembler entièrement. » Elle répliqua : « Maintenant que tu as demandé la santé, ta prière a reçu une réponse. Tu es tout à fait bien portant. » L'homme tomba alors dans un profond assoupissement. A minuit, ses blessures s'étaient complètement fermées et il n'en restait pas la moindre cicatrice. Thomas put le constater en faisant sa ronde. L'homme se leva, s'habilla, et s'offrit pour apporter ses soins aux rescapés.

Nous vîmes également se rétablir complètement un grand nombre d'hommes que nous estimions voués à glisser dans les grandes ténèbres. Certains se crispaient de terreur à l'approche de nos amis au point qu'il devint indispensable de les séparer des autres.

Quand le travail de sauvetage fut achevé, le Bandit Noir circula parmi ses compagnons blessés en faisant l'impossible pour calmer leur frayeur. Beaucoup ressemblaient à des animaux pris au piège, craignant une mort affreuse dans les tortures, car telle était dans ce pays la sentence répressive contre les bandits que l'on capturait. Cette idée était tellement ancrée dans leur cerveau qu'ils ne réagissaient à aucune des bontés qu'on leur prodiguait. Ils craignaient que nos efforts pour rétablir leur santé ne fussent destinés qu'à nous permettre de les torturer plus longtemps. Finalement ils furent tous guéris, bien qu'un petit nombre eût traîné pendant des mois dans l'espoir non dissimulé de reculer le jour de leur torture.

Quelque temps après, le Bandit Noir réunit tous les anciens blessés qui voulurent se joindre à lui et forma une troupe de protection contre les raids éventuels. Il amena aussi beaucoup d'habitants à se joindre à cette unité. Nous fûmes informés plus tard qu'à partir de ce jour les bandes de brigands n'avaient jamais plus essayé de piller cette région. Deux détachements de notre expédition traversèrent ultérieurement ce territoire sur leur chemin vers le désert de Gobi. Le Bandit Noir et ses acolytes les accompagnèrent pour les protéger dans leur district et le district voisin, sur sept cents kilomètres au moins, et aucun d'eux ne voulut accepter une rémunération quelconque pour ce service.

Nous entendîmes encore souvent parler du Bandit Noir. Il avait développé une grande puissance bienfaisante dans toute la région, et consacrait généreusement toute sa vie à la population sans jamais se faire payer.

5

Le second jour après la destruction de la bande, à midi, nous avions pris soin de tous les blessés et fait une dernière tournée pour nous assurer qu'il n'en restait pas dans le ravin parmi les débris. Tandis que nous rentrions à l'auberge pour déjeuner et prendre un repos dont nous avions grand besoin, l'un de nous exprima tout haut la pensée qui hantait nos cerveaux depuis des heures : « Pourquoi ce terrible holocauste, cette destruction de vies humaines ? »

Nous étions épuisés de fatigue, et le choc nous avait complètement mis à bas. En raison de la terreur mortelle que ces bandits inspiraient aux habitants, tout l'effort du sauvetage était retombé sur nous, surtout dans les premières heures. Même après que nous eûmes dégagé les blessés de l'enchevêtrement des chevaux, nous eûmes grand-peine à persuader les villageois de prêter assistance aux blessés. Ils ne voyaient absolument pas de motif pour nous aider à sauver la vie de ceux qui avaient tenté d'ôter la leur. Beaucoup éprouvaient une profonde répugnance à toucher quelque chose de mort. S'ils n'avaient eu égard à nos amis, les habitants auraient immédiatement quitté sans esprit de retour le théâtre des opérations.

Quoi qu'il en fût, nous étions fatigués et nous avions mal au cœur, car cette expérience avait été la plus terrible de toute notre vie. En arrivant à l'auberge, nous prîmes quelques soins de toilette et nous nous assîmes à table à bout de nerfs. La nourriture ne tarda pas à apparaître. Nous étions seuls, Thomas ayant accompagné Lin Chu, le Bandit Noir, et un ou deux Maîtres dans une tournée en aval dans la vallée. Nous allâmes nous coucher après le repas, et aucun de nous ne se réveilla avant le lendemain soir.

Tandis que nous nous habillions, l'un de nous suggéra que nous devrions nous rendre directement à notre sanctuaire. C'est ainsi que nous désignions la salle supérieure du temple. Nous quittâmes donc l'auberge et nous dirigeâmes vers le temple par le chemin habituel.

Nous étions arrivés à l'échelle qui conduisait à l'entrée du tunnel, et le premier de nous avait posé le pied sur le premier barreau quand il s'arrêta net et dit : Que nous est-il arrivé ? Hier ou avant-hier nous étions au septième ciel, nous nagions dans la joie, nous nous déplacions à volonté, et nous terminions en moins de trois mois des travaux qu'il aurait normalement fallu des années pour achever. Notre nourriture apparaissait sur la table. Tout cela se passait sans le moindre effort de notre part, et maintenant, nous voilà soudain retombés dans nos vieilles habitudes. Je veux connaître le motif de cette chute subite et je n'en vois qu'un : Chacun de nous a pris sur ses épaules le fardeau de l'expérience que nous venons de traverser. C'est ce qui nous gêne maintenant. Il ne fait plus partie de moi sous quelque forme que ce soit. Il pesait sur moi tandis que je l'adorais, que je m'y cramponnais, et que je ne l'abandonnais pas. Je quitte cette condition pour un état meilleur et plus élevé. Je laisse aller le passé. J'en ai complètement fini avec lui.

Tandis que nous le regardions avec étonnement, nous nous aperçûmes tout à coup qu'il n'était plus là. Il avait disparu. Sur le moment, nous fûmes suffoqués de voir que cette âme avait abouti. Cependant, aucun de nous ne voulait lâcher ce qui le tirait en arrière, sachant bien toutefois qu'il s'accrochait à des événements qui ne le concernaient en rien. En conséquence, nous fûmes obligés de grimper à l'échelle, de franchir le tunnel, et de traverser toutes les salles avant d'arriver à notre but. En y arrivant, nous trouvâmes notre camarade déjà installé. Tandis que nous nous entretenions de sa réussite, Jésus, plusieurs Maîtres, et Thomas apparurent. Ils entrèrent dans la salle par la porte qui donnait sur le balcon. Nous nous assîmes, et Jésus prit la parole.

Il dit : Beaucoup de gens déclarent qu'ils sont les fils de Dieu et disposent de toutes les possessions du Père. Ils en disposent en effet, mais leur affirmation ne se traduit pas dans les faits avant qu'ils aient le courage de faire le pas suivant et de se considérer eux-mêmes comme étant Dieu, unis à tout ce qui représente Dieu. C'est alors seulement qu'ils ont abouti.

Quand un homme limité par sa pensée matérielle commence à voir le Christ, son corps plus éthéré irradie de la lumière. Quand cet homme extériorise le Christ, il jouit d'une vision plus subtile, plus claire, et plus étendue. Il voit son corps supérieur vibrer à un rythme plus rapide que son corps inférieur, sans perdre ce dernier de vue. Il croit posséder deux corps. Il en voit un qui lui apparaît extérieur et éloigné de lui. Il le prend pour le Christ de quelqu'un d'autre, mais cette dualité apparente provient de ce qu'il ne croit pas être le Christ. Si au contraire il déclare être le Christ et accepte la chose comme un fait, les deux corps se fondent instantanément en un seul. Cet homme a extériorisé le Christ, et le Christ se présente triomphalement.

L'homme peut faire un pas de plus et déclarer que c'est le Christ de Dieu qui se présente. Instantanément, il est le Christ de Dieu. Le Fils de Dieu ne fait plus qu'un avec le Père et va directement au Père.

Mais un dernier pas reste à faire, et c'est le plus difficile. Ce pas exige la plus grande résolution, car il faut que l'homme ait entièrement balayé de sa pensée toute crainte matérielle et toute limitation. Il faut qu'il s'avance, qu'il aille directement à la source, et déclare expressément qu'il est Dieu. En le déclarant, il doit savoir que c'est vrai, sans crainte des précédents, sans superstition, sans arrière-pensée humaine. Il doit déclarer et savoir qu'il est complètement immergé en Dieu, amalgamé à lui, qu'il est Amour, Sagesse, Intelligence, qu'il est Substance, qu'il est chaque attribut de

Dieu le Père, Source et Principe. Il doit accepter cela en toute humilité. Alors il représente effectivement Dieu.

A travers un tel homme, tous les attributs de Dieu se répandent sur l'humanité entière, et c'est seulement à travers de tels hommes que Dieu peut s'exprimer. Quand on s'amalgame à Dieu, rien n'est impossible. Non seulement on possède tout ce que possède le Père, mais on est tout ce qu'est le Père. On est l'homme-Christ, le Christ de Dieu, et Dieu, réunis en un. On est la Trinité. Le Saint-Esprit demeure en vous. La totalité de l'Esprit éternel, dans son activité créatrice, habite en vous. Acceptez tout cela, et vous chanterez aussi bien que les autres : « Louez le pouvoir du nom de Christ. » Il ne s'agit pas du nom personnel de Jésus, mais du Christ.

Que les anges se prosternent jusqu'à terre. Présentez le diadème royal et couronnez Christ comme Seigneur de tous. Ne couronnez pas Jésus à titre personnel, couronnez Christ, car Christ mérite le plus magnifique des diadèmes royaux de la couronne christienne. Aucun joyau n'est trop beau ou trop divin pour la couronne de Christ triomphant. Vous voyez maintenant que quiconque le veut peut entrer dans le royaume. Venez, devenez le Christ triomphant, et vous faites entrer ceux qui le veulent.

Quand vous dites « Dieu », considérez-vous comme étant Dieu. Voyez Dieu se présentant quand vous vous présentez. Dieu ne saurait être un bigot, un vantard, ni un égoïste. Le Christ, le Dieu-Homme, l'image et la ressemblance de Dieu, ne sauraient l'être davantage. Vous pouvez être Dieu. Il est vrai de dire que « JE SUIS » est dans le Père, et que le Père est en moi. « JE SUIS » et mon Père ne font qu'un en toute humilité et en toute grandeur. Dieu et l'humanité réunis sont tout-puissants, ils constituent l'omnipotence de Dieu. Ce qui est né dans votre pensée d'iniquité se trouve élevé en gloire, car la pensée d'iniquité est effacée. Ce qui porte la marque de la terre portera la marque du ciel quand vous en aurez élevé l'image idéale.

Je vous dis que c'est maintenant, à l'instant présent, que vous avez l'occasion de sortir de ce grand tourbillon extérieur, d'entrer dans la grande paix et les bénédictions de Dieu, et de vous vêtir de la lumière de Dieu. En toute humilité, placez la couronne de Christ sur votre propre tête. Si vous ne le faites pas, nul ne peut l'y placer pour vous.

Avancez-vous pour faire partie du grand trône blanc, de la source. Devenez un avec ceux qui ont achevé de cette manière la grande perfection. Ne soyez pas seulement un avec Dieu, mais soyez Dieu, effectivement Dieu. Alors vous pourrez présenter les attributs divins au monde entier et vous le ferez. Comment l'énergie de Dieu pourrait-elle s'exprimer, sinon par l'homme ?

Il n'y a pas sur terre d'organisme capable de vibrer à la même fréquence. Il est si hautement organisé qu'il perçoit l'énergie suprême permettant d'exprimer Dieu au monde entier, puis il l'engendre et la transforme. Comment pourrait-il le faire sinon par le corps hautement organisé et parfait qui est le vôtre quand vous en avez la maîtrise ?

Cette maîtrise signifie que l'on est pleinement Maître, Messie, et Disciple. Pour commander au corps et être parfaitement harmonisé avec lui, il faut se présenter avec la maîtrise parfaite de tous les attributs de la Sainte Trinité, le « JE SUIS » humain, le Christ, et le Christ de Dieu. En combinant ces trois personnes avec la plus élevée, Dieu, vous êtes Dieu.

C'est cela que vous êtes, vous, l'homme d'aujourd'hui qui étend sa vision et perçoit la vérité sur soi-même. Il y a pour vous une vie meilleure que le cycle des expériences mondaines. Vous la percevrez en suivant le chemin de la justice, en harmonie et en véritable accord avec les idéaux les plus élevés que vous puissiez exprimer et concevoir.

Dans une première étape, vous, l'homme, vous devenez le Christ humain, le Fils unique de Dieu. Dans une deuxième étape vous devenez le Christ de Dieu en constatant que le Christ humain est le Christ de Dieu et en les réunissant. La troisième étape conduit directement à la source. Elle consiste à fondre les deux en un, Dieu le Père.

En d'autres termes, vous avez intégré le « JE SUIS » humain dans le Christ humain. Vous avez ensuite transmué le Christ humain en Christ de Dieu, ou Seigneur Dieu. Et enfin vous avez transmué le Christ de Dieu en Dieu éternellement vivant. La dualité est devenue l'unité. Vous êtes l'image et la ressemblance de l'Energie Suprême, Dieu le Père de tous. Si vous ne déviez pas de ce chemin de juste emploi de vos facultés, rien ne vous est impossible. Il faut que vous le suiviez sans crainte, en toute sincérité, sans égard pour l'opinion du monde entier. En vous présentant dans votre puissance et en reconnaissant votre communion, vous êtes indissolublement lié au Père, principe suprême de toutes choses, toujours présent et agissant.

Considérez votre Bible à la lumière de ce que je viens de dire. N'offre-t-elle pas le tableau d'une grande description allégorique du développement spirituel de l'homme, et de sa perfection quand il a bien compris ses pouvoirs et les utilise justement ?

Le faisceau de lumière que les artistes peignent descendant du ciel sur moi est au contraire projeté de mon corps vers l'extérieur. Il est vrai que cette lumière est céleste, car le ciel nous entoure de toutes parts et il est vibration lumineuse. Mais le foyer central, le point de départ du ciel se trouve dans mon être intime. Il faut donc que la lumière céleste jaillisse de moi. Mon « JE SUIS » doit permettre à l'essence de la lumière de pénétrer en moi. Il faut ensuite que j'engendre et que je transmue cette énergie lumineuse de manière à l'extérioriser avec l'intensité désirée par Dieu, par « JE SUIS ». Alors, rien ne peut résister à la puissance de cette pure lumière. Elle constitue les rayons lumineux que vous voyez émaner de mon corps quand les artistes reproduisent mes traits à Gethsémani.

Vous pouvez de la même manière transmuer le

pouvoir de Dieu et le projeter à l'extérieur avec une force irrésistible, grâce à votre réflecteur. Toutes ces choses sont faites couramment par ceux qui se présentent comme étant à la fois Dieu, leur divin héritage, et le Christ de Dieu, tous en un. Telle est la devise divine et précise donnée à toute l'humanité. Plus les hommes se rapprocheront de ce rayon de guérison, plus vite disparaîtront toutes les discordes et les inharmonies.

Si vous vivez librement dans cette vibration lumineuse qui est la lumière du monde, si tous s'en inspirent, vous vous rapprocherez de la véritable demeure préparée pour l'homme. Vous découvrirez que « JE SUIS » est la lumière du monde. Regardez Dieu, la table est servie. Elevez votre « JE SUIS », élevez votre corps à Dieu, et vous serez couronné Seigneur de Tous. Il vous appartient de placer la couronne sur votre propre tête. Nul ne peut le faire pour vous.

6

Je m'excuse d'avoir relaté avec tant de détails les expériences de ces quelques jours concernant les brigands. J'ai voulu décrire d'une façon aussi probante que possible le pouvoir d'un seul homme complètement drapé dans sa maîtrise divine ainsi que sa manière de faire pour transformer l'énergie déployée par une horde sans foi ni loi en une force de protection pour lui-même et pour tout le district.

Non seulement nous fûmes protégés, mais l'énergie de cette horde était telle qu'après avoir été amplifiée, vivifiée, et retournée vers elle-même, le résultat fut que les fauteurs de destruction s'entre-détruisirent. La protection du pays fut complète sur des kilomètres à la ronde, bien que les habitants fussent trois fois moins nombreux que les bandits et n'eussent aucune arme de défense apparente.

Dès que la surexcitation et le choc nerveux des jours précédents furent calmés, nous reprîmes nos occupations avec un intérêt renouvelé. La saison de Pâques approchait rapidement et nous désirions terminer notre travail du village de la Croix en « T » avant de retourner aux Indes. Il fut en effet rapidement achevé. Les derniers préparatifs de retour furent terminés la veille de Pâques, et nous comptions que le dimanche serait un jour de détente et de repos complets.

En partant pour le temple bien avant l'aurore, nous trouvâmes Chander Sen assis dans le jardin de l'auberge. Il se leva pour nous accompagner, disant que Thomas nous retrouverait au sanctuaire. Il suggéra que nous devrions retourner aux Indes par Lhassa, puis par Mouktinath en passant par le col transhimalayen de Kandernath. De là, nous nous dirigerions sur Darjeeling.

En arrivant au pied de l'échelle qui conduisait à l'entrée du temple, nous nous arrêtâmes un instant pour regarder poindre l'aurore. Chander Sen posa une main sur l'échelle, comme prêt à monter vers l'entrée du tunnel, et dans cette attitude se mit à parler.

Il dit : La Lumière ne comprend pas les ténèbres, car elle brille à travers les ténèbres. Quand Jésus se vit sur le point d'être trahi par Judas, il dit : « C'est maintenant que le Fils de l'Homme est glorifié, et Dieu se glorifie en lui. » Le Maître ne dit pas : « Judas m'a trahi », il ne fit aucune allusion à Judas. Il s'appuya uniquement sur l'universalité du Christ de Dieu glorifié en lui-même. L'homme est glorifié en Dieu. Dieu glorifie l'homme en lui-même. Cette parfaite action et réaction de Dieu détruit toute inharmonie d'une manière caractéristique. C'est alors que l'on peut commander : « Christ, apparais d'une manière de plus en plus précise, tellement précise que tu es moi-même. » En fait nous ne formons plus qu'un corps, une pensée, un esprit, un tout, un principe complet. Vous êtes « JE SUIS », et ensemble nous sommes Dieu.

Au moment où Chander Sen se tut, nous nous

trouvâmes dans notre sanctuaire, la salle centrale du temple de la Croix en « T ». A peine avions-nous eu le temps de reprendre nos esprits que Jésus et plusieurs autres personnages, dont Thomas, entrèrent par la porte qui donnait sur le balcon.

A leur entrée, la salle s'embrasa de lumière. Nous échangeâmes des salutations et fûmes présentés à un étranger qui accompagnait les arrivants. Il avait l'air d'un homme entre deux âges et cependant plein de sève. On nous informa qu'il était l'un des Munis qui avaient la garde des souterrains de Hastinapour. Il retournait dans cette région et se tenait prêt à nous accompagner. Il avait connu les grands Rishis (Maîtres) Végas et aussi le Rishi Agastya dont l'ermitage est situé dans cet endroit remarquable quoique très isolé. Notre bonne fortune nous remplit de joie.

Nous formâmes un cercle et nous tînmes debout en silence pendant quelques instants, les deux mains appuyées sur la table. Bien qu'aucun mot ne fût prononcé, la salle était entièrement remplie des pulsations vibrantes d'une étrange émanation. Nous éprouvions des sensations absolument inconnues qui commencèrent par nous accabler. Les rochers avaient des battements et vibraient avec des résonances musicales. Cela ne dura que quelques instants. Un Maître rompit le silence en nous disant que ce matin nous allions voir en images la création d'un univers. Ces images représenteraient les événements qui accompagnèrent la naissance de notre système planétaire.

Nous sortîmes et avançâmes jusqu'au bord du balcon naturel. Il s'en fallait encore d'une heure que le soleil fût levé. Nous étions ensevelis dans un calme de mort et un silence absolu. L'heure était propice pour le déroulement d'une nouvelle naissance. Nous regardions éperdument au loin, dans l'espace infini, l'âme remplie d'une espérance attentive.

Le Muni commença par dire : Il n'y a que deux sortes d'événements dans le monde. D'une part ceux qui existaient avant que la conscience ne commençât de s'affirmer. Ils existent maintenant et existeront éternellement. D'autre part ceux que l'humanité a pensés et pensera.

Ce qui existait avant le commencement de la conscience est éternel. Ce que l'humanité pense est variable et inconsistant. Ce qui existait avant le commencement de la conscience est la Vérité. Ce que les hommes pensent n'est vérité que pour eux. Quand ils prendront conscience de la Loi de Vérité, cette loi supprimera toutes les pensées erronées de l'humanité.

A mesure de leur écoulement, les siècles repoussent le voile matériel par le processus de l'évolution. En même temps, certaines idées se font jour dans la pensée de l'humanité et la font revenir vers la Vérité, ou, comme nous disons, vers le fait cosmique originel. Ces idées, qui remplissent la mémoire du passé, se confrontent aux faits du présent, et se nuancent d'après les prophéties de l'avenir. Dans l'ensemble, elles se tiennent nettement sur le chemin que parcourt la conscience évoluante de la race humaine. Celle-ci est donc continuellement ramenée à la considération du principe originel. Par la répétition de ces retours en arrière, l'humanité découvre que la création est éternelle et semblable dans tous les pays.

Les créatures humaines varient continuellement sous l'effet de la loi d'action et de réaction. Quand les hommes ont été trop loin dans leurs créations personnelles, la grande loi de la Vérité Absolue intervient pour les ramener en face du plan originel. La loi cosmique, toujours polarisée dans le sens de l'égalisation, de l'équilibre, et de l'harmonie, ne permet donc jamais à la vie de s'égarer trop loin sur la tangente. Malgré les idoles et les dogmes, elle rassemblera l'humanité dans une union complète avec les réalités absolues.

Quand la loi de vérité absolue sera prépondérante dans la conscience humaine, tout ce qui n'est pas en accord et en union parfaite avec la vérité cosmique expérimentale disparaîtra de soi-même. Les pensées de l'humanité se forment toujours de telle sorte que les conséquences imparfaites nées de demi-vérités sont abandonnées aussitôt que la vérité arrive.

Il faut que la loi cosmique absolue s'accomplisse complètement. Quand l'humanité pense, parle, et agit selon la loi de réalité, elle est forcément conduite vers la loi elle-même, c'est-à-dire vers la vérité. Les anciens nous ont dit que tout arbre non planté par le Père Céleste sera déraciné : « Ne vous occupez pas des aveugles conducteurs d'aveugles. Si des aveugles conduisent toujours les aveugles, ne tomberont-ils pas tous dans la même fosse ? »

Le cycle au cours duquel les guides aveugles ont conduit la race aveugle dans un marais d'ignorance, de superstition, et d'illusion est en train de se clore rapidement. Ce marécage a été créé par les idées personnelles, et non par ceux qui s'efforcent de découvrir la vérité. La civilisation née des illusions et des superstitions des derniers siècles s'engloutit elle-même dans le marécage. Une nouvelle conscience raciale a été conçue et grandit rapidement sous le stimulus des souffrances et du tragique désordre des créations humaines. En fait, la porte s'ouvre toute grande à cette nouvelle naissance.

On ne peut donner d'autre conseil que celui d'avancer dans le sentier cosmique en s'élevant à des plans de conscience supérieurs. Une seule sorte de pensée est interdite dans le système vibratoire du grand cosmos. C'est celle qui permet à la race humaine de s'attacher si solidement à ses croyances, de s'accrocher si désespérément à ses illusions, qu'elle ne veut plus abandonner le passé. Elle ne peut alors participer au mouvement d'expansion de la pensée universelle.

Quand une race est absorbée par ses idées personnelles, elle est obligée de continuer dans ce sens jusqu'à ce que ses croyances aient épuisé leurs effets naturels et que ses expériences ne lui permettent plus d'aller de l'avant. Alors la Loi absolue intervient spontanément et progressivement par le moyen de mala-

326

dies, de souffrances, et de pertes, jusqu'à ce que l'homme ait compris et finisse par découvrir que la malédiction d'une idée fausse réside dans la fausseté de l'idée.

Il arrive que les pensées humaines créent dans les races et les nations un état d'esprit non conforme à la réalité pure. Si la race ou la nation refuse d'abandonner cet état d'esprit, la Loi interfère avec ses progrès en permettant aux vibrations accumulées par l'ancien état d'esprit de se réfléchir sur elles-mêmes au moyen du Rayon de lumière. Alors cette race ou cette nation est effacée du monde par des guerres, des luttes, des dissensions, et des décès survenant de tous côtés. Elle est ensuite replacée dans le courant ascendant de la création pour reprendre son évolution après un nouveau contact avec la Vérité qui existait avant le commencement de la conscience humaine.

Aujourd'hui la civilisation approche rapidement d'une grande époque de reconstruction. Toutes les choses qui paraissent actuellement si stables et si bien fondées se trouveront bientôt immergées dans un courant de reflux. Tout arbre qui n'aura pas été planté par la Vérité sera déraciné. Nous voyons poindre un bouleversement cosmique complet des présentes institutions sociales, politiques, financières, et religieuses. Ce bouleversement fera place à une ère nouvelle qui prendra plus étroitement contact avec la Vérité que la conscience humaine a submergée ou mise de côté. La Vérité reste drapée dans sa bienfaisance attentive, aimante et radieuse. Elle attend que les hommes se rendent compte que leur conscience peut embrasser les choses éternelles.

L'humanité est en train d'émerger des contes de fées de la génération précédente. La nouvelle génération s'éveille à une individualité et à un discernement spirituels où toutes ces anciennes histoires ne lui serviront plus de rien. La fin des illusions, des traditions, et des superstitions approche, ainsi d'ailleurs que la fin de la civilisation fondée sur elles. Les vieilles idoles sont bonnes pour les consciences naïves qui aboutissent maintenant à une impasse. Leur destruction résultera des illusions qu'elles ont provoquées. Il apparaîtra évident qu'elles ne représentaient que des histoires pour des enfants au berceau, inventées par un état-major de prêtres et de précepteurs pour endormir les enfants vagissants d'une race qui évolue.

Ceux qui voient plus loin n'ont pas vagi, et l'on n'a pu les conduire au sommeil. La plupart ont perçu la fausseté de ces contes pour bébés, et beaucoup d'entre eux se sont courageusement portés en avant pour détruire les mensonges. Leur vision s'étend jusqu'à l'absolu qui a toujours existé, et avec quoi une faible fraction de l'humanité a toujours gardé contact par connaissance directe. C'est de cette fraction que s'élèvera une nouvelle conscience raciale plus vivifiante, pleinement éveillée, et prête à détrôner les idoles instaurées par certains hommes pour dominer leurs compagnons. Elle fera place aux nouveaux idéaux qui sont aussi anciens que l'aurore de la création.

Il sera indispensable que ceux qui enseignent, conduisent, ou inspirent la conscience de race travaillent sur un plan de contact réellement vivant. Ce plan devra être si élevé qu'il ne pourra comporter ni erreurs ni contradictions. Son interprétation devra être si simple qu'il ne pourra y avoir de malentendus. Le tigre de la spiritualité et de l'intelligence supérieure est réveillé. Il refusera de se rendormir, car il est déjà blessé par les fragments du passé et déçu par les tortures résultant de sa confiance mal placée. Il va exiger une pensée directrice plus forte et plus vivante, basée sur la Vérité elle-même.

Par-dessus les siècles de traditions superstitieuses, les foules prêtent maintenant une oreille attentive à l'antique message qui creuse son chemin dans le cœur et la vie des humains sujets à la nouvelle naissance. Ce message ancien et nouveau est le son de trompette qui domine le chœur d'une prêtrise superstitieuse. Il est plus fort que le bruit de la bataille, plus clair que les

mensonges religieux, et plus éclatant que les contradictions voilées de l'industrie et de la politique.

Une fraction de l'humanité est prisonnière de ses
superstitions et de ses traditions idolâtres concernant
Dieu, Christ, l'homme, le moi, la vie, et la mort. Il faut
que tout cela disparaisse et que tout ce qui a été
construit sur cette base soit détruit par une humanité
complètement libérée de ces idées préconçues.

Une rédemption possédant un sens entièrement
nouveau apparaît confusément à l'horizon. Une foule
de gens de toutes races et de toutes nationalités,
possédant une vision plus claire et une perception plus
précise, sera rachetée par une révélation plus profonde émanant de toutes les races et de tous les
peuples. Cette révélation est le message de la vie
unique et universelle. Malgré les illusions de la multitude, malgré les bandes réactionnaires et en dépit de
l'étroitesse d'esprit générale, nous voyons poindre des
aperçus plus nobles et plus larges sur Dieu, le Christ de
l'homme, le Christ de Dieu, la personnalité des hommes, et même sur la mort. L'aurore d'un nouveau
siècle spirituel commence à éclairer le monde. Un
nouvel âge de la race de cristal surgit du maelström.

Chaque fois qu'un peuple pense à Dieu comme
étant l'absolu, ce peuple est Dieu, car l'idée de Dieu est
ancrée en lui. Quand les hommes aiment, adorent, et
révèrent cet idéal, ils deviennent Dieu. Les temps sont
accomplis. Les hommes ont hérité de ce qui existait au
commencement, de ce qui est fondé en esprit.

Chaque fois qu'un individu pense à Dieu, il est Dieu.
Quand on insuffle la vie à l'humanité, on lui insuffle
aussi la vie de Dieu. Dans leur compréhension plus
vaste de la révélation cosmique, les hommes découvrent Dieu. Il est pareil à ce qu'il était avant que la
conscience humaine ait commencé à se manifester, le
même hier, aujourd'hui, et toujours.

Le temple réel, non construit avec les mains, éternel
dans les cieux et dans l'homme, surgit lentement des
cendres de l'orthodoxie. Une grande race nouvelle de

penseurs fournit des efforts herculéens pour prendre les devants. Les raz de marée vont bientôt envahir la terre. Ils balayeront les restes d'illusions semées sur les sentiers de ceux qui avancent en se débattant sous le fardeau de l'évolution. Le travail est déjà accompli. Des centaines de millions d'hommes sont à nouveau délivrés et possèdent un cœur, une âme, un corps, et des instincts libres. Ils forment le pouls battant d'une race qui n'est pas encore née, mais qui recueillera l'héritage des éons. Je les vois franchissant les époques cycliques, marchant la main dans la main avec Dieu. De grandes vagues de sagesse issues des rivages éternels de l'infini affluent vers eux. Ils ont l'audace de s'avancer en déclarant qu'ils sont une partie du Dieu éternel, le Christ éternel, Dieu et l'homme unis éternellement à la vie éternelle. Ils déclarent au ciel que les œuvres humaines sont des mensonges forgés dans un aveuglement terrible.

Ceux qui sentent battre le pouls de la nouvelle race forment la crête de la vague qui a pour base la nouvelle conscience raciale. Celle-ci voit dans l'homme l'expression la plus élevée de Dieu sur cette planète. Elle le voit uni à Dieu par l'intermédiaire de sa vie. Toutes les ressources dont elle a besoin lui arrivent par le moyen de cette vie. La nouvelle race sait que l'homme peut vivre consciemment dans un univers parfait, en accord parfait avec des gens parfaits, dans des situations et des conditions parfaites, et avec la certitude absolue qu'aucune erreur ne s'est glissée dans le grand plan spirituel du Cosmos.

L'homme nouveau voit Dieu comme un Esprit Cosmique imprégnant tout. Guidé par des pensées subtiles, il révise sans hésitation les bases fondamentales de sa vie passée. Il revient à sa source pour ne faire qu'un avec elle, sachant qu'elle représente le côté toujours silencieux de sa pensée divine consciemment amalgamé en pensée avec l'Esprit Infini.

La nouvelle race comprend qu'à travers le soleil et l'ombre, l'âme est sans amertume en quête d'amour et de paix véritables. Elle les trouve dans la Vérité de Dieu et de l'homme. Cette race n'hésite pas à démailloter l'humanité de ses langes d'illusion. Le spectre décharné de l'ignorance humaine qui a entravé pendant des siècles les pieds débiles des hommes égoïstes va disparaître complètement. L'homme découvre qu'il a supprimé toute limitation en se connaissant lui-même dans sa plénitude. Il s'est élevé du stade humain à celui de l'homme-Dieu, à Dieu.

7

Après un court intervalle de repos, le Muni se leva tandis que les premiers rayons du soleil se montraient au-dessus du lointain horizon. Il dit : « Sont avec moi ceux qui ont appris beaucoup de choses que le Père a en vue pour l'humanité et qui voient avec la compréhension de l'esprit. Le vaste monde est donc compris en entier dans leur vision. Ils voient ce que l'humanité ne fait que sentir. Ils sont donc capables d'aider l'humanité dans l'accomplissement de ses désirs. Ils entendent des milliers de sons ordinairement inaudibles, tels que le chant de l'oiseau-mouche, le pépiement du moineau nouveau-né, les notes à quinze mille vibrations et plus par seconde émises par les sauterelles des champs, et bien d'autres sons musicaux débordant largement la gamme audible.

Ils peuvent aussi ressentir, contrôler, et émettre des sons inaudibles susceptibles de produire certaines réactions émotionnelles bienfaisantes pour le monde entier, telles que l'amour, la paix, l'harmonie, et la perfection. Ils peuvent également amplifier et émettre des vibrations correspondant aux sentiments d'abondance et de joie intense. Ces vibrations entourent l'humanité et en interpénètrent tous les membres, au point que chacun d'eux peut les recevoir s'il le désire.

Quand on reconnaît l'existence de ces vibrations comme un fait, on coopère avec elles en les amplifiant et en les transmettant. Alors la chose même dont l'humanité a besoin se cristallise autour des individus et prend forme parmi les populations. Les désirs des hommes sont alors accomplis. Quand les vibrations appropriées sont mises en mouvement, les individus ne peuvent échapper à leurs effets. Tous les désirs parfaits de l'humanité se condensent donc en des formes concrètes.

Le vaste océan illimité de l'espace créateur de Dieu est transparent comme le cristal. Il est pourtant rempli de vibrants effluves d'énergie. Cette énergie est connue sous le nom de substance éthérée. Tous les éléments y sont dissous, prêts à répondre à l'appel du régime vibratoire qui leur permettra de se condenser en formes. L'être humain, coopérant avec cet ensemble, peut mettre en mouvement par ses pensées les influences vibratoires appropriées. Alors les éléments, n'ayant pas d'autre issue, se précipitent pour remplir le moule formé par le désir. Telle est la loi absolue dont nul ne peut arrêter les répercussions.

Ecoutez : un orgue joue des notes très basses. Commençons par les abaisser encore, de manière qu'elles cessent d'être audibles pour nous. La sensation, ou l'émotion que nous avons ressentie à l'audition du son, persiste encore, n'est-ce pas ? La vibration continue, bien qu'inaudible. Maintenant faisons monter les notes de plus en plus haut à travers la gamme jusqu'à ce qu'elles redeviennent inaudibles. La sensation qu'elles ont provoquée persiste, tandis que les hautes vibrations inaudibles continuent. Nous savons que les vibrations ne cessent ni dans le premier cas ni dans le second, alors même qu'elles sortent du domaine de l'audition physique. Ce sont elles que nous désignons sous le nom d'Esprit.

Quand les sens physiques perdent le contrôle des vibrations, l'Esprit le prend, et son contrôle est infiniment plus précis. Il s'étend en effet sur une gamme bien plus vaste que celle de la physique. Cette gamme réagit beaucoup mieux aux commandements des influences vibratoires de la pensée, car la pensée est bien plus étroitement reliée à l'esprit qu'à la matière.

La physique est entièrement limitée à l'action matérielle du corps, mais non à ses réactions. Quand nous parvenons aux réactions du corps, nous sommes Esprit pourvu que nous définissions le corps comme étant esprit. On voit ainsi comment le corps physique est limité. Non seulement l'Esprit pénètre toutes ses cellules, mais il interpénètre les plus petites particules de substance solide, liquide, ou gazeuse. En fait, il est la force dont est bâti le moule d'où la substance prend ses différentes formes. La substance ne peut prendre forme autrement. L'homme est l'unique projecteur, le coordinateur exclusif des divers moules de la substance.

Permettez-moi une courte digression. Vous voyez le soleil de notre univers briller dans toute son éblouissante splendeur. Tandis que l'horizon recule progressivement et découvre à nos yeux un jour nouveau, nous voyons naître une nouvelle époque, une nouvelle Pâque. Ce que nous appelons notre univers et qui tourne autour de ce soleil n'est que l'un des quatre-vingt-onze univers semblables qui tournent autour du grand soleil central. La masse de ce soleil est quatre-vingt-onze mille fois plus grande que la masse combinée des quatre-vingt-onze univers. Il est si colossal que chacun des quatre-vingt-onze univers qui tournent autour de lui dans un ordre parfait est aussi petit en comparaison de lui que les infimes particules d'un atome qui tournent autour de son soleil central que vous appelez noyau. Notre univers met plus de vingt-six mille huit cents ans à parcourir une fois son orbite autour du grand soleil central. Il se meut en relation mathématique exacte avec une précession complète de l'Etoile Polaire. Est-il possible de douter qu'un grand pouvoir divin et positif commande à tout cela ? Mais retournons à nos observations.

Regardez de près : une image se forme et vous voyez le globe blanc du soleil. Une tache rouge s'y forme. Regardez de plus près, et vous verrez qu'un minuscule éclat de pure lumière blanche a jailli de la tache rouge. Ce n'est pas un rayon de lumière, c'est un point mouvant de lumière pure, une étincelle de vie, émise et incluse dans ce qui doit naître. Ce n'est pour vous qu'un infime point de lumière. Pourtant il est immense pour ceux qui peuvent le regarder de près. Il vous paraît étrange. D'ici peu vous disposerez d'un instrument qui servira d'auxiliaire à vos yeux pour voir toutes ces choses, et qui révèlera encore beaucoup d'autres merveilles à l'humanité.

Pendant des milliers d'âges, le grand soleil central a attiré vers lui les pulsations harmonieuses des émanations d'énergie obligées de se répandre ou d'exploser. Observez qu'une grande masse nébuleuse et gazeuse s'est détachée du soleil par explosion. C'est l'image de la naissance de la planète Neptune, qui n'est encore qu'un grand ensemble de particules microscopiques, ou atomes, éjectées avec puissance du soleil générateur. Le point lumineux apparu avant l'explosion finale est un centre solaire qui possède à son tour le pouvoir d'attirer à lui les particules les plus infimes et d'en maintenir la cohésion en même temps que celle des particules plus grosses issues du soleil générateur.

A première vue, vous croiriez qu'une explosion a eu lieu et que des fractions du soleil ont été lancées dans l'espace. Arrêtez un instant et observez ce qui est réellement arrivé. Pourquoi les particules et les gaz gardent-ils de la cohésion et prennent-ils une forme sphérique précise ? C'est à cause de la loi intelligente qui a formé les modèles et qui guide l'ensemble des univers dans une harmonie parfaite. C'est la preuve qu'il ne s'agit pas d'un accident, mais que tout s'accomplit selon un ordre parfait régi par une loi infaillible.

Le point lumineux ou noyau est l'étincelle centrale, le soleil, le Christ de l'Humanité autour duquel tourne toute l'humanité. C'est la force déterminée de l'Esprit dont la loi prévaut parmi toutes les unités humaines. L'étincelle centrale est un point de pure lumière blanche, le Christ qui a pénétré la première cellule. Il croît ensuite, puis se divise, et communique sa lumière à une autre cellule. Née de la scission, celle-ci reste cependant attachée à la première par une force de cohésion appelée AMOUR.

La nourriture et la cohésion des particules sont assurées comme celles d'un enfant serré et nourri par sa mère. Il se forme en réalité un enfant du soleil qui contient en lui-même le noyau, ou soleil central. Ce noyau est à l'image et à la ressemblance du parent qui vient de lui donner naissance. Dès qu'il est né, ce nouveau soleil central possède les mêmes pouvoirs que son ascendant pour attirer, consolider, et maintenir les vibrations d'énergie qui l'entourent et qui sont nécessaires à sa vie et à sa croissance. Il se consolide finalement en formant la planète Neptune, la plus ancienne de notre univers et celle qui occupe l'orbite la plus éloignée.

Quand Neptune naquit et que son soleil central commença d'attirer l'énergie vers lui, principalement celle en provenance de son parent le soleil, l'atome commença à prendre la forme du moule projeté pour lui avant sa naissance. Neptune occupa alors l'orbite matricielle, intérieure à celle que Mercure occupe aujourd'hui. Sur cette orbite, l'enfant est mieux capable de tirer sa substance du parent, car il en est encore très proche.

A mesure qu'il tirait sa substance du soleil, Neptune se consolida et prit forme. Au lieu de rester une masse de vapeurs gazeuses à l'état nébuleux, ses éléments commencèrent à se séparer et à se condenser en se combinant chimiquement. La structure rocheuse de la planète se forma sous une chaleur et une pression intenses. A mesure que la substance pâteuse durcissait, sa surface se refroidissait, et une croûte se formait. Celle-ci devint plus lourde et plus dense, tant par suite de son refroidissement que par suite de l'assimilation de particules étrangères.

Quand cette croûte fut assez solide pour contenir la masse en rotation, celle-ci forma la structure des roches primitives de la planète avec une masse pâteuse à son centre.

Puis l'eau fit son apparition à la suite de l'union chimique de certains gaz et vapeurs. C'est alors seulement que la nébuleuse mérita le nom de planète. Elle était devenue manifeste et évoluait vers un état où elle serait susceptible de servir de support à la vie. Cependant il lui fallait encore poursuivre sa marche pendant des milliers de siècles et ajouter à sa structure particule après particule des éléments venant de l'extérieur. Le refroidissement continu de sa masse centrale la rapprocha de la perfection en attendant que son état superficiel atmosphérique et chimique fût prêt à servir de support à des organismes vivants.

A cette époque, le soleil générateur se prépara à donner naissance à un autre atome. Quand ce fut fait, la planète Uranus était née. L'expulsion eut lieu avec un excédent de force qui projeta Neptune hors de l'orbite matricielle et le força à circuler sur l'orbite actuellement occupée par Mercure. Ceci était nécessaire pour faire place sur l'orbite matricielle à l'enfant nouveau-né Uranus, afin qu'il pût recevoir sa nourriture de son parent jusqu'à ce que sa structure nébuleuse se fût condensée en une planète.

Le calme s'installe maintenant pendant une longue période de temps. Neptune, le premier-né, grandit et approche de l'état où il peut servir de support à la vie. En fait, des formes amibiennes apparaissent dans ses mers intérieures saumâtres et surmontées de nuages. En même temps, un nouvel atome est prêt à être expulsé. L'excédent de force de l'expulsion envoie Uranus hors de l'orbite matricielle et projette Neptune sur l'orbite actuellement occupée par Vénus.

Neptune était alors suffisamment refroidi pour que sa surface pût servir de support à la vie. Certaines amibes sélectionnées sont indispensables comme support pour la vie et la nourriture du corps humain. Elles existaient sur Neptune, mais pour que la Vie pût s'attacher à ces amibes, il fallait certaines conditions. Elles furent réalisées sur Neptune occupant l'orbite de Vénus, et la vie humaine y apparut, semblable à ce qu'elle est sur terre aujourd'hui.

C'est ainsi que la première race humaine vint à l'existence, non à partir de l'amibe animale, mais de l'amibe humaine d'un type et d'un caractère sélectionnés, douée d'une intelligence susceptible de hâter le processus de l'évolution. L'état des choses sur Neptune à cette époque se prêtait parfaitement à un développement humain sélectionné, et un tel développement s'y produisit en effet à vive allure.

Il n'existait pas d'organisme intérieur du règne animal. La vie animale ne se développa donc pas. Neptune était habité par des êtres supérieurs qui formèrent très vite une race humaine parfaite dont tous les individus étaient capables de recevoir directement leur subsistance de la substance cosmique éthérée. Ils auraient été qualifiés de dieux sur notre terre.

Beaucoup de légendes et de mythes d'aujourd'hui prennent leurs racines dans ce grand peuple qui était exactement semblable au principe qui lui avait donné naissance. Cette race possédait l'aptitude d'exprimer la beauté et la perfection. Elle commença donc à s'entourer de conditions parfaites et magnifiques. En fait, elle fit de Neptune un paradis de beauté et de perfection.

Selon les intentions du Créateur, cette race devait se maintenir éternellement dans l'état parfait qu'elle avait réalisé par sa maîtrise absolue sur tous les éléments. Lorsqu'un homme exprimait un désir, celui-ci était immédiatement accompli. Mais dans la suite des temps quelques individus commencèrent à faire montre de paresse et d'égoïsme en essayant de surpasser leurs compagnons. Il en résulta des divisions qui donnèrent naissance à l'égoïsme et aux convoitises. Celles-ci à leur tour provoquèrent des dissensions. On dissipa en batailles et en disputes le temps qui aurait dû être employé à des créations utiles au progrès. Au lieu de rester étroitement attachés à leur source, les hommes se séparèrent et creusèrent des fossés entre eux. Seul un petit groupe conserva un esprit élevé et noble. Les autres abandonnèrent ce qui faisait leur sécurité et leur protection. Cela provoqua la naissance d'un tourbillon autour de la planète.

Les hommes auraient dû s'attacher à suivre le parfait modèle de la divinité, ce qui leur aurait permis de bâtir un univers complet d'attributs divins sur des planètes divines. Mais ils rétrogradèrent à un tel point que l'explosion planétaire suivante fut colossale. Quand la nébuleuse correspondante se condensa, elle forma une planète plus grosse que toutes les précédentes. Telle fut la naissance de Jupiter. L'excédent d'énergie qui accompagna son expulsion fut tellement gigantesque que Saturne fut repoussé de l'orbite matricielle et projeté sur l'orbite actuellement occupée par Mercure. L'explosion fut si formidable et se produisit dans un système solaire si tendu qu'il se forma de grandes quantités d'astéroïdes qui se rangèrent autour de Saturne. Ayant une polarité différente de Saturne, ils ne purent s'agglomérer avec lui et restèrent indépendants. Ils n'eurent d'autre possibilité que de se réunir autour de cette planète en bandes connues sous le nom d'anneaux de Saturne. Plusieurs des astéroïdes qui les composent sont gros comme de petites planètes.

L'excédent de force dont nous venons de parler projeta la grandiose et magnifique planète Neptune sur l'orbite actuellement occupée par la Terre. Toute sa splendeur et ses grands habitants furent balayés. Il en subsista cependant un petit nombre qui n'avaient jamais abandonné leur héritage divin. Ils s'étaient constitué des corps capables de chercher refuge dans les émanations de la sphère spirituelle qui entoure et interpénètre les quatre-vingt-onze univers actuellement existants.

Sous la forme ainsi revêtue, ces survivants ont pu préserver leur savoir et le répandre de manière qu'il ne puisse jamais disparaître. C'est par leurs idéaux et grâce à eux que nous vivons aujourd'hui. Nous nous réclamons de notre parenté avec ces grands hommes dont la race forme la racine de l'humanité. Ce sont eux qui ont préservé les idéaux humains et maintenu la divinité de l'homme.

Ensuite s'écoulèrent les milliers d'âges nécessaires à la planète Jupiter pour prendre forme. Elle est tellement énorme que, même aujourd'hui, elle ne s'est pas encore beaucoup refroidie.

A nouveau le temps s'écoule d'un vol rapide et le soleil est prêt à donner naissance au cinquième noyau nébuleux. Voici la naissance de Mars, la planète rouge sang. Au moment où son expulsion s'achève, nous apercevons un phénomène sur le puissant Jupiter. Une énorme tache rouge se développe soudain sur son flanc, et il expulse un gros morceau de lui-même. Il a donné naissance à un satellite appelé Lune. Il se dégage un tel excédent de puissance lors de ces deux expulsions que le géant Jupiter est projeté hors de l'orbite matricielle où il laisse place à la planète Mars.

Tandis que le géant Jupiter occupe sa nouvelle orbite, sa forme nébuleuse tourbillonnaire n'a nullement la puissance d'attirer vers elle la grande quantité de particules expulsées du soleil au moment de sa naissance. Celles-ci sont projetées à une telle distance qu'elles entrent dans la zone d'influence de Neptune, Uranus, Saturne et Mars. Mais elles sont d'une polarité différente, inassimilable par ces planètes. Elles deviennent des astéroïdes séparés, sans polarité planétaire. Elles ne peuvent donc faire figure de planètes ni tourner en ordre et à l'unisson autour du soleil central. En conséquence, elles forment dans l'espace comme de vastes essaims de météores, sans rythme spécifique, filant à une vitesse énorme, entrant en collision avec d'autres planètes, et s'encastrant dans leur surface ou se brisant en mille morceaux après la collision. De minuscules particules sont entraînées dans la course folle des astéroïdes à travers l'espace et finissent par retourner progressivement à la masse éthérée, d'où le grand soleil central peut les reprendre et les réassimiler. Il les expulsera à nouveau sous forme de nébuleuses lors de la naissance de nouvelles planètes ou de nouveaux atomes.

Maintenant prend place l'explosion qui donna naissance à la nébuleuse qui forma finalement notre Terre. Mars est projeté hors de l'orbite matricielle et la Terre y prend sa place. En même temps, toutes les planètes sont repoussées sur une autre orbite pour faire place au nouvel enfant.

Puis vient la naissance de Vénus. Comme dans les cas précédents, la Terre et toutes les autres planètes ou tous les autres atomes sont projetés sur des orbites toujours plus lointaines pour faire place sur l'orbite matricielle à la nouvelle venue. Puis vient la naissance de Mercure, projetant les autres planètes ou atomes sur d'autres orbites plus étendues et complétant le nombre des planètes visibles aujourd'hui par les astronomes, soit huit en tout.

En réalité, il y en a neuf, car l'orbite matricielle n'est pas occupée par Mercure. Elle est occupée par la dernière nébuleuse ou enfant, mais cette nébuleuse ne s'est pas condensée, de sorte qu'on ne peut la voir. Elle est cependant là, et son influence se fait sentir. L'univers dont notre Terre fait partie contient donc neuf planètes ou atomes qui tournent autour du soleil central ou noyau sur neuf orbites qu'elles suivent avec une précision mathématique. Vous avez pu voir les images de cette création telle qu'elle s'est produite en une suite parfaitement ordonnée.

Il advient quelque chose à Neptune, la planète la plus éloignée du soleil sur la plus grande orbite. Neptune est arrivé à maturité et aussi à sa limite de vitesse. Il a reçu sa pleine charge de lumière et se trouve prêt à devenir un soleil. Il va sur son déclin, tandis que la nouvelle nébuleuse commence à prendre forme et que le soleil se trouve prêt à donner naissance à la dixième nébuleuse. Avant l'expulsion de cette dernière, Neptune a atteint sa limite de vitesse dans sa circulation autour du soleil central. Il s'envole dans l'espace et explose, puis retourne à la substance éthérée d'où il sera repris par le soleil central. Il augmentera l'énergie de ce soleil pour lui permettre d'expulser de nouvelles planètes ou de nouveaux atomes.

Dans l'univers dont notre terre fait partie, il ne peut exister simultanément que neuf planètes ou particules tournant autour du soleil central. Elles évoluent selon un cycle constant comportant les diverses phases décrites : naissance, consolidation, expansion de l'orbite, arrivée à la limite de vitesse, envol dans l'espace, explosion, désintégration, et enfin réassimilation par le soleil en vue d'une nouvelle naissance. Le soleil rassemble donc en provenance de la substance éthérée des éléments qu'il renvoie au-dehors et qui redeviendront éthérés. C'est un renouvellement continu par régénération au moyen de nouvelles naissances. Sans ce processus, le grand soleil central des quatre-vingt-onze univers ainsi que les soleils centraux des différents univers auraient été consumés depuis longtemps. Tous auraient fait retour à l'infini qui contient l'existence de toute substance.

Une sage intelligence, qui pénètre toutes les émanations et tout l'espace, appelle les univers à prendre forme et les lance dans leur marche en avant. Le soleil ne vieillit jamais, le noyau central ne meurt pas. Il accepte, absorbe, retient, consolide, puis donne naissance à l'atome. Cependant il ne diminue jamais car il reçoit perpétuellement et absorbe en lui-même l'équivalent de ce qu'il émet au-dehors. La régénération et la renaissance continuent donc indéfiniment. Les univers se forment, se développent, et restituent ce qu'ils ont reçu. Il y a des cycles de progression aboutissant à des niveaux de plus en plus élevés.

La galaxie des quatre-vingt-onze univers dont notre

Terre et sa galaxie d'atomes font partie n'est qu'une galaxie dans un univers plus étendu. Celui-ci comporte à son tour quatre-vingt-onze galaxies tournant autour d'un noyau central ou soleil dont la masse est quatre-vingt-onze mille fois plus grande que la précédente. Cette formule se reproduit presque indéfiniment en se multipliant chaque fois par quatre-vingt-onze. L'ensemble forme le grand Cosmos infini, les galaxies qui comprennent la Voie Lactée. On appelle fréquemment ce cosmos « le rayon de chaleur atomique », la source de chaleur du soleil. C'est une nébuleuse née du grand soleil central cosmique dont nous venons de parler. Elle a été expulsée de son noyau.

Le soleil tel que vous le voyez dans cette nébuleuse ne vous envoie qu'une partie des rayons lumineux du grand soleil central. Cette fraction du rayonnement se courbe sous un certain angle quand elle pénètre dans la matière, puis se réfracte. A la fin, les rayons courbés et déformés ne présentent qu'une image du soleil et le situent dans une fausse position. Les mêmes rayons sont ensuite réfléchis si distinctement que vous croyez réellement regarder le soleil quand ils vous parviennent. Le même phénomène provoque la distorsion de beaucoup d'autres planètes ou atomes. Là où les astres paraissent nombreux, ils le sont relativement peu. Leur total se chiffre cependant à un grand nombre de millions.

En regardant l'image de près, vous verrez que ces nébuleuses et leur soleil ne sont pas des disques, mais des sphères globulaires aplaties à leurs pôles comme la Terre. Quand on les examine, on ne peut observer que leur grande zone polaire aplatie.

La masse inimaginable du grand soleil cosmique exerce une influence si profonde sur les rayons de lumière que ceux-ci se réfractent complètement autour du cosmos. Leur contact avec les rayons cosmiques exerce également sur eux une action précise et produit leur réfraction. Les particules de lumière sont projetées hors de leur place au point qu'un seul faisceau donne des millions d'images réfléchies de planètes ou d'étoiles. Ces astres apparaissent alors en fausse position, et il en résulte à nouveau des milliers d'images réfléchies. Quand nous regardons à travers l'univers nous voyons les deux faces des images. La lumière de l'une nous vient directement, tandis que la lumière de l'autre, émise des centaines de millions d'années auparavant, a fait le tour complet du cosmos.

Nous voyons donc deux images au lieu d'une. La première est celle de l'astre tel qu'il existait il y a quelques centaines de mille années, tandis que l'autre nous le montre tel qu'il était il y a des centaines de millions d'années. Ce phénomène se produit dans tout le grand ordonnancement cosmique. Dans bien des cas, nous regardons effectivement dans un passé immensément reculé. En vertu de la même loi, nous pouvons aussi regarder dans l'avenir.

Pour régir la totalité des univers, des commandements spirituels sont émis. Ils se transmettent par des connexions invisibles, similaires au mouvement de la pensée et aux battements du cœur, mais amplifiés des milliards de fois.

Ces formidables impulsions, ces immenses battements de cœur sont transmis par l'intelligence qui imprègne la Substance Primaire. Celle-ci entoure le Cosmos qui est sa contrepartie spirituelle. Ces battements de cœur gigantesques envoient des courants vitaux dans tous les atomes du Cosmos et les font mouvoir dans un ordre et une harmonie parfaits.

Dans l'immensité de ce cosmos infini, il ne peut y avoir aucune cellule malade ou discordante, car une telle cellule romprait l'harmonie de l'ensemble. Un chaos provisoire en serait la conséquence. Il en est de même pour un organisme humain troublé par des pensées inharmonieuses.

Le mot « Divinité » a été créé pour donner un nom à ce commandement central. Les battements du cœur humain correspondent en miniature aux impulsions colossales du cœur cosmique.

L'homme provient de l'intelligence qui commande à toute la substance primaire. Il en est la contrepartie et coexiste avec sa source. Il tire directement sa substance de ce grand réservoir primaire. Le grand soleil central fait de même, mais à un échelon supérieur, à cause de son union avec l'intelligence supérieure qui dirige la source.

L'homme, l'unité humaine, est un univers divin fort bien organisé, quoique infinitésimal en comparaison du grand ensemble des univers. Cependant, le rôle de l'homme assumant la charge de sa divinité et la remplissant effectivement est indispensable, car l'homme fait partie de la grande intelligence qui existait avant tous les univers et qui commande tout le plan divin de leur évolution.

L'intelligence originelle interpénètre toutes les émanations de la substance primaire, au même titre qu'elle imprègne les formes physiques les plus rudimentaires. Donc, même si tous les univers étaient détruits, l'homme en coopération avec l'intelligence originelle pourrait les reconstruire en partant des émanations lumineuses. Si une telle catastrophe survenait, l'homme non seulement aurait le pouvoir mais serait le pouvoir qui se résout dans l'intelligence originelle où la destruction n'existe pas.

Quand l'homme est de retour dans ce royaume, peu lui importe le temps nécessaire pour que le calme et l'harmonie se rétablissent. Il peut s'écouler des milliards de siècles avant que la perfection première soit restaurée et permette la reprise du processus d'évolution régulier. Dans le domaine de sa divinité, l'homme maintient sa communion avec l'infini et peut se permettre d'attendre que les temps soient mûrs pour la manifestation des univers. Alors, ayant conservé la conscience de ses précédentes expériences, il est mieux équipé pour contribuer à la manifestation d'un état de choses plus parfait et plus durable. En cela, il ne peut jamais faillir à sa tâche, car son existence est mieux définie que celle de toute autre forme. L'échec n'est inscrit ni dans son horizon ni dans sa conscience.

L'infinitésimal devient l'infini de toutes les formes. C'est ce que perçoit le sage avisé qui dit : « Je suis immortel, sans âge, éternel. Il n'est rien dans la Vie ou la Lumière que je ne sois pas. » Telle est sa véritable divinité quand il a réellement effectué son ascension.

8

Quand l'orateur s'interrompit, nous nous aperçûmes que le soleil avait largement dépassé le méridien. Nous étions assis là, non pas sous le charme, mais enlevés en esprit. Nous faisions effectivement partie de la vision projetée devant nous. Où l'horizon s'en était-il allé ? Nous l'avions complètement supprimé de nos pensées. Nous voguions dans l'infinité, nous lui appartenions, et l'infini nous appartenait parce que nous nous étions efforcés de l'atteindre et que nous l'avions accepté. Cela vous étonne-t-il ? Etions-nous en mesure de comprendre l'immensité de nos êtres, de savoir où nous étions, et de saisir l'importance de notre rôle dans le grand plan cosmique ? Pas encore, chers amis, pas encore !

Le monde voudrait-il accepter cette vision ? Nous ne le savions pas. Nous avions plongé nos regards dans un passé prodigieusement lointain. Nous ne pouvons savoir ce que l'avenir réserve sans avoir démontré l'avenir en vivant effectivement le présent. Mais nous avons vu l'histoire du passé pendant des millions d'années. Nous nous proposons de regarder vers la perfection à venir, sachant que l'avenir s'étend sur autant de millions d'années que nous en avons vu dépeintes dans ces images du passé. Nous avons abandonné nos vieilles croyances, nous les avons oubliées entièrement. Nous envisageons l'accomplissement de toutes les perfections, non pas avec espoir, mais avec connaissance. Où sont les vieilles croyances ? Parties, dissipées comme un brouillard. Le Cosmos est là, clair comme le cristal. Nous avions conscience que le soleil brillait, mais derrière sa lumière il y avait une telle illumination cristalline qu'il nous paraissait sombre.

Nous réunîmes nos notes et nous nous dirigeâmes vers l'entrée de notre sanctuaire. Dès que nous eûmes projeté vers nos muscles l'influx nerveux destiné à commander ce mouvement, nous nous trouvâmes en train de voyager sur un rayon de lumière et nous entrâmes ainsi dans la salle. Cependant, celle-ci n'avait pas de murs pour la limiter. Nous étions encore ravis en esprit dans le Cosmos. Etait-il vraiment possible que nous en fissions partie et que nous vivions imbriqués dans cette immensité ? L'immensité elle-même gisait prostrée devant la grandeur de son cadre.

Nous nous assîmes et nous nous laissâmes complètement immerger dans le silence. Aucun mot ne fut prononcé. Nous n'eûmes pas même conscience de l'écoulement du temps jusqu'au moment où quelqu'un annonça que la table était servie. Le repas constitua une diversion très agréable, mais nous restâmes centrés sur la pensée fondamentale des heures qui venaient de s'écouler. Tandis que nous nous levions de table pour aller sur le balcon, le soleil était de nouveau descendu à l'horizon et disparaissait rapidement. C'était une vision et non une vue qui s'étendait devant nous. Ce n'était pas un coucher de soleil, c'était l'éternité. Un bref chapitre en avait été joué pour nous. A nos côtés se trouvaient nos chers amis qui vivaient avec elle, chapitre après chapitre. Vous étonnerez-vous que leur vie soit immortelle et que nous les appelions Maîtres ! Pourtant, jamais une allusion à leur maîtrise ne franchissait leurs lèvres. Nous leur demandâmes : « Pouvons-nous vous appeler Maîtres ? » Ils répondirent : « Appelez-nous fils, nous ne faisons qu'un avec vous. » Quelle beauté, quelle simplicité ! Pourquoi ne pouvons-nous pas être aussi magnifiquement humbles ?

En quittant le balcon, nous eûmes d'abord l'intention de descendre au village par les escaliers. Au lieu de cela nous nous dirigeâmes vers le bord du balcon. A peine l'eûmes-nous atteint que nous nous trouvâmes dans le jardin de l'auberge. Aucun membre de notre expédition ne sut ce qui s'était passé. Nous n'eûmes conscience ni du voyage à travers les airs ni d'un déplacement quelconque. Nous commencions à être tellement habitués aux surprises que nous acceptâmes tout simplement la situation.

Partant du jardin, nous marchâmes vers le village où nous trouvâmes que tout était prêt pour notre prochain départ. Des villageois en assez grand nombre étaient partis en avant pour tracer la piste à travers la neige qui couvrait encore les cols d'un manteau de trois ou quatre mètres d'épaisseur. Le col que nous devions franchir était éloigné d'environ quatre-vingts kilomètres et son altitude était de quatre mille mètres au-dessus du niveau de la mer. Une grande partie de ce pays est très plissée et difficile à franchir. Les gens y ont l'habitude de tracer une piste et de tasser la neige la veille du jour où ils la suivront. La neige tassée gèle pendant la nuit et forme alors un bon support pour les hommes et les animaux.

Nous nous levâmes longtemps avant l'aurore et constatâmes que l'on avait pris soin de tous les détails. Jast et le Muni devaient nous accompagner. Tous les habitants du village s'étaient réunis pour nous dire adieu. Nous regrettions tous d'être obligés de quitter ce village où nous avions passé deux si beaux hivers. Nous nous étions profondément attachés à tous les habitants individuellement et collectivement, et nous savions qu'ils éprouvaient les mêmes sentiments à notre égard. C'étaient des gens simples et aimables. Pour témoigner leur amitié, beaucoup d'entre eux nous accompagnèrent sur six ou huit kilomètres. Nous échangeâmes alors nos derniers adieux et nous nous trouvâmes sur notre route de retour vers l'Inde. Mais il devait encore s'écouler des mois avant que nos regards pussent s'étendre sur les contreforts méridionaux des Himalayas.

Tandis que nous suivions le corps principal de la caravane, nous prîmes conscience que nous marchions sans effort. Il nous arrivait de temps à autre de voir un point en avant sur la piste, comme dans une vision. Dès que ce point se précisait, nous nous y trouvions, et c'était parfois plusieurs kilomètres en avant de la caravane.

A midi, nous trouvâmes des feux allumés et un repas préparé par trois villageois qui s'étaient arrêtés pour cela. Ils retournèrent au village après le déjeuner. On nous informa que les autres nous avaient précédés de manière à tracer la piste à travers la neige et nous rendre aisé l'accès du col. Notre camp avait également été préparé d'avance, et nous n'eûmes qu'à l'occuper. Tout était arrangé jusqu'au moment où, après avoir franchi le col, nous descendîmes dans la vallée du Giama-nu-chu, et rattrapâmes l'avant-garde des villageois. Ils s'étaient imposé tout ce dérangement pour nous permettre de traverser en sécurité cette région montagneuse et accidentée. Ils nous quittèrent là, car le chemin de la vallée était facile.

C'est volontairement que j'introduis cette brève description de leurs efforts, pour faire ressortir d'une manière générale l'hospitalité dont nous bénéficiâmes chez ces gens aimables et simples pendant tout notre voyage jusqu'à Lhassa. Nous ne rencontrâmes que très rarement les indigènes rudes et cruels du Tibet, dont tant de voyageurs aiment à parler.

Notre itinéraire descendait la vallée du Giama-nu-chu, remontait ensuite un affluent de ce fleuve jusqu'à la grande passe de Tonjnor Jung, puis descendait le long du Brahmapoutre jusqu'à Lhassa où nous étions attendus.

Quand nous arrivâmes en vue de cette ville, il nous sembla approcher d'un Taos Pueblo. Tandis que nous regardions de tous côtés, nous pouvions vraiment nous imaginer être devant un Pueblo. Le palais du grand Dalaï-Lama, seigneur de tout le Tibet, ressort comme le joyau unique de la cité. Celle-ci est le siège du gouvernement temporel du Tibet, mais le chef spirituel profond est le Bouddha vivant qui est censé gouverner spirituellement depuis la mystérieuse cité cachée dénommée Shamballa, le Centre céleste. Nous avions le très vif espoir de visiter cet endroit sacré que l'on suppose profondément enfoui sous les sables du Gobi.

Nous entrâmes dans Lhassa accompagnés de notre escorte. On nous conduisit à nos logements où tout le confort possible avait été préparé pour nous. Une grande foule resta devant notre porte pendant des heures pour essayer de nous apercevoir, car il était rare que des Blancs visitassent la cité. Nous fûmes invités à nous rendre au monastère le lendemain à dix heures. On nous pria d'exprimer tous nos désirs et l'on nous informa que tout le monde se ferait un plaisir de nous rendre service.

Partout où nous allions, nous avions une escorte. Un garde veillait à notre porte pour écarter les curieux, car les habitants de Lhassa ont coutume d'entrer les uns chez les autres sans s'annoncer. Notre présence constituait l'unique diversion de leur vie, et nous ne pouvions les blâmer de leurs marques de curiosité. Quand l'un de nous sortait seul, les curieux se massaient autour de lui dans l'intention évidente de s'assurer qu'il était bien réel, et il arrivait parfois que cette inspection fût plutôt déconcertante pour l'inspecté.

Le lendemain matin nous nous levâmes de bonne heure, complètement reposés et prêts à nous rendre au monastère pour y rencontrer le grand prêtre qui nous avait précédés de deux jours seulement. Tandis que nous quittions la cité avec notre garde, il nous sembla que tous les habitants étaient sortis pour nous rendre les honneurs.

Quand nous approchâmes du monastère, le grand

prêtre sortit à notre rencontre. A notre grande surprise, Emile et Marie l'accompagnaient. Ce fut une réunion merveilleuse. Le grand prêtre avait repris l'allure d'un jeune homme. Il dit qu'il avait absolument voulu revoir Emile ou un autre Maître de nos amis. Ayant le sentiment de ses nombreuses défaillances, il voulait en parler avec eux en vue de s'instruire plus complètement. Il nous donna aussi des nouvelles fraîches de la petite maison qui avait poussé dans le village où il officiait. Nous constatâmes qu'il parlait couramment l'anglais et le trouvâmes très désireux de s'instruire. Nous entrâmes dans la lamaserie où nous nous installâmes confortablement.

Le grand prêtre se tourna vers Marie et dit : Le pouvoir est la démonstration du Principe actif de Dieu mon Père. L'activité parfaite de Dieu ne se manifeste jamais trop ou trop peu. Dieu n'a jamais de défaillance et n'est jamais inactif. Le Principe de Dieu travaille toujours constructivement. Je m'ordonne de me présenter moi-même en harmonie parfaite avec le Principe actif de Dieu et avec lui seul.

Saisissant sa pensée, Marie prit la parole et dit : Vous pouvez faire un pas de plus et dire avec tout autant de précision : « Je répands cette flamme divine à travers mon corps physique. » Vous êtes alors transmué en cette pure substance que le Principe de Dieu est seul à voir. Ensuite il devient nécessaire que vous acceptiez le Principe et que vous développiez votre conscience jusqu'à ce qu'elle devienne celle de Dieu. En même temps, vous vous fondez en Dieu, vous devenez effectivement Dieu, vous ne faites qu'un avec le Très-Haut. L'homme appartient à ce royaume élevé où il ne fait qu'un avec l'essence de toutes choses et où aucune division ne peut exister. Il est vraiment Dieu.

Ne voyez-vous pas que l'homme lui-même peut devenir Dieu ou démon ? Ne pouvez-vous voir que s'il vit dans la sphère vibratoire de Dieu, celle-ci est tout entière son domaine ? C'est la seule sphère scientifique, l'unique domaine de l'homme, le seul endroit où il puisse exprimer Dieu et ne faire qu'un avec lui. Dans cette position, l'homme dépasse certainement la conception que les mortels s'en font.

Dès lors, ne voyez-vous pas que vous provenez du royaume de Dieu et que vous n'appartenez à aucun démon créé par l'imagination de l'homme ? Il en résulte d'une manière parfaitement scientifique et logique que l'homme est Dieu, mais qu'il peut sortir en imagination du royaume de Dieu et créer pour son propre usage un royaume démoniaque qui lui paraîtra réel. L'humanité n'a pas d'autre alternative que son maintien ou sa chute. Il n'y a qu'un choix, une intention, une vérité, et une science qui vous rendent libres. Vous devenez Dieu ou esclaves à votre choix.

Arrêtez-vous un instant et pensez à l'universalité de Dieu, la Cause Première sans commencement ni fin, avec son champ d'action universel. Laissez-vous entourer par lui. Devenez fidèles à cette conception et à elle seule. N'adorez qu'un Dieu, UNE PRÉSENCE TOUTE-PUISSANTE ! Vous découvrirez alors que les vibrations humaines de votre corps se transmuent en vibrations divines ou originelles. Vivez, pensez, évoluez, et ne faites qu'un avec cette vibration. Alors vous êtes réellement en adoration. Et l'homme devient ce qu'il adore, ce qu'il prend pour idéal. Il en est ainsi pour toute l'humanité. Il n'y a qu'un Dieu, un Christ, une Communion, un Homme, une famille générale où tous sont frères et sœurs et ne font qu'un.

On ne saurait exprimer Dieu sous forme d'une personne ou d'une image personnelle. Dieu est une universalité qui inclut tout et interpénètre toutes choses. Dès que l'on personnalise, on idolâtre. On a perdu l'idéal et on ne possède plus que l'idole vide. Cet idéal n'est pas un sauveur mort ou un Dieu mort. Il faut rendre Dieu vivant et vital pour soi en pensant et en sachant que l'on est Dieu. Ceci est d'une importance capitale. C'est la science divine de votre être. Elle permet au Christ en vous, votre Sauveur, de prendre vie et de ne faire qu'un avec vous. Vous êtes le Christ même, et il devient le mobile des actes de toute votre vie. Vous vous sauvez vous-mêmes, vous rédimez votre véritable moi, vous ne faites qu'un avec Dieu. En révérant, en aimant, et en adorant cet idéal, vous l'incorporez, et Dieu devient actif dans votre être intime.

Ici la conversation changea de sujet et nous envisageâmes la possibilité d'aller à Shamballa. Le grand prêtre demanda s'il pourrait y aller. On lui répondit qu'il pourrait le faire sans difficulté s'il était capable d'abandonner son corps et de le rassembler à nouveau. De toute façon le groupe des Maîtres irait à Shamballa le soir même. Nous convînmes qu'ils se réuniraient à notre logis de bonne heure dans la soirée et que Thomas les accompagnerait. En effet, ils se rassemblèrent peu après notre retour. Après une courte conversation, ils sortirent par la porte et nous ne les vîmes plus pendant un assez grand nombre de jours.

Durant cette période, nous nous occupâmes à faire des dessins cotés du monastère. Un jour où nous fouillions dans l'un de ses soubassements, nous découvrîmes une antique tablette de marbre après avoir déplacé des quantités considérables de détritus. Nous la sortîmes à l'air pour la nettoyer. Quand ce fut fait, la beauté de l'ouvrage et la finesse d'exécution de ses détails nous surprirent tous, même les Lamas.

Un vieux Lama nous raconta que dans son enfance il était devenu disciple d'un des Grands Lamas qui étaient à la tête de l'ancienne lamaserie à l'époque où cette tablette reposait dans une niche de son mur. Son maître tenait à ce que l'on rendît visite à cette tablette le premier lundi de chaque mois à neuf heures du matin. On arrivait à la niche qui abritait la tablette et l'on y observait le silence pendant trois ou quatre minutes. Alors une voix se mettait à chanter l'histoire de la tablette et les grandes choses représentées par ses gravures.

D'après le chant, il s'agissait de l'une des tablettes jumelles sculptées pour commémorer l'existence d'une grande civilisation blanche qui avait fleuri il y a plusieurs centaines de mille ans sur une grande partie du continent américain actuel. La voix chantait que la deuxième tablette sœur existait encore et que l'on pourrait la trouver dans la Terre Maternelle de sa création, ce qui apportait la preuve que cette terre existait.

Nous prîmes note des données interprétées par la voix chantante. Plusieurs années plus tard, tandis que nous travaillions dans la contrée décrite, nous trouvâmes la tablette jumelle encastrée dans une grande muraille à l'endroit exact précisé par le chant. La muraille faisait partie d'un ancien temple, actuellement en ruine, de l'Amérique centrale. On peut voir par cet exemple comment des vérités directes sont mises en lumière par la légende et la chanson.

L'intérêt que nous portâmes à cette tablette et à la légende répétée dans la chanson nous permit d'accéder à d'autres archives et documents qui nous apportèrent une aide incalculable dans nos travaux ultérieurs de recherche. Cet incident joua également un rôle décisif pour nous ouvrir les portes des archives du palais du Dalaï-Lama et des documents secrets du monastère qui y sont conservés depuis des centaines de siècles. D'ailleurs les gardiens ignoraient totalement l'importance de ces documents et même l'existence de beaucoup d'entre eux. C'est la légende chantée qui nous attirait vers eux. A l'exception de la tablette, il ne s'agissait que de copies, mais celles-ci étaient bien faites et nous permirent plus tard de retrouver les originaux.

9

Le lendemain à midi, nous reçûmes notification que le grand Dalaï-Lama nous recevrait au Palais. Le grand prêtre vint à notre auberge ce soir-là pour nous donner des instructions relatives à la cérémonie. Il était enchanté que l'audience nous eût été accordée sans égard pour les délais habituels. Cette faveur avait été consentie aussitôt après le retour d'un messager qui avait informé Sa Grandeur que la visite de Shamballa s'était bien passée. Le Dalaï-Lama avait également été informé de nos aventures dans le village où la petite maison avait poussé.

Nous étions anxieux de produire la meilleure impression possible, car nous avions formulé des demandes de permis en vue de poursuivre notre travail dans tout le pays. On nous informa aussitôt que le Bogodo-Lama, ou gouverneur de la province, arriverait avant midi et avait envoyé notification par un messager qu'il nous aiderait par tous les moyens en son pouvoir. Ce fut en vérité une grande surprise. Il devenait évident que la journée du lendemain serait mouvementée pour notre petit groupe.

Nous nous levâmes de bonne heure et accompagnâmes un groupe parti à la rencontre du gouverneur pour lui rendre les honneurs. Il fut très satisfait de ce geste et nous invita à l'accompagner et à être ses hôtes. Nous acceptâmes, et à notre arrivée avec le gouverneur, on nous escorta jusqu'aux chambres d'hôtes du palais. De là, nous nous rendîmes directement à un endroit où devaient avoir lieu les premières cérémonies préparatoires à notre réception par le Dalaï-Lama.

Quand nous arrivâmes, trois lamas trônaient sur de hautes chaises de tapisserie tandis que d'autres de moindre rang étaient assis par terre dans la posture du samadhi (extase). Deux lamas vêtus de robes rouges plissées se tenaient debout sur de hauts tabourets et dirigeaient les incantations. Notre ami l'abbé (le grand prêtre) était assis sur un trône surmonté d'une ombrelle de cérémonie et attendait le gouverneur.

La grande cour de la lamasserie était magnifiquement décorée pour l'occasion. Les ornements représentaient des scènes qui avaient eu lieu en 1417 et au cours desquelles Tsong-Kappa apparaissait sur l'autel de pierre de son monastère. Ensuite il faisait un sermon à la foule sur la grandeur des accomplissements de l'homme, subissait la transfiguration, et disparaissait avec son corps. Puis il revenait fonder l'Ordre Jaune ou Eglise Réformée Consolidée du Tibet, dont Lhassa est le pivot central.

Quelques moments plus tard, le gouverneur entra avec son escorte et s'avança directement vers le trône dont l'abbé était descendu. Ils se tinrent ensemble pour nous recevoir et nous conduire à la salle des audiences du Dalaï-Lama. Le grand hall était orné de somptueuses tapisseries murales en soie et de meubles laqués jaunes.

Conduits par notre escorte, nous nous agenouillâmes un instant devant Sa Grandeur, puis nous nous levâmes et l'on nous fit asseoir. L'abbé prit la parole en notre nom et exposa l'objet de notre visite. Sa Grandeur se leva et nous invita à nous approcher. Un assistant nous conduisit à nos places respectives en avant de la foule. L'abbé et le gouverneur prirent place à chacune des extrémités du rang que nous formions. Le Dalaï-Lama descendit alors de son trône et se tint debout devant nous. Il reçut un sceptre des mains d'un assistant et longea notre rang en touchant légèrement chacun de nous au front avec le sceptre. Puis, se servant du grand prêtre comme interprète, il nous souhaita la bienvenue au Tibet. Il dit que c'était un honneur pour lui de nous avoir pour hôtes pendant notre séjour dans la cité. Il nous pria de nous considérer comme les hôtes d'honneur de son pays et de son peuple aussi longtemps que nous resterions, et à tout moment ultérieur si nous décidions de revenir.

Nous lui posâmes un grand nombre de questions et fûmes informés qu'il y donnerait réponse le lendemain. Il nous invita à examiner les archives et tablettes rangées dans les souterrains du palais. Il appela un assistant et donna plusieurs ordres qui ne nous furent pas traduits, mais nous comprîmes que nous avions toute liberté de circuler sans restriction dans le palais. Sa Grandeur nous donna ensuite sa bénédiction, nous serra affectueusement la main, et nous fit reconduire à nos logis avec l'abbé et le gouverneur. Ces derniers demandèrent la permission d'entrer chez nous, car ils voulaient passer en revue nombre de questions.

Le grand prêtre commença par dire : Il nous est arrivé beaucoup de choses remarquables depuis que vous avez séjourné avec nous dans le petit village. Nous avons examiné diverses tablettes de notre monastère et constaté qu'elles se réfèrent toutes à l'antique civilisation du pays de Gobi. Nous avons la conviction que toutes les civilisations et croyances religieuses proviennent d'une source unique. Nous ne connaissons ni l'origine ni la date d'établissement des tablettes, mais nous avons la conviction qu'elles reproduisent les pensées d'un peuple qui a vécu il y a bien des millénaires. Nous avons apporté un bref résumé d'une traduction faite pour nous par un lama nomade du Kisou-Abou. Avec votre permission, je vais en donner lecture.

Nous avons parfaitement conscience que nos pensées religieuses actuelles ne remontent pas à plus de cinq mille ans. Elles forment pour ainsi dire un mélange des pensées et croyances des hommes qui vivaient à cette époque. Les unes sont des mythes, d'autres des légendes, d'autres présentent un caractère purement inspiré. Cependant, aucune d'elles ne laisse entrevoir l'aboutissement suprême de l'homme. Elles ne montrent pas que le Christ de Dieu fait partie de la plus haute perfection individuelle.

La doctrine des Maîtres affirme que l'on peut atteindre la perfection par une vie manifestant cet idéal. Comment est-il possible que ces choses nous aient échappé, après que nous avons vécu si longtemps au milieu d'elles ? Il m'est facile de voir maintenant que Bouddha et tous les grands illuminés ont enseigné cette doctrine. Mais comment avons-nous pu méconnaître pareillement la véritable importance de leurs enseignements, tout en vivant si rapprochés d'eux ?

Nous savons que notre bien-aimé Tsong-Kappa est parvenu à ce degré d'illumination par la vie qu'il a vécue. Je sais que d'autres sont allés très loin dans cette voie, y compris l'ami cher qui vous a reçus aujourd'hui. J'ai vu ce dernier apparaître et disparaître à volonté. Cependant, les gens du peuple sont piétinés, misérables, et entichés de prêtrise. Pourquoi noie-t-on la vérité, pourquoi n'apprend-on pas au peuple à faire agir la grande et unique loi, et à se présenter comme étant cette loi, cette condition parfaite ?

J'ai compris que dans cette unique civilisation chaque individu connaissait effectivement cette loi, la vivait, s'y plongeait, et ne faisait qu'un avec elle. Toutes les manifestations qui en diffèrent ne dépendent que de l'homme et proviennent de son ignorance de la loi de perfection. Cette loi n'est-elle pas suffisamment affermie pour être donnée à toute la famille humaine ?

Dans la négative, ce ne serait pas la loi, mais une de ses divisions, ce qui la classerait comme une simple manifestation de l'ensemble, arrachée à l'ensemble et consolidée séparément jusqu'à devenir un atome isolé, sans polarité ni connexion avec sa source. Pourtant, cette fraction vole dans l'espace en ayant l'air de suivre une orbite. Mais elle ne fait qu'en chercher une, car elle n'en possède point qui lui soit destinée. Elle s'attribue simplement l'orbite de sa source sans jamais s'unifier à sa source.

On peut voir aujourd'hui dans notre système solaire des millions d'exemples de ce phénomène, spécialement dans les régions comprises entre Jupiter et Mars.

Il y existe de nombreux petits astéroïdes qui paraissent reliés au soleil parce qu'ils suivent un semblant de sentier autour de lui. En réalité ils ne font que suivre l'orbite de leur parent Jupiter, à cause de l'attraction de ce dernier pour eux et de leur manque de polarité envers le soleil, qui est leur véritable source. Expulsés du soleil en même temps que Jupiter, ils ne se consolidèrent jamais avec lui. Ils continuent indéfiniment à voler aux côtés de Jupiter en ignorant complètement leur véritable source. Nous savons pertinemment que ce phénomène résulte du manque de polarisation intérieure des astéroïdes envers le soleil.

La faute en est-elle à Jupiter, ou bien le Soleil, leur véritable parent, est-il fautif ? Ne doit-elle pas plutôt être imputée à chaque petit atome, et n'en va-t-il pas de même pour l'humanité ? Le Père est-il fautif ? La faute réside-t-elle chez ceux qui possèdent la plus grande intelligence ou chez ceux qui représentent les plus petites unités d'intelligence ? Elle doit certainement être imputée aux plus petits, car ils se refusent à ne faire qu'un avec le plus grand.

Puis se tournant vers Emile, le grand prêtre dit : Depuis que je vous ai rencontré, je vois que c'est uniquement par ma faute que je suis resté agrippé au point de vue étroit alors que j'étais entouré de grandeur. Mais revenons à la traduction, car c'est par elle que je suis parvenu au tournant essentiel de ma vie.

Le Principe Directeur, la Grande Cause Première, aperçut son fils le Christ, l'homme parfait. Il dit : Voilà le Seigneur Dieu. La Loi de mon Etre, à qui j'ai confié le pouvoir de dominer le ciel et la terre et tout leur contenu. Ce fils parfait n'a nul besoin d'être l'esclave d'un concept mortel quelconque, car mon Idéal Parfait s'élève au-dessus de toute servitude et détient les mêmes pouvoirs que moi. Je parlerai donc par la bouche du Seigneur Dieu de mon Etre.

Je ne vous donne pas d'autre commandement que celui-ci : Coopérez avec moi au sein de la divine volonté créatrice, et vous n'aurez besoin de rien d'autre. N'établissez aucune image gravée devant Moi ni devant vous. Vous ne déifierez alors aucune image, mais vous saurez que vous êtes Dieu en qui je mets mon plaisir, et vous dominerez comme moi. Maintenant, mon fils, approche-toi de moi, fonds-toi en moi, je serai toi-même et ensemble nous serons Dieu. Ton corps est le corps idéalisé de Dieu qui existe et existait avant que la race humaine ait jamais été projetée sous forme manifeste. Il est l'Etre de l'humanité, la créature de Dieu. Toute l'humanité possède ce corps parfait, pourvu qu'elle en accepte la véritable image. C'est le temple de Dieu appartenant à l'homme, achevé pour l'homme.

Vous ne graverez aucune image, vous ne sculpterez rien à la ressemblance des êtres qui peuplent le ciel, la terre, ou les eaux de la terre. Vous ne transformerez aucune matière en image ou en idole, car toute substance créatrice vous appartient pour en user et vous est continuellement fournie en quantité supérieure à vos besoins. Vous ne vous inclinerez devant aucun objet fabriqué, et vous n'en deviendrez pas les serviteurs. Il n'y aura donc aucune créature jalouse, et nul péché, nulle iniquité ne sera imputé à une génération quelconque de votre descendance. Vous vous tiendrez fermement les yeux fixés sur la Cause, et l'idéal que vous vous faites de cette cause ne pourra s'abaisser. Vous manifesterez donc un amour pareil à celui que je vous porte.

Vous honorerez cette Cause ou Principe Directeur, sachant qu'elle est votre Père et votre Mère. Vos jours seront donc plus nombreux que les grains de sable du bord de la mer, qui pourtant sont innombrables. Vous ne souhaiterez ni blessure, ni destruction, ni mort, car les créatures sont vos créations. Elles sont vos fils et vos frères. Vous les aimerez comme je vous aime.

Vous ne commettrez pas l'adultère, car ce que vous aurez fait à autrui, vous l'aurez fait à votre père, à votre mère, à votre frère, à votre sœur, à vos bien-aimés. Or, ils sont aimés de la Cause comme la Cause vous aime.

Vous ne déroberez pas, car vous ne pouvez dérober qu'à la Cause, et si vous volez la Cause vous vous volez vous-mêmes.

Vous ne porterez de faux témoignages contre aucune créature, car ce faisant, vous témoigneriez faussement contre la Cause, laquelle se confond avec vous.

Vous ne convoiterez rien, car ce faisant, vous convoiteriez la Cause, laquelle se confond avec vous. En communiant avec la Cause, vous possédez ce qui est parfait et qui vous appartient vraiment.

Vous ne fabriquerez donc pas d'images d'argent ni d'or pour les adorer comme des dieux, mais vous vous verrez vous-mêmes communiant avec toutes les choses pures, et vous resterez toujours purs. Alors vous ne craindrez rien, car nul Dieu, excepté vous-mêmes, ne vient vous éprouver. Vous saurez que la Cause — non personnelle mais impersonnelle — existe pour tous et enveloppe complètement tout. Alors vous élèverez un autel sur lequel vous entretiendrez perpétuellement, non pas le feu des dieux, mais la flamme du Principe Directeur qui est Dieu. Vous verrez que vous êtes vous-mêmes le Christ, le Parfait, le Fils Unique du Vrai Principe, l'Enfant de la Cause.

Sachant pleinement tout cela, il vous est loisible de prononcer la parole (Dieu) de manière qu'elle devienne visible. Vous êtes la créature et le Créateur, autour, au-dessus, au-dedans, ne faisant qu'un avec le Divin Principe Directeur, avec la Cause, avec Dieu. Les cieux obéissent à la voix de Dieu, cette voix silencieuse qui parle à travers l'homme. L'homme parle. Or, Dieu parle toujours par l'homme. Donc, quand l'homme parle, Dieu parle.

En relation avec ce qui précède, j'ai élaboré la ligne de conduite suivante qui a bien précisé mon point de vue. Il faut de la précision dans toute pensée, toute parole, tout acte, et il faut communier avec ce principe de précision. En se formant d'abord l'image d'une pensée, d'une parole, ou d'un acte relatif à une chose, on découvre que l'on est la chose elle-même. On a pris la forme de l'idéal exprimé.

Pendant mes heures les plus sombres, je sais que Dieu existe. Quand j'ai peur, je précise ma foi en Dieu mon Père, vivant dans mon être intime. Je repose tranquillement dans la connaissance certaine que tout est bien et que ma perfection est achevée dès maintenant. Je reconnais que Dieu est la Pensée qui inclut tout et je sais parfaitement que l'homme est le Christ de Dieu, l'image faite à la ressemblance de Dieu mon Père. Je ne fais plus qu'UN avec la Source.

Le jour de la vision spirituelle absolue approche lentement mais sûrement. Je la reconnais dès aujourd'hui. Elle est là, ici et maintenant, pleinement achevée. Je bénis et je loue la vision spirituelle absolue. Je te remercie, Père, de ce qu'elle réalise dès maintenant mon plus haut idéal.

En travaillant, il me faut toujours être conscient de travailler selon la loi consciente et infaillible de Dieu. Je comprends maintenant la phrase : « Je vous donne ma paix, je vous donne mon amour. Je vous les donne, mais pas comme le monde a coutume de donner. »

Je sais aussi ce que signifie : « Construis-moi un temple intérieur afin que JE SUIS puisse y demeurer parmi vous. » Alors JE SUIS est votre Dieu, et vous êtes comme JE SUIS. Cela ne s'applique à aucune Eglise ou organisation cléricale. Il s'agit du vrai temple de paix à l'intérieur de chaque homme, où Dieu, source de toutes choses, habite effectivement.

L'humanité a construit un tabernacle pour se rassembler en vue d'adorer le véritable idéal, le Christ intérieur que Dieu et l'homme détiennent pour tous. Mais les hommes ne tardèrent pas à adorer le tabernacle et à créer l'idole vide de sens, l'Eglise telle qu'elle existe aujourd'hui.

En m'attachant au véritable idéal, j'écoute ma propre voix intérieure divine, et la révélation de cette voix m'apporte réconfort, inspiration, et directives dans l'œuvre de ma vie. Même quand deux ou trois seulement sont réunis en mon nom, JE SUIS est toujours là au milieu d'eux. Combien ces paroles sont véritables, car JE SUIS est toujours à l'intérieur de l'homme.

Si je veux progresser, il me faut travailler et persévérer sans jamais me laisser ébranler ni abattre. Je suis le Christ, l'idéal de Dieu, en qui le Père prend plaisir, le fils unique de Dieu le Père. Je suis le seul qui sache, voie, et coopère avec le Père, le seul rejeton que Dieu connaisse. Et il connaît tous les hommes, car tous peuvent proclamer : C'EST ACCOMPLI.

10

Le lendemain matin, tandis que nous attendions l'abbé, un messager vint nous annoncer que le Dalaï-Lama nous recevrait à deux heures de l'après-midi. Sur quoi nous nous mîmes à la recherche de l'abbé et le rencontrâmes à la sortie de la salle des audiences. Son visage était rayonnant, car il tenait à la main une autorisation nous permettant de circuler librement dans le pays.

Après lecture du message qui nous avait été apporté, l'abbé dit : Votre convocation n'est pas un ordre, ce n'est qu'une requête. L'audience a pour but de vous remettre officiellement votre laissez-passer.

Comme nous étions tous réunis, quelqu'un suggéra d'aller immédiatement à la salle des archives. Nous nous y rendîmes en groupe. A notre arrivée, une grande surprise nous attendait. Il y avait des milliers de tablettes d'argile et de documents gravés sur cuivre et sur bronze, ainsi que de minces tablettes de marbre blanc magnifiquement ciselées. C'était la première occasion qui nous était offerte d'examiner de près ce genre de documents. Nous décidâmes donc de les inspecter immédiatement.

L'abbé nous dit que les tablettes ne lui étaient pas

familières, mais on lui avait dit qu'elles étaient d'origine persane. Il s'offrit à chercher un lama qui les connaissait bien. Il s'en alla donc, et nous commençâmes notre examen. Aucun membre de notre groupe ne connaissait les caractères employés. Les tablettes étaient faites de deux plaques de pur marbre blanc, chacune de six à sept millimètres d'épaisseur, réunies comme du contre-plaqué par un ciment que nous ne pûmes identifier. Les bords en étaient magnifiquement biseautés et il y avait autour de chaque tablette une marge de cinq centimètres comportant des images taillées en relief. Beaucoup de ces images étaient formées d'incrustations d'or pur, tandis que tous les titres étaient également d'or pur, mais pas en relief. Les tablettes étaient soigneusement numérotées par groupes, et chaque groupe portait un numéro d'ordre.

Les dates étaient représentées par des guirlandes de fleurs entrelacées de vignes et de feuilles. Si par exemple il s'agissait d'inscrire une date comme le 1er janvier 1894, le premier mois de l'année était représenté par la tige d'une fleur dont le bouton n'était pas encore ouvert, avec des incrustations de jade. Le premier jour du mois était représenté par la tige avec un bouton entrouvert et des incrustations d'or. Le chiffre 1 de 1894 était représenté par la tige portant un bouton juste assez ouvert pour découvrir le pistil de la fleur. Les pétales étaient formés d'incrustations de lapis-lazuli. Le pistil était d'or et se terminait par un petit diamant enchâssé dans de l'or.

Le chiffre 8 était représenté par la fleur dans son plein épanouissement avec huit étamines en incrustations d'or entourant le pistil, chacune terminée par un diamant plus petit que celui du pistil et également enchâssé dans de l'or. Le 9 était représenté par une rose avec neuf pétales épanouis, le premier en incrustations de lapis-lazuli, le second de jade, et le troisième de calcédoine. Cet ordre était répété trois fois, montrant que l'on était arrivé à la fin de la série des doigts. Les artisans employaient donc la numérotation de zéro à neuf, et se resservaient ensuite des premiers chiffres.

Le 4 est un lis en train de s'ouvrir, dont le pistil et trois étamines apparaissent déjà. Le calice de la fleur est formé d'une incrustation de jade pâle. Les étamines sont d'opale brûlée enchâssant quatre petits diamants. Le pistil est formé d'une incrustation de lapis-lazuli, et orné aussi de quatre petits diamants.

L'espace consacré au texte est entouré d'une vigne filiforme incrustée d'or, avec des feuilles de jade vert. Chaque détail est exécuté à la perfection, et chaque tablette est un joyau parfait par elle-même. Le type des tablettes et la méthode employée pour les dater sembleraient indiquer qu'elles ont été ouvrées au début de l'époque de l'Atlantide. Si on les mettait en vente, chacune vaudrait la rançon d'un roi.

Tandis que nous étions perdus dans nos rêves, l'abbé et le prêtre arrivèrent en compagnie du vieux lama qui avait la charge des documents. Il nous raconta leur histoire, et celle-ci nous intéressa tellement que l'abbé fut obligé de nous rappeler l'audience du grand lama. L'heure approchait, et il fallait au préalable revêtir les robes d'apparat.

Nous nous rendîmes à nos logements où nous trouvâmes pour chacun de nous une robe préparée. Mais la manière de la mettre constitua pour nous un obstacle inopiné. Le temps passait tellement vite que nous décidâmes de faire un essai audacieux et rapide et de mettre les robes n'importe comment. Nous sûmes plus tard que les uns avaient mis le dehors dedans, et les autres le devant derrière tandis que quelques-uns les avaient mises correctement. En arrivant à la salle des audiences, nous vîmes le Dalaï-Lama traverser le hall avec sa garde pour entrer dans la salle par la grande porte. Nous sommes certains d'avoir vu un discret sourire voltiger sur son visage.

Nous nous composâmes une attitude vigilante en attendant l'ouverture de la porte de côté, signal qui devait marquer l'instant de notre entrée dans la salle.

La porte ne tarda pas à s'ouvrir, et l'on nous introduisit dans la pièce qui était ornée des plus somptueuses décorations qu'il nous eût jamais été donné de contempler. Le plafond formait un grand dôme muni de trois larges ouvertures à travers lesquelles de grands rayons de soleil inondaient la pièce avec un éclat et une splendeur trop magnifiques pour être décrits. Les murs étaient complètement couverts de tapisseries en fils d'or avec des dessins en fils d'argent.

Au centre de la salle, le Dalaï-Lama était assis sur une estrade surélevée recouverte d'un drap d'or. Il était vêtu d'une robe tissée d'or, avec une parure de pourpre et de tissu argenté. L'abbé et le grand prêtre nous conduisirent devant lui et se tinrent comme précédemment à chaque extrémité du rang que nous formions. Après quelques paroles de bienvenue, le Dalaï-Lama descendit de son estrade et se tint debout devant nous en levant les mains. Nous nous agenouillâmes pour recevoir sa bénédiction.

Quand nous nous levâmes, il se dirigea vers notre chef, épingla une broche sur sa poitrine, et fit prononcer par un interprète les paroles suivantes : Cette broche vous confère, à vous et à vos camarades, la liberté de circuler dans tout le pays. Vous pouvez vous y déplacer à volonté, et j'y ajoute ce diplôme qui vous donne titre et rang de Citoyen du Tibet. Je vous confère le titre de Seigneur du Grand Gobi.

Il longea ensuite toute notre rangée et épingla une broche similaire mais plus petite sur la poitrine de chacun de nous, disant : Portez ceci comme un gage de mon estime. Cela vous ouvrira tout le pays du Tibet et vous servira de mot de passe partout où vous irez.

Il prit ensuite le rouleau contenant le diplôme des mains de l'abbé et le remit à notre chef. Les broches étaient magnifiques, faites d'or ouvré en filigrane avec un portrait du Dalaï-Lama taillé en relief sur jade et serti comme un camée au centre de la broche. Le portrait était extraordinairement vivant et ressemblant. Le Dalaï-Lama et tout son entourage furent la gracieuseté même, et nous ne pûmes rien dire d'autre que : « Merci. »

Le vieux lama chargé des archives fut introduit. Il nous informa que nous partagerions le repas du soir avec le Dalaï-Lama. Après le dîner la conversation s'orienta sur ces étonnantes tablettes. Le Dalaï-Lama et le vieux lama, aidés d'un interprète, nous narrèrent leur histoire détaillée dont nous prîmes soigneusement note et que je relate ici.

Les tablettes furent découvertes par un prêtre bouddhiste dans un caveau situé sous les ruines d'un vieux temple persan. Ce prêtre raconta avoir été conduit vers les tablettes par de douces chansons qu'il entendait émaner des ruines, tandis qu'il était assis en samadhi (extase). Les chansons étaient si douces et la voix si claire que son intérêt fut éveillé. Il suivit la direction d'où elles venaient et se trouva à l'intérieur de caves en ruine. La voix semblait venir d'en dessous. Une inspection approfondie ne lui révéla aucune trace d'ouverture. Il décida donc de localiser la source de la voix.

Il se procura des outils rudimentaires et commença à creuser dans les débris. Il découvrit bientôt une dalle qui paraissait faire partie du sol de la cave. Son cœur en fut désespéré, car il crut pendant un moment avoir été détourné du bon chemin par le sifflement du vent dans les ruines.

Avant de quitter la place, il s'assit en méditation pendant quelques instants. Tandis qu'il était dans cette posture, la voix devint plus claire et plus distincte, et lui enjoignit de poursuivre ses investigations. Un effort presque surhumain lui permit de déplacer la lourde dalle et de découvrir un passage. Dès qu'il eut franchi l'ouverture, le passage fut éclairé comme par une force invisible. Devant le prêtre brillait une éclatante lumière. Il la suivit, et elle le conduisit jusqu'à l'entrée d'une vaste cave fermée par de puissantes portes de pierre. Tandis qu'il contemplait ces portes, leurs gonds se mirent à crisser, et une énorme plaque de pierre se déplaça lentement, dévoilant une ouverture à travers laquelle il passa. Cependant qu'il la franchissait, la voix se fit à nouveau entendre, claire et douce comme si son propriétaire occupait l'intérieur. La lumière qui avait paru stationnaire près des portes se déplaça jusqu'au centre de la grande voûte et l'éclaira complètement. Les tablettes étaient là, dans des niches murales, recouvertes de la poussière des âges.

Le prêtre en inspecta quelques-unes. Il comprit leur beauté et leur valeur. Il décida d'attendre la possibilité de communiquer avec deux ou trois personnes de confiance pour étudier avec elles les moyens d'enlever les tablettes de là pour les mettre en lieu sûr. Il quitta le caveau, remit la dalle en place, la recouvrit à nouveau de débris, puis partit à la recherche d'associés qui voudraient bien ajouter foi à son récit et auraient le courage et les moyens de mettre son plan à exécution.

Cette recherche dura plus de trois ans. Presque toutes les personnes auxquelles il narra sa découverte crurent qu'il était devenu complètement fou. Finalement il rencontra au cours d'un pèlerinage trois prêtres dont il avait fait connaissance lors d'un pèlerinage semblable, et leur raconta son histoire. Ils se montrèrent très sceptiques. Mais un soir à neuf heures exactement, tandis qu'ils étaient assis autour d'un feu de camp, la voix commença un chant dont le thème portait sur les tablettes. Le lendemain, ils quittèrent le pèlerinage et commencèrent leur voyage vers les ruines. A partir de ce moment, la voix chanta tous les jours à neuf heures du soir. Elle chantait d'autant plus doucement que les quatre voyageurs étaient plus fatigués et abattus.

Vers la fin du voyage, tandis qu'ils approchaient des ruines, la mince forme d'un jeune garçon leur apparut une heure avant le milieu du jour et commença à chanter en les conduisant vers les ruines. A leur arrivée, la dalle était soulevée. Ils se dirigèrent immédiatement vers le caveau. Les portes s'ouvrirent à leur approche, et ils entrèrent. Un bref moment suffit à convaincre les prêtres de la valeur de la découverte. Ils en furent tellement ravis qu'ils ne dormirent pas pendant trois jours. Ils se hâtèrent vers un village distant d'une centaine de kilomètres en vue de se procurer des chameaux et du ravitaillement, afin d'emmener les tablettes en lieu sûr.

Ils réussirent à se procurer douze chameaux et revinrent aux ruines. Ils emballèrent les tablettes de manière à ce qu'elles ne pussent pas s'abîmer. Puis ils se procurèrent encore trois chameaux et entreprirent un long voyage vers Peshawar à travers la Perse et l'Afghanistan.

Près de Peshawar, les prêtres cachèrent leur précieux fardeau dans une caverne isolée où il séjourna cinq ans. Pour protéger les tablettes, l'un d'eux restait toujours assis en extase devant la caverne. De Peshawar, ils les portèrent à Lahnda, dans le Panjab, où elles reposèrent pendant dix ans. Ensuite, par lentes étapes, elles furent apportées ici et déposées dans le palais du Grand Lama. Cela prit plus de quarante années. Du palais, on devait encore les porter à Shamballa. En d'autres termes, nous les avions trouvées en transit.

A ce point de l'histoire, un assistant apporta quatre des tablettes dans la pièce et les plaça soigneusement sur le socle semblable à une table autour duquel nous étions assis, de sorte que nous les voyions de face. Au moment exact où les aiguilles de l'horloge marquèrent neuf heures, une voix se fit entendre en tons cadencés. Le son en était infiniment doux, bien que le diapason élevé fût celui d'un jeune garçon.

Voici, traduites aussi fidèlement que possible, les paroles qu'elle prononça : On ne peut nier qu'il existe un Esprit infiniment sage, une intelligence divine et infinie qui imprègne toutes choses. Parce qu'elle imprègne toutes choses, elle est infinie et forme la source de tout. Elle est divine, et sa divinité manifestée sous forme de pensée ou de corps matériel constitue l'existence véritable de toutes choses.

Vous pouvez donner à cet Esprit intelligent et infiniment sage le nom que vous voudrez, par exemple Dieu, ou le Bien, car il faut que l'homme donne un nom à toutes choses. Une fois qu'il a dénommé une chose, il a le pouvoir de l'amener à l'existence. Si le nom a été donné avec respect, adoration, et louange, l'homme peut devenir ce qu'il a nommé.

Vous voyez donc que l'homme a le choix de devenir Dieu ou animal. Il devient l'idéal auquel il a choisi de se conformer. Selon cette doctrine, il est évident que l'homme est fils unique de Dieu ou fils unique de l'animal. Il devient démon si son œil contemple le mal, et Dieu s'il contemple Dieu.

L'Esprit intelligent et infiniment sage était silencieux et contemplatif dans son état non manifeste. Cependant l'Intelligence était là et se voyait elle-même productrice et contemplatrice de toutes les créatures animées et inanimées. Dans cet état de silence, elle vit que tout était stagnant. Ayant décidé de créer l'univers, elle se forma une image de ce que l'univers devrait être. L'univers, n'ayant pas d'autre plan à suivre que l'image divine, prit spontanément la forme ordonnée par l'Intelligence, et son expansion continua jusqu'à ce qu'il devînt parfaitement visible. Tel est l'univers que nous voyons aujourd'hui conforme au plan parfait qui lui était dévolu.

Ce plan divin et idéal a toujours été perçu et régi par l'Esprit intelligent, et continue de l'être. L'Intelligence savait qu'il était nécessaire, pour s'exprimer pleinement, de créer une forme animée et de la douer de toutes les virtualités. Elle créa donc l'homme immortel.

Cet idéal divin, qui se différencie dans toutes les directions, est la partie immortelle de l'homme d'aujourd'hui. Ayant été créé dans l'idéal divin de l'Esprit, l'homme ne pouvait être que le Fils du Principe, avec domination sur tous les attributs et toutes les circonstances. Fils signifie union avec le Principe, et non serviteur du Principe. Il était indispensable que ce Fils disposât entièrement de son libre arbitre et ne devînt jamais un esclave ou un mannequin.

L'idéal immortel contient forcément toujours une étincelle du feu central qui lui a donné la vie, qui l'a projeté dans l'existence. La première cellule qui devint finalement le corps de l'homme fut cette projection. Elle est l'étincelle de la vie éternelle et ne meurt jamais. Le nom de cette cellule est le Christ. Bien qu'elle se divise et se reproduise des millions de fois, elle retient l'image de l'Esprit divin projeté et implanté en elle. La pensée de l'homme ne peut la corrompre. L'homme est donc toujours divin.

Cette cellule projette sa divinité dans toutes les cellules résultant de la scissiparité, à moins que la pensée de l'homme ne les corrompe. La réunion de ces cellules prend finalement la forme d'un contenant, d'une enveloppe qu'on appelle le corps humain. L'esprit, ou essence, reste immuable et possède l'intelligence lui permettant de percevoir tous les changements qui se produisent dans son entourage. Si l'homme se maintient dans son royaume élevé, il est Esprit. Or l'Esprit est Dieu.

L'homme doit penser à son moi supérieur, méditer sur lui, l'adorer, et le bénir comme constituant son être le plus intime. Tout d'abord il doit avoir foi en l'existence du Moi supérieur. Cette foi conduit à la connaissance de ce moi. Puis les bénédictions et les remerciements le rendent visible, et l'homme devient ce Moi supérieur. Tel est le chemin de la vraie connaissance.

Au début, il semble que le cerveau soit l'organe de perception, car il est formé de l'agrégat des cellules les plus délicates, les premières qui répondent aux vibrations de la pensée et les amplifient de manière à les rendre perceptibles. Les vibrations sont ensuite sélectionnées et renvoyées vers tous les organes. Pourvu qu'elles soient maintenues dans l'ordre divin, chacune d'elles se rend à l'organe auquel elle convient.

Chaque organe, chaque centre nerveux est le siège d'une amplification spéciale des vibrations, destinée à centraliser la vie de l'homme véritable. Quand les centres sont harmonisés et coordonnés, l'homme se présente dans toute sa maîtrise et sa puissance. Il manifeste le Saint-Esprit, la totalité de l'Esprit intelligent infiniment sage sous son aspect d'activité créatrice. L'âme et le corps sont réunis en un foyer central. Nul n'accomplit une œuvre sans ramener consciemment ou non toutes ses facultés à ce foyer central. C'est le lieu du pouvoir, le Christ dans l'homme, la place de la suprématie.

Comment donc l'homme peut-il souffrir par discorde, inharmonie, péché, ou maladie, s'il n'a d'abord idéalisé ces choses, leur permettant ainsi de se manifester ? S'il reste toujours centré sur l'Esprit de la Sagesse universelle, rien d'inférieur ne peut pénétrer dans sa conscience. En maintenant toujours cet idéal suprême dans les eaux claires de sa pensée intelligente, l'homme devient Dieu. A tout moment, sa voix intérieure lui répondra avec certitude.

Derrière la volonté se trouve le désir. A l'état pur, la volonté est une force incolore mise en mouvement par le désir. Si la volonté ne reçoit ni coloration ni commandement, elle reste inactive. Si au contraire on met le désir en harmonie avec la force de volonté, elle réagit immédiatement et appelle les légions pour exécuter ses ordres, à la seule condition que ceux-ci soient conformes à l'harmonie divine.

Il y a des myriades de mondes, mais tous sont issus d'une Pensée unique. La Loi de cette pensée est Ordre sans erreur possible. Ses créatures sont libres de s'y conformer ou non. Elles peuvent créer le désordre qui implique la douleur, le malheur, la haine, et la peur. Elles peuvent produire ces choses.

Le Grand Principe se présente comme une lumière dorée. Il n'est pas éloigné, il réside en vous-mêmes. Maintenez-vous dans son rayonnement, et vous verrez toutes choses clairement. Avant tout, quand vous vous présentez, il faut que votre pensée soit en communion avec celle qui a créé les mondes. L'ordre, qui apporte la paix, doit surgir des ténèbres du désordre et du flot des misères que celui-ci entraîne. Quand l'homme apprendra qu'il est un avec la pensée essentielle de toute beauté, de tout pouvoir, et de toute paix, il saura que nul ne peut lui dérober l'objet du désir de son cœur. Il se tiendra dans la lumière et attirera vers lui ce qui lui appartient de droit.

Mon fils, ne laisse passer dans ta pensée que l'image de ton désir, de ton désir qui est Vérité. Ne médite que sur le véritable désir de ton cœur, sachant qu'il est le plus noble et ne nuit à personne. Il prend aussitôt forme terrestre et t'appartient. Telle est la loi par laquelle se manifestent les désirs du cœur. Si quelqu'un étend la main pour attirer l'éclair sur la tête de son frère, c'est à travers sa propre âme et son propre corps que la foudre passera.

Des recherches plus approfondies démontreront peut-être que ces tablettes ne sont que des copies établies pour préserver les originaux. Dans l'affirmative, elles ont dû être faites à l'époque indo-aryenne primitive. Autant que nous sachions, le monde civilisé ne connaît rien qui leur ressemble. D'où émanent-elles, sinon de la Source unique ? Leur contenu pourrait servir de thème à des milliers de chants et de poésies.

> O Homme, où est ta couronne ?
> L'Eternité l'a transmise.
> Où est ton âme ?
> Elle a pris naissance dans l'Infini.
> Jusqu'au siècle des siècles
> Elle n'a été choisie que pour toi.

Les quatre tablettes étaient là, dressées devant nous, et valant chacune la rançon d'un roi.

11

Je compte que mes lecteurs me pardonneront la liberté que j'ai prise de faire une si longue digression à mon texte principal. Elle m'a paru nécessaire pour leur présenter aussi succinctement que possible quelques-uns des nombreux endroits éloignés les uns des autres où l'on a trouvé des documents qui se rapportent directement aux plus anciennes civilisations. J'aurai donné une idée de leurs arts et de leur culture, ainsi que des pensées décisives et des motifs qui ont permis à ces civilisations de se maintenir à un niveau de manifestation extrêmement élevé.

Quelques rares groupes d'hommes continuent à pratiquer le mode de vie supérieur. En présentant leurs accomplissements au monde, ces groupes deviennent dans une certaine mesure des phares pour l'humanité qui s'avance vers un nouveau sommet de la courbe ascendante de la civilisation. Reste à voir si les fautes d'une minorité, entérinées par la majorité, pourront de nouveau submerger le monde et entraîner la majeure partie des hommes dans l'oubli pour un grand cycle de temps.

Notre vision nous montre que le présent contient en germe tout l'avenir. Seules les œuvres du présent donnent sa forme à l'avenir. Si le présent est parfait, l'avenir ne peut manquer de l'être. Il ne s'agit pas d'une perfection actuelle REPORTÉE dans l'avenir. C'est la conscience de la perfection présente qui produit la conscience de l'avenir parfait.

Où que nous allions, nous découvrirons les traces d'un peuple qui, à une époque donnée, a vécu totalement dans le présent. Tout son avenir était en accord parfait avec ses œuvres présentes, si bien que l'avenir ne pouvait s'écarter de la perfection. C'est l'origine du commandement : « Ne vous inquiétez pas de l'avenir. » Ils observaient le précepte suivant : « Vivez sincèrement dans le présent, et l'avenir correspondra nécessairement au présent. »

Cette pensée se retrouve dans leur folklore, dans leurs chansons, et dans leurs prières, même dans celles qui sont écrites pour les moulins à prières. La danse du Diable, à laquelle les Tibétains participent si volontiers, fut inventée pour effrayer et chasser le Malin qui avait détruit leur conscience de race. A l'usage, elle a dégénéré en une simple cérémonie pour chasser les mauvais esprits. Les gens se sont tellement préoccupés des esprits qu'ils ont oublié le domaine spirituel qui inclut tout.

Ce phénomène n'est pas limité à une seule race ou à une seule croyance. Il est universel. La première danse représentait la beauté et la pureté tellement parfaitement implantées qu'elles ne pouvaient être déracinées, même par une suggestion mauvaise.

Nous étudiâmes aussi les contes des lutins de la « Mer de sable » comme on appelle le Gobi en Chine. En maints endroits on entend des voix étranges. Bien des fois nous nous sommes entendu appeler par nos propres noms. Il nous est arrivé de percevoir la rumeur d'une grande foule qui paraissait toute proche. Nous avons fréquemment entendu des instruments musicaux variés accompagnés de voix chantantes très douces. Nous avons aperçu bien des mirages et entendu le bruit des sables mouvants.

Nous sommes certains que les couches d'air situées à une certaine hauteur au-dessus du désert sont tellement clarifiées qu'à certains moments où toutes les conditions extérieures sont en accord harmonieux elles agissent comme des tables de résonance qui réfléchissent les vibrations émises antérieurement. Nous croyons que des événements du Moyen Age sont reproduits de cette manière.

Notre travail nous absorbait tellement que le temps paraissait avoir des ailes. Sous la direction du vieux Lama, nous fîmes des copies et des dessins cotés de beaucoup de tablettes et autres documents.

Au matin de notre départ le temps était brillant et clair, et tout était prêt pour notre voyage à Shigatzé. Nous avions pris congé de tout l'entourage du Dalaï-Lama. Une foule se pressait cependant dans les rues, anxieuse de nous dire au revoir. Des mains s'agitaient partout en signe d'adieu ou en offrande de prière pour notre sécurité. Une délégation nous précéda pendant des kilomètres, en tournant des moulins à prières au bout de longs bâtons. Cinquante personne nous accompagnèrent jusqu'à Shigatzé, sur le cours supérieur du Brahmapoutre.

Tandis que nous approchions de cette ville qui est la seconde en importance du Tibet, nous aperçûmes la grande lamasserie de Tashi-Lumpo, située à deux kilomètres de la ville. Une délégation de cette lamasserie fit cinq kilomètres pour venir à notre rencontre et nous offrir l'hospitalité pendant notre séjour. De tous côtés on nous souhaita la bienvenue.

En entrant dans la lamasserie, nous ressentîmes le calme et la paix qui imprégnaient ses salles comme une grande présence. En vérité, l'endroit était idéal pour se reposer avant d'aborder l'étape qui devait nous conduire au lac Dolma et à Sansrawar. Nous étions très désireux d'examiner les archives de ce monastère. De là, nous voulions avancer aussi vite que possible, car des dispositions avaient été prises pour que nous rencontrions le Maître Bhagavanzi au temple de Pora-tat-Sanga.

Après le repas du soir avec les Lamas, nous parlâmes du nombre et de la beauté des temples, puis la conversation s'orienta sur les divergences entre croyances religieuses. Un très vieux Lama dit : Les Lamas et les Yogis ne partagent pas les mêmes croyances. Les Yogis ne peuvent admettre que la doctrine d'un homme quelconque puisse être définitive. Il faut que tous les êtres humains aient accès à toute connaissance à l'intérieur d'eux-mêmes. Les Lamas, eux, adhèrent strictement à la doctrine de

Bouddha. Selon toute probabilité, chaque être humain se développera et atteindra sa grandeur. Un Chrétien atteindra la conscience du Christ. Un Bouddhiste aboutira comme Bouddha, etc.

Chacun a son Dieu, et partout on dit que Dieu a fait l'homme à son image. Toutes les nations et tous les peuples ont leurs dieux propres. Les uns ont le dieu du feu, d'autres celui des récoltes, etc. Chacun a un meilleur dieu que son frère. Comment puis-je comprendre que Dieu ait fait l'homme à son image ? Devant cette multitude de dieux, je dirais plutôt que chaque homme a fait Dieu à son image.

Nous vîmes six Lamas qui étaient à la tête d'un groupe connu sous le nom de Lamas Errants. Ceux-ci vont de-ci de-là, sans argent. Jamais ils ne mendient. Ils n'acceptent de nourriture ou d'argent de personne. Ils restent toujours en contact les uns avec les autres et avec les six du monastère. Il y a trois sections de cet ordre, chacune avec un Lama à sa tête, ce qui forme un état-major de neuf Lamas. Les trois chefs de division peuvent se trouver en trois pays différents. Chacun des Lamas qui voyage reste en contact direct avec le chef de sa division, et ce chef lui-même reste en contact avec les six. Pour communiquer, ils emploient une méthode que nous appellerons transmission de pensée faute d'un nom meilleur, mais nous savons qu'il s'agit là d'une force bien plus subtile et plus précise. On l'appelle atma, c'est-à-dire conversation d'âme à âme sans intermédiaire. Nous rencontrâmes six de ces Lamas et déjeunâmes avec eux le lendemain.

Le vieux Lama nous informa qu'il nous accompagnerait au temple de Pora-tat-Sanga quand notre travail serait terminé. Nous acceptâmes son offre, car il était un ami du Muni qui nous servait de guide et d'interprète. Tous deux nous aidèrent grandement dans l'étude des documents. Au cours d'une conversation, le vieux Lama fit incidemment la remarque suivante : Deux de vos camarades qui vous ont quittés lundi dernier vont arriver à Calcutta aujourd'hui à onze heures et demie. Si vous voulez correspondre avec eux, vous le pouvez.

Notre chef écrivit un message invitant nos camarades à se rendre directement à Darjeeling pour s'occuper d'une certaine affaire qui réclamait des soins et de compter sur notre arrivée pour le 24 août. Il data son message, en prit copie, et tendit l'original au Lama. Celui-ci le lut, plia soigneusement le papier, et le mit de côté.

Nos camarades nous rencontrèrent en effet à Darjeeling le 24 août.

Ils nous montrèrent un message écrit qui leur avait été remis en main propre moins de vingt minutes après leur arrivée à Calcutta. Ils avaient supposé que le porteur était un messager envoyé d'avance avec les instructions. Nous avions donc maintenant la preuve matérielle des facultés de certains de ces Lamas. Si elles pouvaient s'étendre dans une direction, pourquoi ne pourraient-elles pas s'étendre dans toutes ?

Nous étions désireux de nous hâter vers Pora-tat-Sanga, car un grand nombre de pèlerins devaient s'y réunir en cette saison qui était très favorable pour une telle visite. Nous fîmes le chemin par Gyantzé où l'on nous informa que nous rencontrerions un très remarquable chela (disciple) connu sous le nom de « Disciple Rieur ». Ses chants et ses rires guérissaient ses auditeurs et aidaient ses compagnons à franchir les passages difficiles de leur chemin.

Quand nous entrâmes dans la cour de la lamasserie, un jeune homme fort bien campé s'approcha de nous avec des souhaits de bienvenue. Il nous informa que les Lamas comptaient bien que nous vivrions à leur foyer pendant notre séjour dans le village. Nous lui dîmes que nous repartirions dès le lendemain, car nous étions pressés d'atteindre le col de Phari. Il répondit : Nous comprenons que vous êtes sur le chemin de Pora-tat-Sanga. J'y retourne demain matin et serai heureux de vous accompagner si cela vous convient.

Nous acceptâmes. Riant de tout son cœur, il nous conduisit à notre dortoir, dans le grand hall de la lamasserie. Après nous avoir confortablement installés, il nous souhaita le bonsoir, et nous quitta en nous disant qu'il nous retrouverait de très bonne heure le lendemain matin. Il s'en alla en chantant d'une voix bien timbrée. C'était le Disciple Rieur. Il nous réveilla le lendemain matin par son annonce chantée que le petit déjeuner était prêt.

Nous prîmes congé des Lamas, reçûmes leur bénédiction, et trouvâmes que tout était préparé pour notre étape vers le col de Phari. Ce col conduisait au-delà des pics de Phari et Kang-La. Dans l'ensemble, la route de la matinée fut très dure, mais dans les endroits difficiles, le chela nous précédait en riant et en chantant. Dans les passages les plus scabreux, sa voix retentissait et paraissait nous transporter sans effort.

Nous arrivâmes au sommet du col à trois heures de l'après-midi. A notre étonnement, au lieu des âpres montagnes auxquelles nous nous attendions, nous découvrîmes devant nous une magnifique vallée. C'était la vallée de Chubi. Bien qu'elle soit à plus de cinq mille mètres au-dessus du niveau de la mer, les deux côtés en sont garnis de belles forêts avec des arbres luxuriants à feuilles vertes. Nous apercevions devant nous des villages avec des temples admirables. Nous ne longeâmes pas cette vallée, mais prîmes un chemin plus court par Tachi-Cho-Jong. Cette piste se révéla bonne. Au bout de très peu de temps, nous entrâmes dans une forêt magnifique traversée de tous côtés par des ruisseaux. Nous y vîmes une multitude d'oiseaux chanteurs et de volatiles sauvages. Pendant tout le voyage nous n'avions aperçu aucune bête de proie. C'est probablement pourquoi les animaux inoffensifs y vivaient en si grand nombre.

Le prochain endroit où nous devions nous arrêter était Maha-Muni. Son temple semblable à une forteresse nous étonna. Comme partout ailleurs, nous y reçûmes une chaleureuse bienvenue. Les desservants firent observer qu'il était inutile d'essayer de nous retenir, car le Maître Pouridji nous avait précédé au temple de Pora-tat-Sanga où affluaient de nombreux yogis, sadhous, et gourous. Le dernier jour de notre voyage se passerait donc en bonne compagnie.

Le lendemain, les pèlerins s'assemblèrent de très bonne heure, désireux de partir le plus tôt possible pour honorer leur rendez-vous avec le grand Maître Pouridji. Ils désiraient tous découvrir une première vue de Pora-tat-Sanga, le temple le plus élevé du monde, joyau incrusté dans un rebord rocheux. Le Disciple Rieur chanta : Comment resterions-nous à Maha-Muni devant le mirage de cette grande récompense ? C'est impossible. Adieu, Maha-Muni, nous t'aimons et reviendrons à ton tendre accueil, mais l'attrait de Pora-tat-Sanga est irrésistible.

La cavalcade se mit donc en route. Le grand Everest se dressait devant nous, ressortant dans la lumière de la proche aurore et drapé dans sa robe blanche immaculée de pur cristal. Il semblait nous inviter à faire juste quelques pas de plus, puis à étendre la main et à toucher le bord de son vêtement. Mais chaque fois que nous avions fait les quelques pas, sa masse se dérobait de nouveau à nous. Nous avions passé le mont Chomolhari, son grand voisin qui s'élève à huit mille mètres, mais ce dernier nous apparaissait comme un pygmée comparé au géant dressé devant nous.

Nous avions considéré comme rocailleux et périlleux le sentier qui longeait les flancs du Chomolhari, mais nous peinions maintenant sur un sentier où il fallait marcher souvent à quatre pattes. Cependant les chansons et les rires du chela nous portaient en avant comme des ailes. Dans notre enthousiasme, nous oubliâmes les dangers. Il semblait que nous franchissions instantanément les passages difficiles. Le soleil vint dissiper l'illusion qu'une enjambée de plus nous permettrait de toucher le puissant Everest et révéla des passages grandioses d'une beauté indescriptible. De tous côtés se dressaient des tours et d'immenses temples naturels couronnés de cristal, mais l'Everest, le grand Everest, se tenait toujours devant nous. Nous le vîmes à l'aurore tandis que les premiers rayons du soleil venaient baiser ses flancs. Nous le vîmes frappé par les rayons ardents du grand soleil de midi. Nous le vîmes enfin alors que le soleil déclinait à l'horizon et lui souhaitait le bonsoir. Ses derniers rayons le baignaient de gloire et les lueurs du crépuscule suscitaient sur sa crête une lueur correspondante dirigée vers le ciel.

Cher Lecteur, vous comprendrez que le chemin de ce jour ne nous sembla ni long ni ardu. Il parut ne durer qu'un instant. Les vibrations de force, de paix, de puissance, et d'harmonie qui émanent toujours des temples ne servent qu'à attirer les voyageurs vers ces pics. Il n'y a rien d'étonnant à ce que les Himalayas n'engendrent pas la peur chez l'homme et que les poètes ne soient - jamais fatigués de célébrer leur splendeur.

Finalement, à la tombée de la nuit, nous avions triomphé de toutes les difficultés du chemin et abouti haletants à une table rocheuse d'une étendue considérable. De nombreux temples étaient visibles dans le lointain, mais le joyau de Pora-tat-Sanga se dressait à sept cents mètres au-dessus de nous, baignant dans une lumière éblouissante. Il ressemblait à une grande lampe à arc installée dans un creux de la muraille verticale, avec sa lumière éclairant tous les rochers et temples des alentours.

Dans l'amphithéâtre rocheux où nous nous tenions, il y avait un grand concours d'hommes et de femmes. Nous fûmes surpris de découvrir que les femmes n'étaient pas exclues du pèlerinage. Tous ceux qui voulaient venir le pouvaient. De grands Rishis ont vécu ici. Le Rishi Niri avait passé par les mêmes sentiers que nous. Les Cinq Frères avaient également passé trois fois par ces sentiers, une fois seuls, une fois avec leur grande mère, et une fois enfin avec la grande et bonne Darupati, orgueil de toute la féminité. Aujourd'hui, le grand et pur mais humble Yogi Santi était assis là en profonde extase.

Nous demandâmes où tous ces pèlerins trouveraient abri et subsistance. Le Disciple Rieur chanta : Ne vous inquiétez ni d'abri ni de subsistance. Il y a ici abondance de nourriture, d'asiles, et de vêtements pour tous.

Puis le chela chanta sur un ton exquis : « Que tout le monde s'asseye. » A peine fûmes-nous tous assis que de grands bols d'aliments chauds et nourrissants apparurent. Le Yogi Santi se leva et commença à faire circuler la nourriture, aidé par le chela et d'autres pèlerins.

Quand l'appétit général fut calmé, tous les pèlerins se levèrent et on les conduisit par groupes dans les temples du voisinage pour y passer la nuit. Le chela nous mena dans un temple situé sur un éperon rocheux séparé du lieu où nous nous trouvions par une paroi verticale de vingt-cinq mètres. En approchant, nous remarquâmes un long poteau dont la base reposait sur le sol et le sommet sur l'épaulement rocheux du temple. Comme ce poteau paraissait le seul moyen d'accès, nous nous rassemblâmes à sa base et notre groupe nous rejoignit. Il y avait de nombreux autres temples bâtis dans des niches formées par d'autres épaulements rocheux juste au-dessus du premier. Pendant un moment, notre seul espoir de trouver un abri pour la nuit parut résider dans notre capacité d'escalader le poteau. Mais le chela dit : « Ne vous pressez pas. » Puis dans un grand éclat de voix il chanta : « O Bien-Aimé, nous nous tournons vers toi pour être abrités pendant cette nuit bénie. »

Instantanément, tous ceux qui nous entouraient observèrent un moment de silence, puis d'une seule et même voix ils prononcèrent avec une puissance dynamique les paroles suivantes : « Tel est le pouvoir de Dieu, A.U.M. »

Nous nous trouvâmes aussitôt tous debout sur l'épaulement rocheux, et nous nous rendîmes avec les autres pèlerins à nos temples respectifs. En arrivant, toute trace de fatigue nous avait quittés. Nous dormîmes cette nuit-là comme des enfants. Si les ondes de pouvoir émanant de ce groupe avaient reçu l'ordre de niveler des montagnes, elles l'auraient fait.

12

Le lendemain matin à quatre heures, la voix forte et claire du chela nous réveilla. Il chantait : « La nature s'éveille. Les enfants de la nature doivent s'éveiller de même. L'aurore d'un nouveau matin vient d'apparaître. La liberté du jour vous attend. A.U.M. »

Nous nous approchâmes du rebord où le sommet du poteau s'appuyait la veille. A notre grande surprise, le poteau avait été remplacé par un escalier bien construit. En le descendant, nous nous demandâmes si nous n'avions pas rêvé. Le chela vint à notre rencontre au bas des marches et dit : Non, vous n'avez pas rêvé. C'est le Maître Pouridji qui a rêvé l'escalier la nuit dernière et l'a placé ici pour la commodité générale. Voici donc un rêve devenu réalité.

Pendant les quinze jours que nous passâmes dans cette région, nous eûmes tous les jours à manger des aliments chauds et nourrissants sans jamais voir personne les préparer, et cependant nous fûmes servis abondamment.

Le chela et un de ses compagnons entamèrent l'ascension de Pora-tat-Sanga. Le chemin commençait par des marches taillées dans le roc. Il fallait ensuite passer sur des planches qui reliaient entre elles les parois de fissures rocheuses formant autant de précipices béants sous les pieds des marcheurs. A d'autres passages, il fallait s'aider de cordes dont l'extrémité supérieure était fixée dans des anfractuosités. Au bout de deux heures, les grimpeurs n'avaient pas pu dépasser le second rebord situé cent soixante-quinze mètres plus haut que leur point de départ. Ils constatèrent alors qu'ils allaient être obligés de renoncer à l'ascension.

Les voyant perplexes et connaissant la difficulté de leur position, le Yogi Santi leur cria : « Pourquoi ne descendez-vous pas ? » Le chela répondit : « Nous essayons bien, mais les rochers ne veulent pas nous lâcher. » Il passait par l'expérience bien connue qu'il est plus facile d'escalader une paroi rocheuse presque lisse que de la descendre.

Alors le Yogi plaisanta : « Eh bien, pourquoi ne resteriez-vous pas là ? Nous reviendrons demain avec des vivres, et peut-être pourrez-vous grimper jusqu'au sommet. »

Il invita ensuite les deux grimpeurs à rester parfaitement calmes et les guida soigneusement pendant trois heures pour leur permettre de redescendre. Quand ils nous eurent enfin rejoints, le Yogi murmura avec un sourire : « C'est ainsi que se dissipe l'enthousiasme de la jeunesse. »

Les jeunes gens jetaient vers le sommet des coups d'œil pleins de désir. Ils dirent : « Si le Maître Poûridji reste là-haut, nous aurons probablement la malchance de ne pas le voir. L'ascension est trop difficile pour nous. » Le Yogi répondit : « Ne vous inquiétez pas. Un plus grand que nous s'occupera de cela. Maintenant reposez-vous, vous avez pris un excellent départ. » Nous nous demandions avec émerveillement comment on avait pu bâtir un temple situé comme Pora-tat-Sanga.

De nombreuses voix demandèrent quand nous pourrions voir le Grand Maître. Le Yogi répondit : « Ce soir. » En effet, le Maître Pouridji vint s'entretenir avec nous pendant le repas du soir. On fit allusion à l'échec de la tentative de grimpée. Le Maître dit que les deux hommes avaient réussi l'ascension à cause de la deuxième tentative qu'ils avaient faite en pensée.

Le lendemain après-midi à quatre heures nous nous

réunîmes tous dans l'amphithéâtre rocheux situé au-dessous du temple. Le Yogi Santi était assis en extase. Trois hommes allèrent à une grosse pierre plate et s'y assirent en position de prière. Très peu de temps après la pierre s'éleva dans les airs et les porta jusqu'au temple.

Alors le Yogi Santi dit au chela et à deux autres : « Etes-vous prêts ? » Ils répondirent oui avec empressement et s'assirent sur le rocher à ses côtés. Le rocher commença immédiatement sa lévitation et les transporta sur la terrasse du temple. Puis on nous invita à nous tenir en groupe. Tout le monde se leva. Ceux qui étaient déjà au temple s'avancèrent au bord de la terrasse et commencèrent à chanter A.U.M. En moins de temps qu'il ne faut pour le dire, nous nous trouvâmes à notre tour sur la terrasse. Il n'avait fallu que quelques instants pour nous rassembler tous au temple le plus élevé du monde.

Quand nous fûmes assis, le Maître Pouridji prit la parole et dit : Beaucoup d'entre vous n'ont jamais assisté à des phénomènes de lévitation corporelle et les trouvent miraculeux. Permettez-moi de dire qu'ils ne comportent aucun miracle. Ils résultent d'un pouvoir qui appartient à l'homme. Nous en tenons la connaissance de l'antique Yoga. Beaucoup se sont servis de ce pouvoir dans le passé sans qu'on l'ait considéré comme miraculeux. Gautama Bouddha a visité bien des endroits éloignés au moyen de la lévitation de son corps physique. J'ai vu des milliers de gens parvenir au même résultat. Il est des manifestations de pouvoir bien supérieures à celles que vous allez voir. Elles prouvent l'existence d'une grande force irrésistible. Pour peu que l'on en ait acquis la maîtrise complète, on peut se servir d'elle pour déplacer des montagnes.

Vous louez la liberté, vous chantez l'absence de crainte. Mais à moins d'avoir oublié l'esclavage, de l'avoir pardonné, vous ne vous le rappelez que trop bien, et c'est la liberté que vous avez oubliée. Un système de Yoga pur est un message de liberté au monde entier.

Permettez que je vous explique le mot A.U.M. On emploie aussi la forme abrégée O.M., mais la forme correcte en hindoustani est A.U.M. Nous considérerons donc le mot sous cette lumière.

A est un son guttural. En le prononçant, vous remarquerez qu'il part de la gorge. Pour prononcer OU, il faut projeter les lèvres en avant. Enfin vous noterez que le son M se forme en fermant les lèvres, ce qui cause une résonance semblable au bourdonnement d'une abeille. Le mot sacré A.U.M. embrasse donc toute l'étendue vocale. Tous les sons y sont inclus. Il est basique et infini. L'univers de ses expressions inclut tous les noms et toutes les formes.

Nous savons que toutes les formes sont périssables, mais la réalité concrète, antérieure à toute forme et dénommée Esprit, est impérissable. C'est pourquoi nous la désignons par le mot A.U.M. Les Sadhous instruisent leurs élèves en leur disant « Tattomamuasi ». Quand, à la suite de profondes méditations et selon la vérité absolue, l'étudiant a compris, il répond simplement : « Su-ham. » Le maître dit alors à l'élève : « Tu es Dieu », et l'élève répond : « Je le suis, Su-ham. »

Approfondissons les réponses de l'élève quand il a compris sa divinité « Su-ham ». Le mot comprend deux consonnes S et H, et trois voyelles A, U, plus l'M qui est un intermédiaire syllabique. On ne peut pas prononcer les consonnes sans les joindre aux voyelles. Dans le domaine des sons, les consonnes représentent ce qui est périssable, et les voyelles l'impérissable. S et H périssent donc, et A.U.M. subsistent, formant l'AUM, l'Eternel.

O chercheurs de vérité, AUM est le grand Dieu. Les sages atteignent leur but grâce au soutien d'AUM. Celui qui contemple l'A contemple Dieu dans la phase vigilante. Celui qui médite sur l'U, phase médiatrice, jette des coups d'œil sur le monde intérieur et appartient à l'Esprit. Celui qui médite sur l'M perçoit sa propre divinité, reçoit l'illumination, et jouit immédiatement de la liberté. La méditation sur A.U.M., le Moi supérieur, inclut tout.

Je regarde au loin, dans le grand cosmos de lumière blanche. J'y vois un homme drapé dans une simple robe de la plus pure lumière blanche. Sa silhouette irradie la bienveillance de la lumière pure. Tout autour de lui résonne une voix qui dit : « Tu existes au siècle des siècles. » Il approche de plus près. La voix dit encore : « Ce jour et cette heure te sont donnés avec la prêtrise de toute l'humanité qui n'a ni commencement ni fin. » Les émanations de pure lumière blanche convergent vers lui. Il est le foyer qui montre à tous les hommes leur origine divine. Il ne symbolise ni un ordre ni une fraternité, mais l'humanité dans sa pureté originelle avant le commencement d'une fraternité. Il n'a pas encore parlé, car tout cela se passe bien avant que la Terre ait pris forme de nébuleuse, réclamé une orbite, et attiré vers elle ce qui lui appartient. Il est la projection de la première forme humaine qui doit se présenter avec la pleine maîtrise de toutes les forces qui vont commencer à réunir les atomes de la nébuleuse terrestre pour leur donner forme.

Ecoutez. La voix qui l'entoure parle. Elle ordonne : « Que la lumière soit. » Les éblouissants rayons blancs jaillissent. La forme humaine les concentre en un foyer. La nébuleuse terrestre surgit, et le foyer constitue son soleil central. Tandis que ce noyau central rassemble ses atomes, ceux-ci se chargent davantage de lumière. La forme qui concentre les rayons lumineux agit selon des directives conscientes.

Maintenant la forme parle, et nous entendons ses paroles. Elles sont tracées en lettres de pure lumière dorée. Je peux les lire. Les voici : Je viens du grand Cosmos de lumière pour veiller sur toi, ô Terre. Attire vers toi tes particules. Projette en chacune la lumière de la vie éternelle, la Lumière qui vient du grand Principe de Vie, du Père, de l'émanation de toute vie. Je te déclare que « JE SUIS ».

Maintenant, je vois la forme faire des signes. D'autres formes l'accompagnent, et du milieu d'elles quelqu'un parle et dit : « Qui est le Bien-Aimé né du Père, la Lumière du Cosmos ? » La voix d'alentour se fait à nouveau entendre en un murmure et répond : « C'est moi-même ayant pris forme pour dominer, car je dispose du pouvoir, et mon règne se manifeste à travers moi. » Voici, c'est le Krishna, le Christos, le Christ, tous trois en UN.

La forme répond à son tour : « JE SUIS, et vous êtes tous CE QUE JE SUIS. » La voix d'alentour reprend : « Regardez au-delà de moi, la voix de Dieu parle par moi. JE SUIS Dieu et vous êtes Dieu. Toute âme dans sa pureté originelle est Dieu. » Les veilleurs assis en silence entendent la voix qui parle au travers de la forme et dit : « Voici, l'homme est Dieu. Le Christ de Dieu sort à nouveau du grand Cosmos. »

Tout ceci ne comporte ni sentimentalisme ni infatuation. C'est une vision claire et calme de l'homme issu de Dieu, avec ses pleins pouvoirs et sa maîtrise, la maîtrise appartenant à toute l'humanité et d'où nul n'est exclu. Conditionnant la forme, il y a les émanations de l'éblouissante lumière blanche, pure comme le cristal. L'homme en est issu et formé. Il est donc PURE LUMIÈRE BLANCHE. Celle-ci est la vie de Dieu, et ses rayons ne se manifestent qu'à travers l'homme.

Tandis que nous fixons notre idéal, que notre contemplation en fait un foyer, la vision prend vie, se présente, se rapproche de plus en plus, s'unit enfin avec la forme. Le résultat de la fusion, c'est nous. Nous devenons CELA et nous pouvons dire à toute l'humanité : « JE SUIS TOI-MÊME exprimant Dieu. »

Quand une vraie mère voit cela à l'époque de la conception, l'immaculée conception se produit. Alors il n'y a plus de nouvelle naissance pour l'enfant. Tel est le rôle de la femme dans sa plénitude humaine. Ce rôle est Dieu, la véritable divinité des hommes. C'est l'Atma, l'inclusion de l'âme dans l'homme et la femme.

Le véritable royaume de la femme coexiste avec

l'image, il est coordonné avec elle. Le Fils Unique réunit l'idéal masculin et l'idéal féminin. Ensemble, ils forment Darupati, la fierté de la mère, l'idéal de la femme, l'étincelle humaine éternelle présentée comme sauveur et compagnon. Vus en perspective, ils paraissent séparés l'un de l'autre, mais dans l'ensemble du grand plan cosmique, ils sont indissolubles.

La femme, dans sa pleine maîtrise, offre son corps sur l'autel de la naissance en le destinant à nourrir l'enfant, à présenter l'enfant-Christ au monde. Telle est la véritable conception provenant de l'Immaculé.

Quand elle est effectuée de manière vraiment sainte en pensée, en paroles, et en actions, l'enfant n'est ni conçu dans le péché ni né pour l'iniquité. Il est pur, sacré, saint, conçu de Dieu, né de Dieu. Il est l'image, le Christ de Dieu. Un tel enfant ne passe pas par le processus des vies successives.

Seules les pensées physiques font qu'un enfant naît dans le monde physique et se trouve obligé d'endosser les pensées physiques de péché et de discorde de ses parents. C'est la seule raison qui rend nécessaire une nouvelle naissance.

Quand la femme permet au Christ de s'extérioriser, non seulement elle est le Christ, mais l'enfant est le Christ et ressemble à Jésus. Elle voit alors le Christ de Dieu face à face. Quand l'épouse réunissant les principes mâle et femelle envoie son véritable appel, son corps immaculé est prêt pour cette chose immaculée : la conception de l'enfant Christ, destiné à être présenté au monde. Le corps destiné à la femme a été préparé et moulé bien avant que le monde ait pris forme.

Le Maître Pouridji cessa de parler et nous invita à l'accompagner à un grand souterrain où de nombreux Yogis étaient assis en extase. Nous vécûmes dans le temple et dans ce souterrain pendant neuf jours. Beaucoup de Yogis ont vécu là pendant des années, et quand ils quittent cette solitude, ils accomplissent de merveilleux travaux au milieu de leur peuple.

On nous informa qu'après l'assemblée un grand

nombre de maîtres retourneraient aux Indes par la route du lac Sansrawar et Mouktinah. De Mouktinah nous pourrions aller très facilement à Darjeeling. C'étaient là de bonnes nouvelles, et la perspective de voyager avec ces grands êtres nous rendait très fiers.

Nous allâmes de souterrain en souterrain et parlâmes à de nombreux Yogis et Sadhous. A notre surprise, nous découvrîmes que beaucoup d'entre eux séjournaient là hiver comme été. Nous leur demandâmes s'ils étaient gênés par la neige. Ils répondirent que la neige ne tombait pas dans le voisinage et qu'il n'y avait jamais ni brouillards ni tempêtes.

Le temps avait passé d'une aile rapide, et nous étions maintenant à la veille de notre départ.

13

Le matin de notre départ, la communauté fut réveillée à trois heures par le chant du Disciple Rieur. Nous pensâmes qu'il se passait une chose inusitée, car il nous conviait tous à nous réunir un moment. Tandis que nous sortions du temple, la lumière issue de Pora-tat-Sanga brillait d'un tel éclat que tout le secteur en était illuminé. Le chela se tenait à un angle du temple et nous demanda de contempler le spectacle en silence. Nous vîmes des centaines de formes debout, les bras levés.

Le silence fut rompu par les mots : « Salut, salut, salut, le Maître Pouridji chante. » Des milliers de voix se joignirent à la sienne, et l'écho donnait l'impression qu'il y en avait encore des milliers d'autres. Chaque mot s'entendait distinctement dans le calme du matin.

Voici les paroles du Maître : « Pourrait-il exister un Dieu pour les Hindous, un Dieu pour les Mongols, un Dieu pour les Juifs, et un Dieu pour les Chrétiens ? Il n'existe qu'un seul vrai Principe Universel, Directeur,

Primitif, Infini et Divin. La lumière centrale de ce Principe s'appelle Dieu. Dieu doit envelopper tout, et en effet, il enveloppe tout. Tous sont Dieu. Cela ne signifie certainement pas qu'il y ait un Dieu individuel non destiné à tous.

Quand nous parlons de Dieu, nous parlons d'un et de tous, pour tous, en tous, et à travers de tous. Si les Hindous donnent un nom à leur Dieu, en disant qu'il n'en est pas d'autre, leur pensée est divisée. Si les Mongols donnent un nom à leur Dieu, en disant qu'il n'en est pas d'autre, leur pensée est divisée. Si les Juifs donnent un nom à leur Dieu, en disant qu'il n'en est pas d'autre, leur pensée est divisée. Si les Chrétiens donnent un nom à leur Dieu, en disant qu'il n'en est pas d'autre, leur pensée est divisée. Une maison divisée contre elle-même est détruite d'avance, et il faut qu'elle tombe. Si elle est unie, elle subsiste éternellement. Choisissez qui vous voulez servir. Division signifie faillite et mort. Unité dans le Principe Père et Mère signifie progrès, honneur, et pouvoir. A.U.M., A.U.M., A.U.M.

Il sembla que cet AUM se répercutait autour du monde. Nous pûmes en entendre l'écho pendant au moins dix minutes, comme si le gong du temple avait résonné. Par moments, il semblait que les rochers eux-mêmes prononçaient le mot. Pendant que ces résonances s'atténuaient progressivement, tous les pèlerins se réunirent dans le grand amphithéâtre rocheux situé au-dessous du temple, et nous nous joignîmes à eux.

Quand nous fûmes assis avec notre groupe, le Yogi Santi leva les mains au-dessus de sa tête, et tout le monde chanta AUM à l'unisson comme précédemment. A nouveau les rochers parurent renvoyer les vibrations. Cela dura jusqu'à la fin du repas. Quand nous nous levâmes, l'assemblée observa un moment de silence. Puis le chela se mit à chanter : « Nous allons vous dire au revoir. Nous vous laissons nos plus grandes bénédictions en nous séparant de votre très

gracieuse présence. Permettez que nous vous demandions de nous faire l'honneur d'une nouvelle bienvenue. Nous hésitons à nous séparer de vous. Nos cœurs
désirent votre retour et nos yeux le contemplent à
l'avance. Nous vous disons au revoir. Puissiez-vous
recevoir les plus riches bénédictions de tout ce qui est
saint.

La réponse arriva comme d'une seule voix :
Bien-Aimés, nous ne sommes jamais séparés, même
quand vous croyez que l'espace creuse un abîme entre
nous. Non, la distance n'a pas le pouvoir de séparer, car
Dieu imprègne tout l'espace et vous l'imprégnez aussi.
Nous n'éprouvons même pas le besoin de vous dire au
revoir, car nous ne cessons jamais de vous voir face à
face. Vos déplacements ne sont pas des allées et
venues. Vous êtes toujours ici. Séparation, temps, oubli
n'existent pas. Le présent est ici, l'avenir y est donc
aussi. Où pourrions-nous être, sinon tous ensemble en
Dieu ? Ne vous éloignez pas de lui, rassemblez-vous en
lui, et vous serez toujours ici.

Nous avions déjà parcouru un bon bout de chemin
quand ces dernières paroles nous parvinrent. Nos pas
nous éloignaient, mais nous étions encore à
Pora-tat-Sanga. Il n'y eut pas de séparation, et nous
n'avons jamais eu l'impression d'avoir quitté ce lieu
sacré.

Tout le long du jour, le chela ne fit que rire et
chanter. Comme précédemment, son rire et son chant
paraissaient nous transporter corporellement par-delà
tous les passages difficiles. A deux heures de l'après-
midi, nous repassâmes par Maha-Muni la silencieuse,
mais au lieu de nous y arrêter pour la nuit, nous
allâmes de l'avant, marchâmes seize heures, et cou-
vrîmes plus de cent vingt kilomètres. Malgré cela, nous
n'étions nullement fatigués et notre voyage se poursuivit ainsi jusqu'à Sansrawar.

Là, on nous conduisit à un temple magnifique,
voisin du lac. Nous nous y reposâmes pendant deux
jours avant de poursuivre notre chemin par le col

transhimalayen. Cet endroit est presque un paradis. Le lac repose comme un joyau dans un cadre grandiose de montagnes. Les oiseaux chantent dans tous les arbres. La majeure partie des Maîtres qui avaient fait le chemin avec nous habitaient ici.

Nous continuâmes vers Mouktinath avec le Yogi Santi. On nous avait souvent parlé de la difficulté de franchir le col. Le voyage dure de longs jours, mais nous ne rencontrâmes guère de passages difficiles et arrivâmes à Mouktinath à l'époque prévue. Nous y fûmes salués à nouveau par Emile et un grand nombre de nos amis. Les mots ne peuvent traduire le plaisir que nous éprouvâmes à cette réunion. Nous avions voyagé au loin, et l'on nous avait accordé l'hospitalité la plus large et la plus aimable. Cependant, c'est ici que nous eûmes le sentiment d'un véritable retour au foyer.

Ce soir-là, tandis que nous relations certaines de nos expériences, Emile dit : Vous savez maintenant pourquoi les Tibétains n'éprouvent aucune gêne à porter de lourds fardeaux à des altitudes supérieures à sept mille mètres. Vous savez comment ils escaladent le mont Everest. Ils vont à la crête du Dieu des Monts, comme ils l'appellent. Ils surmontent, ils montent sur le dieu de la montagne, comme ils surmontent ou triomphent du dieu d'un fardeau quelconque. En d'autres mots, ils laissent aller le fardeau, et alors celui-ci n'existe plus. On ne peut mettre un fardeau sur les épaules du véritable Dieu-homme, et encore bien moins sur sa forme.

Vous pouvez maintenant percevoir la vérité de l'assertion de Jésus quand il disait : « Venez à moi, vous tous qui êtes fatigués et chargés de fardeaux, et je vous donnerai du repos. » La véritable citation est : « JE SUIS vous donne réellement du repos. » Reposez-vous en JE SUIS, et vous quittez le dieu du fardeau pour le Dieu de la Paix, le royaume où l'on ne porte pas de fardeaux. Dieu est le pouvoir qu'a l'homme de penser droit et juste en toutes circonstances.

L'homme en tant que pauvre vermisseau de la poussière n'a pas conscience de Dieu. Il n'exprime que la conscience du vermisseau. Quand on tire sur une cible et que l'on veut faire mouche, il faut concentrer toute sa pensée sur le milieu de la cible et ne rien voir d'autre que le centre. Si l'on a touché, on s'est approché de Dieu d'un degré, car Dieu est l'idéal divin, le foyer vers lequel convergent toutes les pensées et tous les actes. C'est ainsi que l'on développe en soi l'homme spirituel, le Christ de Dieu, la Parole faite chair. Aussi certainement que Dieu entoure la chair, cette chair est Dieu.

Faites de votre subjectif un objectif, un sage collaborateur volontaire du principe. Dirigez-vous droit sur votre objectif. Faites de celui-ci la vie intérieure divine. Nul n'a jamais rien accompli de grand sans avoir totalement concentré sa volonté et maintenu son objectif (Dieu) devant le pur miroir de sa force de pensée. La force de pensée est l'homme agissant comme Dieu, l'homme exigeant de lui-même une telle concentration sur son objectif (Dieu) que celui-ci se manifeste instantanément. Dès que Dieu est devenu objectif, présentez le moule de votre désir, et ce moule se trouve aussitôt rempli. Si cette affirmation ne se révèle pas rigoureusement exacte, c'est que vous n'auriez pas eu la pensée de votre désir, que vous n'auriez pas pu l'avoir.

Quand votre désir est présenté comme indiqué, il est divin. Si votre divinité se manifeste constamment, votre désir est conçu selon l'harmonie divine. Vous avez tout pouvoir pour fixer sa date d'exécution et pour prononcer la parole d'autorité. Vous restez le Maître. Pour le monde extérieur, votre ordre est : « Silence complet. »

Vous pouvez alors dire avec précision et en toute connaissance de cause : « Il n'est pas de plus grand pouvoir que mon Christ intérieur. J'émets ma parole douée de la qualité de Christ, et elle accomplit instantanément toutes choses. Je donne louange et bénédiction, et j'envoie ma parole avec abondance, harmonie, et perfection.

Au commencement, vous avez prononcé la parole (Dieu) qui représente votre vrai désir. Ne revenez jamais en arrière, ne réitérez pas votre demande. Cette attitude engendrerait le doute. Allez de l'avant, rappelez-vous ce que vous avez fait. Si vous avez formulé votre Parole-Christ, vous êtes maître de la situation. La chose désirée est accomplie, complète, divinement en ordre.

> Je te remercie, Dieu, pour la Vie et la Lumière
> Abondantes, pleines et libres,
> Pour la santé parfaite, la puissance illimitée,
> Et la liberté sans restriction.

Rappelez-vous que si deux êtres unissent leur force spirituelle, ils peuvent triompher du monde, même s'ils ne peuvent rien faire individuellement. Ces deux êtres sont Dieu et vous, unis dans un même but. Si d'autres s'unissent à vous avec la même sincérité de mobiles, votre pouvoir croît plus vite que le carré du nombre des associés. Si deux d'entre vous s'unissent à Dieu pour formuler une demande, mon Père l'exauce. Mon Dieu devient votre Dieu, et nous communions. Uni à Dieu, l'homme triomphe de ce qui n'est pas divin.

Entrez dans le lieu secret de votre âme, fermez la porte au monde extérieur, fermez vos yeux de chair, regardez votre Moi divin avec votre œil intérieur. Vous vous êtes paisiblement mis dans un état réceptif spirituel. Le Principe de Dieu est le but unique. Je communie avec l'Energie de la Vie Universelle. Elle me traverse, je la connais, je la sens. Je remercie Dieu mon Père d'avoir la faculté d'accomplir toutes choses.

Quand vous priez Dieu et que votre âme intime est en contact avec l'Energie de la Vie Universelle, vous utilisez cette énergie dans une mesure illimitée. Vous donnez le nom de Dieu à l'Esprit infiniment sage qui existe au-dedans comme au-dehors de tout être humain. L'expression extérieure de Dieu ne peut se formuler qu'à travers vous. Il n'est donc pas nécessaire de rechercher aide et connaissance à l'extérieur. Cherchez-les à l'intérieur, sachant que la vérité intelligente et la source de toute connaissance sont latentes en vous. Pourquoi chercher le savoir à l'extérieur, puisque Dieu, l'Esprit Universel, est intérieur ? Ayant compris ce principe, vous pouvez faire appel à lui pour n'importe quelle œuvre en étant certains que le Dieu intérieur est le plus grand des éducateurs.

Tout votre pouvoir est d'abord attiré vers vous, puis élaboré dans votre corps, et enfin manifesté pour l'accomplissement de ce que vous lui ordonnez d'exécuter. Tel est Dieu exprimant son pouvoir par vous. Dieu n'est pas personnel, mais intérieur et incluant tout. En le laissant s'exprimer du dedans, on est relié à lui, car il interpénètre tous les mondes. En adorant le Dieu intérieur, en le voyant émaner de soi, on adore la Déité dans toute la famille humaine. Au contraire, l'adoration d'un dieu extérieur produit l'idolâtrie. Quiconque adore Dieu intérieurement, et le voit se manifester du dedans vers l'extérieur du monde, entre en contact conscient avec les émanations universelles de la vie et de la lumière divines. Il ne peut exister aucune déité à l'extérieur de votre corps sans qu'elle existe également à l'intérieur, car tout est émanation d'énergie vibrante. Les vibrations de Dieu incluent toutes les cellules de votre corps et toute la masse de l'Univers. Dieu est donc partout, avant tout, en tout, autour de tout, enveloppant et embrassant tout. L'énergie immanente de la vie et de la lumière passe à travers tous les atomes de l'espace sans en excepter aucun.

Ayant achevé ce discours, Emile annonça que nos amis nous retrouveraient à Hardwar et nous souhaita bonne nuit.

14

En approchant de Hardwar, environ un jour avant d'arriver à la ville, nous fîmes halte à la maison d'un Américain nommé Weldon. Nous reçûmes une chaleureuse bienvenue, et Weldon insista pour que nous restions avec lui quelques jours. Cet écrivain bien connu, qui avait vécu aux Indes pendant de nombreuses années, manifestait un intérêt profond et sympathique pour notre travail. Il avait plusieurs fois demandé à se joindre à notre expédition, mais les circonstances n'avaient pas permis de lui donner satisfaction.

Le lendemain, tandis que nous étions assis dans son jardin et racontions nos expériences, Weldon fit soudain la remarque qu'il n'avait jamais pleinement accepté pour authentique l'histoire de la vie de l'homme appelé Jésus de Nazareth. Il avait soigneusement étudié les documents mis à sa disposition, mais ceux-ci lui avaient tous paru vagues et non concluants. En désespoir de cause, il avait finalement abandonné ses recherches, car il y avait dans sa pensée de graves doutes sur l'existence du personnage. Notre chef lui dit : Si vous étiez mis face à face avec Jésus, croyez-vous pouvoir le reconnaître, et comment le reconnaîtriez-vous ?

Weldon répondit : Vous venez de toucher le sujet auquel j'ai consacré la plus grande partie des pensées de ma vie. Jamais vous ne pourrez savoir avec quel intérêt passionné j'ai cherché un signe permettant d'affirmer l'existence corporelle de Jésus sur cette terre. Mes doutes se sont aggravés chaque année, et finalement j'ai désespéré de trouver jamais un indice me donnant pleine confiance. Cependant, dans un coin de mon cerveau, une vague arrière-pensée, une sorte de rayon d'espoir m'incite toujours à croire que si je pouvais rencontrer cet homme face à face sans aucune suggestion de l'extérieur, je le reconnaîtrais avec certitude en quelque lieu et à quelque époque que ce soit. Aujourd'hui, mon instinct fait ressortir cette arrière-pensée, et je vous dis ceci que je n'ai encore jamais exprimé : Je sais que je le reconnaîtrais. C'est le sentiment le plus sincère de toute ma vie, et je m'excuse de répéter : Je sais que je le reconnaîtrais.

Le même soir, tandis que nous allions nous coucher, Thomas s'approcha de nous et dit : Vous avez tous entendu la conversation de cet après-midi au sujet de la personnalité de Jésus. Vous avez reconnu la sincérité de Weldon. Si nous l'invitions à nous accompagner ? Nous ne savons pas, et nous n'avons aucun moyen de déterminer si l'homme connu sous le nom de Jésus de Nazareth se trouvera à notre lieu de destination, car nous ne pouvons contrôler ses déplacements. En fait, nous savons simplement qu'il a été là. Si nous invitons Weldon et si Jésus n'y est pas, cela pourrait lui causer une nouvelle déception sans qu'aucun bien n'en résulte. Weldon paraît très désireux de nous accompagner. Comme personne de nous ne sait si Jésus sera là, je propose que personne ne fasse de suggestion dans un sens ni dans l'autre. En l'espèce, faisons confiance à l'avenir.

Nous fûmes tous d'accord, et le lendemain matin, Thomas invita Weldon à nous accompagner. Son visage s'illumina aussitôt d'un espoir anticipé. Il réfléchit un moment, puis dit qu'il avait un rendez-vous pour le mercredi suivant et serait obligé d'être de retour à cette date. Nous étions jeudi. Il disposait donc de six jours. Thomas estima que c'était là un délai suffisant. Nous décidâmes de partir dans l'après-midi. Tout se passa bien, et nous parvînmes à destination le surlendemain avant midi.

En arrivant, nous remarquâmes un groupe de douze personnes assises dans le jardin de l'auberge où nous devions loger. Elles se levèrent à notre approche, et le propriétaire de l'auberge s'avança pour nous saluer. Nous aperçûmes Jésus debout dans le groupe. Avant que nul n'ait eu le temps de dire un mot ou de faire une suggestion, Weldon s'était élancé les deux mains tendues et avait saisi les deux mains de Jésus dans les siennes avec une expression joyeuse disant : Oh ! je vous reconnais, je vous reconnais. C'est le moment le plus divin de toute ma vie.

Tandis que nous contemplions le ravissement de notre ami, un sentiment proche de la joie divine nous inonda tous. Nous nous avançâmes et échangeâmes des salutations tout en présentant Weldon au groupe.

Après le déjeuner, nous nous assîmes dans le jardin et Weldon dit à Jésus : Accepteriez-vous de nous faire une causerie ? J'ai attendu ce moment pendant toute une vie.

Il y eut quelques instants de silence puis Jésus prit la parole et dit : Dans le calme de cette heure, je voudrais que vous sachiez que le Père à qui je parle et qui demeure en moi est celui même qui demeure en vous tous. Chacun peut lui parler et le connaître aussi intimement que moi. Un souffle de splendeur merveilleuse passe sur les cordes de la harpe mystique et la fait vibrer d'un amour pur et divin. Cet amour est si pur que le silence attentif semble s'arrêter pour écouter.

Votre grand Etre Spirituel vous touche la main de ses doigts connaisseurs avec une douceur attendrie, et sa voix vous parle toujours de l'immense et glorieux amour du Père. Votre voix vous dit : « Je sais que tu es ici avec moi. Toi et moi ensemble nous sommes Dieu. » C'est alors que le Christ de Dieu se tient là.

Ne voulez-vous pas supprimer toute limitation et vous tenir avec moi en esprit ? Jamais le monde n'a reçu de pensées plus élevées que celles que je vous donne. Peu importe que les hommes affirment qu'elles sont irréalisables. Chacun de vous se présente comme le Divin Maître, triomphateur dans la plénitude de son règne, exactement tel que vous m'avez vu. L'heure est venue. La pensée d'accomplissement que vous avez envoyée vers le Divin Maître a mûri dans votre propre corps, et votre âme a pris les leviers de commande.

Vous vous élevez avec moi à des hauteurs célestes. Nous élevons nos corps jusqu'à ce que leur brillant rayonnement devienne un éblouissement de pure lumière blanche. Nous sommes alors retournés au Père d'où chacun est issu. Dieu notre Père est émanation de lumière pure, et dans la vibration de ces émanations, tout ressouvenir mortel est balayé. Nous voyons les créatures projetées dans la forme à partir de l'informe et toutes choses se renouveler à chaque instant.

Toutes choses existent dans le Cosmos originel, dans la Substance de Dieu dite « éthérée ». Et parce qu'elles existent, leurs vibrations sont si élevées que nul ne peut les percevoir à moins de s'être élevé en esprit à notre hauteur. Quand les vibrations du corps sont spirituelles, on peut discerner le processus continu de la création. Celle-ci est causée par le rayonnement des vibrations de la lumière cosmique engendrée dans le grand Cosmos. Ce rayonnement est la vie universelle, ou énergie lumineuse, qui sert de support à tout ce que l'on appelle le Père des rayonnements ou des vibrations. La vie universelle mérite son nom, car son rayonnement prime tous les autres. En réalité, il ne fait qu'écarter les autres pour permettre à des formes nouvelles de prendre leur place.

Quand notre corps vibre à l'unisson de l'esprit, nous sommes vibrations de lumière, les plus hautes vibrations, Dieu, le Père de toute vibration. Les rayons cosmiques correspondants proviennent de la source de toute énergie, du Père de tous les éléments. On démontrera prochainement que leur bombardement produit des effets terribles. Il paraît détruire la matière. En réalité il transmue ce qu'on dénomme matière en une forme d'esprit.

On reconnaîtra bientôt que le prodigieux pouvoir de pénétration des rayons cosmiques leur permet de traverser toute matière, détruisant, semble-t-il, le cœur ou noyau des atomes, les transmuant en ceux d'une autre substance, et créant des éléments d'ordre plus élevé. La création progresse ainsi vers une émanation plus haute de lumière pure, vers la vie elle-même.

Les rayons cosmiques se distinguent facilement de tous les autres rayonnements issus de la Terre ou de la galaxie solaire. Ils dominent complètement toutes les autres radiations ou vibrations. On reconnaîtra bientôt qu'ils proviennent d'une source universelle invisible. La Terre est perpétuellement soumise à leur effroyable bombardement. Quand ils frappent le noyau d'un atome, ils le fragmentent en particules infimes d'une autre substance. Ils ne détruisent pas la matière, ils la transmuent en des éléments de rayonnement plus élevé, ils transforment le monde matériel en monde spirituel.

La production des éléments supérieurs se conforme aux ordres des hommes. Ces éléments sont d'autant plus élevés que les hommes les désignent ou les emploient pour un but plus élevé. Quand l'homme se présente en vibrations spirituelles, il est absolument maître de faire jouer les rayons cosmiques et de régler leur mode opératoire. L'homme spirituel voit donc la transmutation se produire perpétuellement autour de lui. C'est la création dans son sens le plus élevé. Chacun est donc créé là où il se trouve. La création est incessante, continue, et sans fin.

Les radiations cosmiques sont lumineuses. Elles sont constituées par des projectiles de lumière qui jaillissent du Cosmos. Ce dernier est sphérique. Il inclut et entoure tous les univers. Il possède un Soleil Central. Les soleils des univers absorbent toutes les énergies que les univers dissipent. Ils la conservent, la concentrent, la transforment, et l'apportent au Soleil Central qui se charge d'énergie vibrante et pulsative. Cette énergie est concentrée à un tel degré qu'elle émet des projectiles de lumière, et ceux-ci ont une telle force qu'ils fracassent les noyaux atomiques rencontrés, mais sans les détruire. Les particules résultantes sont transmuées en d'autres éléments et s'agrègent finalement à l'élément auquel elles appartiennent. Cet élément devient alors vivant.

La vie est l'énergie libérée par le bombardement des projectiles de lumière. La fraction d'énergie absorbée par les particules désintégrées s'appelle la vie de l'élément. La fraction non absorbée pour la vie de l'élément est attirée vers le Cosmos, retourne à lui, s'y concentre et s'y condense jusqu'à ce qu'elle puisse à nouveau être émise comme projectile lumineux pour heurter et fracasser d'autres atomes, créant ainsi de nouvelles particules qui serviront à former les atomes d'un nouvel élément.

La création est donc continue et perpétuelle : expansion, concentration, condensation en forme par abaissement des vibrations. Cette énergie intelligente est Dieu, commandant aux univers qui nous entourent, commandant aussi à l'univers de nos corps qui ne sont pas matériels mais spirituels.

Transmutation n'égale pas désintégration. L'Intelligence suprême règle le mouvement des projectiles lumineux selon un rythme. Proportionnellement à leur nombre et au temps, très peu d'entre eux rencontrent des noyaux atomiques, et ils le font en conformité absolue avec une loi selon laquelle aucune manifestation n'est déséquilibrée.

En communion avec cette intelligence suprême, l'homme peut accélérer le rythme de ces rencontres de manière à satisfaire instantanément ses besoins. Il hâte ainsi le lent processus de la nature. Il n'interfère pas avec la nature, il coopère avec elle sur un rythme de vibration supérieur à celui où elle fonctionne selon le contact matériel. « Levez les yeux et regardez les champs, car déjà ils blanchissent pour la moisson. » Tout est vibration et correspond au plan ou champ sur lequel la vibration réagit.

Les plans ou champs dont je parle n'ont aucun rapport avec les sphères ou coquilles concentriques qui entourent la Terre. Ces dernières sont des couches ionisées qui enveloppent la Terre et réfléchissent vers elle des vibrations qui en partent. Les couches ionisées ne gênent pas le passage des rayons de la lumière cosmique par lesquels la transmutation ou création s'effectue sans arrêt. Nos corps eux-mêmes sont transmués d'une condition inférieure en une plus haute. Nous pouvons diriger consciemment ce changement en maintenant consciemment nos pensées — donc nos corps – à l'unisson des vibrations supérieures. Quand notre corps est bien accordé, nous sommes devenus ces vibrations.

C'est dans cet état, sous cette forme, que les Maîtres attendent. Tels que vous êtes, vous êtes maîtres, vous avez la suprématie sur toutes les conditions de vie. Vous savez maintenant que la splendeur d'une création divine consciente surpasse de beaucoup toute pensée matérielle.

Le premier pas consiste à posséder la pleine maîtrise de toutes vos activités extérieures de pensée, d'âme, et de corps, avec l'idée dominante que vous cultivez l'habitude de la perfection, l'habitude de Dieu, du Christ de Dieu. Où que vous vous trouviez, pensez à la perfection, à Dieu, chaque fois que l'idée vous en vient, aussi bien durant votre travail que durant votre repos. Percevez en vous cette présence parfaite. Prenez l'habitude de considérer comme votre vrai moi la présence du Christ de Dieu.

Faites ensuite un pas de plus. Percevez une divine lumière blanche, éblouissante de pureté, émanant du centre même de votre corps. Voyez-la jaillir avec une telle splendeur et un tel éclat qu'elle finit par rayonner de toutes les cellules de votre corps, de tous vos tissus, muscles, ou organes.

Puis voyez le vrai Christ de Dieu qui se présente triomphant, pur, parfait, et éternel. Non pas mon Christ, mais votre vrai Christ de Dieu, le seul véritable fils de Dieu, la divinité qui triomphe de tout. Allez de l'avant et proclamez qu'elle vous appartient de droit divin. Elle sera vôtre aussitôt.

Chaque fois que vous dites « Dieu », sachez pertinemment que vous présentez Dieu au monde. Ce faisant, vous lui rendrez plus de services qu'en me présentant comme Christ de Dieu, car il est bien plus grand et plus noble de vous voir vous-mêmes comme le Christ de Dieu et de présenter vous-mêmes Dieu aux hommes.

Mais vous marchez à reculons et vous m'adressez des prières afin que j'intercède pour vous. Tant que vous ne faites pas de moi une image ou une idole que vous suppliez, vous reconnaissez les qualités de Dieu qui se manifestent à travers moi. Mais aussitôt que vous me représentez par une image sculptée, vous m'avilissez et vous vous débauchez. Il est bon de percevoir l'idéal que je représente et de l'incorporer complètement. Alors nous ne sommes ni séparés les uns des autres ni séparés de Dieu. C'est ainsi que l'homme triomphe du monde.

Ne percevez-vous pas les grandes choses réalisables par notre communion en Dieu ? Si vous la cultivez avec amour, dévotion, respect, et adoration, elle devient une habitude qui absorbe entièrement votre vie courante. En peu de temps, vous aurez manifesté la Divinité, vous serez redevenu le Christ Divin, le premier-né de Dieu. Vous ne ferez plus qu'un avec l'Esprit originel, l'Energie essentielle. Sentez, percevez, saisissez effectivement cette grande lumière. Acceptez-la, proclamez et sachez positivement qu'elle est vôtre. Après une brève période, votre corps émettra effectivement cette lumière. Celle-ci a existé de tout temps, en toutes circonstances, dans toute l'immensité de l'univers. Elle est la vie.

Quand une chose nous est expliquée, la lumière brille dans notre intelligence consciente. La LUMIÈRE DE LA VIE brillera bientôt pour votre œil attentif, comme ce fut le cas pour tous les grands êtres. Beaucoup de ceux-ci sont représentés en images au milieu d'une grande illumination. Cette lumière est réelle, bien que vous ne la voyiez peut-être pas. Elle est la vie qui rayonne de votre corps.

Ici Weldon demanda si nous pourrions approfondir certains enseignements de la Bible, et Jésus accepta volontiers. Nous nous levâmes et sortîmes ensemble du jardin. Weldon s'écria : Songez que vous avez pris contact avec ces Maîtres, alors que j'ai vécu dans leur voisinage sans jamais les reconnaître pour tels. Ce jour m'a vraiment apporté une révélation. Un monde nouveau, une lumière nouvelle, une vie nouvelle me sont ouverts.

Nous lui demandâmes comment il avait reconnu Jésus. Il répondit : Vous vous émerveillez de ce que j'aie reconnu l'homme pour tel. Je ne sais pas comment je sais que c'est lui, mais je le sais, et rien ne saurait ébranler ma conviction.

Nous lui rappelâmes que s'il ne voulait pas manquer son rendez-vous, il serait obligé de partir le lundi suivant. Comme deux membres de notre expédition partaient ce jour-là pour Darjeeling, il pourrait se faire accompagner.

Laissez cela, répondit-il, j'ai déjà envoyé un messager pour me faire remplacer à mon rendez-vous. Je reste ici. Vous pouvez toujours essayer de me renvoyer.

15

Nous passâmes une journée des plus intéressantes à visiter nombre d'endroits remarquables des environs. Nous rentrâmes à l'auberge vers huit heures du soir et trouvâmes nos amis réunis dans le jardin. Après une brève conversation sur des sujets d'ordre général, Jésus dit avoir compris que Weldon se sentait un peu perdu.

Puis il continua : Je vais vous parler comme je voudrais que vous vous parliez à vous-mêmes. Si vous voulez vérifier ma doctrine par la pratique et l'incorporer, aucune autre doctrine ne vous sera nécessaire. Il ne faut pas utiliser mes préceptes comme des formules, mais les étudiants peuvent s'en servir pour accorder leurs idées au Principe Divin, ou, comme on dit souvent, pour « entraîner leurs pensées vers le point unique ».

Nous employons aussi souvent que possible le mot Dieu, et nous le répétons un grand nombre de fois. C'est un fait bien connu que plus un homme se sert de ce mot sachant qu'il s'agit du principe suprême qui demeure en lui et s'écoule à travers lui, plus il en retire de profit. Permettez que je me répète. Notre pensée est la suivante : On ne saurait se servir trop souvent du mot Dieu.

Percevez Dieu comme principe créateur, s'écoulant à travers vous. Concentrez ce principe, activez-le, émettez-le avec une influence plus dynamique. Il se propage toujours à travers vous et autour de vous. Vous pouvez donc l'accélérer en l'extériorisant avec la totalité des forces de votre être. Le corps de l'homme est l'agent de transformation et d'accélération permettant à ce pouvoir d'accomplir les plus grandes œuvres et de se manifester sous les formes les plus grandioses.

Le Principe retire donc une force immense du fait que des millions d'hommes amplifient son rayonnement et l'émettent à leur tour. Cependant un homme seul, se manifestant dans sa pleine maîtrise, peut triompher du monde. Vous voyez donc ce que des millions d'hommes pourraient accomplir. Plus vous emploierez le nom de Dieu en sachant qu'il est le Principe suprême que vous êtes en train d'instaurer en vous, plus votre corps vibrera à un rythme élevé. Ses vibrations s'harmoniseront et répondront aux vibrations divines que le mot Dieu exprime. Il vous suffit de dire Dieu une seule fois, en sachant ce que cela signifie, pour que votre corps ne reprenne jamais son précédent rythme vibratoire.

Gardez cela présent à l'esprit. Incorporez ces préceptes. Mettez-les au besoin sous une forme verbale qui vous plaise personnellement. Ils viennent de vous et non d'une source extérieure. Essayez quelque temps, et vous verrez ce qu'il en résultera pour vous. Chaque fois que vous pensez « Dieu », vous êtes le Plan de Dieu. Ce ne sont pas mes paroles, mais les vôtres, venant du Christ de Dieu qui est vous-mêmes. Souvenez-vous que Jésus, l'homme, est devenu le Christ en manifestant la lumière, qui est la vie pure ou Dieu.

Dieu mon Père, le principe divin s'exprimant par moi, est tout. Et JE SUIS tout ce qu'est Dieu. Je suis le Christ de Dieu, le Dieu-homme qui peut user de tout ce qu'est Dieu mon Père. JE SUIS est donc fondé à se servir de toute substance. En fait, Dieu mon Père fournit toute substance à Dieu-homme en quantité illimitée. Dieu-principe est mon Père. JE SUIS le Christ de Dieu. Notre union est totale. Le Christ de Dieu est tout ce que Dieu possède.

Reprenons le mot Dieu. Comment se fait-il qu'il ait une telle puissance ? C'est à cause des vibrations émises quand il est prononcé. Ce sont les vibrations suprêmes, les plus efficaces. Elles sont le Cosmos. Elles s'introduisent par le Rayon Cosmique et établissent le champ de radiation le plus élevé, qui inclut tout, pénètre tout, gouverne toute masse. Ces vibrations régissent toute énergie et forment le véhicule de la lumière et de la vie. L'intelligence qui les dirige est ce que nous appelons Dieu. L'Intelligence pénètre partout par son rayonnement qui apporte lumière et vie.

Quand l'homme accepte ces vibrations avec leurs effets, il les incorpore. Son corps répond immédiatement aux vibrations lumineuses et rayonne de la lumière. Il est la vibration de Dieu. Il est alors généralement invisible à ceux qui fonctionnent dans un champ vibratoire inférieur. Telle est la raison pour laquelle le mot Dieu est si puissant.

C'est à lui que votre Bible doit son influence et sa longévité. Songez au nombre de fois que le mot DIEU y est écrit, donc prononcé. Percevez la variété des champs lumineux de vie et d'énergie qui émanent de chaque mot écrit ou parlé de ce grand livre. Chacun de ces mots fait retentir sa vibration dans l'âme de tous ceux qui prononcent, entendent, ou voient le mot DIEU. Or, l'âme répond à ces vibrations qui l'élèvent et l'exaltent. Le livre dont elles émanent s'en trouve élevé et exalté parallèlement. Il reçoit donc vie, puissance, et immortalité. En réalité, tout cela est accompli par le seul mot DIEU. On peut donc dire que ce livre est la parole de Dieu au sens spirituel et non au sens littéral du mot.

Bien trop de gens s'attachent à la lettre de la Bible au lieu de prêter attention à sa vraie valeur spirituelle. Ceci n'a guère d'importance parce que les vibrations spirituelles dominent et prennent la place de celles qui résultent d'une attitude de pensée inconsciente. Quand les adeptes du sens littéral pensent ou prononcent une fois le mot DIEU, les vibrations correspondantes font bien plus que compenser leur manque de compréhension.

La survivance de la Bible est une remarquable pierre d'achoppement pour les railleurs et les critiques. Les athées sont absolument incapables d'expliquer pourquoi le mot Dieu annihile le mot Mal et le domine complètement. Répétez le mot DIEU en le méditant quelque temps, puis essayez de faire vibrer votre corps à l'unisson du mot Mal. Si vous n'avez pas encore fait cette expérience, elle constituera une révélation pour vous. Beaucoup de savants proclament que l'hypothèse théiste conduit à des impossibilités. Ne vous préoccupez pas d'eux, car chaque jour apporte la réalisation de choses qu'ils déclaraient impossibles la veille.

Ne savez-vous pas qu'il est grand temps de réintégrer votre maison, de la mettre en ordre, et de découvrir ce que le mot DIEU peut accomplir pour vous ? Songez-y attentivement, essayez-le, et voyez s'il ne vous fera pas abandonner toutes discussions et divergences de vues. Dites DIEU de toute votre âme. Percevez votre épanouissement quand vous traitez votre frère avec plus de bonté et quand vous agissez plus justement avec lui.

Placez DIEU devant vous, et le brouillard des âges tombés dans l'oubli se dissipera comme une traînée de fumée. Les intellectuels fronceront le sourcil à cette affirmation. Mais ne vous préoccupez pas de l'intellect qui s'est trompé tant de fois. Présentez-vous sous le signe du mot Dieu. Les batailles et le désordre du monde ne pourront plus vous toucher.

Quand on sait positivement que DIEU, la vibration suprême, existe et représente tout pouvoir, on peut s'en servir pour accomplir TOUTES CHOSES. Grâce à elle, on peut se transporter d'un endroit à un autre. Si vous êtes ici au moment où il faudrait que vous soyez ailleurs, rappelez-vous que c'est votre Moi qui vous immobilise et non DIEU. En restant sur place, vous n'utilisez qu'avec parcimonie le pouvoir de Dieu. Oubliez votre personnalité, supprimez les limitations, ordonnez à vous-mêmes d'être le Christ de Dieu ne faisant qu'un avec la vibration et le pouvoir de Dieu. Dès l'instant où tout sera précis dans votre esprit, vous serez rendus à destination.

Penser à une chose ne suffit pas pour l'accomplir. IL FAUT SAVOIR ET AGIR, puis aimer la source, adorer suffisamment le principe pour accomplir. La foi montre le chemin par le moyen de la pensée. Mais il faut le commandement effectif du Christ de Dieu pour être la vibration de Dieu. Dès l'instant que vous permettez à cette vibration de prendre les pleins pouvoirs, vous VOUS LEVEZ et vous FAITES la chose. La CONNAISSANCE par le moyen de l'amour et de l'adoration devient l'accomplissement.

Le fait que vous soyez inconscient du rayonnement divin n'empêche pas ce rayonnement d'exister. Ayez d'abord foi en l'existence des vibrations, puis sachez qu'elles existent réellement. Vous deviendrez ensuite conscients de leur existence et vous pourrez les utiliser.

Quand on exprime une vibration élevée, quand on

est à l'unisson d'un champ vibratoire supérieur, on est invisible aux créatures qui s'expriment dans un champ vibratoire inférieur. Si donc votre corps vibre à la vitesse de la lumière, vous êtes invisible à ceux qui sont aveugles à la lumière. La Lumière est la Vie. Si donc vous vivez entièrement dans les vibrations lumineuses, votre corps est vie pure. Lumière et Vie sont Dieu. Tous sont donc DIEU quand ils vivent dans les vibrations de Dieu.

L'Écriture vous dit par la voix d'Esaïe (LX-19) : « Le soleil ne sera plus ta lumière de jour, et la lune ne t'éclairera plus, mais l'Éternel sera ta lumière à toujours, et ton Dieu ta gloire. » Le Seigneur, Christ de Dieu, n'a plus besoin de lumière quand il vibre à l'unisson de Dieu. Son corps est lumière, plus pure que celle du soleil de midi. Le Seigneur (ou loi de) Dieu, exprimant la vie (ou lumière) pure par Jésus (ou l'homme) devient le Christ sur terre. Chaque homme devient le Christ quand il comprend et vit effectivement la loi de Dieu.

L'Écriture vous dit encore par Jean (VIII-12 à 19) : « Moi JE SUIS la lumière du monde. Celui qui me suit ne marchera point dans les ténèbres, mais il aura la lumière de la vie. Les Pharisiens donc lui dirent : Tu rends témoignage de toi-même, ton témoignage n'est pas vrai. Jésus répondit et leur dit : Quoique moi je rende témoignage de moi-même, mon témoignage est vrai, car je sais d'où je suis venu et où je vais ; mais vous ne savez ni d'où je viens ni où je vais. Vous jugez selon la chair ; moi je ne juge personne. Et cependant si je juge, mon jugement est juste, car je ne suis pas seul, mais avec le Père qui m'a envoyé. »

Et il est écrit aussi dans votre loi que le témoignage de deux hommes est vrai. « Moi, je rends le témoignage de moi-même ; et le Père qui m'a envoyé rend aussi témoignage de moi. Ils lui dirent donc : Où est ton père ? Jésus répondit : Vous ne connaissez ni moi ni mon Père ; si vous m'aviez connu, vous auriez connu aussi mon Père. »

Comment marcheriez-vous dans les ténèbres en allant la main dans la main avec Dieu ? Si vous laissez Dieu triompher, vos œuvres et vos accomplissements ne périssent pas. Vous avez été créés avec cette vibration, et puisqu'elle continue indéfiniment, vous ne changerez ni ne périrez tant que vous resterez fidèles à sa lumière.

Beaucoup d'hommes ont vécu de nobles vies et accompli de nobles œuvres. C'était toujours par l'entremise des vibrations de Dieu. Ils disposaient du pouvoir de créer en abaissant ces vibrations pour permettre à la substance éthérée de prendre forme. Les savants découvriront bientôt que tous les éléments peuvent se résoudre en elle, c'est-à-dire prendre la forme éthérée où toutes les substances vibrent au même rythme. En abaissant le rythme des vibrations au niveau où les particules de l'élément se condensent et s'agglomèrent, on peut produire n'importe quel élément. Les rayons cosmiques jouent un rôle important dans cette transmutation.

Bien des grandes âmes sont tombées dans l'oubli avec leurs œuvres pour avoir méconnu le pouvoir qui les soutenait. Si elles en avaient eu conscience et avaient consolidé leurs œuvres par des pensées et des actes précis, leurs accomplissements auraient subsisté comme une montagne inoubliable, semblable à celles qui frappent aujourd'hui le regard de l'humanité, telle la Grande Pyramide d'Egypte.

N'est-il pas grandiose de vivre la vie de Christ ? Ne vaut-il pas la peine d'en faire votre idéal ? Ne supprime-t-elle pas complètement les mesquineries de la vie ? Ne voyez-vous pas les réalisations de ceux qui se mettent en avant pour la vivre ? Ce faisant, ils se tiennent sur la Montagne de la Transfiguration. La loi et la prophétie humaines disparaissent. Le Christ reste seul triomphant, mais non solitaire, car chacun peut le rejoindre pourvu qu'il le veuille.

Vous savez alors que vous ne faites qu'un avec le Père. C'est le témoignage de deux personnes réunies en une même loi, et ce témoignage est VÉRITABLE. Alors, si vous jugez, votre jugement est juste. Si vous affirmez votre origine, votre assertion est vraie. Connaissant votre origine, vous ne trépassez jamais, vous connaissez toujours le Père. « S'ils avaient connu mon Père, ils m'auraient connu aussi », car nous aurions parfaitement vibré à l'unisson.

L'Ecriture dit encore par Jean (VII-28 à 34) : « Et vous me connaissez, et vous savez d'où je suis : et je ne suis pas venu de par moi-même, mais celui qui m'a envoyé est véritable, et vous ne le connaissez pas. Moi, je le connais, car je viens de lui, et c'est lui qui m'a envoyé. » Ils cherchaient donc à le prendre ; et personne ne mit la main sur lui parce que son heure n'était pas encore venue. Et plusieurs d'entre la foule crurent en lui, et disaient : Le Christ, quand il sera venu, fera-t-il plus de miracles que celui-ci n'en a fait ? Les Pharisiens entendirent la foule murmurer ces choses de lui ; et les Pharisiens et les principaux sacrificateurs envoyèrent des huissiers pour le saisir. Jésus donc dit : « Je suis encore pour un peu de temps avec vous, et je m'en vais à celui qui m'a envoyé. Vous me chercherez, et vous ne me trouverez pas : et là où moi je serai, vous, vous ne pouvez venir. »

Vous savez que l'esprit et la matière se fondent en Christ. L'Esprit sait que « Je ne viens pas du mystère, je proviens du Père ». Le temple (le corps) doit devenir un chenal pur à travers lequel brillera le Christ. Quand le Christ sera élevé chez l'un de vous, celui-ci opérera de plus grands miracles que moi. En cherchant, vous trouverez le Christ en moi et en vous. Vous comprendrez que nous sommes tous frères. Votre heure viendra quand le Christ apparaîtra individuellement à chacun de vous. Alors vous serez élevé à la conscience de Christ et vous glorifierez le Père comme je l'ai glorifié.

L'Ecriture relate par Matthieu (XXVII-46) que mes dernières paroles sur la croix furent : « Mon Dieu, mon Dieu, pourquoi m'as-tu abandonné ? » Cette transcrip-

411

tion est complètement inexacte. Mes vraies paroles furent : « Mon Dieu, mon Dieu, tu ne m'as jamais abandonné ni aucun de tes enfants, car tes enfants peuvent venir à toi comme j'y suis venu. Ils peuvent voir ma vie telle que je l'ai vécue. En la vivant, ils incorporent le Christ et deviendront Un avec toi, Dieu mon Père. »

Je n'ai jamais eu une pensée de désertion ni de séparation. Le Christ de Dieu se manifestait en moi avec précision bien avant cette heure. Si l'on avait brûlé mon corps, j'aurais pu le rebâtir en rassemblant les particules libérées par cette apparente destruction. Si l'on avait désagrégé chacune des particules, j'aurais encore pu rassembler mon corps instantanément, et il n'aurait pas été changé.

L'homme est constitué de telle sorte que quand il se présente avec la compréhension du Christ de Dieu, il libère une énergie intelligente qui l'enveloppe complètement. Quand bien même son corps serait désagrégé et l'élément vital séparé de ses cellules, l'énergie intelligente pourrait rassembler toutes les particules du corps et les consolider en recréant un corps semblable à celui qui s'exprimait primitivement. Le moule, le modèle est là. Il est fait d'une substance indestructible. Il suffit de rassembler la substance et de remplir le moule, interpénétré par le même élément vital, pour reconstituer le modèle parfait.

Vous voyez donc que la crucifixion ne m'a pas nui. Elle n'a fait de mal qu'à ceux qui essayaient de nuire au Principe de Christ. Elle fut un exemple de la foi d'accomplissement du Grand Principe, un chemin que les hommes peuvent suivre. En le suivant, ils deviennent le Christ de Dieu, et leur idéal se consolide sous forme impérissable.

Mon corps ne fut même pas détruit. Ses vibrations étaient trop hautes. L'attachement et l'élévation sur la croix ne furent que le symbole attestant que mes bourreaux en avaient fini avec toutes les limitations que les mortels peuvent infliger au corps. Pour parachever leur œuvre, il leur fallait encore placer mon corps dans la tombe et en sceller complètement l'entrée par une grosse pierre. D'où mon cri : « C'en est fini. »

Quand on en a fini avec le domaine mortel, l'immortalité est complète. Il est donc impossible de confiner dans une tombe le corps immortel d'un homme, celle-ci fût-elle creusée en plein roc. Pour libérer un tel corps, le roc aurait été dissous s'il avait fallu. Vous voyez donc que l'ensemble de la scène symbolise l'héritage de l'homme.

16

Les réunions continuèrent ainsi pendant plusieurs jours. Il fut décidé que Gordon, Weldon et moi resterions avec le groupe comprenant les Maîtres, tandis que Thomas et les autres retourneraient à Darjeeling, où l'on établirait le poste de commandement de l'expédition pour réunir et classer les données que nous nous étions procurées.

Après leur départ, nous établîmes un camp semi-permanent utilisable jusqu'au retour de Thomas en décembre. Il était situé à la crête d'un rebord qui s'avançait à deux cents mètres au-dessus du niveau de la vallée en partant d'un éperon de la montagne principale. L'emplacement était fort avantageux pour un camp de base, car de là il était facile d'accéder aux différents endroits que nous voulions visiter. Il se trouvait au milieu d'un vaste bosquet de grands arbres majestueux. Le sol descendait en pente douce depuis le rebord principal jusqu'à notre camp, donnant à ce dernier l'apparence d'être niché au centre d'un vaste amphithéâtre en forme de croissant. Le mur opposé de la vallée reliait les extrémités du croissant comme la corde d'un arc. Au-delà des montagnes, le soleil descendait dans une mer d'or en fusion. Tous les soirs, cette couleur se réfléchissait sur la pente supérieure du rebord rocheux servant d'arrière-plan à notre amphithéâtre et en baignait la crête dans une mer palpitante de couleurs semblable à un gigantesque halo.

Quand on se tenait là en silence, au moment où les derniers rayons du soleil étaient coupés par l'horizon, on pouvait imaginer un Etre immense aux bras étendus, étroitement serré dans une robe d'or tombant en plis artistiques, et couronné d'une auréole de pure lumière blanche irradiant sur des kilomètres.

Un soir que nous étions assis près de notre feu de camp, le soleil couchant se mit à briller d'un éclat extraordinaire. Le phénomène était si anormal que tous mes camarades le contemplèrent en extase. L'un d'eux fit observer à un sanyasi qui venait d'arriver que le soleil essayait de se surpasser avant de nous souhaiter le bonsoir. Le sanyasi répondit : C'est le présage d'un événement de bon augure. Une mella (cortège) de grandes âmes accompagnant un très grand Etre va se réunir ici dans quelques instants. Silence, s'il vous plaît.

A l'instant même, un silence paraissant venir de l'espace extérieur s'appesantit sur la scène. Soudain une voix du ciel éclata dans le calme. Sa mélodie et le rythme de son chant étaient vraiment célestes. Des milliers d'oiseaux kokilas firent chorus et leurs trilles aigus s'harmonisaient avec la voix. Il était impossible d'imaginer que la cantate ne vînt pas du ciel. Cher lecteur, si vous aviez été témoin de la scène et si vous aviez entendu cette musique, je suis sûr que vous me pardonneriez mes superlatifs.

Un moment plus tard les oiseaux se turent, et le chant se fit plus majestueux que jamais. Puis apparurent deux angéliques silhouettes féminines drapées dans les plis d'un tissu à reflets argentés. Elles donnaient un pâle aperçu de la beauté des formes mystiques. Leurs traits étaient si merveilleux que notre réaction fut : « Pourquoi les outrager en les décrivant ? »

Nous restâmes sous le charme, ainsi d'ailleurs que le sanyasi, oubliant pendant quelques minutes de respirer. Soudain, des milliers de voix se joignirent en chœur au chant, cependant que des formes commençaient à apparaître et à entourer les deux figures féminines. Puis le chant cessa aussi subitement qu'il avait commencé, et toutes les formes disparurent. Un silence absolu régna en maître, puis une nouvelle silhouette de très grande taille apparut de la même manière que les précédentes, mais dans un plus vaste déploiement de brillantes couleurs.

La taille de cette silhouette diminua progressivement en même temps que les rayons du soleil s'évanouissaient, et nous eûmes finalement devant nous un homme bien charpenté, au visage parfaitement régulier, et aux cheveux flottants d'une couleur incomparable. Son corps était revêtu d'une robe blanche chatoyante dont les plis artistiques retombaient de ses épaules en vagues successives. Une ceinture lâche d'un blanc argenté ceignait ses reins, et le bas de sa robe effleurait l'herbe cependant qu'il s'avançait vers nous à grands pas majestueux. Un dieu grec n'aurait pas eu l'air plus imposant.

Quand il eut approché, il s'arrêta et dit : Nul besoin de présentations, les formalités sont inutiles. Je vous salue comme de véritables frères. Je tends la main, et en saisissant la vôtre, c'est la mienne que je serre. Hésiterais-je à m'embrasser moi-même ? Loin de là, car je vous aime comme moi-même. Unis au Principe de Dieu, nous aimons le monde entier. Je suis comme vous, sans nom, sans âge, éternel. Avec notre sincère humilité, nous nous tenons ensemble dans la Divinité.

Il observa le silence pendant un instant, et soudain son vêtement se trouva changé. Il était maintenant habillé comme nous, et un grand tigre du Rajputana se tenait à ses côtés. C'était une bête magnifique dont le pelage apparaissait dans le crépuscule comme un duvet de soie. Notre attention avait été tellement absorbée par l'homme que nous n'avions pas eu conscience de la présence du tigre. Quand nous le vîmes, une vague de frayeur nous submergea.

L'animal se mit soudain à ramper. Notre hôte lança un commandement. Le tigre se redressa, s'avança, et plaça son museau dans les mains tendues de l'homme. La vague de frayeur était passée et nous avions recouvré notre calme. Notre hôte s'assit devant le feu de camp. Nous nous rapprochâmes de lui. Le tigre s'éloigna de quelques pas et s'étendit de tout son long sur le sol.

Notre hôte dit : Je suis venu faire appel à votre hospitalité pendant quelque temps, et si je ne vous dérange pas, je demeurerai avec vous jusqu'à la grande mella.

Dans notre enthousiasme pour lui souhaiter la bienvenue, nous nous précipitâmes tous ensemble pour lui serrer la main. Il nous remercia et reprit la parole en ces termes : Il ne faut pas avoir peur des animaux. Si vous ne les craignez pas, ils ne vous feront aucun mal. Vous avez vu un corps inanimé gisant sur le sol devant un village pour protéger les habitants. Il ne s'agit là que d'un signe physique destiné aux gens.

Le corps est exposé inerte à la merci de l'animal. Bien qu'inerte, il ne subit aucun dommage, et les gens remarquent ce fait. Ils cessent donc d'avoir peur de l'animal. Dès lors, ils n'émettent plus de vibrations de peur. Ne recevant plus ces vibrations, l'animal ne considère pas plus les gens comme une proie que les arbres, l'herbe, ou les maisons du voisinage, lesquels n'émettent aucune vibration de peur. L'animal passera inoffensif en plein milieu du village où il avait précédemment choisi une proie humaine, celle qui émettait les plus fortes vibrations de peur.

Vous avez pu observer cela. Vous avez même pu observer l'animal passant par-dessus le corps inanimé gisant sur le sol et se rendant directement au village à la recherche de ceux qui ont peur de lui. Il marchera tout droit entre deux enfants écartés de six ou sept mètres pour attaquer un adulte qui a peur. Les enfants n'étant pas assez âgés pour connaître la peur, l'animal ne les voit pas.

Nous nous remémorâmes alors une foule d'observations et comprîmes que nous n'avions pas médité suffisamment sur la peur pour en comprendre le sens profond.

Le Rishi continua : Si vous aimez un animal, il vous rend nécessairement votre amour. S'il y résiste, il se détruira lui-même avant de pouvoir vous nuire. La conscience de cet état de choses est bien plus nette chez l'animal que chez l'homme.

Jetant un coup d'œil sur le tigre, il dit encore : Présentons notre amour à ce frère inférieur et observons sa réponse.

Nous nous y prêtâmes du mieux que nous pûmes. Aussitôt le tigre roula sur son dos, bondit sur ses pattes, et s'avança vers nous en manifestant par tous ses mouvements une joie intense. Le Rishi conclut alors : Si vous approchez un animal comme un ennemi, vous avez affaire à un ennemi. Approchez-le comme un frère, et vous trouverez en lui un ami et un protecteur.

Le Muni qui nous avait accompagnés depuis le temple de la Croix en « T » au Tibet se leva en disant qu'il allait nous quitter, car il était obligé de retourner à Hardwar pour servir les pèlerins qui allaient se rassembler pour la mella. Il nous quitta en effet après un échange de salutations. Bien qu'il fût resté très silencieux, nous avions joui de sa présence au-delà de toute expression. Il y a beaucoup de gens semblables à lui dans ce merveilleux pays. Sans qu'ils aient besoin de dire un mot, on a le sentiment de leur grandeur.

Après le départ du Muni, nous nous assîmes, mais nous avions à peine eu le temps de nous ressaisir qu'Emile, Jast, et Chander Sten entrèrent dans le camp. Après un échange de salutations, nous nous

417

assîmes pour préparer un itinéraire nous permettant de visiter une grande partie du pays. Cela fait, Emile nous narra un grand nombre de légendes intéressantes intimement associées aux endroits que nous devions visiter. Je n'en relaterai qu'une, parce qu'elle se rapporte au district où nous campions et qu'elle est associée d'une manière particulièrement étroite et intéressante à la mella de Maha-Kumba qui s'y réunit tous les douze ans. Les pèlerins viennent plus nombreux à cette grande assemblée et aux lieux de culte du district qu'à toute autre mella. Il y a parfois cinq cent mille personnes réunies. Comme la mella de cette saison devait être très importante, on s'attendait à ce que ce nombre lui-même fût augmenté de plusieurs centaines de mille. Les prémices de l'événement imprégnaient déjà l'atmosphère. La nourriture est fournie gratuitement à tous les pèlerins pendant toute la durée de la mella.

Hardwar est connue comme la grande place sainte. Sri Krishni a vécu à Brindavan, et son adolescence s'est écoulée dans cette vallée. Ce district est presque un paradis. C'est le lieu d'élection de l'oiseau kokila au chant exquis. C'est également dans ce district que se trouvent les bornes de pierres précieuses qui prirent naissance aux endroits où tombèrent les gouttes du nectar éternel tombé de la jarre d'Amri. Ce nectar avait été retiré de la mer après la bataille de Devatos (Dieu) et d'Asura (Démon), c'est-à-dire après la lutte de la spiritualité contre la matérialité grossière, lutte qui marque l'époque où l'Inde s'éveilla à la vaste importance de la vie spirituelle. Cette jarre de nectar était si précieuse qu'une deuxième bataille eut lieu pour sa possession. Le dieu était tellement pressé de distancer le démon que des gouttes se répandirent de la jarre. Les bornes de pierres précieuses s'élevèrent aux endroits de leur chute.

Voici donc une légende qui cache un sens spirituel profond. Plus tard, il deviendra évident que les significations de ces légendes ont un caractère permanent et de très grande portée. Nous nous promenâmes dans ce district et visitâmes de nombreux temples en accompagnant le grand Rishi. Thomas nous rejoignit en décembre, et nous voyageâmes vers le sud jusqu'au Mont Abou. De là nous retournâmes à Brindavan et à Hardwar. Nous visitâmes encore de nombreux temples dont les ressortissants nous permirent de nous mêler à leur vie de façon la plus intime et la plus cordiale.

Le récit détaillé de ces visites et des doctrines reçues ne peut être publié. En effet les enseignements ne nous furent donnés qu'à une seule condition, à savoir que si nous voulions les faire connaître, nous le ferions verbalement à certains groupes. Les Maîtres demandaient en effet que leur doctrine ne soit pas mise par écrit, mais exposée verbalement et seulement à ceux qui le demanderaient.

La réunion de cette multitude d'hommes saints et religieux laisse un souvenir inoubliable. Il n'y a ni hâte, ni confusion, ni bousculade dans cette vaste foule qui voyage droit sur sa route vers un seul point et pour un seul but. De tous côtés on fait montre de confiance et de gentillesse. Le nom du Très-Haut et du Tout-Puissant est prononcé par toutes les lèvres avec le plus grand respect, ce qui forme un écho spirituel au long de l'interminable corridor que les Occidentaux appellent le temps. Le temps importe peu dans l'immensité de l'Orient. On ne peut guère qu'imaginer une grande réunion de quatre ou cinq cent mille personnes. Il n'y a aucun moyen de compter la foule.

17

Tandis que nous étions assis autour de notre feu de camp, la veille du jour de la grande mella, le Rishi nous expliqua le but de cet important événement. Aux Indes, presque toutes les réunions de cet ordre ont une signification beaucoup plus profonde que celle qui apparaît à la surface ou que l'on pourrait déduire de la répétition des légendes.

Le Rishi continua : Il est écrit dans la première Epître aux Corinthiens (II-9) : « L'œil n'a pas vu, l'oreille n'a pas entendu, le cœur de l'homme n'a pas perçu ce que Dieu a préparé pour ceux qui l'aiment. »

Il faut comprendre « pour ceux qui aiment et manifestent le Christ de Dieu ». Très peu de gens comprennent le Principe de la Vie et son but. Le Principe Intelligent est sous-jacent à toutes choses, et il est la chose principale. C'est donc à juste titre que le proverbe conseille : « Avec tous les moyens, acquiers l'intelligence. »

C'est ce que fit Salomon avec conscience et compréhension, et sa prodigieuse réussite s'ensuivit. Il demanda un cœur intelligent, fondé sur l'intelligence. Cela lui ouvrit la fontaine de la sagesse, l'éleva au sommet du pouvoir, et lui procura tant d'honneurs et de richesses qu'il fut réputé Roi de mille exploits magnifiques symbolisés sous l'appellation des « mille femmes » de Salomon.

A l'époque de Salomon, une épouse symbolisait une grande œuvre, une compréhension omnisciente prophétisant toute l'histoire cosmique et les liens précis entre l'Universalité et chaque membre de l'humanité. Quand Salomon rendit ses œuvres manifestes au profit de son peuple, il lui fut donné de proférer trois mille proverbes de plus, et ses cantiques furent au nombre de mille et cinq. « Et Dieu donna à Salomon de la sagesse, et une très grande intelligence, et un cœur large comme le sable qui est sur le bord de la mer. » (I, Rois, IV-29 à 32).

Salomon n'était pas un roi au sens littéral ou matériel du mot. Il régnait sur lui-même et sa propre famille, et conserva ce royaume. De ce trône, il dispensait amour, intelligence, sagesse, justice, et abondance à quiconque venait lui demander conseil. A cette époque, toute l'humanité vivait sous le signe de la demande. En réponse à cette demande, Salomon reçut mille fois sa part d'amour, d'intelligence, de sagesse, de justice, et d'abondance. Il gouverna avec un sceptre de fer, mais c'était là le symbole d'une loi qui ne faiblit jamais.

Quand les bienfaits répandus par Salomon furent amplifiés mille fois dix mille fois et lui revinrent, son royaume, eût-il compris toute la terre, se trouva trop étroit pour contenir la récompense. La Loi (ou Seigneur Dieu) connaissait les trésors du Christ de Dieu qui allaient récompenser Salomon de sa fidélité au commandement selon lequel le Moi doit obéir au Principe.

Donnez sans arrière-pensée de recevoir, et votre récompense sera si grande que vous ne pourrez l'engranger. Donnez d'abord votre amour à Dieu, et ensuite à toute la terre. Quand il vous reviendra, il aura fait le tour du monde et aura été multiplié mille fois par dix mille, car il aura traversé la pensée de millions d'hommes qui l'auront chacun amplifié à cette mesure. A son retour, peut-il y avoir place sur terre pour sa plénitude ?

Seul cet amour a libéré la terre, et le ciel en est résulté. Une harmonie suprême régna. Salomon s'ordonna à lui-même d'aimer ainsi avec intelligence, sagesse, justice, abondance, et grande joie. Il s'ensuivit que la terre ne pouvait plus contenir une telle abondance. Elle cessa d'être la terre et devint le ciel.

Il n'est nullement étonnant que les contemporains de Salomon l'aient appelé Grand Roi et Dieu. Ils tombaient à genoux pour l'adorer, croyant qu'il pouvait satisfaire tous leurs besoins. En quoi ils se trompaient, ne comprenant pas que Salomon était l'exemple à suivre. Dieu dit à Salomon : « Il n'y aura personne de semblable à toi sur la surface de la terre. » En effet, il ne pouvait y avoir personne de semblable à lui sur terre, car seul il avait renoncé au domaine terrestre. Il régnait dans le domaine céleste au même titre que ses pairs. Il montra l'héritage de l'homme, le chemin de Dieu que les hommes doivent suivre.

Un tel roi ne pouvait condamner à mort un de ses pairs, un autre roi, car il se serait condamné à la même mort multipliée mille fois par dix mille. Il régna en justice, non sur des rois, mais avec des rois, sans le moindre besoin de pompe, de splendeur, ni de recherche extérieure. Il n'avait même pas besoin de faire briller sa couronne, car toute l'humanité le reconnaissait. Un tel roi règne vraiment, non sur un petit nombre, mais avec chaque individualité humaine, et chacune règne avec lui. Tel est le règne suprême de l'homme et de Dieu. C'est la Maison d'Israël quand la maison devient l'arbre, la racine, la branche, la branchette, la feuille, la fleur, et le parfum de la fleur, l'esprit véritable de toutes les races.

Une race semblable a déjà habité cette terre, et une race semblable l'habitera encore. Je vous le dis en vérité, ne vous troublez pas. Le ciel est là, pourvu que chaque unité humaine y contribue. Quand les hommes refusent de prêter attention à l'appel, ils trépassent, puis reviennent connaître les épreuves et les tribulations d'une réincarnation terrestre. Ils passent et repassent ainsi par la mort jusqu'à ce qu'ils aient enfin appris la leçon, à savoir que toute la famille humaine est bâtie sur le roc de la perfection spirituelle absolue.

Pour une race qui en est arrivée là, la mort n'existe plus. Le karma n'existe pas davantage, car c'est la rétribution de ceux qui rendent manifestes la discorde et l'inharmonie. En substituant la renonciation à la rétribution, on supprime la cause du karma, car il n'existe que dans la pensée des hommes décidés à le manifester. L'état de choses inférieur disparaît devant le supérieur. On a élevé les vibrations du corps au-dessus de celles qui permettent l'existence du karma.

La mort n'écarte, ne supprime, ni ne détruit le karma. Elle y ajoute, le multiplie, et l'amoncelle en grandes vagues sur chaque unité humaine. Dès que l'on renonce à la mort et à la renaissance, on est libéré de la mort et du karma. Tous deux sont supprimés, donc oubliés. Et s'ils sont oubliés, ils sont pardonnés.

A ce stade, si l'on n'est pas capable de percevoir la permanence de la vie, donc de la concevoir et de la manifester, il existe contre la faute de la mort l'ultime remède de la réincarnation. C'est une lumière qui guide sur le chemin aveugle de la mort et grâce à laquelle on peut triompher de la mort par une série d'expériences terrestres successives qui enseignent l'abandon des dogmes et croyances humains imposés du dehors par les hommes. Après quoi l'on peut réintégrer la pleine gloire de Dieu et rentrer dans la lumière qui n'a cessé de briller. Si elle a semblé pâlir, c'est que nous nous sommes écartés de la Maison du Père, celle de notre véritable Moi non souillé par la superstition.

Sur le chemin qui nous rapproche de la maison, la lumière brille un peu plus à chaque pas. En entrant dans la maison, nous la trouvons illuminée de chaleur et de beauté. Nous y retrouvons la paix, la tranquillité, et le repos au milieu desquels nous pouvons festoyer à notre gré. Nous aurions aussi bien pu ne jamais sortir de la maison, ni errer dans les liens de la superstition. Au bout de la route, tout est oublié, pardonné, et cela aurait pu l'être avant le commencement.

Restez tranquilles pour percevoir le Salut du Seigneur en vous. Restez physiquement complètement au calme, et percevez le salut que le Seigneur Christ de Dieu, votre Moi supérieur, peut vous apporter. C'est ainsi que j'ai perçu et exposé la loi dont Abraham s'est servi il y a si longtemps. Elle est tout aussi opérante aujourd'hui qu'alors. Les manifestations prennent la forme selon laquelle elles sont conçues en pensée, en paroles, ou en action, et se reproduisent conformément à votre foi. Si la pensée n'est pas bonne, changez-la, et nommez les choses, non comme elles se présentent aux sens, mais comme elles existent en esprit.

Les traducteurs des textes originaux ont introduit dans votre Bible beaucoup de contresens et de fausses prophéties. Certaines fautes proviennent d'un défaut de compréhension des caractères et symboles des textes primitifs. Elles sont alors excusables, car les traducteurs étaient consciencieux et présentaient leurs conclusions de leur mieux. Mais la plupart sont de vils mensonges commis délibérément pour induire les lecteurs en erreur et dénaturer l'Evangile original de la maison d'Israël.

Le nom primitif était Is-Raël, signifiant la race de Cristal, la pure race blanche, la première qui ait habité la terre, la racine originelle dont toutes les autres sont des rejetons. On la nommait aussi race de pure lumière, le mot race signifiant fréquemment rayon. C'est d'elle que naquit la race Aryenne.

La majeure partie des déformations de la Bible fut introduite au premier et au deuxième siècle de l'ère chrétienne. Le massacre des textes fut dirigé en particulier contre les livres de Daniel, Esdras, et Néhémie. La fausse présentation s'étendit aux premières œuvres de Joseph et à bien d'autres livres. Il ressort de toute évidence qu'elle fut perpétrée volontairement pour obscurcir des événements antérieurs et des données bien connues à l'époque. Les falsifications eurent également pour but de détruire l'histoire et le système chronologique précis que les Israélites avaient conservé depuis l'époque du commencement de la conscience. On écrivit des milliers de faux récits sur des événements vrais, on les substitua aux originaux, on déforma et on détruisit de longs chapitres contenant des faits historiques véritables.

La race israélite et son rejeton direct, la race aryenne, employaient le même système chronologique. Nous l'avons préservé dans sa pureté. Il permet de discerner facilement les faux et les substitutions. Nous possédons en conséquence une chronologie hébraïque complète et véritable. Nous savons que l'histoire de Salomon et de ses femmes, ainsi que celle de beaucoup de chefs, d'éducateurs, et de conseillers de la Maison des Dix Tribus d'Israël furent également dénaturées.

Après la séparation de la Maison des Dix Tribus, le royaume principal fut connu sous le nom de Royaume ou Maison d'Israël. L'autre branche porta le nom de Tribu de Juda. Elle provenait d'Israël, mais ses membres n'étaient nullement tous Israélites. C'est non seulement une erreur commune mais une dénaturation que de citer Abraham, Isaac, et Jacob, comme des Juifs. Le terme Juif ne fut jamais appliqué à la Maison des Dix Tribus d'Israël, ni aux douze tribus d'Israël.

Les Israélites n'étaient pas des Juifs, mais les Juifs formaient une tribu de la nation israélite. Quand la tribu de Juda quitta la Palestine pour aller en captivité, on appela ses membres les Juifs. Les Juifs de nos jours sont les descendants de ceux de la tribu de Juda qui rentrèrent en Palestine après leur libération. Beaucoup d'entre eux avaient mêlé leur sang à celui des nations environnantes. Les gens qui de nos jours prennent le nom de Juifs n'ont même pas un tiers de leur sang provenant de la vraie tribu de Juda.

Partout où les Juifs se sont mêlés aux Israélites et aux Aryens, ils ont prospéré. C'est à ces nations qu'ils doivent leur hardiesse. A mesure que le temps s'écoule, ils se verront obligés de se tourner vers elles pour leur demander aide et protection, et il convient qu'ils gardent leur maison en ordre.

La fraction de la tribu de Juda qui se joignit aux Israélites dans leurs migrations à travers l'Europe ne fait pas partie de la race actuellement dénommée juive. Cette fraction ne peut en aucune façon se distinguer des autres Israélites qui se fixèrent dans les îles Britanniques, sur les côtes de la mer Méditerranée, et ailleurs. Ceux-ci ont perdu toutes les caractéristiques de leurs tribus par leurs mariages mixtes et leur entourage. J'appartiens à cette race. J'en parle donc en connaissance de cause.

Les Juifs vivent avec nous. Nous pouvons retracer leur histoire pas à pas au long des siècles, depuis la Maison et la Tribu de Juda jusqu'à l'époque contemporaine. Ils sont un des signes qui subsistent de la grande race qui a contribué à préserver l'idéal de Dieu jusqu'au retour de l'unité des races avec le Christ de Dieu comme facteur dominant. Ce retour sera la renaissance d'un état existant avant que la grande race d'Israël ne commençât à se disséminer et à se diviser.

Il n'est pas difficile de retracer la migration des Israélites à partir de Jérusalem. La trace de ceux qui se fixèrent en Grande-Bretagne se distingue aisément. Il en est de même pour ceux de la tribu de Dan. Leur nom, leur histoire, et les lieux où ils se fixèrent permettent de les identifier. Le Danube auquel ils ont donné son nom est aujourd'hui un fleuve international. Les hommes de Dan se sont disséminés en petites tribus dont certaines ont remonté la vallée du Danube pour arriver finalement en Angleterre sous le nom de Danois, Jutes, Pictes, etc. D'autres habitèrent divers pays, notamment la Scandinavie, l'Irlande, et l'Ecosse, avant d'aller en Angleterre et de là aux Etats-Unis.

L'Amérique est la terre maternelle primitive des Is-Raélites. Dans ce pays, d'où ils sont originaires, ils sont en train de perdre rapidement les caractères de leur tribu et de changer leur langage pour adopter le langage unique, celui-là même qu'ils parlaient au moment de leur départ. Ils ont erré bien longtemps loin de leur foyer, mais sont maintenant de retour dans leur pays d'origine qui s'étend à l'Amérique du Sud, à l'Australie, à la Nouvelle-Zélande, aux îles des mers du Sud, et jette des ramifications jusqu'au Japon et en Chine.

Les Japonais et les Chinois sont restés plutôt sédentaires. Ils dérivent d'une race fondamentale qui émigra de la terre maternelle de Mu bien avant les perturbations qui causèrent l'engloutissement de son continent d'origine. On les appelait Uigours, ou tribus errantes. Ce sont les ancêtres des grandes races mongoles.

C'est dans le territoire de Mu que la race blanche atteignit son plus haut degré de civilisation. Elle utilisait l'énergie émanante et radiante. Elle savait aussi libérer l'énergie atomique et l'employer à d'utiles applications. Les hommes de cette race pratiquaient la lévitation et se transportaient ainsi de place en place. Leur philosophie était entièrement dégagée des formes païennes d'adoration, des croyances, des dogmes, et des superstitions. Ils adoraient le Vrai Principe se manifestant à travers toute l'humanité, l'homme divin au même titre que Dieu.

Israël-Araya symbolise le royaume unique et la sage culture. La Bible provient de cette race, et c'est aux hommes de cette race que ses préceptes suprêmes furent adressés. Leur idéal était « Christ dans l'homme », représentant la tête du sceptre, la torche portant la lumière d'une flamme perpétuelle.

Pour entretenir cette flamme et la faire briller toujours davantage, ces préceptes furent relatés non seulement dans une Bible, mais dans douze, afin que les hommes ne les oublient jamais.

Pour en éviter la destruction et la dénaturation, les gens construisirent douze Bibles correspondantes en pierre et les placèrent en divers endroits de la Terre Maternelle. Puis, pour les réunir en un seul faisceau et rendre ainsi éternels leurs principes, ils construisirent la Grande Pyramide. Celle-ci prouve que le Christ, fondement de toute civilisation, est solidement établi sur terre parmi les hommes et ne saurait être ni supprimé ni défiguré.

Elle est destinée à durer éternellement, non seulement comme phare portant haut la lumière, mais comme réflecteur de cette lumière. Mieux encore, elle proclame le commandement si souvent répété : « Si les hommes ont perdu la lumière, qu'ils se tournent vers l'intérieur. » Vous y trouverez retracés tous les préceptes d'où renaîtra la lumière, laquelle pourra émaner de vous-mêmes, brebis perdues qui errez, privées de lumière.

Quiconque erre sans lumière (sans vie) est une brebis égarée du troupeau. Le troupeau est toujours là, on peut le voir et le rejoindre. Le Christ, le berger, élève la lumière de sa torche en attendant ceux qui veulent rentrer. Bien que la lumière ait été voilée à travers les âges, elle reste toujours visible à ceux qui s'approchent en la cherchant. Elle est la première expression du Cosmos. La voix, la parole de Dieu, se fait entendre. Voici la LUMIÈRE, QUE LA LUMIÈRE SOIT. Les vibrations s'élancent, apportant avec elles la VIE. Celle-ci n'est jamais séparée de Dieu. La Grande Pyramide, avec ses fondations solidement établies sur terre, en témoigne en dressant vers le ciel sa tête sans couronne.

La pierre du couronnement sera mise en place quand l'homme acceptera Christ pour son vrai héritage, quand il reconnaîtra que le Christ de Dieu est son véritable Moi et possède les pleins pouvoirs. Alors la Pyramide se dressera comme un témoin éternel que l'homme n'errera plus jamais loin du troupeau.

La Grande Pyramide est une Bible en pierre, un document bibliographique indestructible relatant les réussites et les pérégrinations des peuples élus de Dieu, non d'un seul peuple, mais de tous ceux qui acceptent la lumière de Christ. Elle ne donne pas licence à ces peuples de se conduire d'une manière inférieure à Christ. A moins que l'humanité ne s'égare, n'oublie et n'obscurcisse cette vraie lumière, la Pyramide témoigne que, du milieu des hommes, doit surgir un être pleinement décidé à figurer le Christ et à donner l'exemple avec sa torche élevée, brillante de lumière, comme Christ l'aurait donné.

Pendant des âges, la civilisation a reculé. En fait, la grande race a si longtemps foulé le sentier des ténèbres qu'elle a paru devoir perdre son identité et retourner entièrement à la barbarie. Il fut reconnu que très peu d'hommes restaient seuls attachés aux concepts purs qui appartiennent à l'humanité. Il fallait que ce petit groupe fût mis à part (sanctifié) pour se réunir plus facilement, se concentrer, et émettre une lumière capable de protéger l'ensemble de l'humanité.

Par le canal de ce groupe fut promulguée la doctrine que le monde avait besoin d'un Sauveur, d'un Dieu homme, capable et désireux de se mettre en avant. Par la pensée, la parole et l'action, le Sauveur devait démontrer aux hommes, d'abord individuellement et ensuite aux masses, que le Christ restait toujours aussi vivant en eux, quoique inopérant.

Par leur ignorance et leur refus de vivre une vie chrétienne, les hommes avaient submergé la lumière de Christ. Une proclamation fut adressée à l'humanité par la parole, la prophétie, et les messages de groupes d'hommes qualifiés. Elle annonçait que le Très-Haut avait désigné un Sauveur qui vivrait à nouveau conformément aux conceptions humaines les plus élevées et se manifesterait à une époque déterminée.

Les proclamateurs virent que pour attirer les hommes vers le Sauveur à venir, il serait nécessaire d'annoncer la date de sa venue et d'instruire le peuple sur la manière dont il viendrait et le but de sa vie. Il fallait même préciser à l'avance le jour exact, le mois, et l'année de sa naissance, ainsi que la date exacte de sa crucifixion. Tout cela était indispensable pour donner plus de poids et de vie à la doctrine du Sauveur et pour ramener vers un foyer central la pensée des hommes, car l'humanité s'était tournée vers des dieux étrangers et s'était égarée au point qu'elle était menacée d'une mort spirituelle imminente.

On proclama donc que le Messie sauveur serait tué, que son corps serait placé dans une tombe creusée dans le roc, et que sa résurrection complète suivrait.

Cela démontrerait à nouveau aux humains qu'ils pouvaient se détourner de l'état de « fils des hommes » pour devenir « Fils de Dieu », car le Christ de Dieu demeure toujours uni à Dieu. En vivant la vie sainte, les hommes ne devraient jamais retomber dans la confusion. La paix et la bonne volonté devraient régner sur terre. Il fut également écrit que cette condition existe et existait avant le commencement des choses, et que le Messie montrerait aux hommes leur véritable héritage. Le Messie existait donc. C'était le sage caché des âges, par les préceptes de qui se manifestaient la Fontaine de la Providence de Dieu et la totalité des fruits que la terre destine à l'usage de l'homme.

Dès avant la venue de Jésus, ces prophéties avaient été paganisées et adultérées. L'adultération s'est propagée jusqu'à nos jours, incitant beaucoup d'hommes à croire que les éléments de base du Christianisme ont été empruntés à des religions antérieures, au lieu de savoir que la doctrine de Christ a toujours existé et toujours représenté l'idéal suprême de l'humanité.

Le corps de la mère destiné à donner naissance au Christ enfant et à le nourrir, et le corps du père destiné à le protéger physiquement furent préparés pour cette naissance immaculée. Chacun d'eux était complet en soi. Ils furent cependant couplés en un seul pour veiller sur cet enfant qui devait grandir parmi ceux qu'il aurait à instruire plus tard. Marie était la mère et Joseph le père, tous deux représentant la descendance de David, le vrai porteur de lumière. Ils étaient de la semence d'Abraham, nom qui signifie Ah-Brahm, le porteur de la lumière parachevée du grand Cosmos.

Les fils de l'homme étaient redescendus si bas sur l'échelle que les vibrations de leurs corps étaient inférieures à celles des animaux. En s'avançant pour présenter le Christ depuis si longtemps oublié, le Messie savait fort bien que les hommes tenteraient de ruiner son corps plus complètement qu'aucun animal ne l'aurait fait. A moins que les perceptions humaines ne soient guidées par la lumière du Christ, elles sombrent plus bas que celles des animaux.

Le sauveur savait qu'il lui faudrait communier avec le Christ dans son royaume avec une rigueur telle que les hommes ne pourraient le toucher que s'il le voulait bien. Il faut que l'homme choisissant ce rôle soit humble, sachant pleinement que ce chemin a déjà été suivi par ceux qui ont abouti à la vie en Christ.

La présente réunion sert à consolider cet idéal. On peut observer l'influence silencieuse dégagée par les milliers d'humbles âmes rassemblées ici. On peut calculer cette influence en prenant pour prémisses qu'un seul homme se présentant dans sa divinité et la manifestant au suprême degré triomphe si bien du monde que la mort n'existe plus. Si l'on y ajoute une deuxième influence équivalente, le total des deux est quadruple de l'influence unitaire. En prenant le carré du nombre de personnes réunies ici, vous comprendrez la puissance qui rayonne de cette multitude sur le monde entier.

Avec un centre de puissance semblable en plein rayonnement, le monde renaît, se revitalise, et se renouvelle instantanément, que les unités humaines le comprennent ou non. Une assemblée similaire se réunit tous les douze ans dans des endroits déterminés, disséminés de par le monde. Il en est ainsi depuis un passé immensément reculé, bien avant que Neptune eût rejeté son manteau divin. Le nombre des participants était moindre autrefois, mais le rayonnement du groupe en a attiré d'autres sans qu'une parole audible ait été prononcée.

Le premier petit groupe grandit et devint une multitude. Puis un membre de la multitude se détacha pour former un autre groupe, et ainsi de suite jusqu'à ce que douze nouveaux groupes fussent formés. Le présent groupe est le douzième. Il a été rassemblé pour consolider l'union des douze groupes avec le premier, ce qui formera un grand groupe dont les sous-groupes se réuniront en des endroits différents pour faciliter aux participants l'accès des lieux de réunion.

N'y voyez pas une tentative d'organisation précise, car les lieux de réunion n'ont jamais été rendus publics. Les groupes n'adhèrent pas à des règles rigides. Ils forment le parallèle de l'organisation interne d'un individu, par laquelle celui-ci est attiré vers l'un des groupes. L'assemblée qui va se réunir demain à midi consolidera tous les groupes sous l'égide du premier. Les douze groupes formeront une pyramide symbolisant la perfection de l'idéal de Christ dans l'homme, et le treizième constituera le diadème, ou pierre de couronnement.

Les treize groupes se rassembleront séparément aux mêmes endroits que précédemment. Cependant la réunion de l'un quelconque d'entre eux sera semblable à la réunion des douze avec le groupe de tête, telle qu'elle aura lieu demain.

En dehors de l'œuvre de consolidation des treize groupes en un, douze membres se détacheront de chacun des douze groupes, et chacun d'eux formera un nouveau groupe. Il y aura donc cent quarante-quatre groupes nouveaux. Quand leurs rangs auront été grossis par de nouvelles recrues, le nombre des groupes se multipliera à nouveau par douze, élevant ainsi une pyramide d'ordre douze qui grandira jusqu'à inclure toute la terre.

Les deux seules conditions requises pour faire partie de ces groupes consistent premièrement à se présenter à soi-même l'idéal de Christ, et secondement à l'exprimer au monde par la pensée, la parole, et l'action. On communie alors avec l'ensemble du grand groupe. Quand vous rencontrez Dieu, les membres du groupe vous rencontrent forcément dans votre maison, dans votre propre sanctuaire, fussiez-vous dans l'endroit le plus désertique du monde, sur le sommet d'une montagne ou dans l'activité des marchés de commerce.

Un avec Dieu, tel sera toujours le facteur déterminant. Dès que vous élevez votre pensée vers Christ, votre corps répond à la vibration de Christ, et vous répondez à l'influence vibratoire qui émane de cette vaste foule. Votre idéal est repris par l'énergie exponentielle du nombre de ses participants, puis claironné au monde, ce qui répand notre influence avec celle de l'ensemble des groupes comme un grand raz de marée de la pensée. Alors, au lieu de rester secrets comme autrefois, nos préceptes seront universellement connus.

Un tel groupe n'a pas besoin de chef en dehors du Dieu de la race humaine tout entière. Nulle secte, nul formalisme, nulle croyance n'est nécessaire. Proclamez que vous êtes le Christ et commandez à votre Moi de vivre sincèrement en pensée, en paroles, et en actes, conformément à ce concept idéal. De la sorte, vous concevrez et manifesterez le Christ. Une fois ces vibrations établies, elles ne diminuent jamais, même si l'on n'a pas conscience de leur existence. Mais si l'on persévère, on en devient conscient, et cela constitue de loin la plus haute expérience que l'on puisse subir. Le foyer ainsi établi est véritable et indestructible. Chaque unité humaine doit finalement s'y rallier. L'ensemble du vaste horizon de l'Univers lui est alors dévoilé, sans aucune restriction individuelle.

Le point de vue imposé par la vision humaine peut se trouver extérieur à ces vibrations, mais on peut le réintégrer dans leur gamme. Il se peut qu'aucun individu ne paraisse se trouver dans votre rayon vibratoire, mais ils sont tous là, et nous les reconnaissons. Vous qui avez parcouru à pied ou à cheval tout le chemin pour venir jusqu'ici, vous ne seriez pas là si vous n'aviez eu, au moins par éclairs, la vision de ce fait.

Avec une humanité pareillement unie, est-il possible de livrer la bataille d'Armaguedon, de Gog et de Magog ? Les manifestations humaines peuvent-elles produire une force qui écrasera la Loi de Dieu, laquelle règne sur toutes les forces et coexiste avec elles ? Il suffit qu'un seul Dieu-homme dise NON, et ce sera non, car tous vibrent à l'unisson et répondent à l'unisson.

Inutile de faire usage de la force. Si des hommes vivant dans une atmosphère de vibrations inférieures émettent une force nuisible, on peut concentrer cette force et la leur renvoyer avec des bénédictions et un amour sincère. S'ils résistent, ils n'aboutiront qu'à se détruire eux-mêmes. S'ils acceptent la force d'amour, ils n'ont même pas besoin de lever le petit doigt.

Tous les groupes décrits se tiennent debout comme la Grande Pyramide, indestructible à travers les âges, témoin de pierre vis-à-vis de l'humanité, affirmant que le Christ était établi dans l'homme bien avant la venue de l'homme sur la terre, et que l'Homme-Christ n'a jamais été séparé de la divinité.

Le témoignage de la Grande Pyramide est pleinement confirmé par son âge, sa construction, sa pureté de lignes, et sa valeur intellectuelle. Il y a des millénaires qu'elle est préservée et connue sous son nom. Les données scientifiques imbriquées dans son énorme masse n'y ont pas été incluses pour les progrès de la science, car il faut déjà être fort versé dans les sciences pour les interpréter.

La grande ancienneté de la Pyramide et sa merveilleuse structure l'ont mise à part comme un objet de mystère pour l'humanité. Le secret de l'Univers est exposé dans sa masse. Chaque tracé partiel en est fait avec précision, selon les méthodes des sciences exactes. Tout fut ordonné à l'avance et contribue à la fusion harmonieuse de l'homme avec Dieu, à la perfection de l'homme en tant que Christ de Dieu. La culmination de cet accomplissement posera la pierre de couronnement sur la Grande Pyramide.

18

Tandis que le Rishi finissait de parler, nous vîmes s'avancer vers notre camp un groupe assez nombreux dans lequel nous distinguâmes Jésus. Nous avions remarqué que ce groupe s'était réuni sur la pente de la montagne, à peu de distance du camp. Nous avions supposé qu'il s'agissait d'une réunion privée, car de tels rassemblements se produisaient dans tous les environs.

A l'approche du groupe, Weldon se leva et serra les deux mains de Jésus. Les présentations étaient inutiles, car le groupe se composait d'amis intimes du Rishi et de Jésus. En ce qui nous concerne, nous nous sentions comme de petits atomes prêts à prendre racine dans n'importe quelle anfractuosité du sol. Tous se réunirent autour de notre feu de camp, et Weldon demanda à Jésus s'il voulait bien nous parler de la Bible.

Cette proposition ayant recueilli l'assentiment général, Jésus prit la parole et dit : Considérons la prière de David dans le Psaume XXIII : « L'Eternel est mon berger, je ne manquerai de rien. » Vous remarquerez qu'il ne s'agit pas là d'une prière supplicatoire. Son sens véritable implique que le Grand Principe Unique nous conduit dans le chemin que nous devrions suivre. Il nous y précède et nous permet de redresser les méandres de la route. Il prépare notre sentier tel un berger pour ses brebis confiantes et soumises. Nous pouvons donc dire : « Quand notre Père nous conduit, je suis sans crainte. »

Le bon berger connaît les lieux où se trouvent les choses qui sont bonnes pour ses brebis. Nous pouvons même répéter avec David : « Je ne peux manquer de rien », car JE SUIS est préservé de tous les maux.

Il est pourvu à tous les besoins de notre nature

physique. Non seulement nous serons bien nourris dans les verts pâturages, mais il y aura abondance de restes. Nous nous reposons dans l'assurance formelle qu'il est pourvu d'avance à tous nos désirs. Nous pouvons abandonner tout sentiment de lassitude et dire avec David : « Il me fera reposer dans de verts pâturages, il me conduira auprès d'eaux paisibles. » Le bleu de leurs profondeurs tranquilles calme nos esprits et apaise notre conscience agitée.

Quand le corps et le cerveau sont au repos, l'inspiration céleste du Principe Suprême inonde nos âmes de la pure lumière de vie et de pouvoir. Notre lumière intérieure brille de la splendeur de mon Seigneur, la Loi en laquelle nous communions tous. Cette radieuse lumière d'esprit renouvelle notre intelligence. Nous nous révélons à nous-mêmes, ne faisant qu'un avec l'Infini. Nous savons que chacun a reçu du Principe la mission de manifester la perfection du Principe. Dans la paix tranquille de nos âmes, nous nous retrouvons nous-mêmes et nous connaissons notre plénitude. D'où les paroles des versets 3 et 4 : « Il restaure mon âme. Même quand je marcherais par la vallée de l'ombre de la mort, je ne craindrais aucun mal. »

Que pouvons-nous craindre dans la plénitude, la bonté de ce Principe de Dieu ? En lui, nous reposons nos natures physiques, Dieu calme nos pensées, Dieu apaise nos âmes, Dieu nous illumine pour que nous rendions service. Avec cette parfaite préparation intérieure, quels événements pourraient nous faire craindre les ennuis d'une mauvaise chose ? Dieu est au milieu de chacun de nous. Il est une aide toujours présente dans les temps troublés. C'est en lui que nous vivons, évoluons, et avons notre existence. Nous disons d'une seule voix : « Tout est bien. »

Maintenant chacun peut dire : « L'amour de Dieu me conduit directement au troupeau. On me montre le bon chemin et l'on m'y ramène quand je m'écarte du troupeau. Le pouvoir de l'amour de Dieu m'attire vers ce qui est bon pour moi. » Maintenant chacun peut dire avec David : « Car tu es avec moi. Ta houlette et ton bâton, ce sont eux qui me consolent. »

Le premier pas dans le chemin consiste à attaquer le travail, à percevoir les vérités, c'est-à-dire les faits scientifiques fondamentaux sous-jacents à toute vie, et à trouver le chemin pour les réaliser. Ce pas procure à ceux qui le font une illumination et un épanouissement qui dépassent de si loin leurs expériences précédentes qu'ils décident de continuer. Alors le doute, la crainte, et le découragement commencent à s'insinuer et semblent retarder leur développement. Ils luttent dans une direction, puis dans une autre, et paraissent perdre du terrain. La bataille semble trop rude pour être gagnée par des hommes.

Vous commencez alors à considérer les faillites qui vous entourent. Vous constatez que les enfants de Dieu meurent de tous côtés, et qu'aucun membre de votre génération n'a réalisé mon idéal de vie éternelle, de paix, d'harmonie, et de perfection. Vous dites alors que l'accomplissement ne peut que suivre la mort, et vous vous abandonnez, estimant bien plus commode de vous laisser glisser au fil du courant descendant de la marée humaine. Il en résulte un recul de la conscience raciale. A nouveau, un homme doué d'une grande intelligence et de la compréhension spirituelle a fait faillite alors qu'il aurait pu réussir. La conscience de race a enserré l'humanité dans un nouveau lien, plus puissant et plus tenace de génération en génération.

Quoi d'étonnant à ce que la nature humaine faiblisse et devienne fragile ? Chacun suit l'exemple d'autrui dans l'éternel moulin de la discipline. Les aveugles suivent les aveugles, et tous s'enfoncent pas à pas dans l'oubli, dans le grand tourbillon où non seulement le corps se désagrège et se dissout, mais où l'âme est broyée entre les meules implacables des perceptions et des fautes humaines.

Comprenez comme moi et comme tant d'autres qu'il est bien plus aisé de résoudre votre problème en une seule expérience terrestre que d'accumuler indéfiniment une conscience raciale du bien et du mal. Celle-ci finit par ressembler à une coquille encroûtée que les expériences successives épaississent couche après couche. A la fin, il faut des efforts surhumains et un marteau de forgeron pour la casser et en libérer votre Moi véritable. Tant que vous n'aurez pas brisé cette coquille, vous continuerez à être broyés dans le même tourbillon.

Par vos efforts, vous pouvez vous libérer suffisamment pour jeter un coup d'œil sur le « grand horizon ». Là encore, vous abandonnez généralement la lutte après les premiers résultats. Votre vision mentale demeure clarifiée, mais votre corps reste toujours prisonnier de sa coquille. Considérez le poussin nouveau-né qui a sorti sa tête de la coquille. Il faut qu'il continue sa lutte et se libère totalement de sa vieille coquille avant de pouvoir grandir dans le nouvel entourage qu'il perçoit par ses sens dès le percement de son premier trou.

Est-ce une vie pour un homme né de Dieu que de passer par une courte existence humaine en étant toujours broyé entre les meules des lois, superstitions, et conventions établies par les hommes ? Et de batailler pendant peut-être soixante et dix ans pour gagner le ciel et la glorieuse récompense de la musique des harpes et du chant des psaumes ? Rien de tout cela n'a d'existence logique, sinon dans les cervelles faciles à duper des malheureux sur lesquels s'engraissait la prêtrise de mon temps.

Vous êtes complètement aveugles au fait que, dès mon enfance où je travaillais avec mon père à son établi de charpentier, j'ai perçu qu'il y avait une vie supérieure. Après ce grand éveil, après cette réalisation intérieure, il me fallut de longs jours et de longues nuits de luttes dans le silence et l'isolement, au cœur de mon être intime, pour vaincre mon égoïsme. Vous avez été absolument incapables de comprendre qu'après cette épreuve, il me fallut passer par l'expérience bien plus grave et plus amère du contact personnel avec ceux que j'aimais et à qui je voulais montrer la lumière que j'avais perçue. Je savais que cette lumière si brillante illumine le chemin de tout enfant de Dieu qui vient au monde.

Vous ne saisissez absolument pas que je fus assailli par la grande tentation de continuer mon métier de charpentier et de vivre la courte vie allouée aux hommes par les autorités et l'orthodoxie au lieu d'aborder la vie spirituelle. Je n'avais encore perçu celle-ci que par éclairs qui m'avaient permis de voir à travers le bourbier de la superstition, de la discorde, et de l'incrédulité.

Vous êtes complètement étrangers à l'angoisse corporelle et aux insultes ignominieuses que ma propre famille accumula sur moi, indépendamment des méchancetés de ceux à qui je m'efforçais de montrer la lumière. Vous n'avez pas compris que pour franchir ces épreuves, il me fallait être soutenu par une volonté plus forte que la mienne. Vous ne pouvez connaître qu'une infime fraction des avatars, tentations, et défaites qui m'assaillirent. Vous n'imaginez pas la manière dont j'ai continué à mener la lutte à certains moments, poings crispés et dents serrées, sachant que la lumière était là.

Pourtant, il semblait à peine en subsister un dernier rayon vacillant, parfois éteint par une ombre. Même alors, je gardais une forte conviction intérieure, le sentiment que derrière l'ombre la lumière brillait toujours aussi vivement. Je poursuivis mon chemin, rejetai l'ombre, et découvris que la lumière brillait encore davantage après son obscurcissement temporaire. Même quand l'ombre fut celle de la croix, je pus distinguer au-delà d'elle le réveil définitif d'un matin triomphant, encore incompréhensible pour les hommes immergés dans les craintes, le doute, et les superstitions.

Ce fut la force même de cette vision qui me détermina à boire la coupe jusqu'à la lie, afin de connaître par expérience et par contact effectif les choses dont je parlais, c'est-à-dire que l'homme peut prouver pour lui seul, par la liberté de sa pensée et la pureté de ses mobiles associées au libre arbitre de Dieu, que Dieu est divin et que l'homme, son véritable fils, né à son image et à sa ressemblance, l'est également. Cette divinité est le vrai Christ que chacun perçoit et possède en lui-même.

Ce vrai Christ est la lumière qui illumine chaque enfant qui vient au monde. C'est le Christ de Dieu notre Père, en qui et par qui nous avons la vie éternelle, la lumière, l'amour, et la vraie fraternité. C'est par lui que Dieu et l'homme sont vraiment Père et Fils.

A la lumière de cette vraie intelligence, c'est-à-dire de la Vérité, on n'a pas besoin d'un roi, d'une reine, d'une couronne, d'un pape, ni d'un prêtre. Vous êtes le roi, la reine, le pape et le prêtre. Vous restez seul avec Dieu. Etendez cette vraie perception de l'Univers entier des formes manifestées. Avec les facultés créatrices que Dieu vous a données, vous entourerez ces formes de la perfection que Dieu a conçue pour elles et dont il les entoure lui-même.

TABLE DES MATIÈRES